2018年度全国教育科学规划课题（国家一般）"面向STEM教育的教师教学能力的评价与提升研究"（BCA180089）

中学STEM教师教学能力评价与提升研究

赵慧臣 等著

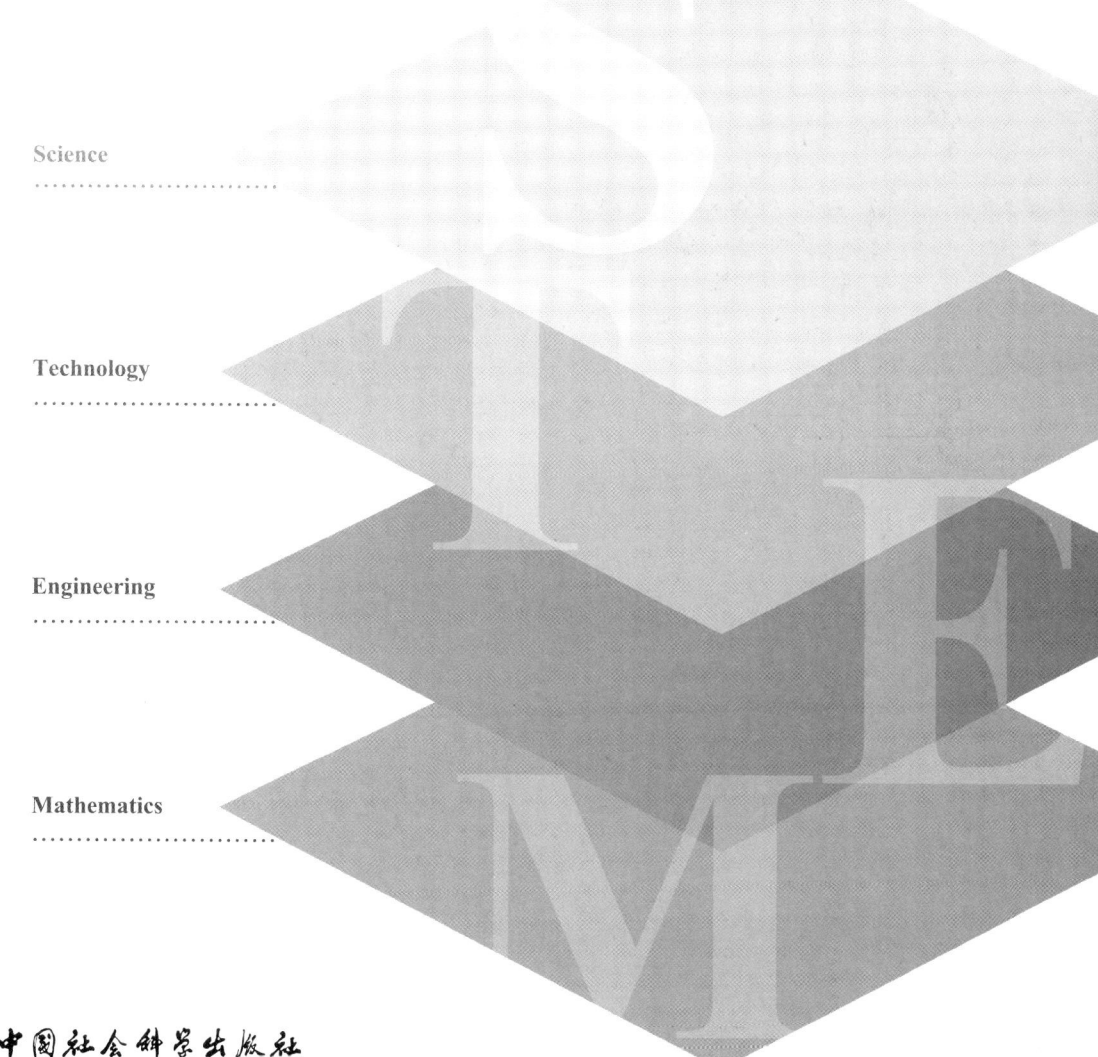

中国社会科学出版社

图书在版编目（CIP）数据

中学 STEM 教师教学能力评价与提升研究 / 赵慧臣等著. —北京：中国社会科学出版社，2022.6
ISBN 978 - 7 - 5227 - 0200 - 1

Ⅰ.①中…　Ⅱ.①赵…　Ⅲ.①创造教育—中学—师资培训—研究　Ⅳ.①G632.0

中国版本图书馆 CIP 数据核字（2022）第 080422 号

出 版 人	赵剑英	
责任编辑	高　歌	
责任校对	李　琳	
责任印制	戴　宽	

出　　版	中国社会科学出版社	
社　　址	北京鼓楼西大街甲 158 号	
邮　　编	100720	
网　　址	http://www.csspw.cn	
发 行 部	010 - 84083685	
门 市 部	010 - 84029450	
经　　销	新华书店及其他书店	
印　　刷	北京明恒达印务有限公司	
装　　订	廊坊市广阳区广增装订厂	
版　　次	2022 年 6 月第 1 版	
印　　次	2022 年 6 月第 1 次印刷	
开　　本	710×1000　1/16	
印　　张	25.25	
插　　页	2	
字　　数	365 千字	
定　　价	138.00 元	

凡购买中国社会科学出版社图书，如有质量问题请与本社营销中心联系调换
电话：010 - 84083683
版权所有　侵权必究

目 录

前言 ……………………………………………………………… (1)

第一章 引言 …………………………………………………… (1)
第一节 研究背景 …………………………………………… (1)
第二节 研究意义 …………………………………………… (11)
第三节 概念界定 …………………………………………… (11)
第四节 理论基础 …………………………………………… (17)
第五节 研究思路 …………………………………………… (21)
第六节 研究方法 …………………………………………… (23)
第七节 创新之处 …………………………………………… (25)

第二章 STEM教育对中学教育变革的影响 ………………… (27)
第一节 STEM教育引导中学综合实践活动课程实施 ……… (27)
第二节 STEM教育引导中学生探究学习设计 ……………… (38)
第三节 STEM社区支持持续性的教育创新 ………………… (48)
第四节 STEM教育促进教育公平实现 ……………………… (68)

第三章 中学STEM教师教学能力亟待提升 ………………… (85)
第一节 STEM教育形成跨学科学习共同体 ………………… (85)

第二节　STEM 中学的教学设计：以美国北卡罗来纳州
　　　　为案 ………………………………………………（101）
第三节　STEM 教育对中学教师教学能力提出新要求 ………（121）
第四节　中学 STEM 教师教学能力需要提升 …………………（133）

第四章　中学 STEM 教师教学能力的研究述评 ………………（139）
第一节　STEM 教育研究：偏向 STEM 理论探索 ……………（139）
第二节　STEM 教师研究：关注 STEM 教师的培养 …………（148）
第三节　中学 STEM 教师教学能力研究综述 …………………（152）
第四节　中学 STEM 教师教学能力评价研究 …………………（159）

第五章　中学 STEM 教师教学能力结构模型 …………………（172）
第一节　中学 STEM 教师教学能力结构模型的构想 …………（172）
第二节　中学 STEM 教师教学能力结构模型的构建 …………（186）
第三节　中学 STEM 教师教学能力结构模型的修正 …………（206）

第六章　中学 STEM 教师教学能力评价指标体系 ……………（231）
第一节　中学 STEM 教师教学能力评价指标体系的设想 ……（231）
第二节　中学 STEM 教师教学能力评价指标体系的建构 ……（236）
第三节　中学 STEM 教师教学能力评价指标体系的验证 ……（280）
第四节　中学 STEM 教师教学能力评价指标体系的完善 ……（302）

第七章　中学 STEM 教师教学能力的提升策略 ………………（313）
第一节　基于结构模型提升中学 STEM 教师教学能力 ………（313）
第二节　应用评价指标体系提升中学 STEM 教师教学
　　　　能力 …………………………………………………（323）
第三节　通过教师共同体提升中学 STEM 教师教学
　　　　能力 …………………………………………………（328）

第八章 研究总结与展望 …………………………………… (335)

　　第一节 研究结论 ………………………………………… (335)

　　第二节 研究反思 ………………………………………… (338)

　　第三节 研究展望 ………………………………………… (339)

参考文献 ……………………………………………………… (341)

附录 …………………………………………………………… (361)

后记 …………………………………………………………… (393)

前　　言

作为一种跨学科、综合性的教育模式，STEM 教育是许多国家为提升国家竞争力和创新能力而提出的一项国家教育战略。从 STEM 到 STEAM（增添艺术领域），再到 STEMx（增添更多项学科领域），STEM 教育的内涵和外延越来越丰富，囊括了 21 世纪所需的知识与技能，发展为包容性更强的跨学科综合素养教育。随着社会对人才质量需求的日益提升，以培养创新型复合人才为目标的 STEM 教育逐步在全球范围内推广普及。

在政策导向上，教育部印发的《教育信息化"十三五"规划》强调：有条件的地区要积极探索信息技术在"众创空间"、跨学科学习（STEAM 教育）等新教育模式中的应用。2017 年教育部印发的《义务教育小学科学课程标准》也倡导跨学科学习方式，鼓励教师在教学实践中尝试 STEM 教育。所以，未来 STEM 教育发展以中小学为主。目前，上海、江苏、广东和北京等地已陆续启动 STEM 教育试点项目，未来也将进一步扩大 STEM 教育项目试点工作。

高素质的师资对提高学生的 STEM 素质、培养学生综合思维和创新能力至关重要。目前，国内对 STEM 教师教育研究依然处于起步阶段。从文献数量上看，此方面的研究仅占 STEM 教育文献数量的 7%，而且相关文献大多是在分析国外 STEM 教师教育研究的基础上，提出对国内 STEM 教师培养的建议，缺少基于国情的 STEM 教师培养研究，难以提出可操作的培养方法和策略。因此，如何提高 STEM 教师的师资水平成为目前亟需解决的问题。

本书主要围绕以下问题开展研究：第一，中学 STEM 教师教学能力的构成及其关系是什么？第二，如何评价中学 STEM 教师教学能力？第三，如何提升中学 STEM 教师教学能力？具体内容包括：

1. 中学 STEM 教师教学能力的现状反思。本书通过问卷法、访谈法，将量化统计和定性分析相结合，调查中学 STEM 教师教学能力现状，反思中学 STEM 教师教学能力存在的问题及其成因。

2. 中学 STEM 教师教学能力的结构模型。本书聚焦 STEM 教师教学能力薄弱问题，面向在中学从事、参与或管理过 STEM 教学相关活动的教育工作人员，以及运用 STEM 教育理念开展跨学科教学的教师，运用文献研究法、德尔菲法、调查研究法进行研究，探究了中学 STEM 教师教学能力的结构要素，并尝试构建了中学 STEM 教师教学能力的结构模型。

3. 中学 STEM 教师教学能力的评价指标。近年来，在 STEM 教育的本土化进程中，由于缺乏多学科教育背景，中小学 STEM 教师多由信息技术、物理等学科教师兼任，STEM 专职教师数量较少。如何对 STEM 教师教学能力展开评价、STEM 教师如何通过评价提升教学水平等均成为值得思考的问题。与此同时，目前较为系统的 STEM 教师教学能力评价的研究成果较少，而且抽象程度较高，一线 STEM 教师难以迁移到教学实践中。基于此，本书从教学过程出发，为中学 STEM 教师设计了用以自我评价的跨学科教学能力评价指标体系，其建构分为确定评价指标、验证评价指标体系的信效度和计算评价指标的权重三个部分。

4. 中学 STEM 教师教学能力的提升策略。本书根据教师教学能力持续提升的理念，提出基于结构模型提升中学 STEM 教师教学能力、应用评价指标体系提升中学 STEM 教师教学能力，以及通过教师共同体提升中学 STEM 教师教学能力，为中学 STEM 教师教学能力提升提供参考。

本书针对中学 STEM 教师教学能力的问题，从创新人才培养角度构建中学 STEM 教师教学能力的结构模型、评价体系，提出中学 STEM 教师教学能力提升策略，以 STEM 教师教学能力的提升来提高 STEM 教育质量。

第一章 引言

第一节 研究背景

一 STEM教育成为重大教育战略

STEM教育起源于20世纪80年代的美国。1986年，美国国家科学委员会（National Science Board，NSB）发布《本科科学、数学和工程教育》报告，第一次把科学教育、数学教育和工程教育集成起来，并在后又加入技术元素，这就是STEM教育的开端。21世纪后，为了提升人才质量、优化人才结构和增强综合国力，美国从政策文件到资金投入，从理论研究到实践应用等方面大力支持STEM教育的发展。2001年，国家科学基金发表了《塑造未来透视科学、数学、工程和技术的本科教育》的报告，"STEM"（科学、技术、工程、教学）一词首次被美国官方使用。2007年8月，美国国会通过了《美国竞争法》，批准为联邦层次的STEM研究和教育计划投资433亿元。后来，政府从充足的资金投入逐渐转向项目建设与举措落实。2015年美国第一部有关STEM教育的法案《2015 STEM教育法》主要从教师培训、教学制度、社会与学校结合等方面规划了STEM教育的新方向；2018年特朗普政府发布《制定成功路线：美国的STEM教育战略》，提出了五年内美国STEM教育的整体愿景、理想目标以及实现途径等，驱动美国创新人才的培养。

在科技时代，国际竞争归根结底是创新人才的竞争。STEM教育作为人才培养的新模式，逐渐成为全球教育改革的焦点。世界多国也从国家战略的高度制定了 STEM 教育的政策与措施。英国在 2004 年发布了《2004—2014 科学和创新投资框架》，将目光投向人才培养并提供雄厚资金支持 STEM 教育发展；澳大利亚政府在 2013 年提出"更好的澳大利亚"战略，确立了 STEM 在教育系统、知识传播、科技创新和国际影响力等方面的基础性作用。而相比欧美发达国家，亚洲大多数国家 STEM 教育起步较晚，而且多以美国 STEM 教育发展路径为参照。其中，日本、韩国和马来西亚对 STEM 教育研究较多，但研究团体分散，机构间合作网络密度几乎为零。[1]

STEM 教育是当今知识经济时代下全新的教育范式。STEM 教育打破学科孤立的局面，借助科学、技术、工程和数学四门学科开展跨学科学习，以培养学生的创新能力与综合素质。随着社会对人才质量要求的不断提高，STEM 教育在教育领域广受重视，并且逐渐在英国、德国、芬兰、日本等越来越多的国家和地区推广和普及。美国将 STEM 教育提升到国家战略高度，颁布大量的政策文件来支持 STEM 教育的发展；美国研究所与教育部发布的《STEM 2026：教育中的创新愿景》，对 STEM 教育在未来十年的发展提出了新的希望。在德国，STEM 教育由于语言的关系被缩写为 MINT（Mathematik, Informatik, Naturwissenschaft und Technik）教育[2]。为解决高质量技能人才的较大缺口，德国搭建了 MINT 教育战略框架，把促进 MINT 人才培养写入国家发展战略。芬兰推出了以"LUMA（数学与科学教育）项目"为代表的全国性 STEM 教育促进项目，设立了 LUMA 国家科学教育中心，建立了全国性的 STEM 教育战略。[3]

伴随着"大众创业、万众创新"的热潮，STEM 教育在我国日渐兴起。2017 年，中国教育科学研究院发布了《中国 STEM 教育白皮

---

[1] 魏亚丽、宋秋前：《STEM 教育研究：热点、分布及趋势》，《外国中小学教育》2019 年第 1 期。
[2] 杨亚平：《美国、德国与日本中小学 STEM 教育比较研究》，《外国中小学教育》2015 年第 8 期。
[3] 《中国 STEM 教育白皮书》，中国教育科学研究院，2017 年 6 月。

书》，分析我国 STEM 教育的背景、问题及现状，提出《STEM 教育 2029 计划》，引领我国 STEM 教育更加专业、全面的发展。2018 年，教育部印发的《教育信息化 2.0 行动计划》提出：设立 10 个"智慧教育示范区"，推动教育理念与模式、教学内容与方法的改革创新。我国许多省市纷纷出台 STEM 教育政策，落实 STEM 教育实践。例如，2018 年，浙江省教育厅发布《教育信息化三年行动计划（2018—2020 年)》，着力推进综合课程、主题课程和 STEAM 课程等跨学科、融合性课程的建设。

STEM 教育符合我国跨学科教学的创新理念。STEM 教育以"跨学科"为关键特征，主张利用多学科知识提升学生解决问题的能力。2012 年教育部发布了《教育信息化十年发展规划（2011—2020 年)》，指出要构建数字化科研协作支撑平台，支持跨学科、跨领域、跨地区的协同创新。教育部《教育信息化"十三五"规划》提出有条件的地区要积极探索信息技术在跨学科学习（STEAM 教育）、创客教育等新的教育模式中的应用。2017 年，教育部《义务教育小学科学课程标准》倡导跨学科学习方式，并运用于教学实践；中国教育科学研究院发布了《中国 STEM 教育白皮书》，聚焦人才培养的创新模式，探索 STEM 教育在我国发展的具体路径。2021 年，基础教育教学指导专业委员会跨学科教学指导专委会成立。概括而言，STEM 教育与我国培养创新人才的目标相吻合，STEM 教育在我国发展日渐成熟。

二 不断拓展的 STEM 教育成为培养创新人才的重要形式[①]

STEM 教育主要以基于项目的学习、基于问题的学习为主要学习方式，引导学生通过合作与实践的形式，完成主题项目和解决生活中遇到的问题，从而引导生以学科整合的方式认识世界，以综合创新的形式改造世界，培养他们解决问题的创新能力。STEM 教育让学生远

---

① 赵慧臣、陆晓婷：《开展 STEAM 教育，提高学生创新能力——访美国 STEAM 教育知名学者格雷特·亚克门教授》，《开放教育研究》2016 年第 5 期。

离碎片化的知识和死记硬背的过程，引导他们联系不同学科之间的知识，不断提升他们的逻辑思维能力、问题解决的创新能力、同伴之间的合作能力，以及自我实现的激励能力。因此，STEM教育侧重于培养具有创造和革新精神的全面发展的人才，支持他们成为未来的发明家和创造者。此时，人们应该聚焦于如何分析不同学科间知识的联系，探讨它们在现实世界中的应用，而不是关注某些知识是否属于哪个研究领域。STEAM教育不是将重点放在某个学科上，而是放在引导学生采用学科交叉融合的学习方式，运用跨学科思维解决现实生活的实际问题。

人们只有在拥有了技术的前提下才可以更好地理解科学，只有理解了艺术和数学后才能更好地从事工程的研究与开发。在STEM教育基础上加入了艺术（Arts），有助于学生从更多视角认识不同学科间的联系，提高自身综合运用知识解决现实问题的能力。艺术"A"包含较广泛的人文艺术科目，涵盖社会研究（social studies）、语言（language）、形体（physical）、音乐（musical）、美学（fine）和表演（performing）等。STEAM教育引导学生在历史、当前和潜在情境下评估个人爱好和生活机遇以及职业发展，引导学生了解未来可能从事的职业，帮助他们认清自己的职业兴趣，并积极做好知识、技能和心理方面的准备。STEAM教育认为科学、技术、工程、数学、艺术之间存在结构上的顺序关系，并在人们分析和改造现实世界中发挥着各自作用。在STEAM教育中，科学支持人们认识世界的规律；工程与技术支持人们根据社会需求改造世界；艺术帮助人们以美好的形式丰富世界；数学则为人们发展与应用科学、工程、艺术和技术提供思维方法和分析工具。

作为超越STEM教育的方式，STEAM教育将人文艺术中的"谁来做"和"为什么这样做"（Who and Why）加入STEM教育领域的"做什么"和"怎么做"（What and How），让人和伦理道德在创新过程中扮演重要的角色。通过整合STEM教育和艺术，STEAM教育不仅可以提升学生的演绎与归纳等逻辑思维能力，还能促让学生具有解决现实问题所需的灵活性和适应性，使他们具备跨文化交流能力。为了整合 STEAM 研究的成果，美国学者 Georgette Yakman 及其团队建立了 STEAM 教育框架，以便有利于研究成果的推广。从结构上来看，STEAM 教育为 5 层的"金字塔"状，形成了从具体到抽象的框架，如图 1 - 1 所示。①

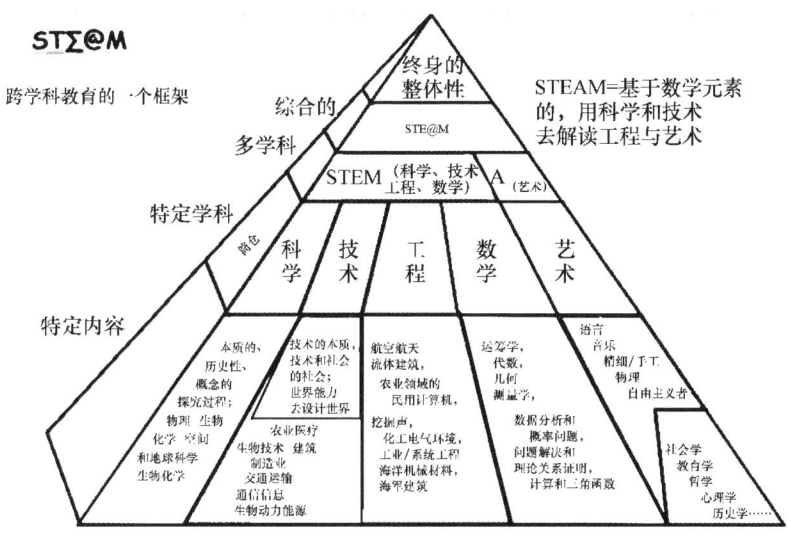

图 1 - 1　STEAM 教育的框架

首先，金字塔最顶层主要表明 STEAM 教育是一项终身性、整体性（Life - long Holistic）的教育系统，而不是阶段性的、分散式的学习活动。日新月异的信息技术将教育与生活、社会紧密地连接起来，终身教育理念已经深入大众。STEAM 教育的最终目标即培养学生终身学习的意识和能力，以适应不断发展的社会需求。

其次，金字塔第二层为"STE@ M"，可以作为综合层级（Multi-

---

① Georgette Yakman. What Is the Point of STEAM？A Brief Overview of STEAM Education，https：//www. academia. edu/8113832/What_ is_ the_ Point_ of_ STEAM_ A_ Brief_ Overview_ of_ STEAM_ Education.

disciplinary Level)。该层级强调 STEAM 教育在科学、技术、工程、艺术与数学等跨学科视角下，以协作与实践方式发现问题和解决问题。STEAM 教育引导学生以数学知识、逻辑知识和思维方法为基础，通过工程与艺术来促进科学和技术的应用。例如，对于基础教育阶段的学生来说，科学知识比较抽象难懂。教师通过艺术方式将抽象知识形象化，有助于提升学生的学习兴趣和创新能力。

再次，金字塔第三层为"STEM + A"，主要强调艺术的渗透。对于 STEAM 教育来讲，艺术（Arts）A 代表超越美学的一系列广泛的艺术，不仅仅指狭义层面的艺术，还涵盖美（Fine）、语言（Language）、人文（Liberal）、形体（Physical）等内容。[①] 视觉艺术、音乐、美学等课程能够培养学生的创造力，可以帮助他们在科学、技术、工程和数学等领域做得更好。具体包括：1. 通过沟通交流、语言艺术来分享知识；2. 如何应用手工艺术和形体艺术知识；3. 通过美学艺术（fine arts）更好地了解过去与现在的文化和审美观；4. 将音乐艺术（musical arts）有情感和韵律地运用于数学、物理学、生物学以及通俗语言中；5. 运用人文艺术了解社会学的发展、人性和道德。由艺术家和教育家转变为 STEAM 爱好者的 Ruth 认为，艺术活动可以发展学生的长处，增强学生的学习动机，为不同类型的学生提供更多样化的学习机会。[②] 例如，软件设计师需要知道什么样的界面设计会吸引客户，以便更好地满足日常需要和社会需求。

复次，金字塔的第四层为特定学科层级（Discipline Specific Level），主要针对科学、技术、工程、艺术和数学等基本的课程设置，更深入探讨不同领域学科的内容。在该层级上，学生可以获得职业和兴趣相关的专业知识。

最后，金字塔的第五层为具体内容层级（Content Specific Level），

[①] 杨晓哲、任友群：《数字时代的 STEAM 教育与创客教育》，《开放教育研究》2015 年第 5 期。

[②] Anne Jolly, "STEM vs. STEAM: Do the Arts Belong?", http://www.edweek.org/tm/articles/2014/11/18/ctq - jolly - stem - vs - steam.html.

体现了具有科学、技术、工程、艺术和数学等学科特点的课程内容。相关学科内容能够详细地体现出各学科之间的差异，学生可以借此来发现不同学科知识的区别与联系，增强自身的跨学科思维能力和综合应用多学科知识解决问题的能力。

以 STEAM 视角去理解教育活动，教师不能仅仅关注阐明不同学科之间知识关联的能力，还要通过跨学科的方式设计灵活的、具有针对性的教育活动。STEAM 教育框架为语言艺术、社会科学以及教育部门提供了规范的教学参考，为 STEAM 教育活动提供了重要依据。

STEAM 教育框架可用来帮助教育者设计教学模式，改善教学活动。STEAM 教育框架不仅支持教育者以跨学科的方式将不同学科联系起来，而且引导教育者将不同学科与生活技能、职业发展联系起来。STEAM 教育已经在 P（preschool）K（kindergarten）-12、大学课程、博物馆、课外项目、老年痴呆症患者康复等领域取得了成功。我们可以通过很多方法或者形式完善 STEAM 教育框架，但没有必要从根本上改变它，毕竟它已经具备自身的深度、清晰度和完整性。

概括而言，在 STEM 教育的热潮下，STREAM（科学、技术、读/写、工程、艺术和数学）（添加了读/写能力"reading/writing"）教育应运而生。从 STEM 教育到 STEAM 教育再到 STREAM 教育，STEAM 教育的内涵不断丰富。高度强调读写能力是科学工程和技术教育的重要组成部分，目的是使高素质专业人士能够胜任撰写报告、实验材料以及与人交流的需要。STEM 教育逐步成为更加完善的人力资源教育模式。人们把基于现实需要、具有终身学习效能的 STEM 教育称为"全民有效性学习"。

三 STEM 教师是 STEM 教育的关键要素

STEM 教育作为多学科交叉的综合性教育，应该打破传统的单学科教学思维，协调多学科的知识与习惯。一方面，STEM 教师对培育学生的 STEM 素质、提升学生的创新思维和创新能力的作用不可小觑。另一方面，STEM教育多以项目式学习组织教学，教师作为STEM教学活动的设计者、组织者和实施者，其能力素质直接影响STEM教学的效果。《中国STEM教育白皮书》指出STEM师资队伍整体水平不高，STEM教育目前在学校实施中面临的最大瓶颈就是师资问题。关注STEM教师的专业发展，提升STEM教师教学水平，有助于STEM教育在中小学的推进。为此，教育部《关于实施全国中小学教师信息技术应用能力提升工程2.0的意见》提出：促进教师跨学科教学能力，建设本地教师跨学科教学能力提升培训资源和示范校，在一定程度有助于促进STEM教师的培养和发展。

2017年，我国教育部印发《义务教育小学科学课程标准》，倡导跨学科学习方式，鼓励教师在教学实践中尝试STEM教育，这意味着STEM教育在政策层面得到了重视。[①] 但目前我国师范生仍是采用分学科培养模式，造成综合型的师资储备缺乏，STEM教育的专业教师紧缺。目前，中小学开展的STEM课程多由数学、信息技术等学科教师兼任，教师跨学科教学能力有待加强。2019年，教育部开始实施《全国中小学教师信息技术应用能力提升工程2.0的意见》[②]，提出要打造一批基于信息技术开展跨学科教学的骨干教师，推动信息化教育教学创新。STEM教育的相关研究对我国STEM教师教育研究问题关注较少。从文献数量上看，以教师为主体的文献仅占STEM教育文献数量的7%。[③] 因此，关注STEM教师的角色转变，探讨STEM教师的多元能力，提高STEM教师的教学水平，有助于突破STEM教育实施推广的现有瓶颈。

[①] 朱珂、冯冬雪、杨冰等：《STEM教育战略规划的指标设计及评价策略——基于美国北卡罗来纳州STEM教育战略规划的启示》，《远程教育杂志》2017年第5期。

[②] 教育部：《教育部关于实施全国中小学教师信息技术应用能力提升工程2.0的意见》，http://www.moe.gov.cn/srcsite/A10/s7034/201904/t20190402_376493.html，2020年7月9日。

[③] 常咏梅、张雅雅、金仙芝：《基于量化视角的STEM教育现状研究》，《中国电化教育》2017年第6期。

四　STEM 教师教学能力亟待提升

STEM 教育转变了"重书本，重知识，重记忆"的传统教育理念，突破了"重讲授，重纪律，重考试"的传统教学模式，对教师的知识储备、教学技能、能力素质等方面的要求明显提高。香港教育工作者联会 2017 年的《前线 STEM 教师支援政策研究报告》显示：超过七成受访教师表示自身在 STEM 教学法、学科知识、教学活动及坊间教材支援上遇到挑战。其中，接受单一学科培训的 STEM 教师将迎来教学能力方面的新挑战。

相对于传统教学而言，STEM 教学强调以项目为载体联系多学科知识。目前，我国许多教师没有足够的综合知识和技能来实施这样的课程[1]。相对于传统教师而言，STEM 教师的教学能力强调跨学科整合能力。然而，STEM 教师跨学科素养和跨学科教学能力的不足，会极大地影响 STEM 教学效能感[2]。《中国 STEM 教育调研报告》指出高 STEM 教育能力与高学历低教龄挂钩，能力提升点值得关注。中学 STEM 教师教学面临较大挑战，中学 STEM 教师教学能力亟待提升。首先，STEM 课时安排较少。较多中小学将 STEM 课程定位为综合实践类课程或社团活动，而且课时较少。其次，STEM 课程资源欠缺。完善的多学科课程资源能够为中学 STEM 教师提供课程设计的灵感，帮助 STEM 教师更好地了解和把握不同学科知识的区别和联系。再次，STEM 教师多学科知识储备不足。受限于分科教学的传统，我国培养的教师多为单一学科背景，从事 STEM 教学的教师对跨学科知识的理解和掌握较为薄弱，难以发掘不同学科知识间的联系。最后，STEM 教师的教学效能感较低。当前，STEM 教师多由其他学科教师兼任。多数教师虽然认同 STEM 教学的价值

---

[1] 谢丽、李春密：《整合性 STEM 教育理念下的课程改革初探》，《课程·教材·教法》2017 年第 6 期。
[2] 宋怡、马宏佳：《STEM 教学的价值意蕴：基于哈贝马斯知识旨趣理论》，《高等理科教育》2019 年第 2 期。

和意义，但在实施的过程中缺乏方法和指导，对 STEM 教学的效果保持怀疑。

五 评价是提升 STEM 教师教学能力的重要方式

评价有利于 STEM 教师提升教学能力。一方面，有利于学校排查 STEM 教师教学水平，及时调整 STEM 教师队伍。由于 STEM 教育的跨学科特性，中小学很少有专任的 STEM 教师，STEM 教师一般由传统学科教师兼任。相关教师大部分未受过系统的跨学科教学训练，使得学校 STEM 教学水平参差不齐。通过评价，学校管理人员可判断教师在 STEM 教学中存在的问题，及时调整 STEM 教师队伍结构或展开培训。另一方面，有利于处于不同成长阶段的 STEM 教师对照评价标准，有针对性地训练提升。对 STEM 教师而言，STEM 教学能力评价指标体系是衡量教学能力的重要工具。通过明确的评价指标，教师能够把握 STEM 教学中存在的不足并改进。

科学的评价指标体系则有利于提升 STEM 教师教学能力评价的准确性。中小学是我国 STEM 教育开展的主要阵地，中小学教师是实施跨学科教学的中坚力量。2019 年，中国教科院 STEM 教育研究中心分别面向学校管理人员、教师、学生（包括小学生和中学生）三大群体展开调研，发现我国中小学 STEM 教师教学方式存在学段差异。与小学相比，中学 STEM 课程活动的跨学科应用程度更高，抽象性也更强，STEM 教师跨学科教学的难度也相应增加。因此，建立 STEM 教师教学能力评价体系，鼓励中学教师开展 STEM 教学能力的自我评价必要。

STEM 教师教学能力评价指标体系亟待完善。我国成熟的 STEM 教师教学能力评价指标体系还较少。其中，《STEM 教师能力等级标准（试行）》是我国现行的、较为权威的 STEM 教师能力评价标准。其建立了 STEM 教师能力评价的两级指标，对 STEM 教师提出了明确的要求。然而，该标准并未对 STEM 教师划分学段，不同学段的教师在使用时不能有针对性地进行评价。该标准只提出了某些必备的、基础的参考维度，各个维度的内涵还要根据 STEM 教育的发展阶段和实际需要不断细化。

第二节 研究意义

本书借鉴传统教师教学能力的相关研究成果，针对我国中学 STEM 教育需要，探索中学 STEM 教师应具备的教学能力；从创新人才培养的角度，构建中学 STEM 教师教学能力结构模型和评价体系，为中学 STEM 教师专业发展提供参考。

一 理论意义

根据创新人才培养的需要，分析 STEM 教育的特征，并借鉴传统教师教学能力的研究成果，探讨中学 STEM 教师的教学能力结构和评价指标体系，丰富中学教师教学能力提升的理论研究，拓展了 STEM 教师专业发展的理论成果。

二 实践意义

构建中学 STEM 教师教学能力结构模型和评价体系，可以支持中学 STEM 教师进行自我评价，以了解自身在 STEM 教学中的优势与不足，为中学 STEM 教师提升教学能力提供方法指导；可以帮助明确教师跨学科教学的能力要求；可以为学校调整 STEM 教师队伍和展开 STEM 教师培训提供方法参考。

第三节 概念界定

一 跨学科教学

跨学科（Interdisciplinary）又名交叉学科。经济合作与发展组织（OECD）认为跨学科指两门及不同学科之间从思想的交流到教育与研究之间的相互联系。① 在国内，关于跨学科的概念主要有三种界定。1. 跨学科是两门及的学科相互交叉形成的新学科或学科群。2. 跨学科是把不同学科理论或方法有机地融为一体的教育活动。3. 跨学科是以研究跨学科规律和方法为基本内容的高层次学科。② 在中学开展跨学科教学，大多是采用不同学科领域的方法对不同学科的知识和内容进行设计和整合的过程。因此，本书更偏向于国内对跨学科的第二种定义，即将跨学科教学界定为 STEM 教师个体或团体运用不同学科的方法将不同学科的知识和内容有机融合，并以多样化的方式教授或传递给学习者的教学活动过程。

二 STEM 教育

STEM 是科学（Science）、技术（Technology）、工程（Engineering）、数学（Mathematics）的首字母缩写。STEM 教育是以科学、技术、工程、数学四门学科为支点展开的育人模式。但对于 STEM 教育的深层内涵和教育愿景，目前尚且没有统一的界定。Merrill 将 STEM 教育中的四门学科视为"元学科"，提出 STEM 教育并不是元学科的简单叠加，而是强调将原本分散的四门学科内容自然组合以形成整体。③ 2012 年，美国国家科学基金会（National Science Foundation，简称 NSF）对 STEM 做了纲领性的定义：STEM 不仅包含数学、自然科学、工程和计算机科学，而且包括社会/行为科学，例如，心理学、经济学、社会学等。④ 西班牙学者 Tobías Martín - Páez 等研究了 2013—2018 年在科学网站发表的文献，提

---

① OECD, *Interdisciplinarity*: *Problems of Teaching and Research in universities*, Paris: OECD Publications, 1972, p. 25.

② 高磊:《研究型大学学科交叉研究生培养研究》，博士学位论文，上海交通大学，2014 年，第 20 页。

③ Merrill C. The Future of TE Masters Degrees: STEM . Presentation at the 70th Annual International Technology Education Association Conference, Louisville, Kentucky, 2009.

④ Jonathan M. Breiner, Carla C. Jonson, Shelly Sheats Harkness, etc. What is STEM, A Discussion About Conceptions of STEM in Education and Partnerships . *School science and Mathematics*, 2012, 01.

出STEM教育是一种整合科学、技术、工程和数学的内容和技能的教学方法[①]。

伴随研究的深化，STEM教育的内涵和外延越来越丰富。2006年，美国弗吉尼亚理工大学的G. Yakman在原有四科的基础上将艺术（Arts）融入STEM教育中，提出STEAM教育。2014年，我国相关学者借鉴"互联网＋"的思想提出"STEM＋"，在原本四门学科的基础上融合更多学科和领域，形成更广阔的整合课程。张瑾认为，从分科走向综合，从STEM走向"STEM＋"，STEM教育逐渐"＋"上了本土化演变。[②] 概括而言，STEM教育应该以项目活动为载体，以科学、技术、工程和数学四门学科为基础，交叉融合多学科或多领域知识，从而培养学生的实践能力STEM素养与创新精神。为了便于研究，本书对STEM、STEAM、"STEM＋"、STEMx不做区分，统一称为STEM。

三 STEM教师

STEM教育理念赋予了STEM教师新的内涵与职责。曾丽颖提出，STEM教师不同于单一的数学、物理等学科教师，其拓展学科知识，跨学科教学水平均要达到一定高度[③]。刘海燕认为，STEM教师作为专业人员，不仅要具备教师应具备的专业知识、能力和品质等方面的教师专业素养，还应具备相应的STEM素养[④]。2018年，中国教育科学研究院印发的《STEM教师能力等级标准（试行）》，将STEM教师界定为从事科学（Science）、技术（Technology）、工程（Engineer-

---

[①] Tobías Martín-Páez, David Aguilera, Francisco Javier Perales-Palacios, et., "What are We Talking about When We Talk about STEM Education? A Review of Literature", *Science Education*, 2019, 04.

[②] 张瑾：《STEM＋教育中学习支架设计研究》，《现代教育技术》2017年第10期。

[③] 曾丽颖、任平、曾本友：《STEAM教师跨学科集成培养策略与螺旋式发展之路》，《电化教育研究》2019年第3期。

[④] 刘海艳：《美国K-12阶段STEM教师专业发展研究》，硕士学位论文，哈尔滨师范大学，2017年，第20页。

ing)、数学（Mathematics）及相关学科的教育工作并进行跨学科整合教学的专业人员[1]。

我国本土化的"STEM+"概念不仅延伸了 STEM 教育的内涵，更扩大了 STEM 教师的指向群体。"STEM+"的加号意味着无限可能，可以与不同教育阶段、不同学科、不同活动组合成各种形式，如 STEM+高等教育、STEM+语文教学、STEM+智能小车等。STEM+"教育"更加开放包容，吸纳了更多的教师参与其中。相关教师立足 STEM 教育理念，进行跨学科教学，不仅能够缓解当前缺乏专任 STEM 教师的困境，而且可以激活 STEM 教师群体。

因此，结合我国"STEM+"的背景和《STEM 教师能力等级标准（试行）》的定义，本书的对象确定为在中学从事、参与或管理过 STEM 教学相关活动的教育工作人员，以及运用 STEM 教育理念开展跨学科教学的教师。

四 STEM 教师教学能力

教学能力是教师在教育教学中应具有的最基本能力，一般指教师为达到教学目标，顺利从事教学活动所表现的一种心理特征[2]，包括具体学科教学能力、一般教学能力和教学认知能力三种。教学胜任力指教师所具有的富有成效地完成教学目标所需求的特质群，除教学能力以外，还包括教师的动机、态度、价值观等内容[3]。"胜任力""能力"与"技能"的内涵非常相近。为了准确识别概念，相关名词的比较如表 1-1 所示。

---

[1] 《STEM 教师能力等级标准（试行）》，中国教育科学研究院 STEM 教育研究中心，2018 年。
[2] 李春生：《中国小学教学百科全书（教育卷）》，沈阳出版社 1993 年版，第 95 页。
[3] 熊思鹏：《高校青年教师教学胜任力模型与测评研究》，硕士学位论文，江西师范大学，2015 年，第 5 页。

表1-1　　　　　　　　　能力的相似概念对比

概念	对应英文	定义
胜任力	competency	与工作、绩效相似或相连的知识、技能、能力、动机等
能力	capacity / ability	顺利完成某种活动所需的个性心理特征
技能	skill	在已有知识经验的基础上，经过练习而形成的开展某种任务的活动方式

"教师胜任力""教师教学能力"与"教师教学技能"也不尽相同，更不能混淆使用。教师胜任力指教师个体所具备的，与教育工作有关的专业知识、专业技能和专业价值观①，即包罗个人素质、职业道德等内容。教师教学能力包括从教学前期的认知、准备，到教学后期的反思、研究，教师应具备的教学设计、教学实施、教学评价等能力。而教师教学技能指教师在教学中综合专业知识及教学理论促进学生学习的一系列教学行为方式，又可以广义地称为教学技巧。因此，三者之间不能完全等同，但又彼此关联，如图1-2所示。

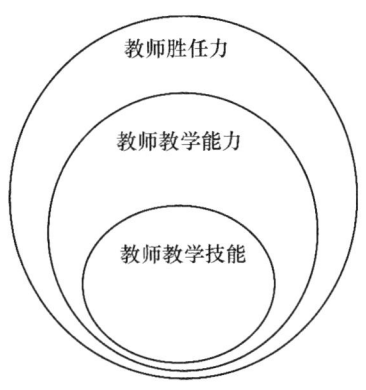

图1-2　教学能力的相似概念从属关系

---

① 邢强、孟卫青：《未来教师胜任力测评：原理和技术》，《开放教育研究》2003年第4期。

关于教学能力的概念，研究者提出了许多定义。从心理学的视角，余承海、姚本先将教学能力视作直接影响教学活动效率的心理特征，认为其是通过教学活动将个人智力和教学所需知识、技能转化而形成的一种职业素质[①]。从教育学的视角，朱超华认为，"教学能力是教师在教育活动中形成并表现出来的、带有明显职业特点的特殊能力，是教师从事教育活动所需的一种无形的能动力量"[②]。虽然说法不同，但是相关学者均将教学能力视为教师职业能力的枢纽。教师教学能力可以概括为，教师具备透彻的学科认知，能够准确把握教学内容，选用恰当的教学方法实施教学，完成知识传授和教学优化的能力。

STEM教师教学能力泛指教师开展STEM教学活动时具备的基本能力。《STEM教师能力等级标准（试行）》从STEM教育价值理解、STEM学科基础、STEM跨学科理解与实践、STEM课程开发与整合、STEM教学实施与评价五个方面规定了STEM教师的教学能力。此外，陈鹏怀等提出，数字时代的STEM教师不仅需要知识、技术整合应用的教学能力，更需要一种直接指向创新教学变革的设计思维与能力。[③]甘晓雯认为，STEM教育对教师提出了更高的职业素养要求，更看重教师对四门学科的整合能力。[④]赵呈领等认为，STEM教师要具备一定的教学掌控能力，能够合理预估和有效组织、引导教学活动[⑤]。概括而言，STEM教师教学能力指教师清晰认识STEM教育理念，掌握STEM整合教学的知识与技能，能够遴选STEM教学内容，选用恰当的教学方法实施探究性教学，完成学生评价和STEM教学优化的能力。

[①] 余承海、姚本先：《论高校教师的教学能力结构及其优化》，《高等农业教育》2005年第12期。

[②] 朱超华：《教师核心能力发展与教师管理模式变革的研究》，硕士学位论文，华南师范大学，2006年。

[③] 陈鹏、田阳、黄荣怀：《基于设计思维的STEM教育创新课程研究及启示——以斯坦福大学d. loft STEM课程为例》，《中国电化教育》2019年第8期。

[④] 甘晓雯：《STEM教育中教师的关怀素养》，《现代中小学教育》2019年第10期。

[⑤] 赵呈领、赵文君、蒋志辉：《面向STEM教育的5E探究式教学模式设计》，《现代教育技术》2018年第3期。

第四节 理论基础

一 TPACK 理论

要培养高质量的师资,需要清楚优秀的教师应具备什么样的知识结构与能力。早在1986年,美国著名教育家 Shulman 就针对该问题提出了教师学科教学知识(Pedagogical Content Knowledge,简称 PCK)。信息技术的发展对教师教学产生了深刻影响,许多学者对教师知识结构进行了延伸与创新。2005年,美国密歇根州立大学 Koehler 和 Mishra 首次将技术知识纳入到教师知识结构之中,提出了整合技术的教师知识框架 TPCK[1],后更名为 TPACK(Technological Pedagogical and Content Knowledge)。

TPACK 框架包含三个核心元素:CK(Content Knowledge,学科内容知识)、PK(Pedagogical Knowledge,教学法知识)、TK(Technological Knowledge,技术知识)及由核心元素相互交织形成的四个复合元素 PCK(Pedagogical Content Knowledge,学科教学法知识)、TCK(Technological Content Knowledge,整合技术的学科内容知识)、TPK(Technological Pedagogical Knowledge,整合技术的教学法知识)、TPACK(Technological Pedagogical Content Knowledge,整合技术的学科教学法知识),如图1-3所示。

TPACK 各要素之间既相互作用,又彼此独立,形成一种动态平衡的状态。STEM 教育的跨学科教学的特质要求教师具备多层次、多维度的知识结构与技能,这与 TPACK 框架内容高度契合。在教育信息化背景下,TPACK 框架为教师提供了合理的知识结构,为 STEM 教师能力规范提供了科学的理论基础[2]。

---

[1] Mishra, P., Koehler, M. J., "Technological Pedagogical Content Knowledge: A Framework for Integrating Technology in Teacher Knowledge", *Teachers College Record*, 2006, 06.

[2] 王卓玉、樊瑞净:《中学 STEM 教师的 TPCK 知识结构分析》,《广西师范大学学报》2018年第2期。

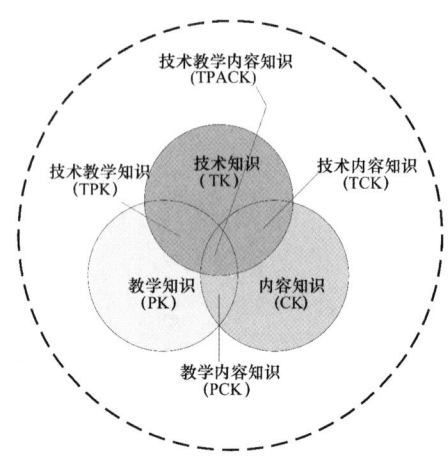

图 1-3 TPACK 框架结构

借助 TPACK 框架探究中学 STEM 教师教学能力具有重要意义。在 TK 层面，应选择 STEM 特定学科内容的技术或软件；在 CK 层面，应设计以真实问题导向的跨学科知识；在 PK 层面，应采用以设计导向的 STEM 创新教学法[①]，进而科学建构中学 STEM 教师教学能力的评价指标体系。

二 能力结构理论

关于能力结构的问题，20 世纪就产生了许多相关理论。1904 年，英国心理学家斯皮尔曼（C. E. Spearman）最早提出了二因素说，将能力分为一般因素（G 因素）和特殊因素（S 因素）。一般因素指完成任何活动都必备的共同因素，特殊因素指完成专门领域的活动所必备的特有因素。1961 年，英国心理学家弗农（P. E. Vernon）继承和发展了二因素理论，提出能力层次结构理论，如图 1-4 所示。他认为，能力的结构是多层次排列的，智力的最高层次是一般因素（G）；

---

① 林晓凡、胡钦太等：《基于 TPACK 的 STEM 教育优化研究》，《中国电化教育》2018 年第 9 期。

第二层次分为两个大因素群,即言语和教育方面的因素(V:ED)及操作和机械方面的因素(K:M);第三层次为小因素群,包括言语、数量、机械、信息、动手操作等;第四层次为特殊因素,即各种各样的特殊能力。① 弗农从不同层次来理解能力,在G因素和S因素之间增加了大因素群和小因素群,改变了二因素理论中一般能力和特殊能力对立的局面。

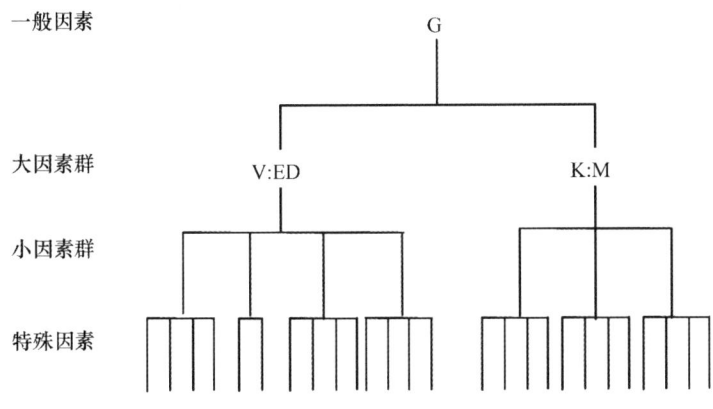

图1-4 能力层次结构模型

1983年,美国心理发展学家霍华德·加德纳(Howard Gardner)提出了多元智力理论,认为智力主要由7种相关能力组成:语言能力、音乐智力、逻辑数理智力、空间智力、身体运动智力、内省智力和人际智力。1995年,科利斯(Collis)提出,能力结构中存在阶层性,能力是有高低层次之分的;位于高层的能力更加抽象和概括,位于底层的能力则较为具体和多样;高层能力是改变底层能力的能力,决定着底层能力变化的速度与频率。②

---

① 甄凯玉、贾丽丽、陈志学:《综合职业能力探索与培养》,《石家庄铁路职业技术学院学报》2006年第3期。
② Collis, D. J., "Research Note: How Valuable are Organizational Capabilities?" *Strategic Management Journal*, 1995, 15.

能力的层次结构理论在人的一般能力与特殊能力间建立起联系，按照分类的思想划分能力的结构。因此，对能力的研究要深入其结构，分析能力的阶层关系，从不同层面进行建构，以对应教师在不同发展阶段的需求。本书遵循能力结构理论，重点以弗农的能力层次结构模型为依据，探究 STEM 教师需要具备的不同能力及能力间的联系方式，并试图构建中学 STEM 教师教学能力结构模型。依据能力的层次结构理论，按照能力的抽象程度，将 STEM 教师所应具备的教学能力分级划分，便于评价指标体系的建立。

三 教师专业发展理论

随着教育事业的不断繁荣，人们逐渐认识到教师在教育中举足轻重的地位。关于教师发展的研究起源于 19 世纪 60 年代的美国，并存在三种不同的说法。一种是将教师专业发展等同于教师的专业成长过程。霍伊尔（Hoyle）认为，"教师专业发展指在教学职业生涯的每一阶段，教师掌握专业实践所必备的知识与技能的过程"。一种认为教师专业发展是促进教师专业成长的途径。例如，利特尔（Little）指出，对教师专业发展的研究可以关注特定的教学法，从而探究教师是如何学会教学和如何获得专业知识等，或是侧重研究影响教师动机和学习机会的组织和职业条件。[①] 最后一种认为两种内涵兼而有之。

教师专业发展的关键在于教师教学能力的提升。陈德良等认为，教学是教师的根本任务，教师专业发展在很大程度上指教师教学发展[②]。王卫军认为，从教师教育过程的本质性分析，教师专业发展的目标应瞄准教学实践[③]。英国教育学家 Day 提出，教师教学发展是终身学习、不断解决问题的过程，是教师职业理想、职业道德、教学实

[①] Little, J. W., *Teacher Development and Educational Policy*, London & Washington: D. C.: Falmer press, 1992.
[②] 陈德良、周萍:《教师教学发展的路径探讨》,《教育理论与实践》2011 年第 9 期。
[③] 王卫军:《教师信息化教学能力发展研究》, 博士学位论文, 西北师范大学, 2009 年, 第 27 页。

践能力、教育经验等不断成熟、升华的过程。[①]

教学能力发展是教师专业发展的重要内容，具有动态性、阶段性与持续性。教师专业发展理论对中学 STEM 教师的教学能力具有较强的指导意义，为多角度分析中学 STEM 教师教学能力的研究提供了理论支撑。因此，本书将教师专业发展理论作为理论基础之一，探究中学 STEM 教师教学能力的构成要素及结构模型，以推动 STEM 教师的专业成长。

四　教学过程最优化理论

教学过程最优化理论由苏联教育家巴班斯基提出。教学过程最优化理论要求教师根据教学目标和任务，结合教学实际制定（或选择）一个能使师生花费最少的必要时间和精力且可以取得最好效果的方案。[②] 本书依据教学过程最优化的基本原理，从 STEM 教学的一般过程出发，认为 STEM 教师应充分考虑跨学科教学的硬件和软件等各项基本条件，并根据中学生特点，选择合适的教学方法，以最小的代价取得最优的教学效果，在此认识下制定中学 STEM 教师教学能力评价的各项指标。

第五节　研究思路

中学 STEM 教师教学能力结构模型的研究思路如图 1-5 所示。首先，梳理与总结 STEM 教育发展、STEM 教师研究、STEM 教师教学能力相关研究成果，界定 STEM 教育、STEM 教师、STEM 教师教学能力的概念。其次，了解中学 STEM 教育的教学现状，分析中学 STEM 教师教学能力的发展需求，反思 STEM 教师教学能力结构模型的研究；编码归纳传统教师教学能力结构要素，筛选针对中学 STEM 教师

[①] 吴振利：《美国大学教师教学发展研究》，博士学位论文，东北师范大学，2010 年，第 16 页。

[②] 汪基德：《现代教育技术》，高等教育出版社 2011 年版，第 21 页。

教学能力的要素。再次，参考传统教师教学能力模型，制定中学STEM教师教学能力结构框架。最后，采用德尔菲法检验模型的科学性、合理性，并修改结构模型，阐释中学STEM教师教学能力结构模型，并检验中学STEM教师教学能力结构模型的应用效果。

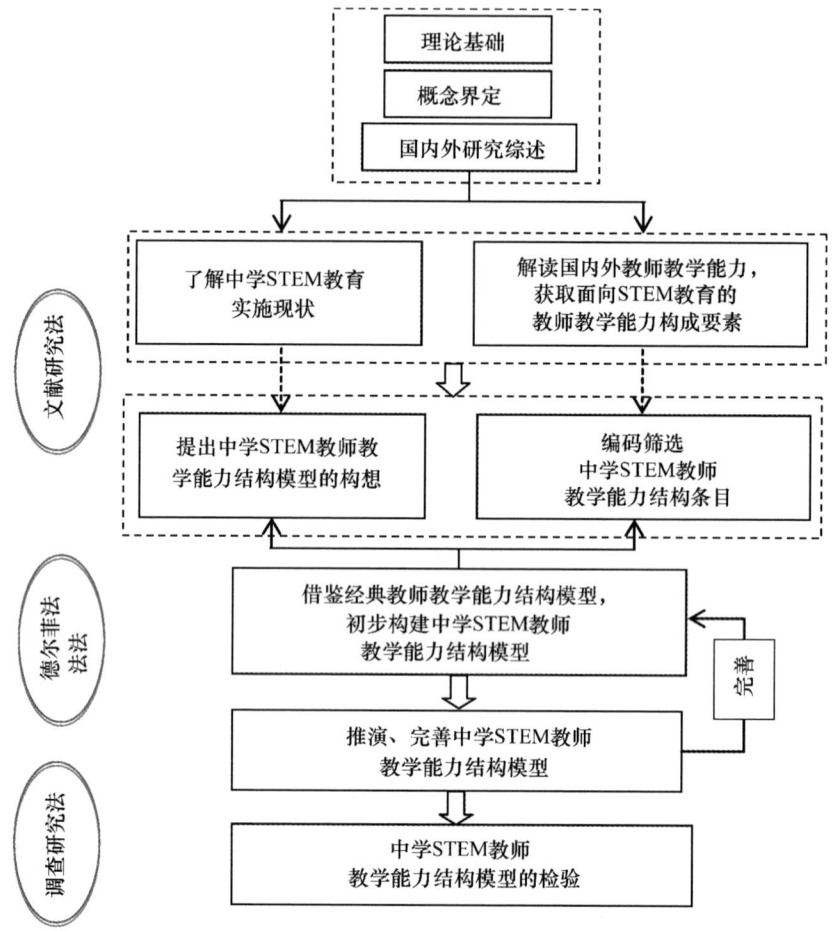

图1-5 中学STEM教师教学能力的结构模型研究框架

中学STEM教师教学能力评价指标体系研究思路如图1-6所示。首先，初步选取中学STEM教师教学能力评价的指标项。其次，走访

STEM 专家、STEM 中学教师结合同伴评价修订评价指标，通过探索性因子分析对评价的问卷数据进行处理，并根据结果调整评价指标体系。再次，结合验证性因子分析和教师访谈验证评价指标体系的信效度。最后，利用因子赋权法计算中学 STEM 教师教学能力评价指标体系二级指标和三级指标的权重，确定"中学 STEM 教师教学能力评价指标体系"，并面向学校、培训者和 STEM 教师分别提出 STEM 教师教学能力评价指标体系的应用建议。

第六节　研究方法

一　文献研究法

文献研究法主要应用于中学 STEM 教师教学能力相关的概念界定、结构模型以及评价指标体系等相关研究中。通过 CNKI 知网数据库、SCI 科学引文数据库、图书馆等广泛收集与 STEM 教育、STEM 教师、教师教学能力等方面的研究文献和资料，梳理国内外的 STEM 教育的研究现状和发展趋势，分析中学 STEM 教师教学能力发展需求；归纳中学 STEM 教师教学能力的相关内容。

二　德尔菲法

德尔菲法亦称为专家调查法，采用匿名函询的方式征询专家小组成员的意见，汇总、统计专家意见并修订模型；将修订后的模型再匿名反馈给专家小组，经过多轮专家意见征询，直至专家小组的意见和看法趋于集中，最终确定中学 STEM 教师教学能力结构模型，以此保证所建构模型的科学性、有效性。

三　调查研究法

研究主要采用访谈形式，通过采访者与被访者的语言交流，调查了解研究对象的基本情况与直接想法，获取第一手资料。围绕研究主

◇❖ 中学 STEM 教师教学能力评价与提升研究

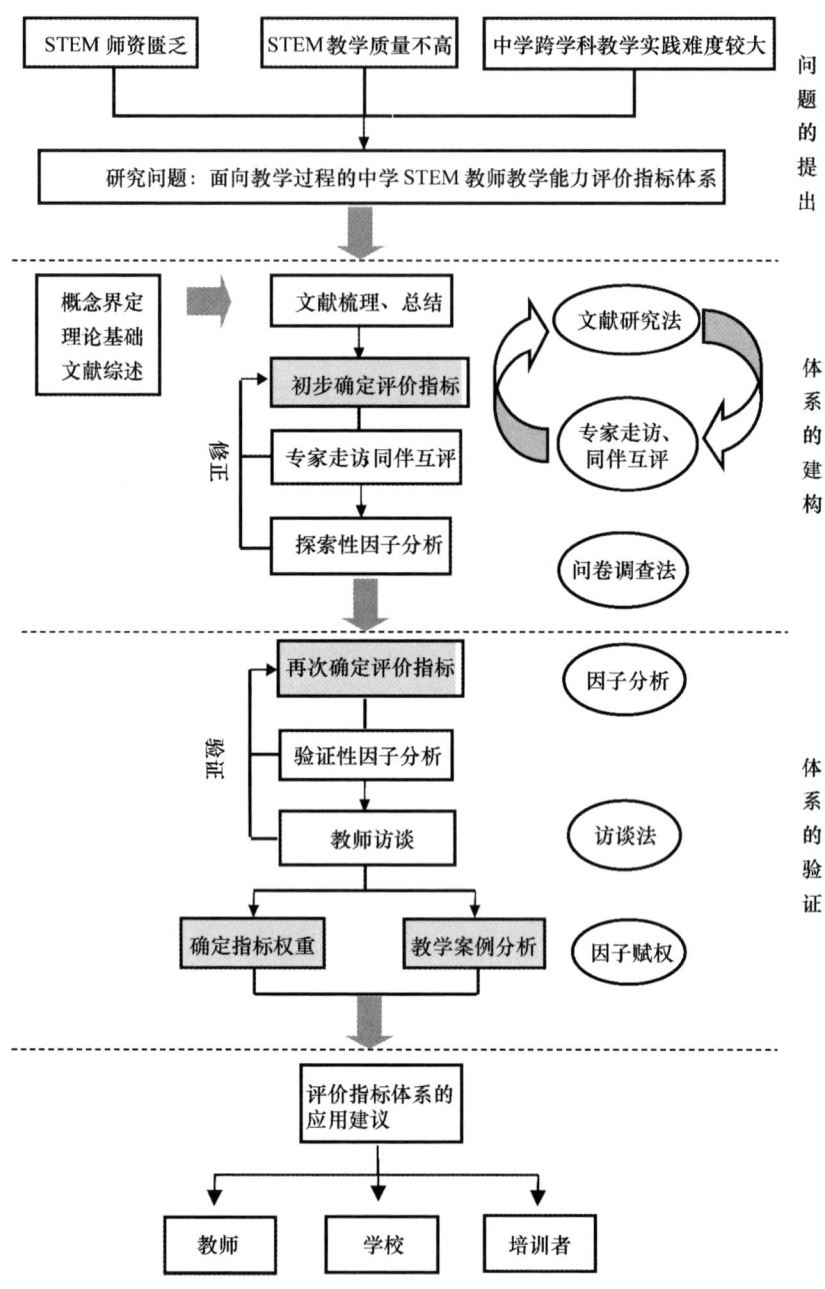

图 1-6 中学 STEM 教师教学能力评价指标体系研究思路

题，编制半结构化访谈提纲，选择承担过 STEM 教学的中学教师和参与、组织过 STEM 教师培训的人员进行访谈。记录访谈过程，整理访谈信息，验证中学 STEM 教师教学能力结构模型的可靠性、普适性。

四　访谈法

访谈法指访问者通过与被访者面对面的交流来系统收集数据信息的一种研究方法。访谈法应用于验证中学 STEM 教师教学能力的结构模型和评价指标体系，以获得 STEM 专家和教师对中学 STEM 教师教学能力评价指标的认同情况。

第七节　创新之处

一　研究问题：聚焦 STEM 教师教学能力的评价与提升

对于 STEM 教师教学能力研究匮乏问题，本书依据国情和区域特点，结合中学 STEM 教育在实际教学中的开展情况，从创新人才（创新意识、创新思维和创新能力）培养的视角，探讨中学 STEM 教师所需的教学能力并构建结构模型，为中学 STEM 教师的选聘、培养与建设提供帮助。

二　研究对象：面向中学 STEM 教师群体

为避免研究过于泛化，细化学段为中学，锁定具体对象为从事、参与或管理 STEM 教学的教师群体。根据中学学段的特点，采用文献研究法和访谈法较为全面地分析中学 STEM 教师应该完备的教学能力，明晰中学 STEM 教师教学能力的发展方向。

三　研究内容：中学 STEM 教师教学能力的结构模型和评价指标体系

STEM 教师应该具备哪些教学能力，如何变迁原有教学能力等问题亟待研究与解决。本书面向在中学从事、参与或管理过STEM教学相关活动的教育工作人员以及运用STEM教育理念开展跨学科教学的教师，运用文献研究法、德尔菲法、调查研究法探究中学STEM教师教学能力的结构要素，构建中学STEM教师教学能力的结构模型，以期为STEM教师的培训与发展提供支持与参考。

  为使评价指标体系更贴近一线STEM教师的常规教学，本书按照常规教学的过程，将中学STEM教师教学能力评价指标体系分为"STEM教学准备、STEM教学目标的阐明、STEM教学策略的制定、STEM教学技术的选用、STEM教学评价"五个阶段，并在每个阶段内细化了二级指标和具有可操作性的三级指标。无论是新手型STEM教师，还是优秀的专家型STEM教师，均能从中找到可供使用的内容。

第二章　STEM 教育对中学教育变革的影响

作为综合性、跨学科的教育模式，STEM 教育中学教育变革的影响产生重要影响。其不仅体现在中学综合实践活动课程实施和探究学习设计等具体的教育活动中，更体现在支持持续性的教育创新和促进教育公平实现等重大教育价值中。

第一节　STEM 教育引导中学综合实践活动课程实施[*]

2017 年教育部印发《中小学综合实践活动课程指导纲要》（以下简称《纲要》），着重强调综合实践活动的必修课地位、跨学科实践方法及动态开放性理念，鼓励学生在实践活动中运用开放的跨学科知识解决问题，进而形成多领域知识的整合能力。[①] STEM 教育理念提出的跨学科知识、项目化学习和综合性实践，与综合实践课程的基本理念、课程目标、课程内容等高度一致。

中小学综合实践活动课尽管作为一门跨学科课程，为教育实践领域的进步做出特殊贡献，但依然面临着理论提升的现实问题。STEM

---

[*] 本节主要参考赵慧臣、唐优镇、姜晨《STEM 教育理念下中小学综合实践活动课程的实施路径》，《数字教育》2018 年第 6 期。

[①] 教育部：《中小学综合实践活动课程指导纲要》，http：//www.moe.edu.cn/srcsite/A26/s8001/201710/t20171017_316616.html? from = timeline。

教育与综合实践课程具有共同的人文价值,以跨学科学习方式融入综合实践活动后,有助于突出综合实践课程对学生创新思维的培养、体现人本需求的终身教育理念。从我国中小学实践出发,STEM 教育理念内化于综合实践课程的实施路径包括:注重培养 STEM 教师;协调 STEM 团队支持综合实践课程的设计、开发、实施;设计 STEM 项目拓展综合实践课程;加强 STEM 课程资源建设。

一 STEM 教育理念融入综合实践课程的必要性

综合实践活动既呼应教育现代化需求,又以核心素养视域洞察人文关怀内涵;既从横向拓展与纵向递进两个维度关照学生跨学科能力培养,又重视对学生同情心、关怀恻隐、热爱、责任等情感价值观进行塑造。综合实践活动取得的成就和面临的挑战,为 STEM 教育理念的融入奠定了契机。

(一) 中学综合实践活动课程的内涵发展不断丰富

综合实践课程将科学教育与人文教育相结合,不仅重视学生操作技能的培养,而且重视学生核心素养的发展,鼓励学生在实践中培养创意物化的意识与能力;综合实践活动让学生在日常生活中近距离观察自然,引导他们根据个人的生活经验做出问题假设,促使他们在小组合作过程中对假设进行验证、在对话交流中得出正确结论。

首先,参与综合实践活动时,学生不断接纳新的知识与思想。一方面,在外部环境与内心世界碰撞过程中,学生要不断感悟自我行为与外部世界的关联,完成知识的内化。另一方面,学生要学会在小组中不断与其他成员进行沟通与交流,修正自己的错误思维与原有经验,完善自己的认知结构。[1]

其次,综合实践课程中的小组成员与教师能够构建互补共生、协同发展的和谐关系,小组成员互相学习充满爱与真诚的人文精神。学生置身于真实的社会场域,以活动为载体,能够亲身体验人与人之间

---

[1] 叶澜:《新世纪教师专业素养初探》,《教育研究与实验》1998 年第 1 期。

的交流、对话合作与分工协作的责任感，一方面锻炼学生处理本我与社会、自然、他人之间关系的能力[1]；另一方面从实践中领悟学习真谛，寻求适合自己的表达方式与价值体现。

最后，综合实践课程活动中的过程性评价、发展性评价有利于形成公平、透明的评价环境[2]，有利于培育学生社会主义核心价值观、责任担当、理性思考等品质。由于正向情感的生成性、自主性及开放性，学生在实践活动中会受到其他伙伴的影响，进而达到教育环境育人、化人的深层内涵，综合实践活动的内涵发展也因此得到进一步深化。[3]

（二）中学综合实践活动课程的外延活动不断拓展

《纲要》提出在综合实践课程设置中要进一步打破学科壁垒、突破时空界限、跨越资源边界，将"自主性、开放性、实践性、整合性、连续性"作为活动设计依据。表2-1展示了《纲要》推荐的部分活动，具现了STEM跨学科理念在其中的渗透。

表2-1　《中小学综合实践活动课程指导纲要》部分推荐活动

	学段	活动主题	说明
信息素养	小学	网络信息辨真伪	选择适合的浏览器，掌握常用搜索引擎获取信息，在获取信息的基础上学会存储，在信息搜索过程中提高信息辨伪能力
	初中	我的电子海报	能够熟练掌握艺术字设置，段落、字体排版，可以利用在线、脱机方式加入图片，学会使用电子表格进行常规计算。感受文字处理文件的用途及便利，初步形成数据处理收集处理能力
	高中	趣味编程入门	掌握程序语言基本思路，了解程序设计基本结构，编写简单程序

---

[1] 孙俊三：《教育机会的把握与教育智慧的生成——兼论综合实践活动教学的教学艺术》，《教育研究与实验》2004年第1期。

[2] 赵鑫：《论综合实践活动评价的合情性及其优化路径》，《教育科学》2017年第2期。

[3] [美] 布卢姆：《教育目标分类学》，施良方、张云高译，华东师范大学出版社1989年版，第16页。

续表

	学段	活动主题	说明
职业体验	小学	小小红领巾心向党	区分少先队员、共青团员、中国共产党党员三者不同,了解三者共性,初识组织领导与发展关系
	初中	少先大队	成立初中少先大队,参观爱国基地、观看爱国影片,增强民族自信心和爱国情怀
	高中	少年团校	学习党团发展史、了解团员义务与权利,了解团员的要求与入团流程,在高年级同学引领下学习共青团的性质
社会服务	小学	生活自理我能行	清洗个人生活用品,对自己学习用品进行分类,打扫个人居室
	初中	创建"银行"(书本、品德、习惯等)	小组讨论建设什么"银行"来解决生活中问题(如阅读问题、道德水平、行为习惯等);进行"银行"规则制定,提高小组组织和策划能力
	高中	争做环境志愿者	收集环境污染资料,实地考察环境污染状况,制作环境保护宣传海报并在学校、社区进行环境保护宣传

首先,在设计综合实践活动时,教师应从学生日常生活中的特定角度切入,以具体问题或项目为突破,引导学生以小组为单位共同拟定活动目标。例如,"网络信息辨伪""寻找身边小雷锋"等从学生的日常生活出发,鼓励学生通过小组合作共同完成任务。此时,学生从生活世界出发,在跨学科思维影响下,解决现实生活中遇到的实际问题,让学生在活动实践中养成解决问题的能力。[①]

其次,综合实践活动的过程交由学生自主设定,产生问题后学生在班级、家庭、社区实践中寻找解决办法,使综合实践活动进一步打破在校时间的限制、学校场域的固化等桎梏。学生基于兴趣自发组织

---

① 余胜泉、胡翔:《STEM 教育理念与跨学科整合模式》,《开放教育研究》2015 年第 8 期。

活动的内容和过程，走出课堂、走出教室，在更广阔的场域中进行学习，在活动中切实了解如何运用所学知识解决实际问题，并在问题解决后获得成就感。

最后，综合实践活动倡导资源的综合利用，鼓励学校、企业与社区等资源整合，发挥资源的聚合效益。综合实践课程理应关注合作双方的合理需求，并从持续性、整体性两个维度达成长远合作意向，使利于综合活动实践的资源从学校延展至社会各方，以打破资源固有壁垒，支持学生在包罗万象的资源中选择适合个性发展的模块，进而推动综合实践课程的外延式发展。

（三）中学综合实践活动课程的理论研究亟待提升

综合实践活动课程鼓励学生在"实践教育文化场"进行学习，提倡为学生的创新意识、创意物化能力、社会责任感等核心素养提供环境支持，在教育实践研究领域颇受关注。但遗憾的是，综合实践活动的开展虽然极富教育现代化特征，却仍难以完全脱离系统科学第一阶段的窠臼。[1]

STEM教育理念与中学综合实践活动课程具有共同的理论基础。一方面，STEM教育与综合实践活动均是杜威"做中学"理论及西蒙·帕伯特教授"建造主义"在我国教育领域中的本土化应用，二者具有共同的理论基础。另一方面，STEM教育产生于社会生产实践需求，具有深厚的社会基础。而当前社会、高校中兴起的STEM研究热也为STEM教育发展创造了契机。目前，探索联结STEM教育理念和综合实践课程的相关理论与实践研究似乎不多。我国应该重视二者的关联研究，通过STEM教育理念更好地促进中学综合实践活动课程的开展。

二　STEM教育理念融入综合实践课程的价值分析

（一）STEM教育理念于综合实践课程开展中体现开放性特征

首先，STEM教育与综合实践活动以具体项目或主题为出发点，

---

[1] Siemens G, "Connectivisma Learning Theory for the Digital Age" *Instructional Technology & Distance Learning*, Vol. 2, No. 1, 2005, pp. 3-10.

主张学生在自主探究的过程中去寻求真理，从多样、个性的学习过程中培养其跨学科知识运用能力、关心他人的意识、承担社会责任的人文关怀[1]。在项目与活动的开展中，学生与社会、社区、相关企业产生接触，其活动的场域与自然世界、现实生活产生密切联系。

其次，STEM 教育理念内嵌于综合实践课程，进而营造更加开放、活泼的活动氛围。活动目标更多交由学生设定，激励学生灵活运用多学科知识设计活动步骤，并在教师的合理干预下进行组内、组外互评，充分激发学生学习与创新意识。为了活动的顺利完成，学生必须掌握与伙伴、教师、社区进行有效交流的多种对话方式，让自己的思维时刻保持对外界开放的状态。

最后，支撑 STEM 教育发展的开源软件可以融入综合实践活动。开源软件可以为学生实践学习提供更为广阔的学习空间与丰富的学习资源，让学生可以利用其对活动中的物化作品进行反复修改、创作[2]。STEM 教育理念融入综合实践活动预示着学生活动场所将突破学校系统的局限，走向更广阔的社会生活；学生学习资源不再限于教师提供，将有更多学生自制的学习资源涌入教育领域。

（二）STEM 教育理念以表现性评价关注学生活动中的成长过程

综合实践活动课程不仅关注学生对知识的掌握和理解状况，更聚焦学生对技能的"运用水准"评价。因此制定评价学生的指标应从"知晓、了解水准"转向"实践、表现水准"[3]。STEM 教育理念与综合实践活动结合后会更加关注学生的"表现性评价"，多维评价学生的成长过程，做到以评育人。

在 STEM 教育理念的指引下，教师对学生进行个性化评价后，应及时向他们提供指导性建议，让学生优化思维、修改行为，并关注学

---

[1] Quintana C., Shin N., Norris C., Soloway E., "Learner–Centered Design: Reflections on the Past and Directions for the Future", *Cambridge Handbook of the Learning Sciences*, New York: Cambridge University Press, 2006, pp. 119 – 134.

[2] 陈刚、石晋阳：《创客教育的课程观》，《中国电化教育》2016 年第 11 期。

[3] 钟启泉：《综合实践活动：涵义、价值及其误区》，《教育研究》2002 年第 6 期。

生跨学科知识运用能力及问题解决能力的行为表现，通过小组活动中学生交流合作程度、创新思考程度对学生进行表现性评价；从个人身心活动、小组合作与交互、小组活动成果三个维度对学生进行评价，有利于激发学生的正向价值观。此外，STEM教育评价倡导教育技术参与，鼓励采用技术涵养的多元评价方式，如基于社交平台的共享性特点动员社会、家长参与评价，保证评价的公开、透明。

（三）STEM教育理念融合综合实践课程中培养学生创新思维

首先，STEM教育与综合实践活动共同关注创新思维的培养，相同的教育目标为二者的有机结合夯实了基础。创新思维是STEM教育的核心关注点，其内涵融于综合实践活动课程正符合此趋势。STEM教育理念下，综合实践课程基于学生熟悉的情景，开展体验式教学，鼓励学生从兴趣出发自建活动的目标、过程、评价方式，让学生在小组活动中利用学习工具实现创意物化，提升创新意识、创新思维和创新能力。

其次，STEM教育理念内化于综合实践课程可以实现对学生创新思维的培养，促进学生创新能力的可持续发展。学生在综合实践活动中自觉运用多学科知识解决实际问题，并在问题解决的过程中实现不同学科知识的多维整合，自主建构学科知识体系，其中知识内化吸收的过程属于认知层面的创新。[1]

最后，多学科教师的参与有助于学生打破学科壁垒，学科教师在综合实践课程中采用"同课异构"的方式进行备课、教学和教研，将跨学科的创新理念融于综合实践。STEM教育理念不仅关注创新，更由点及面推及至五大发展理念（创新、协调、绿色、开放、共享）。STEM教育理念在综合实践课程中的深层次应用，使项目或主题活动突出以创新为内核培养学生的协调意识、绿色观念、开放胸襟

---

[1] ［美］布卢姆：《教育目标分类学》（第二册：情感领域），施良方、张云高译，华东师范大学出版社1989年版，第16页。

与共享价值观。①

（四）STEM 教育理念内化于综合实践课程以回应终身教育呼唤

首先，在 STEM 教育理念指导下，综合实践活动的开展以学生为中心，教师和社会尊重学生发展的自由性和开放性，学生在实践中获得生成性知识，同时获得个性发展空间；注重发挥学生主观能动性，让学生在自我控制活动的进程中获得学习的收获感和趣味感，激发学生个性化探索更多学科、更深领域的教育问题。②而个性发展为学生在未来社会不断更新学习方法和认知策略提供方法论建议，成为他们终身学习的支持。

其次，STEM 教育理念于综合活动实践课程中适时渗透各学科核心概念，让学生在习得知识的同时，培养其架构认知世界（人文实践）、探索自我存在（价值观、世界观）、结交伙伴（政治意识、社会意识）等多维交叉、协同创新的实践能力；注重从不同领域、多个层次锻炼学生的实践能力，有效提高学生应对突发状况、解决实际问题的能力，为学生步入社会后开展终身学习提供持久动力。

最后，中小学阶段教育正处于学生成长发展的关键期，更应重视学生终身学习能力的培养③。开展基于 STEM 教育理念的综合实践课程会对学生的各方面能力产生关键影响：强化保持求知欲、好奇心的意识，提升解决真实世界问题的能力，增强其担当社会责任的使命感等。

三 STEM 教育理念下中学综合实践活动课程的实施路径

欲使 STEM 教育理念在中学综合实践活动课程中发挥最大功效，必须重视 STEM 生态系统在综合实践活动场域的建立。为此，需要借

---

① 中共中央宣传部：《习近平总书记系列重要讲话读本》，人民出版社 2016 年版，第 130 页。

② 何克抗：《新课改 新课堂 新跨越——教育系统如何实现信息技术支持下的重大结构性变革》，《现代远程教育研究》2013 年第 4 期。

③ Herschbach D R, "The STEM Initiative Constraints and Challenges", *Journal of STEM Teacher Education*, Vol48, No.1, 2011, pp.96–122.

鉴国外中小学领域 STEM 教育理念的相关理论与实践，结合我国中学综合实践活动课程现状，探索 STEM 教育理念下中小学综合实践课程的实施路径。

（一）培养 STEM 教师，形成优质师资队伍

教师的专业素质将直接决定综合实践活动课程的质量。可喜的是越来越多的教师愿意参与综合实践课程，教师的参与性、期望度明显增强。不过值得注意的是，教师中兼职教师而非专任教师居多，其学科背景比较单一，具有跨学科素养的专业教师仍然非常紧缺。因此，培养专业 STEM 教师以支持综合实践课程顺利开展显得尤为重要。

首先，相关部门应重视专业 STEM 教师的发展，并为其提供利于发展的职业环境：完善专业教师评价制度，给予完备的职业上升支持。一方面，拓展实践课程需要的基础设施与资源，为教师提供良好的施教环境；另一方面，加大综合实践课程的宣传力度，凝聚教育系统、社会各方的共识，提升专业 STEM 教师的职业成就感与学科认同感。

其次，地方教育系统应完善教师的职前培训，在入职前培养教师的跨学科教学能力及指导综合实践活动的能力，减少教师入职后的职业压力；定期为在职教师提供专业发展机会，可以邀请本地教育系统内或其他领域知名教师进行教育经验分享，并积极协助有需要的教师同相关专家建立密切联系，为教师发展提供服务支架。

最后，学校应为教师提供持续学习的场所与时间。以学校为纽带加强教师同社区、企业、家庭的联系，为教师学习 STEM 知识创造机会，使教师与社会各界产生联系、提高自身 STEM 技能的同时，可以提前了解实践活动进程，形成更为充分的准备[1]，为专业 STEM 教师发展提供强有力支撑。

---

[1] LéonieJ Rennine, "Teacher Collaboration in Curriculum Change: The Implementation of Technology Education in the Primary School", *Research in Science Education*, No. 1, 2001, pp. 49–69.

(二) 协调 STEM 团队，支持综合实践课程的设计、开发、实施

综合实践课程顺利进行需要专业的 STEM 团队提供智力、技术支撑，专业 STEM 团队的合理融入会使综合实践活动的开展更具科学性。综合实践课程目前在我国中小学教育体系中仍处于发展阶段。因此组建专业 STEM 团队以支持综合实践活动课程势在必行。

一方面，政府和学校可以联合高校或研究院的 STEM 团队，委托其对相关人员开展 STEM 教育培训，为综合实践课程提供师资和技术支持。政府和学校应重视中小学与 STEM 团队的对话机制建设，以 STEM 教育理论来指导综合实践课程的设计。综合实践课程在课程设计、开发、实施过程中遇到难以解释的理论问题，要及时寻求 STEM 团队的专业指导。

另一方面，学校应注意培育校本 STEM 专业团队，通过动态评价机制，将教学效果显著、领会 STEM 思维的教师聚集起来建立互助合作的教学共同体，为相关教师搭建平台以交流、反思、总结成功经验，并根据各年级学生的生理、心理发育程度进行推广。学校应对 STEM 团队协助学校设计、开发、实施综合实践活动的产出进行评价，确定 STEM 团队的产出效益，如表 2 - 2 所示。

表 2 - 2　　STEM 团队综合实践活动产出效益评价指标

评价维度	说明
项目切实性	项目是否切实学校发展实际，贴近学生真实生活
学科综合性	多学科知识、技能的渗透程度，是否考虑到学生最近发展区
时间利用性	项目的完成时间是否可控，是否影响其他学科教学
成果可测性	项目成果是否为具体作品，以何种方式展示

(三) 设计 STEM 项目，拓展综合实践课程

综合实践课程可以考虑加入以项目解决为背景的 STEM 课程，以锻炼学生将多学科知识融会贯通的能力。STEM 项目与综合实践课程

融合时要服务于学生核心素养的培育，应特别关注社会责任感及创新能力的提高。在综合实践课程中，项目开展要从学生的生活情境出发，聚焦学生的研究性学习，让学生在项目推进的过程中习得多学科知识。

社会、政府机构、中小学教师及家长要凝聚共识，为学生创造解决项目问题的有利环境，并及时提供帮助。学生在亲身参与、服务社会的过程中运用科学知识克服困难，体会解决真实问题后获得的成就感和获得感。教师根据活动核心目标，可以尝试交叉运用验证、探究、制造和创造等协同促进的 STEM 教学策略，鼓励学生验证猜想与假设，引导学生运用多学科知识及创新思维去探究未知现象，促使学生运用教育技术对已有产品进行改良和优化，启发学生进行产品的创新设计与开发。

STEM 项目要构建支持学生终身发展的实践课程框架，并设计相应的跨学科地图，帮助学生明晰学科、知识点与现实社会之间的联系；鼓励学生以玩耍、探究的心态与小组成员开展合作，并于活泼、轻松的学习环境中反复修改、完善想法，最终形成创意产品。

（四）加强 STEM 课程资源建设，支持综合实践活动

STEM 课程资源的建设与完备是综合实践课程得以开展的支撑与保障。完善 STEM 课程资源可以从线上线下、硬件软件、经费支持和安全保障入手，推动建立学科互助、校级联动、区域协调、动态创新的开放共享机制，从而以丰富的 STEM 课程资源为突破口和切入点，推动综合实践课程的可持续发展，如图 2-1 所示。

STEM 网络课程资源的开发要聚合教育行政部门、高校、各级中小学、社会四方力量，利用技术支持及各种开源软件完善多学科实践资源。例如，利用 QQ、微博等社交平台，整合社会各方力量，充分发挥各界人士的主动性与创造性，并结合大数据分析技术实时更新网络课程资源包，利用自适应技术动态生成适合不同学段、不同专题的资源库。

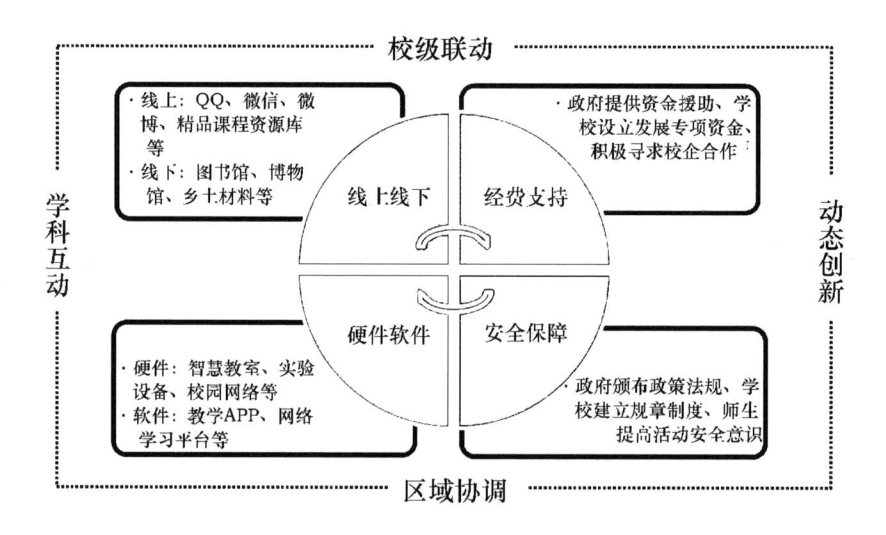

◈ 中学 STEM 教师教学能力评价与提升研究

图 2-1 综合实践活动的 STEM 资源支持

教育部门应积极探索优质实践教学资源的共建和共享机制，打造校际、区域间的资源共建、共享平台，为综合实践课程的开展提供常态、高质的网络资源。同时，政府与学校要完善支持综合实践课程开展的硬件配套设施，既要充分发挥已有资源的效能，也要积极争取社会机构、高校等的支持，建立与各地博物馆、高校 STEM 实验室、专用教室、创客空间的常态合作关系。STEM 课程资源的建设与完善需要联合社会各界力量，在共享、共创的理念指导下充分利用社区资源、乡土材料，共同达成促进综合实践课程发展的愿景。[①]

第二节　STEM 教育引导中学生探究学习设计[*]

探究学习是人类认识世界的一种基本方式。[②]《国家中长期教育

---

① 赵兴龙：《STEM 教育的五大争议及回应》，《中国电化教育》2016 年第 10 期。
* 本节主要参考赵慧臣《STEM 教育视野下中学生探究学习的设计与实施》，《现代教育技术》2017 年第 11 期。
② 刘景世、刘诚杰：《合作探究学习中教师的角色定位》，《电化教育研究》2005 年第 12 期。

改革和发展规划纲要（2010—2020年）》中强调应提高学生勇于探索的创新精神和善于解决问题的实践能力。STEM教育与中学生探究学习追求共同的目标，即提高学生的问题解决能力、交流合作能力及创新创造能力，提升学生的综合素质。STEM教育强调根据中学生的个性、兴趣及文化差异因材施教，蕴含探究学习的理念和精神，支持探究学习的实践活动。因此，开展STEM教育视野下中学生探究学习的研究很有必要。

一 国内外相关中学生探究学习研究的反思

20世纪80年代，自美国学者兰本达（Brenda Lansdown）在我国举办探究教学讲习班后，探究学习的相关研究不断深入。我国研究者在引进国外探究学习理论的基础上进行本土化重构，并在具体教学中实践应用。总体来说，国内外相关中学生探究学习的研究还存在某些不足，需要重点注意以下方面。

（一）探究学习的理念已经从验证性探究转向创造性探究

在验证性探究中，学生通过遵循课本上的逻辑推理、预定的探究过程，来验证知识的正确性。这就需要教师基于学生的经验来开展创造性探究学习，以引发学生的深层次思考。为此，谢杰妹[1]强调为了提升探究活动的质量，需要合理安排探究时间、内容，突出探究方式，重视探究思想渗透等策略，以求达成探究目标；熊士荣等[2]指出为了实现探究学习目标，评价方式应注重综合调查法、概念图评价法等质性评价方法，通过评价促进学生的探究学习、实现学生的进步；而余胜泉等[3]认为STEM教育能够支持学生以学科融合的方式，在解决真实世界问题的过程中掌握知识和技能，支持创造性探究。

---

[1] 谢杰妹：《初中科学探究学习目标的构建及其达成策略》，《全球教育展望》2013年第8期。

[2] 熊士荣、吴鑫德、肖小明等：《科学探究学习评价体系的研究》，《课程·教材·教法》2006年第3期。

[3] 余胜泉、胡翔：《STEM教育理念与跨学科整合模式》，《开放教育研究》2015年第4期。

(二) 注重在不同学科的实践应用,跨学科探究学习研究相对薄弱

美国虽然出于各种原因在20世纪的不同时期倡导探究学习,但均主张学生的探究学习是一种类似于专业探究、体现学科结构的目标导向性活动。我国学者探讨了在不同学科中实施探究学习的经验与建议,并从实践中提出不同学科中应用探究学习的策略。如马志成等[1]提出了化学探究学习的基本程序,即"引发问题→提出假设→探究科学→总结规律→拓展应用"。探究学习不仅仅需要在单个学科领域开展,更应围绕真实问题以跨学科方式实施,引导学生探究不同学科知识之间的关联,并培养其跨学科学习的意识和能力。

(三) 重视探究学习环境中的技术因素,学校、家庭、企业和政府等社会因素亟待关注

探究学习的开展有赖于学习环境的建设和信息技术的支持。一方面,相关的应用软件平台可以支持探究学习。如作为基于网络的协作探究学习平台,Co‒Lab以模拟性、建模性和协作性的特点,为学习者的协作探究学习提供了良好的支持[2]。另一方面,目前将现代教育理念与计算机技术支持的学习环境有效结合的研究,为探究学习提供了重要支持。其中,基于泛在学习环境的"互联网+旅游"主题探究学习可以引导大学生由浅层学习向深层学习跃迁[3];而中学生探究学习环境的建设不仅需要重视技术因素,还需要关注学校、家庭、企业和政府等社会因素,以支持学生将探究学习与生活、社会和未来职业联系起来。

(四) 关注探究学习中的失范问题,亟待开阔视野寻找解决方案

当前我国探究学习在认识上存在误区,导致在实践中出现始于经

---

[1] 马志成、胡秦琼:《高中化学新课程探索学习设计与实施》,《教学与管理》2009年第9期。

[2] 张军征、樊文芳:《模拟软件促进科学课程探究学习的作用分析》,《现代教育技术》2012年第4期。

[3] 王宏、王萍:《基于泛在学习环境的主题探究学习案例设计与实践》,《中国电化教育》2016年第10期。

验、基于经验和止于经验的自发状况,产生形式化、问题泛、方法泛和结论泛的失范现象①。探究学习的失范包含探究精神不充分与学科特征不明显两层内涵②:(1)如果探究精神不足,探究活动就会违背探究学习的本质,不能体现探究的基本精神。其中,控制式探究会导致学生自由的驯服化,表演式探究则会导致学生自由的虚假化③。(2)从学科层面来看,如果在探究学习中忽视学科特性,就会导致学科文化的失范。基于此,研究人员需要正视中学生探究学习中存在的失范问题,开阔视野寻找解决方案,优化探究学习的实践活动。

二 STEM教育应用于中学生探究学习的可能性

STEM领域的课程教学改革重视引导学生进行自主探究,促使学生的学习与社会实践相结合。借鉴STEM教育理念,有助于优化我国中学生探究学习。

(一)STEM教育及其教育应用

STEM教育不是科学、技术、工程和数学知识的简单叠加,而是将这四门学科的零碎知识变成相互联系的统一整体,是一种倡导问题驱动式教学的跨学科教育。STEM教育注重学科之间的关系,重新审视学科与社会、学生与社会的关系,意味着一种跨学科的、融合的和动态的教学方式和学习方式④。目前,STEM教育应用主要涉及以下方面。

1. 基于STEM教育理念的教学活动设计

STEM教育跨学科知识融合和通过实践解决真实情境中存在问题

---

① 徐学福:《论探究学习的失范与规范》,《教育学报》2009年第2期。
② 张俊列:《探究学习的失范与规范——新课程案例引发的反思》,《课程与教学管理 中小学管理》2010年第2期。
③ 谢丽娜:《探究学习中"学生自由"的异化及合理化》,《教育发展研究》2010年第10期。
④ 董泽华:《美国STEM教育发展对深化我国科学教育发展的启示》,《教育导刊》2015年第2期。

的理念，为教学活动设计提供了新方法。如王娟[1]探讨了STEM教育与机器人教学相结合的方式与途径，构建了STEM理念下机器人教学活动设计模型；张丽芳[2]以STEM理念为指导、以项目学习为载体，研究了基于STEM的Arduino机器人教学内容的开发、机器人教学的开展流程。将STEM教育的跨学科理念应用到教学活动的设计中，把原本独立的学科知识进行综合后融入教学活动，并在教学活动中设置相应的学习任务，可以提升学习者的知识水平与跨学科学习技能。

2. STEM教育理念为跨学科课程设计提供了指导思想

融合STEM教育理念的课程内容制定是课程设计变革的重要方式。为此，我国学者已开展了融入STEM教育理念的不同学科课程资源的设计与开发研究，如邹燕燕等[3]介绍了STEM视野下科学课堂"做中学"项目的设计；李扬[4]针对我国科学教育开展中存在的问题与不足，从理论层面提出了融入STEM理念的科学课程的教学策略与原则。

3. 基于STEM教育理念的项目实践的设计与实施

STEM教育跨学科知识融合和通过实践解决真实情境中存在问题的理念，为探究项目的设计与实施提供了新思路。如余胜泉等[5]借鉴建构主义教学方法，将STEM教育理念融入项目设计、开发与实施的各个环节，构建了基于STEM教育理念的项目开发模式。在STEM教育理念支持下开展项目实践，引导学习者综合运用各科知识并通过探究学习来解决问题，可以促使学习者将所学知识内化于心，最终实现

---

[1] 王娟：《STEM整合视野下的机器人教学活动设计》，硕士学位论文，温州大学，2014年，第43页。

[2] 张丽芳：《基于STEM的Arduino机器人教学项目设计研究》，硕士学位论文，南京师范大学，2015年，第22页。

[3] 邹燕燕、宋怡：《STEM视野下的科学课堂"做中学"项目设计——以〈蜡烛抽水机——大气压力〉为例》，《科学大众·科学教育》2016年第10期。

[4] 李扬：《STEM教育视野下的科学课程构建》，硕士学位论文，浙江师范大学，2014年，第1页。

[5] 余胜泉、胡翔：《STEM教育理念与跨学科整合模式》，《开放教育研究》2015年第4期。

综合能力的提升。

(二) STEM 教育应用于中学生探究学习的价值分析

以 STEM 教育理念指导中学生开展探究学习，不仅有利于他们理解科学、工程、技术和数学等领域的基础知识，而且能够锻炼他们综合运用科学知识解决真实情境中问题的能力，有助于培养他们的创新能力、综合设计能力和动手实践能力。

一方面，借鉴 STEM 教育理念开展中学生探究学习的理论研究，可以丰富探究学习理论。目前探究学习的自主理论研究相对薄弱，通过吸收相关理论的精髓来丰富探究学习理论的研究亟待完善。我国中学生 STEM 教育虽然已经逐步展开并取得了一定成效，但针对 STEM 教育视野下中学生探究学习的研究仍然相对匮乏。因此，有必要从 STEM 教育视野构建中学生探究学习理论，以期更好地指导中学生开展探究学习。

另一方面，以问题解决为导向，进行中学生探究学习的设计研究，可以推动开展中学生探究学习实践。面对探究学习失范的现象与问题，不少中学师生对单纯以技术优化探究学习持怀疑态度，甚至持否定意见。STEM 教育将为中学生开展探究学习实践提供新视野，并将有助于解决探究学习实践中遇到的问题，支持教师从 STEM 教育的角度开展中学生探究学习，为教育管理机构通过教育规划和政策制定来支持中学生探究学习提供参考。

三 STEM 教育视野下中学生探究学习的具体设计

(一) 现状与问题

STEM 教育视野下我国中学生探究学习的研究借鉴了发达国家开展 STEM 教育和中学生探究学习的案例及经验，并通过分析已有文献和对中学教师、教育专家及中学生等的访谈，分析了中学生探究学习在问题提出、活动设计、资源支持、评价方式等方面的现状，认为目前中学生探究学习存在着问题导向不足、所用学科知识单一、社会协作支持不够等问题。此外，STEM 教育视野下我国中学生探究学习的研究还针对中学生探究学习中存在的问题，借鉴 STEM 教育的教学理念和实践方法分析了问题产生的深层次原因，为探究学习的后续深入研究奠定基础。

（二）基本流程

STEM 教育视野下中学生探究学习的基本流程解释了中学生探究学习应该怎么做的问题，具体流程为：提出与分析问题→应用跨学科知识→团队合作→选择与应用适当的技术→探究与设计作品→展示与评价成果，如图 2-2 所示。

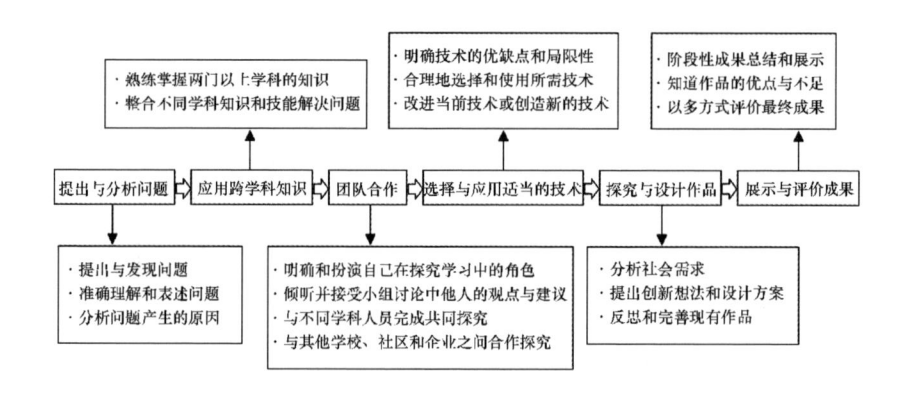

图 2-2 STEM 教育视野下中学生探究学习的基本流程

（三）活动设计

STEM 教育以项目实践活动为支撑，用整合的教学方式培养学生掌握概念和技能，并以此解决真实世界中的问题。STEM 教育视野下中学生探究学习主要分为四个阶段：准备阶段（学生选择所需工具与资源）、实施阶段（学生自主完成活动任务）、改进阶段（学生在探索中培养创新能力）和反思阶段（巩固和完善学生的认知结构）。

STEM 教育视野下中学生探究学习活动以生活问题和社会问题为中心，在分析教学目标、跨学科知识地图和学习者特征的基础上，针对问题设计跨学科的探究学习活动（包括工具与资源设计、学习活动设计、支架设计、评价设计等），以增强中学生丰富多样而又相互关联的探究学习体验。

(四) 评价指标

STEM 教育视野下中学生探究学习的评价应以形成性评价为主。具体来说，需要借鉴 STEM 教学实践的标准，以学习和应用不同学科内容、整合不同学科内容、解释和交流不同学科内容、问题导向的探究、逻辑推理、团队合作、技术应用策略作为评价维度，来评价中学生探究学习的效果，如表 2-3 所示。

表 2-3　　　STEM 教育视野下中学生探究学习的评价指标

一级指标	二级指标
学习和应用不同学科内容	①展示对不同学科内容的理解； ②应用不同学科内容解决复杂问题。
整合不同学科内容	①分析不同学科的跨学科连接点； ②运用不同学科的知识与技能，设计现实问题的解决方案。
解释和交流不同学科内容	①应用恰当的、适合特定领域的词语来交流探究内容； ②评估、整合不同呈现形式的信息和资源； ③形成基于证据的观点； ④与他人进行有效的、深度的交流。
问题导向的探究	①提出问题，识别并定义全球化挑战和现实世界问题； ②通过自主探究来解决问题，并发现新的问题。
逻辑推理	①进行批判性思考； ②选择和应用适当的系统方法； ③应用跨学科思维提出创新性思想； ④分析全球化问题和现实世界问题的影响； ⑤把观点迁移到新的情境中，得出新的思想或运用新的观点。
团队合作	①经常识别、分析和执行特定专业的专家角色； ②经常与他人分享思想与学习成果，并与不同学科团队有效合作完成目标； ③经常倾听和接受他人的想法； ④与学校、社区和企业等进行合作。
技术应用策略	①能够识别、理解和设计问题解决方案或构建复杂问题方案所需的技术； ②能够分析技术的局限、不利因素和影响因素； ③基于责任和伦理，规范地使用技术； ④能够改善或创造新的技术。

(五) 支持系统

STEM教育视野下中学生探究学习的支持系统如图2-3所示。该系统通过基础教育（主要指中学）、高等教育、企业（商业与工业）以及教育管理部门协同支持中学生探究学习[①]。其中，基础教育联系学生、教师、课程，为中学生探究学习提供教学指导，并优化探究学习的环境；高等教育与基础教育建立课程联系，共同研究与推动中学生探究学习；企业为中学生探究学习提供实践支持，引导中学生分析学科、职业与生活的关联；教育管理部门则为中学生探究学习提供政策引领和项目、资金等方面的支持。

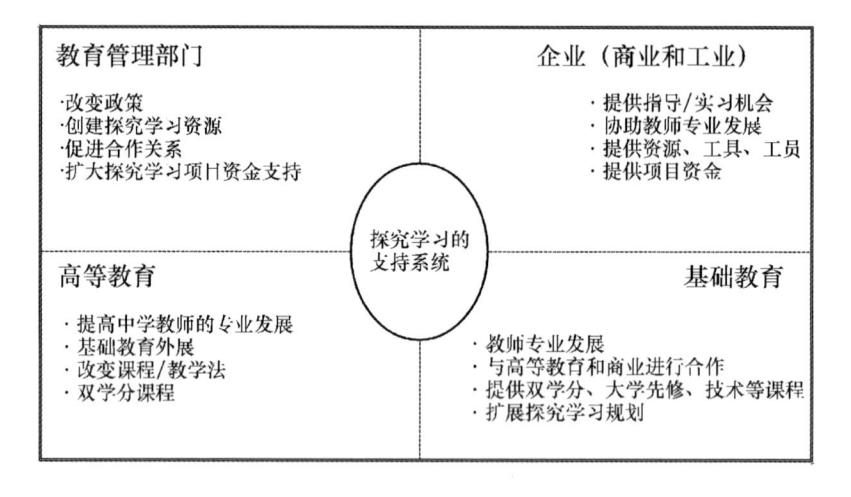

图2-3 STEM教育视野下中学生探究学习的支持系统

四 STEM教育视野下中学生探究学习的实施策略

(一) 组建跨学科研究团队

对于STEM教育视野下中学生探究学习的研究而言，组建跨学科研究团队必要。研究团队既要有具备一定STEM教育及探究学习理论

---

① 赵慧臣、陆晓婷、马悦：《基础教育、高等教育、企业以及教育管理部门协同开展STEM教育——美国〈印第安纳州科学、技术、工程和数学（STEM）行动计划〉的启示》，《电化教育研究》2017年第4期。

基础的研究人员，又要具有跨学科知识的一线教师，以保障STEM教育视野下中学生探究学习实践研究的顺利实施。一方面，研究者需要深入了解信息化教学设计、STEM教育及探究学习的相关研究成果，具备扎实的理论基础及研究经验；另一方面，中学的校领导和一线教师需要与研究者结成紧密的合作关系，通过理论与实践相结合的方式共同开展行动研究。

（二）基于问题开展研究

开展STEM教育是我国基础教育发展的热点，推进探究学习则是中学生教学改革的切入点。目前，探究学习在开展过程中存在重探究过程、轻探究结果等问题。STEM教育视野下中学生探究学习研究既要借鉴当前国际STEM教育的相关理论与实践，又要针对我国中学生探究学习的现状，以问题为导向，制定适合我国中学生探究学习的设计方案，并在合作学校开展行动研究，进而提出建议、完善方案。

（三）综合多种研究方法

目前，中学生探究学习的研究方法主要是理论分析、调查访谈和案例设计。而从STEM教育的视野探讨中学生探究学习问题时，需要综合运用文献研究、问卷调查、课堂观察和行动研究等研究方法。其中，文献研究方法指收集国内外STEM教育的相关研究文献、实践案例以及中学生探究学习的研究成果分析我国中学生探究学习研究取得的成果及存在的问题，并从学理层解读STEM教育对中学生探究学习的指导作用；行动研究法则指在自然、真实的学习环境中，按照一定的操作程序，以解决中学生探究学习中存在的实际问题为目标，不断验证与完善中学生探究学习的实施策略。

（四）形成便于传播和应用的研究成果

开展STEM教育视野下中学生探究学习的研究，需要在深入了解国内外STEM教育和探究学习相关研究成果的基础上，从STEM教育视野下分析中学生探究学习的相关问题，提出中学生探究学习的活动设计与实施策略。其中，研究者把具体的实施过程录制成直观的视频案例、撰写成指导手册，可以为其他学校实施探究学习提供经验与借鉴，不仅可以形成便于传播和应用的研究成果，而且可以作为优质资源用来提升中学生探究学习的质量。

第三节　STEM 社区支持持续性的教育创新*

STEM 教育以培养学生的探索精神和创新能力为目标，已经成为培养创新型人才、提高劳动力水平的重要方式。在"大众创业，万众创新"的背景下，我国不断汲取国际经验开展 STEM 教育。加强 STEM 教育与社区教育的联系，可以为创新型人才的培养提供有益的启迪与借鉴。

一　STEM 社区问题的提出

人们把社区教育与 STEM 教育结合起来构建 STEM 社区。它通过与社会组织合作，为 STEM 教师和学生提供真实的学习空间，并开展针对性的服务指导。STEM 社区不仅是教师和学生的工作空间、学习空间、社交空间和资源共享空间，而且能够为他们提供团队融合、媒体资讯和就业培训等全方位的服务支持，从而激发学生的创新意识，鼓励学生生成创新性产品。在"互联网+"教育的背景下，人们可以利用高新设备和互联网在 STEM 社区与多种网络空间联动，从而丰富 STEM 教育的优质资源，塑造 STEM 文化的良好生态。

（一）我国 STEM 社区的反思

作为 STEM 教育的倡导者，美国白宫、国会、教育部以及各州教育立法、行政部门统筹颁布法令，不同背景的官方机构、非营利机构、大学、行业协会甚至成立专门的 STEM 教育组织参与 STEM 战略

---

* 本节主要参考赵慧臣、张艺苇、张亚林、张银平《从参与、愿景、设计到实施：STEM 社区如何构建持续性的教育创新——基于美国〈STEM 社区参与的 DIY 指南〉》，《中国电化教育》2017 年第 11 期。

的制定和实施①,为 STEM 社区提供支持。此外,德国有全面、全民参与的社会 STEM 机构,支持 STEM 社区的发展和运行。在实施案例方面,《飞机场》和《制作微型雪橇》两个 STEM 案例开展项目式学习,在机场、雪橇等真实问题情境中,通过探索、解释、评估和延伸等系列活动,提升学生的思维能力和解决问题的能力。②

我国教育人员借鉴国内外相关文献,分析 STEM 教育的理念、跨学科整合与创客教育的关系、学科整合、教育政策以及 STEM 学校建设方案等,对我国 STEM 教育的可持续创新起到了推动作用。然而,"STEM 教育不是单一机构所能完成的,它一定是通过全社会共同努力,各机构形成合力的创新协作的生态系统"③。尽管上海的昂立 STEM 教育成功整合科学实验、模型建构、机械能源、机器人搭建与编程以及 3D 打印等资源和成果,并引入美国和加拿大科技体验模式,形成玩学结合的体验模式,但大部分学生仍处于观望状态或者初体验的阶段,并未形成大规模、高质量的社区教学活动形式。

整体而言,我国 STEM 教育尚未形成成熟的 STEM 社区案例,实践方面有待深化;针对不同社区组织的参与问题,尚没有具体的操作方案可供参考。此外,由于我国地区发展不平衡的国情,STEM 教育出现了发达地区发展较快,欠发达地区发展滞后的状况。如何将社区理念与 STEM 教育融合,实现教育创新仍需进一步探索。

(二) 美国 STEM 社区的借鉴

美国《STEM 社区参与的 DIY 指南》(*Do – It – Yourself Guide to STEM Community Engagement*)由 N. C. STEM 社区负责制作而成。该指南由社区参与、社区愿景、创新设计、商业规划和实施四大模块组成。每个模块包括关于阶段性的、代表性的文件以及演示文稿的链

---

① 杨亚平:《美国、德国与日本中小学 STEM 教育比较研究》,《外国中小学教育》2015 年第 8 期。
② 敖晓会:《从国外两个典型案例探析 STEM 教育的核心特征》,http://www.sohu.com/a/162207881_154345,2017 年 5 月 20 日。
③ 王素:《2017 年中国 STEM 教育白皮书解读》,《现代教育》2017 年第 7 期。

接、工作表和其他材料等①。

尽管指南中有固定的 STEM 社区参与顺序要求，但每个模块均可以作为独立的资源，以适应学习对象的不同需求和目标。指南可以作为学校、地区和当地社区组织的引导工具，指导人们参加更加广泛的利益相关者的可持续教育创新的社区。任何希望通过教育创新来影响当地社区和经济的人均可通过该指南发现支持社区创新的工具、过程和策略等。

二 STEM 社区可以支持可持续的教育创新

美国 eSchool News 认为 STEM 教育将逐渐成为美国教育的主流，成为未来具有代表性和影响力的教育科技创新方向②。如何维持 STEM 教育的可持续性创新成为人们关注的问题。STEM 社区能够很好地弥合教育输出和劳动力需求之间的差距，成为构建教育可持续创新的重要方式。考虑到 STEM 职业及其他领域对 STEM 能力的需求日益提高，STEM 社区能够很好地弥合教育输出和劳动力需求之间的差距。

（一）STEM 社区凸显"以人为本"理念，体现教育的本质

在知识经济时代，培养创新型人才成为现阶段教育的重要目标。社会对学生学习的期望不再是被动地接受教师所教授的内容，而是注重培养其探究精神；注重学生主动建构知识，并付诸实践。

传统分学科教育中，学生难以整合不同学科的知识，解决实际问题的能力被限制，仅仅将所学停留在理论层面，难以深入到实践。学校为了增强学生的实践技能，并将知识与题目融入生活中，来培养学生的创新能力。为此，STEM 社区强调"以人为本"，通过"教育"

---

① Akua Carraway, Karl Rectanus, Mark Ezzell, "The Do‑It‑Yourself Guide to STEM Community Engagement", http://docplayer.net/54110‑The‑do‑it‑yourself‑guide‑to‑stem‑community‑engagement.html.

② 丁明磊：《美国 STEM 教育计划对我国科技创新人才培养的启示及建议》，《全球科技经济瞭望》2015 年第 7 期。

"培训"和"发展"来挖掘学生的创造潜能，提高他们的综合素质。

（二）STEM 社区整合教育资源，促进创新人才培养

在 STEM 社区内，学校、师资等教育资源丰富，如何有效利用学习资源成为社区创新的关键。相对于传统教育，STEM 社区充分利用现有资源，注重资源的共享，促进资源不断更新，可以降低成本，提高效益。[①] 目前，在 STEM 早期教育和优质 STEM 社区之间尚未形成网络化的沟通。这成为实现《STEM 2026：STEM 教育创新愿景》的重要挑战。

STEM 教育需要考虑当地社区的特点和需求。首先，在全社会形成发展 STEM 教育的共识。[②] 国家的经济是否增长取决于该国公民所具有的创新思想以及将这种思想转化为创新产品与创新服务的能力，创新能力主要体现为现代社会对人们所要求的、必备的 STEM 素养。其次，建立传播 STEM 学习的地方网络系统，做好 STEM 社区的建设工作，来促进社区间协作和持续性学习。最后，不断吸纳来自不同群体（政策制定者、资助者、慈善组织、研究人员、实践者以及社区领导者）的力量，共同发展 STEM 社区，为全体青少年提供有效的 STEM 学习机会。[③]

（三）STEM 社区拓展社区教育，完善终身教育体系

《STEM 2026：STEM 教育创新愿景》将"网络化且参与度高的实践社区"作为 STEM 教育的六大愿景之一[④]。在 STEM 社区中，人们应开发、利用各种教育资源，促进成员的全面发展和社区可持续发展[⑤]。加大社区 STEM 的网络参与度，建立系统化、策略性的社区组

[①] 赵苏阳：《社区教育创新与美国社区教育经验的镜鉴》，《求索》2009 年第 8 期。

[②] 管文川、蔡洁：《上海市中小学 STEM 教育调研报告》，《上海课程教学研究》2018 年第 4 期。

[③] 金慧、胡盈滢：《以 STEM 教育创新引领教育未来——美国〈STEM 2026：STEM 教育创新愿景〉报告的解读与启示》，《远程教育杂志》2017 年第 1 期。

[④] 金慧、胡盈滢：《以 STEM 教育创新引领教育未来——美国〈STEM 2026：STEM 教育创新愿景〉报告的解读与启示》，《远程教育杂志》2017 年第 1 期。

[⑤] 汤汉林：《非营利组织参与社区教育的角色、优势及路径》，《湖北经济学院学报》（人文社会科学版）2015 年第 5 期。

织参与，可以有效地将教师与学生融入社区，为所有人提供优质资源，以提升学习体验。

STEM社区将课堂教学与现实问题联系起来，促进跨部门合作和提供非正式学习机会，能够产生批判性的思考者、创新者和问题解决者。STEM社区有助于支持学生积极参与各种正式或非正式STEM教学活动，形成STEM教育与社区和社会的协同发展。

三 STEM社区如何支持持续性的教育创新

"社区参与"工程设计模型描述了建立STEM创新活动的五大模块：提问、设想、计划、创造和改善，如图2-4所示。首先，设想社区应如何介入教育活动、应在哪些方面参与活动以及需要做什么准备？学校和社区组织应该对活动有提前的设想和准备，学校领导和社会组织的负责人应该定期组织会议，会议参与者进行头脑风暴，商讨活动开展的目的、方式方法和关键问题等，并筛选、组合成最好的实施方案。学校与社区需要对活动项目、内容、过程与实施策略进行规划，形成立足于公平、可扩展、可持续、创新和协作五项核心设计原则的教育创新设计计划（Education Innovation Design Plan，简称EI-DP），并对资源和人员进行最优化分配，从而更好把愿景付诸行动。经过多次完善后，师生依照前期设计的计划来实施行动。此时，领导们定期开展评估会议，测评人们对活动现状是否符合愿景。最后，教师将取得成果与愿景进行对比，找出问题后重新设想方案、制定计划和开展实施，并再次发现问题并进行改善，从而形成不断循环、持续更新的教育生态。

（一）社区参与：STEM社区支持持续性教育创新的前提

社区在公平与可持续的教育创新中发挥着独特而重要的作用，广泛、多样化的社区参与可以增加个人影响社区、地区甚至国家政策的能力，如表2-4所示。STEM社区把参与实践与宝贵的专业知识相连接，推动STEM教育的发展。在社区中，每个学生均可以提出自己的想法。其中，某些有价值的创新观点还有被社区采用的机会。

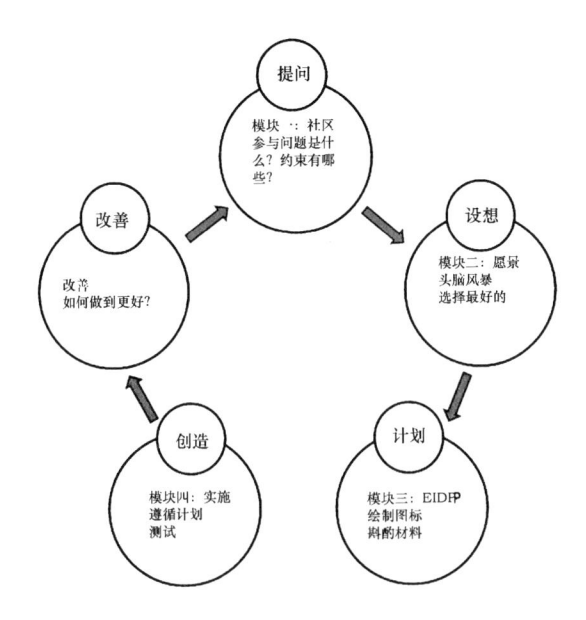

第二章 STEM教育对中学教育变革的影响

图2-4 基于"社区参与"工程设计模型的STEM创新活动①

表2-4　　　　　　STEM社区参与的过程指标②

过程指标 发展阶段	"弹性"指标：定性标准	"刚性"指标：定量标准
建立STEM领导团队 建立跨部门的STEM领导团队，通过制定愿景、设计活动和实施教育创新来引导社区	1. 选定STEM领导团队的推动者，并且让其领导跨部门小组、确定服务于STEM领导队的社区领导人有能力履行所要求的角色/职责 3. 制订具体的管理社区内部和外部沟通的计划	1. 至少有15名组成人员，作为所有相关部门的代表 2. 所有会议及活动的法定出席人数要大于最小限度的人数 3. 每周至少要有1次沟通交流会，来发送更新、跟踪行动项目，或计划未来的会议/活动

---

① Akua Carraway, Karl Rectanus, Mark Ezzell, "The Do–It–Yourself Guide to STEM Community Engagement", http://docplayer.net/54110–The–do–it–yourself–guide–to–stem–community–engagement.html, 2016–12–25.

② Akua Carraway, Karl Rectanus, Mark Ezzell, "The Do–It–Yourself Guide to STEM Community Engagement" http://docplayer.net/54110–The–do–it–yourself–guide–to–stem–community–engagement.html, 2016–12–25.

续表

发展阶段 \ 过程指标	"弹性"指标：定性标准	"刚性"指标：定量标准
评估社区准备 评估社区的准备——社区特征概貌和在参与过程中可能增加价值或具有挑战性的资源	1. 有经济必要性的明确依据和强调实例的创新集群，社区将其需求反映到创新解决方案中 2. 根据访谈反应产生的数据点建立针对该进程的社区能力基准	1. 在社区里，至少要有经济必要性的某些证据 2. 在社区，至少有创新集群的证据 3. 采访从各个部门选出的代表，以从不同的角度来衡量社区的准备
STEM社区参与入门手册 告知所选的社区领导要为STEM领导团队的目标和参与过程服务；并要求领导在参与活动过程中根据团队的目标发挥作用	1. 领导团队熟知STEM社区参与流程和工具 2. 建立领导团队规范 3. 有团队成员赞同的操作标准：会议时间表、约定规则等	1. 至少有法定人数的STEM领导团队参与STEM社区参与入门手册的制作 2. 每个部门至少派出一名代表出席STEM社区参与入门手册的制作，负责与一般社区人员沟通
SWOT分析/资产总图 明确社区资产，并成功找出潜在障碍	1. 勾勒STEM社区的资产总图，明确社区内所有部门的资产 2. 有针对性的战略，以追求与社区优势相一致的机会 3. 制订战略计划，克服自身弱点，追求更多机会 4. 有针对性的战略，以建立优势，减少潜在的路障 5. 制定清除阻碍的战略计划	1. 至少列出10个现有资产的汇总目录和各个部门潜在的机会 2. 至少列出5个财产目录存在的弱点和各个部门潜在的威胁

1. 建立STEM领导团队

社区中的STEM领导团队通过前期商讨愿景、制定规划以及实施活动，参与指导STEM社区内的教育活动和教育创新的开展。为了保证社区内各个阶层需求的代表性，多样化的领导团队必不可少。代表们的工作需包含以下方面：社区公立大学、K-12公立学校系统或地方教育机构、高等教育机构、社区组织、政府，以及其他作为社区主要合作对象的单位（医疗、企业、商会、媒体等）。

2. 评估社区准备

为了确保社区活动带来的效益是可持续的，学校领导与社区负责人必须提前准备评判的标准和工具，来指导人们准确评估社会组织在前期为社区活动所做的工作。人们可以运用工具识别现状与愿景的差距。另外，在实施过程中，可能会有许多社区中的因素参与进来，包括现阶段的经济可行性以及未来的经济可行性、社区中不同人群的参与度、历史的制度创新和地理多样性等。

3. STEM 社区参与入门手册

领导团队应首先熟知 STEM 社区活动的各项参与流程、各个阶段的作用以及成果，然后建立前期的准备手册（包含关于活动的一系列附加约定法则），根据岗位要求和个人才能任命不同的 STEM 社区领导，制定领导团队的管理法则、团队规范事项及总目标；对 STEM 社区活动开展所需要的工具和资源进行备案，同时拟定大致的会议时间表，社区领导定期开展评估会议以及总结会议。

4. SWOT 分析/资产地图

人们通过 SWOT（优势，劣势，机会和威胁）工具分析社区资产分配以及利用情况，使资金使用达到最优化；对社区的资源进行规划和合理分配，制订适应社区特色和情况的利用计划，分析资源的优势和弱势，减少资源短缺的现象，提高资源利用的效果。另外，STEM 社区还需要评估社区的内部环境与外部环境，营造丰富的 STEM 学习环境，制订适应当地情况的创新和竞争战略。

（二）社区愿景：STEM 社区支持持续性教育创新的基础

STEM 教育强调学习要完成真实情境中的任务。为此，STEM 社区应该确保任务中涵盖愿景与目标，深入分析学习内容，绘制学习内容的知识地图，展示跨学科知识之间的关联，如表 2-5 所示。STEM 社区愿景为创新设计和活动实施奠定了基础，是明确社区成员活动目的和核心价值观的重要内容，直接关系 STEM 社区的可持续性。

表2–5　　　　　　　　STEM 社区愿景的过程指标①

发展阶段 \ 过程指标	"弹性"指标：定性标准	"刚性"指标：定量标准
开发愿景声明 愿景声明需要符合STEM 社区未来的教育方向和经济发展要求	1. 领导团队成员要了解愿景过程，并随时准备最大限度地参与其中 2. 社区愿景应是公平的、可扩展的、持续性的、创新型的、聚焦和详细的 3. 对未来10年要取得什么样的成功有清晰的展望	社区儿童和经济发展有可共享的面向未来的愿景
规划社区的启动 根据需求，为社区量身定制启动活动，并收集关于社区未来发展的建议	1. 综合性的社区启动实施计划—纲要目标、组织工作、组织形式等 2. 知识渊博的领导团队要做好充足准备，并积极参与其中	至少有3次社区交流，其中最重要的是社区启动活动（保存日期、邀请、提醒）
社区启动 为社区提供了机会；最大限度了解新举措并分享人们对未来的憧憬	1. 在组织参与者中，由深入参与社区活动的不同社区成员来分享对未来的渴望 2. 全面分析社区启动活动收集的数据，捕获公众的声音 3. 为不断完善愿景声明，社区要及时启动数据分析 4. 修订的愿景声明要呈现社区启动的关键点	各个部门选出一名代表参加社区的启动活动
社区参与焦点的发布 进一步广泛参与社区；最大限度地使用技术手段，如网站、博客等	1. 虚拟工具（网站、博客、推特、脸书等）共享更新及通知社区倡议 2. 管理团队确定监督和更新内容	Web 流量增加：在一段时间内（每天、每周、每月）分析增加的 Web 点击次数

1. 开发愿景声明

STEM 领导团队的成员应尽可能多地了解社区前期基本情况，并为发展 STEM 社区形成愿景。该愿景不仅应具有一定的灵活性，可以在后期根据发展情况、人员变动和资源利用等情况进行修改；还应具

---

① Akua Carraway, Karl Rectanus, Mark Ezzell, "The Do – It – Yourself Guide to STEM Community Engagement", http：//docplayer. net/54110 – The – do – it – yourself – guide – to – stem – community – engagement. html, 2016 – 12 – 25.

有一定的创新性，能够根据 STEM 教育理念在社区开展教育创新，实施一系列创新活动。STEM 领导团队的人员应该尽最大限度参与其中，实时了解愿景的完成情况，同时清晰准确地展望未来的发展方向。

2. 规划社区项目的启动方案

社区启动活动旨在让社区成员综合性地掌握活动目标、活动形式、实施计划，熟知工作与任务。通过实施启动方案，社区成员在开展实施过程中说出自己的体验、感受以及建议等。该方案为后期活动的实施做了大量的准备工作。因此，规划社区项目的启动方案至少需要六个星期的时间来规划，以期通过不同的活动形式来满足开展 STEM 活动的需要。

3. 社区启动

应从各个职业中抽取代表，组成领导团队来参与社区的启动活动，引导不同行业的人根据未来愿景进行合作交流。该过程需要充分了解 STEM 的相关活动，并收集活动开展前后一定阶段的数据，并进行数据分析，最后整理数据分析结果，寻找出最适合该地社区发展的可实施的、具有现实意义的愿景。最终修订的愿景声明中需要显示社区启动的要素以及特色。

4. 社区参与焦点的发布

通过网站、博客和虚拟工具实现社区 STEM 学习过程的实时共享与更新，并通过交流工具推特、FACEBOOK 等与社会中各行各业的人进行交流：（1）征集有关真实性的学习问题和必要的预备知识；（2）了解学生在解决问题过程中需要查阅的信息，广泛听取意见，并在社区内进行倡议，最后在博客等社交平台上更新过程，向社区成员展示改善后的结果，让更多人认识到 STEM 活动开展的完备性。这样既有利于公众监督领导团队，又有利于 STEM 教育活动的实施。

（三）创新设计：STEM 社区支持持续性教育创新的关键

创新设计 STEM 社区，有助于 STEM 教育更清晰、更有条理和更具有可操作性。在不同阶段设计各个职能角色所需要实施的活动，不断吸引社区中的利益相关者参与到 STEM 教育的创新设计活动中，通过学校与社区的合作，共同构建和共享设计方案，促进 STEM 社区的推广发展，形成教育创新设计计划（EIDP），并推动该计划来影响 STEM 教育和经济，如表 2-6 所示。

表 2-6　　　　　　STEM 社区创新设计的过程指标[①]

发展阶段 \ 过程指标	"弹性"指标：定性标准	"刚性"指标：定量标准
领导设计会话：指导和通知领导团队通过工程流程为社区设计出教育创新的方案，不断将愿景转化现实	1. 领导团队应了解社区的创新设计原则，并应用于创新设计过程之中 2. 应将 5 个设计原则和愿景相匹配	1. 至少有法定人数的 STEM 领导团队代表所有领导参与设计会议 2. 每个部门至少应有一名代表出席设计会议，负责与一般行业的人员进行交流
开发教育创新设计方案：编译文件，制订计划和策略开发教育创新设计方案	1. 理论上应符合 5 个设计原则并能反映了社区各个部分的意见 2. 概述设计的重点和结构 3. 与大学前期准备和职业标准相匹配	社区儿童和经济发展有可共享的面向未来的设计方案
社区专家研讨会议流程：和其他社区共同审查教育创新设计方案	1. 鼓励社区参与者关注特殊问题和提出解决问题的方案 2. 解读社区内部的声音，并应用到教育创新设计的最终方案中	每个部门至少出五个社区代表出席会议，负责与一般行业的人员进行交流
关键的设计评审：实施 EIDP 中的"压力测试"来指导最后阶段的设计和开发	1. 召集不同小组的专家为"压力测试"的设计增加价值 2. 基于设计评审的建议重新修改教育创新设计方案 3. 评审相关文档	至少有五个可信赖的合作伙伴代表出席设计评审，负责与一般行业的人员进行交流

---

① Akua Carraway, Karl Rectanus, Mark Ezzell, "The Do-It-Yourself Guide to STEM Community Engagement", http://docplayer.net/54110-The-do-it-yourself-guide-to-stem-community-engagement.html, 2016-12-25.

续表

发展阶段 \ 过程指标	"弹性"指标：定性标准	"刚性"指标：定量标准
谅解备忘录： 向全部合作伙伴明确阐述过程中做出的承诺和设定的目标	1. 与预期达成协议的投资者建立正式的伙伴关系协议，包括实物和其他资源等各种形式的支持 2. 财政代理管理金融投资	
社区参与焦点——小事件，大影响： 通过促进活动或会议使社区继续参与互动过程，尤其是STEM教育活动和目标	1. 通过小事件展示项目的进展计划并促使社区成员在该过程中进一步参与活动 2. 通过活动中与会者参与方式的相关信息记录，为以后的通信收集联系人	1. 至少在此过程中，小型社区每个季度的活动应突出STEM教育的特质并更进一步地深入 2. 每个事件发生后的每天/周增加的网络流量

1. 领导设计会话

所有的利益相关者应该在充分了解地区情况和优势后，在五项基本原则（公平、可扩展、可持续、创新和协作）的基础上定期开展会议，共同商讨STEM社区的一系列活动设计，并制作出不同阶段所需要开展的活动表。与此同时，领导们应该实时掌握各个地区和行业的发展形势与趋势，并不断修改活动表格，紧跟流行热点，吸引社区人员的关注。

2. 开发教育创新设计方案

创新设计方案一般包括五部分。（1）为什么做：改变和革新STEM社区的理论意义与现实价值是什么。（2）做什么：确定具有创新点的STEM教育实施的总目标以及各级分目标。（3）能不能做：分析实施教育创新的可行性。（4）怎么做（谁来做，时间安排）：对各个职能人员进行分工安排，以及各个阶段的时间安排，并且规定每阶段要采用新型方法和策略，以及如何实现效果最优化。（5）做到什么程度：评估最终的结果以及要达到的目标水平。

3. 社区专家研讨会议流程

社区专家中包括各行各业的专业人员，能够清晰了解各行各业的发展情况以及所期望得到的结果，根据阶段的进展情况，多次审查前期设定的教育创新设计方案，并适度修改未来的愿景。

4. 设计评审的关键内容

该过程的关键在于利用教育创新设计方案中的"压力测试"结果指导最后阶段的开发和设计。此设计应与总原则保持一致性，保证中期测量的科学性，并设计好时间表、计划和预算，以确保后期的成功。设计的内容应确保学生可体验从设计到开发应用的全过程，在真实的实验环境中激发对STEM的学习兴趣。

5. 谅解备忘录的签署

制作备忘录，列出各个阶段所需要达到的目标以及相关活动，并向合作伙伴明确阐述该过程中做出的承诺和设定的目标。通过谅解备忘录可以清晰地呈现活动内容和相关准备，让每个成员清楚地了解各个阶段的目标和任务。

6. 社区参与焦点——小事件，大影响

社区通过开展会议确保STEM教育活动的目标和开展，使社区持续参与活动过程。在活动开展前，社区应事先营造有关STEM教育的舆论环境，然后再开展相关活动，面向社会介绍STEM社区中的教育方法和策略。利用专家的专业知识和职业素养在社区协助STEM学科教师革新课堂教学。

（四）业务规划和实施：STEM社区支持持续性教育创新的升华

在该模块中，人们主要的任务是设计可持续的组织实施和商业计划，并与合作伙伴以及利益相关者共同合作，开发短期内可实施的计划纲要（包含角色分配等），并不断优化长期计划，以及长远目标指导下所需的活动设计，如表2-7所示。

在STEM教育开展之初，人们应该通过科学的顶层设计来协调STEM教育资源的部署和投资，确立不同层面的牵头机构来协同各种类型的社会力量，牵头机构将负责召集其他联盟机构，共同开展项目规划的制订和修订，并跟踪其负责的优先发展领域的进度[1]。STEM

---

[1] 蔡苏、王沛文：《美国STEM教育中社会组织的作用及对我国的启示》，《中国电化教育》2016年第10期。

社区根据合作伙伴与社区利益相关者在不同阶段的需求设立的计划书,清晰地阐述在各个过程中所应用的资源。

表 2-7　　　STEM 社区业务规划和实施过程的指标①

发展阶段 \ 过程指标	"弹性"指标:定性标准	"刚性"指标:定量标准
商业计划开发:开发全面的商业计划,包括管理结构和可持续的发展规划	1. 商业计划中关键的元素是可持续的设计 2. 全面的财政计划包括最初的运营成本、本地资源使用情况(30%—40%)	共享计划的不断发展和可持续的创新会影响社区儿童的未来和经济发展
开发实施计划:开发为期1到3年的实施计划,概述领导的角色	1. 得到本地支持的投资用于创新的设计和计划实施 2. 渊博的知识和广泛的社区主动权支持	共享计划的创新实现会影响社区儿童的未来和经济发展
启动个性化创新改革:成功启动个性化创新改革,创新计划中完整精确地表达所采用的策略	在社区中已广泛推出了创新性改革	由团队来设置
成功测量——应用协作计分卡:检测个性化改革在当地以及全国的影响	领导团队准备一系列的协作记分卡及其指标	由团队来设置

1. 商业计划开发

社区内的利益相关者开展会议,与合作伙伴共同商讨,开发全面的商业计划,并修订 STEM 社区的管理结构和实施计划。在商讨的过程中,合作伙伴获得实施 STEM 教育短期、长期计划所需的资源,并形成商业模式以保存并利用资源。

---

① Akua Carraway, Karl Rectanus, Mark Ezzell, "The Do-It-Yourself Guide to STEM Community Engagement", http://docplayer.net/54110-The-do-it-yourself-guide-to-stem-community-engagement.html, 2016-12-25.

2. 开发实施计划

开发时长为 1 年到 3 年的实施计划，在计划中阐述项目领导的角色、确定其他各个职能角色、责任以及社区日常活动的领导结构，促使人们在社区协同合作，有利于明确地阐述 STEM 社区的愿景，并在业务规划阶段开展战略规划。

3. 启动个性化创新

STEM 社区需要完整、精确地阐述所采用的策略，并运用创新改革吸引内部和外部的资源投入，获得其他教育类政府组织等的支持，不断推动具有当地特色的改革创新。领导们应更加主动地参与、主持、执行会议，熟悉实施计划以及各自的责任，适当地将之前的社区活动与工作结合起来，提高成员们在社区开展 STEM 教育活动的创新意识。

4. 运用协作计分卡测量

运用标准的测量方法评估实施方案的发展潜力、市场优势以及预期的目标完成程度，检测个性化改革在当地以及全国的影响力。在制订计划过程中要不断地进行测量。例如，资金方面参考社区当地的资产总图，确保所有资产和资源在执行计划时能够达到预期目标，而且能较好地促进行动项目的实施。

四 STEM 社区支持持续性教育创新的启示

在我国"大众创业，万众创新"的时代背景下，学生实践能力和创新精神的培养不可或缺。《STEM 社区参与的 DIY 指南》为我国 STEM 教育的开展、人才的培养提供了指导，为推动我国 STEM 社区的建设与发展提供参考。

（一）学生、学校、社区和经济融合，营造 STEM 社区环境

STEM 教育活动需要学生、学校、社区和具有代表性经济地位的社会组织共同合作。因此，各个角色人员要严格履行各自的责任，互相帮助、互相商讨，共同设计开发基于现实问题的 STEM 教育活动，如表 2-8 所示。

表2-8　　　　　　社区人员的角色定位与职能发挥责任[①]

大学和职业准备的成果		教师/领导的有效性	
	孩子	学校	
	社区	经济	
创新型伙伴关系和投资		经济影响	

首先,STEM课程不仅强调不同学科之间的融合,而且注重学生与社会、知识与生活间的联系。学生在校期间要认真学习好不同学科知识,掌握必备的学科内容;不断丰富自身在校期间的社团活动,鼓励其参加跨学科课程,提升分析、判断、表达与应用能力。学生需要增强校园与社会的联系,不断关注职业岗位上的需求,选择感兴趣的方向,为未来做好规划,并做好职业准备,成为真正的创新型人才。

其次,作为学生在学习阶段停留时间最长的场所,学校更应该注重教育的智能化、信息化的发展。在课程方面,学校应该注重提升校本课程的品质,注重学科之间的融合,实行微课、翻转课堂、电子书包等新型课堂策略和教学模式,为学生提供可以动手操作和实践的场所。在教师方面,学校应定期对教师开展培训,明确树立STEM教育理念,提升STEM教学的品质。

再次,社区所开展的每项活动均基于社会中众多组织所赞助的资源以及创新型伙伴共同商讨的方案而开展,促使学生开展与STEM教育相关的学习探索,或者在当地社区担任STEM相关的职业,加强学生与外界社会的联系,不断促进职业规划以及职前准备工作。同时,STEM社区应向学校输送技术型资源,帮助学校开展课程和项目实践,培养学生创新实践的能力。例如,开展社会中的环境、新型资源、物化实验等热点问题的实践项目;向学校输送本行业中的技术人员,作

[①] Akua Carraway, Karl Rectanus, Mark Ezzell,"The Do-It-Yourself Guide to STEM Community Engagement", http://docplayer.net/54110-The-do-it-yourself-guide-to-stem-community-engagement.html, 2016-12-25.

为项目指导教师指导学生将科学知识与其他学科、社会问题相联系，以提高学生的科学素养与 STEM 综合素养。

最后，与合作伙伴形成协作关系引导学生在 STEM 社区产生积极的学习意向。教育行政部门支持 STEM 教师后备力量和持续的教师专业发展。STEM 社区将合作伙伴扩展 STEM 专业人员、社区人员和学校学生的协作，充分利用本地相关的科学资源与现实问题来丰富 STEM 课程；开发更多基于 STEM 教育创新项目的社区活动；加强科技场馆、博物馆的服务能力，逐渐扩大 STEM 教育的空间场所。在此过程中，学校以及社区领导权（规划、协作、实施、评估和总结工作等）的分配、主观能动性的发挥对社区活动的最终成果产生了重要的影响。

(二) STEM 社区需要构建循环持续渐进的教育生态

在具体实施方面，《STEM 社区参与的 DIY 指南》采用了可循环的工程设计五步模型：提出问题、计划、实施、改进和再提问，加强学生对不同情境下问题的分析、推理和交流的能力。学生主动发现问题，并清晰表达对相关问题的分析，创造面向问题解决的新产品。学生完成了前三个阶段后，需要思考如何做到更好，并将改善的理念用到"社区参与"中，如此反复，直至达到最优状态。

在经济效益方面，STEM 教育最终的目的是希望学生可以通过 STEM 教育活动产生一定的经济效益，能够通过社区工作，综合运用不同学科知识，提高解决开放性问题的能力。学生在产出具有经济效益的产品后会增加个人的成就感，强化学习兴趣与动机，从而更加努力地参与 STEM 教育活动。为了帮助学生开展基于现实世界问题的学习活动以及具有真实性的项目实践，合作伙伴为学生提供所需要的设备、器材和数字化学习工具。学校将学习内容与真实情境相融合，引导学生开展 STEM 学习。

在社会效益方面，STEM 教育培养出的高质量、高技术含量的劳动力成为创新竞争力和繁荣经济的关键。企业和机构看到越来越多的劳动力和经济发展的投资回报，更加积极地追加投资支持 STEM 教育，在教育投资和资源的辅助下，形成循环的教育生态模式。STEM项目的开发者可以将每次开展的项目数据存档比较；项目数据库中的数据会持续更新，根据数据走势形成变革方程，有利于改进活动内容、行动指标，完善其功能。教师借助相关数据可以帮助学生找到更适合的、高质量的 STEM 教育项目。[①]

（三）STEM 社区需要细化与评价指标对应的阶段流程

STEM 社区可持续的教育创新包括五大步骤：社区参与、愿景、EDIP、实施和改善。每一步又被细化为若干更详细的阶段，进一步形成可操作、可测量、可评价的指标体系，用以指导人们更好地开展工作。例如，在社区准备模块中，将其再分为：建立 STEM 领导团队、评估社区的准备、STEM 社区参与入门手册、SWOT 分析/资产映射四个分阶段，具体阶段层层递进，服务于整个模块。

STEM 活动的每个阶段根据评价指标与进度要求转化为可操作实施的项目活动。社区及学校相关人员围绕 STEM 教育理念来设计教学活动，利用其他领域中的现实问题来推动核心课程内容的学习。在 STEM 社区的业务实施与规划模块中，运用协作记分卡来衡量方案成功几率与评估相关活动方案的潜力。该协作记分卡的主要功能是进一步推动 STEM 教育和经济创新，提供明确的成功指标。重点更多放在：所有学生所在学院和学生对于职业的相关准备、教师与领导者的兴趣、创新伙伴关系和投资、活动所产生的经济影响。因此在社区中实施 STEM 教育活动时可以使用此工具，不断评估创新成果，了解有关工作的影响以及该活动在地方、省市和国家层面上的影响力测量，并根据测量情况不断修改。

（四）STEM 社区需要明确弹性和刚性相结合的评价指标

STEM 社区通过社会组织在校开展的实践项目成果来判断学生的实践操作能力，评估学生的 STEM 课程的成效水平。因此，需要建立

[①] 钟柏昌、张丽芳：《美国 STEM 教育变革中"变革方程"的作用及其启示》，《中国电化教育》2014 年第 4 期。

优秀 STEM 教育活动的评价标准，形成有效的评估量化表。[①] STEM 社区需要分析学校内部的财务资源，评估资源利用的有效性；并根据评估分析后的结果，对社区人员给予未来愿景中的承诺。

活动开展的每个阶段有定性和定量的标准。领导者、专家、教师、社会机构的负责人等利益相关者需要积极参与，共同建立科学的、可操作的评估指标体系。例如，在社区参与模块中"建立领导团队"阶段，其弹性指标为：（1）选定 STEM 领导团队的推动者，并且该推动者能通过过程参与来领导跨部门小组；（2）确定来服务于 STEM 领导团队的社区领导人有能力履行所要求的角色/职责；（3）制订具体的管理社区内部和外部的沟通计划。其刚性指标为：（1）至少有 15 名组成人员，作为所有相关部门的代表；（2）所有会议及活动的法定出席人数要大于最小限度的人数；（3）每周至少要有 1 次沟通交流会，来发送更新、跟踪行动项目，或计划未来的会议/活动。每个阶段的过程指标可以用来阐述期望达到的愿景，评价活动开展中过程性、阶段性的成果，总结不同时期存在的问题，并及时修改和完善应对方案。只有拥有了明确的标准后，各个职能角色才能清晰了解各个阶段需要做的事情，并将进度指标弹性与刚性相结合，从多个方面多个角度评价，在社区人员指导下以及学校教师的综合测评下，通过对学生的观察、考核及检测作品成果等方式，更有针对性地评估活动的完整性及有效性。

评价指标阐述了人们不同阶段期望达到的愿景，可以作为活动开展的标准。人们能够根据弹性和刚性的指标指导活动的开展，各个职能角色可根据指标要求进一步明确需要做的事情。其中，教师从广度和深度两个方面评估活动开展状况，将实际成果与弹性和刚性指标进行对比或在活动过程中开展过程性评价，可以清晰地找到不足与差距，并据此及时修改和完善活动方案。

[①] 钟柏昌、张丽芳：《美国 STEM 教育变革中"变革方程"的作用及其启示》，《中国电化教育》2014 年第 4 期。

(五) STEM 社区需要设计循序渐进的活动开展表

社区人员和学校需要通过严谨的工程设计实践帮助学生认识和理解 STEM 所需的相关知识、培养学生的科学素养,并为学生提供充分的实践机会,以应用所积累的经验解决实际问题。例如,在"创新设计"模块,从促进者、领导团队和大型社区三个方面设计行动开展表(如表 2-9 所示)。其中,促进者和领导团队需要完成该阶段规定的所有条目,但没有涉及大型社区。

表 2-9　　　　　　　　　STEM 社区活动开展示例[①]

推动者	领导团队	大型社区	行动条目
√	√		与领导团队共同安排系列会议,重点讨论以下主题: 1. 设计工具和过程(工程设计过程、创新领域等) 2. 工程设计专家介绍—潜在创新和导向 3. 头脑风暴设计与创新平台 4. 教育创新设计方案要素的开发
√	√		重点测试个性化的设计,根据 5 种设计原则将原型社会化
√	√		安排后续的设计会议,推进教育创新设计计划的设计和定稿工作

活动开展前社区要预先设计活动项目开展的示例表,向具有不同角色的社会人员展示活动开展的前期准备成果以及活动预设项目的具体内容,明确其职能责任。活动过程中,领导小组成员与活动项目的推进者和协调人员要时刻保持参与的状态,并按照原定的计划实施,边实施边收集反馈建议。依据实际情况与当地人员的反馈评价迅速对教育创新设计方案接下来的流程进行修改,完善最终的活动项目规

[①] Akua Carraway, Karl Rectanus, Mark Ezzell, "The Do-It-Yourself Guide to STEM Community Engagement", http://docplayer.net/54110-The-do-it-yourself-guide-to-stem-community-engagement.html, 2016-12-25.

划，确保活动的有序进行。最终，根据整体的实施情况完善整体方案，形成可借鉴的、可操作的活动实施方案。活动过程吸引了学生、教师、家长、领导和社会组织负责人等利益相关者的参与，活动成果所形成的作品体现了学生的独特创意。

第四节　STEM教育促进教育公平实现[*]

自20世纪90年代以来，许多发展中国家开始将科学和技术作为经济增长和发展的推动力，重视青少年的科技创新能力。为了增强国家竞争力，美国把发展STEM教育作为美国教育战略的重中之重。[①]在推进STEM教育的进程中，美国出现了性别和种族不平衡等教育公平问题。美国政府颁布的《美国竞争法》第6111条和第6112条提出如何将STEM教育服务于弱势群体的方案。STEM教育不公平问题不仅需要关注政策等宏观层面，还需要从微观层面的教学活动探讨如何落实。

一　STEM教育公平不仅关注教育环境，而且注重学习活动中如何实现

STEM教育公平即所有学生，无论性别、民族、出身、经济地位等，都拥有平等地接受STEM教育的机会，均能拥有较完备的教育资源，并能受到教师的同等对待。由于美国独特的社会文化背景，教育公平一直是STEM教育政策的常规内容之一，在各项法案和报告中均有所提及。2016年，美国研究所与美国教育部联合发布了《STEM 2026：STEM教育创新愿景》，总结了包括"促进公平的STEM教与学经验和资源"在内的STEM教育发展的八大挑战；指出要加强

---

[*] 本节主要参考赵慧臣、马悦、马佳雯、姜晨《STEM教育中如何实现教育公平——〈STEM教育需要所有儿童：公平问题的批判性审视〉报告启示》，《现代远程教育研究》2018年第5期。

[①] 赵中建：《STEM：美国教育战略的重中之重》，《上海教育》2012年第11期。

STEM 教育资源建设，重点关注 STEM 教师的培养，尤其是在 STEM 教育资源匮乏的地区；关注多样化的学生，提高各类群体接受 STEM 教育的机会。[1]

STEM 教育强调"以学生为中心"的教育理念，重视在 STEM 课程教学中引导学生进行探究，让学生通过实践探究获得知识并提高能力。探究学习成为学生学习的主要途径，其设计是否科学合理、是否能激发学生的学习动机以及是否能真正让学生学到知识并提高能力显得尤为重要。

由于每位学生的学习特征、家庭背景、文化背景等不同，探究学习的过程中难免会出现学生的学习结果有所差异。教师在设计探究学习活动时，应注意到公平问题，尽可能实现所有学生均能平等地参与到学习活动中并获得进步，做到教育过程的公平，进而达到教育结果的公平。2013 年，美国发布了题为 "*STEM Education Needs All Children: A Critical Examination of Equity Issues*" 的报告，深入探讨与解答了"如何在 STEM 教学层面即探究学习中体现教育公平"问题。

二 教育公平理念下美国 STEM 教育中探究学习的设计

在印第安纳大学（Indiana University）和普杜大学（Purdue University）的协助下，美国五大湖公平中心（the Great Lakes Equity Center）提出了"STEM 课程注意事项（STEM Lesson Considerations）"，在说明探究学习各阶段有效 STEM 教学元素的基础上，阐述了在每个阶段中体现教育公平的注意事项。其中，"有效 STEM 教学的元素"指在 STEM 课堂中开展探究学习的关键步骤，"公平注意事项"指教师基于教育公平理念在 STEM 课堂中开展探究学习的建议。STEM 教育公平应贯穿于学生探究学习的整个过程，包括准备、开展和总结反思三个阶段。

---

[1] 金慧、胡盈滢：《以 STEM 教育创新引领教育未来——美国〈STEM 2026：STEM 教育创新愿景〉报告的解读与启示》，《远程教育杂志》2017 年第 1 期。

(一) 探究学习的准备阶段

在准备阶段，教师引导学生进行探究学习实施前的预热活动，包括激发学生学习动机和引导学生形成对 STEM 项目的初步构想两个步骤，如表 2-10 所示。探究学习准备阶段强调将探究的动机建立在学生的个人兴趣、当地的社会和环境问题以及社会价值观的基础上，教师深入了解学生的家庭背景和文化背景，为提供与学生拥有相同背景的榜样来激励他们，以他们努力程度的反馈而不只是最终结果来评价初步构想。

表 2-10　　STEM 教育中探究学习准备阶段的教育公平问题[①]

有效 STEM 教学的元素	公平注意事项
学习动机	
学生想知道什么或者他们是否能被引导去思考：人们为什么做这个或者为什么对这个感兴趣？包括焦点问题、矛盾事件、简单的预测决定和连接之前的相关课程等方面	探究的动机应该建立在学生的个人兴趣、当地的社会和环境问题以及社会价值观的基础上
	为了有效激发学生的学习动机，教师需要深入了解学生及其家庭的生活经验
	提供与学生具有相同背景的榜样有助于激励学生
	应意识到不同学生的动机可能不同，所以可能需要多种策略和（或）接入点
学生的初步构想	
学生已经知道或自认为知道调查主题是什么？ 包括引导学生初步构想、讨论和记录初步思考和做科学/数学猜想等	通过积极的学校和课堂氛围为学生的参与创造"安全空间"
	以体现学生努力情况的反馈来评价学生初步构想
	通过创造多种会话的机会和方法鼓励所有学生的参与
	帮助学生明确他们已经使用的证据和推理

① Great Lakes Equity Center, "STEM Education Needs All Children: A Critical Examination of Equity Issues", http：//www.ccrscenter.org/products－resources/ccrs－center－webinars－events/stem－education－needs－all－children－critical.

1. 激发学生学习动机

根据学生兴趣激发学生学习动机，有助于引导学生高效完成 STEM 项目的探究。在 STEM 课堂上教师通过借助焦点问题、矛盾事件、对热点话题做简单预测以及联系之前所学的相关课程来激发学生的学习动机。

此时体现教育公平理念的措施包括：（1）教师将探究学习的动机建立在学生的个人兴趣、当地的社会和环境问题以及社会价值观的基础上。（2）充分了解学生及其家庭背景，有针对性地激发学生的学习动机。（3）为学生尤其是弱势群体树立学习的榜样，如将 STEM 领域中少数民族、残疾人和女性成功人士的案例与学生分享，增强弱势群体学生在 STEM 领域获得成功的信心。（4）不同学生的学习动机不同。教师根据学生的学习动机差异，采取相应的策略来激发学生的学习动机。

2. 学生形成对 STEM 探究学习的初步构想

教师激发学生产生学习动机后，应呈现与 STEM 项目相关的学习材料，引导学生明确探究学习的主题，形成初步构想，讨论和记录初步构想，并根据科学或数学的猜想预测探究结果。

此时体现教育公平理念的措施包括：（1）每个学生的学习起点和学习基础不同，除了关注学生的探究学习结果外，还应重视学生的初步构想，关注学生的努力程度，做到结果性评价与过程性评价并重。即便学困生（如智力发育不全的学生）最终学习结果可能没有达到要求，但只要付出努力教师应该给予肯定评价。（2）创造多种会话的机会和方式，鼓励所有学生都参与探究学习的对话讨论中。（3）引导学生明确已经使用的证据和推论。

（二）探究学习的开展阶段

探究学习的开展包括学生智力参与、参与科学/数学讨论和在探究过程中进行意义建构三方面。探究学习开展阶段强调要为师生参与创造"安全空间"，重视弱势学生在研究学习中做出的贡献；对所有学生均有较高期望，针对性别差异采取不同的教学策略，用多种语言（官方语言和母语）开展学科教育的教学活动。

表2-11　STEM教育准中探究学习开展阶段的教育公平问题[1]

有效STEM教学的元素	公平注意事项
智力参与	
学生如何通过参加有意义的体验来形成重要的概念？具体包括：提出有意义的问题，以学生为中心的探究过程，学生的体验支持并贴合学习目标，发掘适当的数据、模型和现象，学生根据问题和证据，明确地表达新的想法和知识，随着思想发展而出现关键术语，并被定义为探究的背景	通过关注积极的学校和课堂氛围为学生的参与创造"安全空间"
	明确地教导学生：能力是可以扩展的
	强调弱势个体在STEM领域的贡献
	对所有学生保持高期望，不论种族、性别、国家、能力或其他特征
参与科学/数学讨论	
以何种方式支持学生实践科学/数学的进取心？探究是知识生成的过程，而非死记硬背既定"事实"，支持学生的概念理解，记录过程、问题、数据和结论，数据被用作交流、创作和评论的依据，支持学生讨论想法和问题	认识到科学话语不是中立的文化，其本身是一种独特的文化
	在科学课上，教师注意观察与男生、女生互动的不同，鼓励男生多问问题和解释概念。反思隐性偏见，确保提供给所有学生平等的询问和讨论机会
	当养成传统的科学话语能力时，为非正式语言和母语创造应用空间
在探究过程中进行意义建构	
用怎样的方法鼓励学生就所得的材料和有针对性的科学/数学思想得出重要的结论？具体包括：教师有技巧的提问、促进和阐释，在探究中分析数据、针对性的思想或概念的意义。沟通、分析和评价他们的想法以及他们与同伴、教师和其他人的想法	认识到没有中立或者无文化的观点；学生在他们认为的相关方面会有所不同
	认识到可用多种方法来构建、解释、证明和表示数学争论、想法、模型和概念
	批判性地审查数据收集、分析和表示的主要方式，并分析谁能从中受益

[1] Great Lakes Equity Center, "STEM Education Needs All Children: A Critical Examination of Equity Issues", http://www.ccrscenter.org/products-resources/ccrs-center-webinars-events/stem-education-needs-all-children-critical.

1. 学生在探究学习中掌握知识

STEM教育倡导学生在探究学习的过程中将知识内化,加深对重要概念的理解。教师引导学生在STEM课堂中提出有意义的问题,并根据证据和问题解决的过程形成新的想法。教师在学生探究完成后呈现项目中的关键术语,规范并提高学生的学术思想,引导学生通过探究实现学习目标。

此时体现教育公平理念的措施:(1)通过专注于积极的学校和课堂氛围为学生参与探究学习创造"安全空间"。(2)明确地教导学生能力是可扩展的,增强学生在STEM学习的积极性和自信心。(3)强调弱势学生在STEM教育中的探究学习中做出的贡献,鼓励他们体现自身的价值。(4)对所有学生都应保持高期望,不论民族、性别、国籍和能力等方面的差异。

2. 参与科学/数学讨论

科学课和数学课是STEM的核心课程。教师应倡导探究是知识建构的过程,支持学生通过相互讨论想法和疑惑的方式来理解概念;鼓励学生将探究学习中出现的问题、获得的数据及发现以文档的形式撰写成研究报告,并借此让学生选择感兴趣的角度深入开展探究。教师引导学生在科学课和数学课的探究中得出正确的数据,并将数据用作交流、制作和评论的证据。

此时体现教育公平理念的措施:(1)应认识到科学术语并不是文化中立的,其本身就是一种独特的文化。(2)教师应注意观察自身与男生和女生互动的不同,鼓励男生多问问题和解释概念;反思自己是否存在性别方面的隐性偏见,确保为所有学生提供平等询问和讨论的机会。(3)采用双语教学,用两种(或多种)语言进行学科教学活动,为非正式语言和不同民族的语言创造使用的空间,尊重语言文化的多样性,增强少数民族学生的归属感。

3. 在探究过程中进行意义建构

教师鼓励学生根据他们探究形成的数据和有针对性的科学/数学思想得出重要的结论,可以有技巧地采用提问、引导和解释等方法,沟通、分析和评价学生的想法以及他们的同伴、教师和其他人的想法。

此时体现教育公平理念的措施：（1）认识到学生对某一问题的看法和观点往往是建立在他们社会文化及知识背景之上的。由于文化背景和已有知识不同，他们得出来的结论可能有所差别。（2）教师认识到可以用多种方法创造、说明、证明和表征数学概念、参数、思想和模型；认可并鼓励学生可以用不同的方法解决探究学习过程中出现的相同问题，培养学生的批判性思维和创新精神。（3）批判性反思数据的收集方法、分析方法和表示方法，并客观分析谁从中获得益处。

(三) 探究学习意义建构的总结阶段

探究学习的总结阶段强调为弱势群体提供机会并鼓励他们将STEM实践与学生特性、能力、社会联系起来，不断参与社会公平和环境公平相关的活动，以此来促进教育公平。

表2-12　STEM教育中探究学习总结阶段的教育公平问题[①]

有效STEM教学的元素	公平注意事项
用怎样的方法鼓励学生根据所收集的数据，采用针对性的科学/数学思想得出重要结论？具体包括：反思初步想法和怎么改变（不改变）、扩展和连接到更广泛和相关的概念（课内与课外）、运用新的或真实的情境和场景	弱势群体参加STEM有可能增加对该群体的关注度，提供机会来支持参加有关社会和环境公平的活动
	前景和价值指从学生和群体从实践/创造数学和科学的不同方式中可以学到什么
	研究STEM实践如何与学生特性、能力和作为社会更重要部分联系起来

教师鼓励学生就他们所获得的资料、数据和有针对性的科学/数学

---

① Great Lakes Equity Center, "STEM Education Needs All Children: A Critical Examination of Equity Issues", http://www.ccrscenter.org/products-resources/ccrs-center-webinars-events/stem-education-needs-all-children-critical.

思想得出重要的结论；引导学生反思探究初步想法是否正确和全面，若不正确如何进行修改和完善；将探究学习到的内容扩展连接到更广泛的相关概念上；运用新颖的或更符合现实世界实际情况的方案将探究过程中形成的资料、结论进行概括，总结探究过程中意义建构的内容。

此时体现教育公平理念的措施：(1) 弱势群体参加 STEM 活动可能会增加社会对他们的关注，为他们提供参加与社会公平和环境公平相关活动的机会。(2) 前景和价值是从学生和群体做/创造数学和科学的不同方式中可以学到什么。(3) 教师致力于研究如何将 STEM 实践与学生特性、能力乃至整个社会联系起来，从而将 STEM 教育中探究学习置于真实的环境中。

三　教育公平理念下美国 STEM 教育中探究学习的保障

为了保障 STEM 教育中探究学习的公平开展，美国五大湖公平中心（the Great Lakes Equity Center）除了提出"STEM 课程注意事项"外，还发布了"STEM 教育公平分析工具（STEM Educational Equity Analysis Tool）"，旨在保障教育公平理念融入 STEM 教学实践，为学校领导和教师反思探究学习的公平问题提供参考。

该分析工具从组织能力和课程教学两个维度出发，从"不明显""开始""发展"和"成熟"四个层次评价探究学习中涉及的学校领导、教师、家庭、学生和社区伙伴。STEM 教育分析工具能够帮助学校、教师分析并找出 STEM 教育公平中存在的问题和不足之处，促使其采取相应的策略来改善，保障 STEM 教育公平理念在探究学习过程中的落实。

（一）通过改良师资队伍建设提升组织能力

师资力量短缺、高素质的 STEM 教师不足是 STEM 教育发展中的短板，也是影响 STEM 教育公平的重要因素。针对师资短缺问题，美国颁布了一系列相关政策法案，采取相应的措施加强 STEM 教师队伍的建设，包括重视 STEM 教师入职前的实习和培训；注重提高在职 STEM 教师的专业素质；积极投入资金，加大教师培训力度等。

◆ 中学 STEM 教师教学能力评价与提升研究

提升组织能力需要客观评价学校领导和 STEM 教师的素质，更需要合理配置高素质教师和领导者，尤其是在薄弱学校、贫困地区学校和少数民族地区学校中的合理配置，应该确保每间教室均有优秀的 STEM 教师、每所学校均有一位领导力强的领导者①。

表 2-13　　从改良师资队伍建设方面提升组织能力②

组织能力	不明显	开始	发展	成熟	注释
领导					
建立领导者展示建立 STEM 组织能力的承诺					
建立领导者经常展示 STEM 教育公平的承诺					
领导者根据文化回应性教学和有效 STEM 教学策略的最佳实践向职工提供具体反馈					
人员配备					
辅导员与学生的比例是足够低的，可以个性化地关注学生					
STEM 教师代表他们所服务社区的多样性					
STEM 教师在他们所在区域是高素质的					
培训 STEM 教师，使之高度参与 STEM 教育实践					
教职工和学生可获得充分的技术支持					
专业学习					
提供给教师亲身体验学习的机会					
支持合作探究					

---

① 杨明全：《"后金融危机时代"美国教育发展战略规划及启示》，《全球教育展望》2012 年第 7 期。

② Great Lakes Equity Center, "STEM Education Needs All Children: A Critical Examination of Equity Issues", http://www.ccrscenter.org/products-resources/ccrs-center-webinars-events/stem-education-needs-all-children-critical.

续表

组织能力	不明显	开始	发展	成熟	注释
合作关系					
家庭参与STEM活动，学习STEM学科和职业					
为家庭提供STEM相关课外学习机会的信息					
为社区组织提供材料、经验和人力资源					

1. 学校领导支持STEM教育公平

教育公平理念的落实离不开STEM学校领导的支持。学校领导要制定关于STEM教育公平的制度，并将制度传达给所有教师及管理者，让他们明确自身的职责和工作要求。此外，学校领导要对文化回应性教学和有效STEM教学策略给予及时反馈。这样不仅能够鼓励优秀教师，还能为其他教师提供学习榜样。

2. 合理配置学校人员

学校要合理地进行人员配置，尤其是直接与学生接触的辅导员和教师的分配更要科学、公平。（1）提升辅导员与学生的比例，确保辅导员能够关注到每位学生；尊重学生的差异性，根据每位学生的特点实现个性化管理。（2）STEM教师应来自不同的领域，有不同的文化背景、成长环境等，可以充分代表本地区的多样性；教师的实践教学能力直接决定其教学水平的高低和教学能力的强弱，STEM教师应高度参与STEM教学实践培训，提升自身的实践教学能力。（3）学校应为教学人员和学生提供足够的技术支持和硬件保障。

3. 为STEM教师提供专业学习

提升教师专业素养和教学水平的途径除集中培训之外，还包括教师对自身的日常教学行为进行反思，主动发现并尝试解决在教学实践中出现的问题，即进行教师专业学习。此外，STEM教师之间可以进行合作探究、相互交流和共同协作，形成教师专业学习共同体，根据在教学过程中遇到的困难与问题共同商讨解决。

4. 学校、家庭和社区保持合作关系

个性化地彰显来自于拥有自主选择的权利，而自主选择的前提条件在于拥有丰富、多样化的资源。[①] 如果能充分利用各种机构、社区、专业人士为学生探究学习提供材料、经验和人力资源支持，那么学生将拥有更大的自主选择权，从而得以实现个性化的学习。STEM 教育不仅是学校的责任，家庭、社区组织也应为提高学生的 STEM 素养做出努力。

其中，家庭教育对学生价值观、世界观等方面的培养具有重要作用，也是缩小学生差距的重要方式。家长是支撑 STEM 校外教育的中坚力量。以家庭为单位参加参观博物馆、科技馆等 STEM 活动，鼓励孩子大胆尝试和实践，有助于激发学生学习 STEM 的兴趣，也能为学生成长创造良好的家庭氛围。学校、教育部门应及时为家长提供 STEM 课外学习机会，并给予他们学习指导和资源支持。

（二）STEM 课程与教学的多元化发展

目前 STEM 教育存在的主要问题除教师数量严重短缺外，还有课程设置和课程资源不够科学合理。STEM 课程与教学的多元化发展强调在文化响应式教育模式下开展 STEM 课程设置和教师教学实践，进一步完善 STEM 课程设置和优化教学方法。

表 2-14　　　　　STEM 课程与教学的多元化发展[②]

课程与教学	不明显	开始	发展	成熟	注释
严格标准					
所有学生均可接受高素质的教师					
辅导员支持具有挑战性的课程					

---

① 赵中建、龙玫：《美国 STEM 学习生态系统的构建》，《教育发展研究》2015 年第 5 期。
② Great Lakes Equity Center, "STEM Education Needs All Children: A Critical Examination of Equity Issues", http://www.ccrscenter.org/products-resources/ccrs-center-webinars-events/stem-education-needs-all-children-critical.

第二章 STEM教育对中学教育变革的影响

续表

课程与教学	不明显	开始	发展	成熟	注释
学生确定有机会接受高水平STEM课程					
课程与当地的和国家的STEM教育标准相匹配					
教师对所有学生均有很高期望					
所有学生均能完成高水平的STEM课程					
文化回应性课程					
课程与学生的群体和文化相关联					
学生认为体现自身文化的课程材料					
便于使用的材料					
材料促进积极的、探究的学习					
STEM可以与其他学科整合起来					
STEM课程与当地的问题以及社会公正问题相联系					
文化回应性教学实践					
教学方法激发学生兴趣和参与STEM					
经常强化能力可以被扩展的观念					
活动将STEM概念和学生兴趣、经验联系起来					
活动包含实践学习					
教师是与学生并肩作战的学习者					
具有很多进行对话和问题解决的机会					
使用多样化的方法支持学生学习					
评估中提供多种方式展现理解					
做出努力让弱势学生参与					
评价					
为学生提供多样的机会和方法展示所学内容					

79

续表

课程与教学	不明显	开始	发展	成熟	注释
特定的反馈用来强调学生的努力和所使用的策略类型					
持续参与					
所有学生均能参与辅助课程和课外活动					
弱势学生积极参与辅助课程和课外活动					
可以获得以 STEM 工作实践为基础的学习经验					
客座主持人和不同领域的人能够在 STEM 职业上获得成功					
家人能够担任 STEM 学科和职业的客座教师					
高等教育和职业选择的指导包括 STEM 的机会，特别是对弱势学生					

1. 实施严格标准

在 STEM 教师标准中，所有学生均能在高素质教师的指导下进行 STEM 学习；教师对所有的学生均有较高的期望，不论学生的民族、性别、家庭出身、智力水平等条件如何；辅导员支持具有挑战性的课程。在 STEM 课程标准中，学生有明确的、可使用的 STEM 课程，而且 STEM 课程应是高质量的；课程与当地的 STEM 教育标准相适应，符合当地教育水平和教学特色。在 STEM 学生标准中，所有学生均能高水平完成 STEM 课程。

2. 开设文化回应性课程

文化回应性教育是一种立足于实现教育公平，尊重不同学生的文化，关注学生的文化差异，让学生发挥学习主动性并形成批判性思维的教育模式。[①] 教师要开设文化回应性课程（Culturally Responsive

---

① 高伟康：《对国内外文化响应型教师的培养的反思与前瞻》，《科技经济导刊》2016 年第 18 期。

Curriculum)。即 STEM 课程的设置应与学生的群体或文化相关联,反映少数民族青年的文化背景和语言背景,尊重不同民族文化并把不同文化融合于教材课程中,让学生能够在课程资料中找到文化认同感。此外,教学内容应与当地的问题和社会公正问题相关联,能够促进积极的、探究的学习。

3. 教师的教学实践尊重学生的文化差异

教师改进教学方法,激发学生的学习兴趣,使所有学生均能积极参与 STEM 学习;多鼓励学生,尤其是弱势学生,经常强化能力能被扩展的观念,增强学生对自己有能力完成任务的信心;为了更好地教育多元文化背景下的学生,了解学习不同民族的文化;依据不同文化背景学生不同的学习特点和习惯,采用多样化的教学方法,从而实施文化回应性教学实践(Culturally Responsive Instructional Practices)。

教师增加平等对话的机会,包括与同行的对话、与专家的对话、与学生的对话等。在对话过程中,教师可以获得反馈信息和启示,共享彼此的知识与经验,从而不断扩展和完善自我认知。[①]

4. 采用多元化的评价方式

教师提供给学生多样化的展示成果的机会和方式,确保每位学生均能将作品充分全面地展示出来。教师及时反馈对学生作品的评价,让学生清晰定位自己作品的水平。评价重点放在成果和学生学习的策略类型上,不仅要对学习成果进行评价,还应客观评价学生的学习行为、学习过程等。

5. 让学生持续接触 STEM

学生不仅可以在学校课堂上习 STEM 知识,可以通过参加某些课外活动或课程来提高 STEM 学习能力;鼓励弱势群体积极参与,确保所有学生都参加辅助课程和课外活动。因此,学校应该开设适当的辅助课程和课外活动,丰富学生的课余生活,同时应提供给所有学生参加课外活动及课程的机会。此外,学生可以在工作实践中学习 STEM

---

① 冯善斌:《教师教学实践能力的生成》,《河北教育》2007 年第 1 期。

学科知识，积极提升学校的吸引力。让家长担任STEM学科和职业的客座教师，充分激发学生STEM学习兴趣。

四 教育公平理念下美国STEM教育中探究学习的启示

公平问题一直是教育界重点关注的焦点。根据我国教育发展实际，为更公平地开展STEM教育中探究学习总结了几点建议。

（一）尊重学生的文化差异

不同民族的学生拥有自身独特的文化背景，学生对某一问题的观点和看法往往受自身文化习俗的影响。在开展探究学习活动前，教师应尽可能全面深入地了解不同学生的文化，并根据不同文化背景下学生的学习特点和思维方式，采取相应的教学策略、教学方法和评价方法，充分尊重学生的文化差异；不应将主流文化强加给学生，应让学生认清本民族文化与主流文化的关系，树立正确的文化价值观。

（二）开设文化回应性课程

每个学生均有自己不同的文化背景和实践经验。如同龄的农村孩子与城市孩子对生物种类的认识是不同的。因此，STEM课程要尽可能多样化，选用的素材案例要尽可能丰富，体现平等。[1]

STEM课程设置应与学生拥有的文化背景、文化差异相联结，教师深入了解学生的文化背景，避免以主流文化的标准来评判学生的学习行为与结果。开设STEM文化回应性课程，通过基于文化问题的探究学习，强化学生对不同文化价值观念、思维方式、生活方式的理解，同时，使具有不同文化背景的学生找到文化归属感。依照学生的文化背景开展教学活动，提供便于使用的能够促进积极探究的学习材料，能够极大地提高学生的文化理解能力和学习潜能。因此必须重视文化背景对学生学习的影响，促使教师满足不同文化背景学生的要求，进而解决弱势学生的学习问题。[2]

---

[1] 张颖之：《美国科学教育改革的前沿图景——透视美国K-12科学教育的新框架》，《比较教育研究》2012年第3期。

[2] 余娟、郭元祥：《论外语课程的文化回应性教学》，《全球教育展望》2011年第3期。

(三) 采用多元化的评价方式

STEM 教育中的探究学习以学生动机为起点,明确让学生感兴趣的问题,让其体验到对该问题的不确定性,从而激发探究学习的欲望;教师鼓励所有学生参与,协助他们从简单意识走向明确,收集、审查、组织材料,最终得出结论。

采用多种评价方式,评价学生的学习表现。评价由一元丰富成多元,从成果导向转为过程导向,采用传统的纸笔测验的同时,也采用档案、口头、教师观察等多种评价方式,让学生全面地展示探究成果,并从认知、技能和情感全方位地评价学生的学习结果。① 除了评价学习成果之外,还应评价学生在探究学习过程中的表现,重视学生的努力程度。此外,还应考虑学生的个体差异、学习基础、文化背景等可能导致评价结果的差异。

(四) 重视特殊群体的 STEM 教育

保障少数民族、女性等特殊群体接受 STEM 教育的权利,提供给他们平等地参与 STEM 学习活动的机会。探究学习遵循以学生为中心,弱势群体固有的缺点可能会导致其难以很好地融入探究学习中并获得知识和能力的提升。因此,开展探究学习时,教师应给予弱势学生额外的支持与帮助,强调弱势学生在 STEM 教育中探究学习中做出的贡献,重视其 STEM 素养的提高。教育管理部门应积极推进少数民族地区和贫困地区的 STEM 教育,公平地分配教育资源、师资力量等。

为了增强 STEM 学生的信心,邀请拥有不同背景的 STEM 领域的成功人士如少数民族、女性、残疾人作为客座主持人与学生分享经验,给弱势学生树立学习的榜样,鼓励他们不断在 STEM 领域探索,最终能够进入 STEM 领域工作等。

(五) 构建多元、协作的教育文化环境

生活中的许多问题也需要应用多种学科知识共同解决。STEM 活

---

① 王淑慧:《多元化教学评价的研究——基于芙蓉中华中学华文多元化教学评价的个案分析》,硕士学位论文,华中师范大学,2011 年。

动设计应将 STEM 概念和学生兴趣与经验联系起来，而且应允许学生开展实践学习。STEM 教育需要了解不同文化背景下学生动机的展现形式，需要为学生创造参与对话的多种机会和方式，需要学生体验所在社区多样性的文化，使每个学生的个性、天赋均能得到认同和发展。教师需要拥有高度参与 STEM 教学实践的机会，他们能体验不同文化进而代表他们所服务社区的多样性。

　　STEM 涵盖课程整合、学科关系的重组、师资培养方式变革等方方面面，需要包括学校、家庭和社区在内的多方参与以及技术研究者的支持。构建多元、协作的教育文化环境，让学生、教师、家庭乃至整个社会参与其中；集合学校、家庭、社会各方力量实施资源共享、沟通合作，协同推进 STEM 教育的探索和实践，为教育公平理念下 STEM 教育中的探究学习营造更完善的教育文化环境。

第三章 中学 STEM 教师教学能力亟待提升

STEM 教育背景下，人才培养模式不断深化，跨学科学习方式亟待关注。在 STEM 教育形成的跨学科学习共同体中，STEM 中学的教学设计发生了鲜明变化，对教师教学能力提出新要求，中学 STEM 教师教学能力需要不断提升。

第一节 STEM 教育形成跨学科学习共同体[*]

作为跨学科、综合性的教育模式，STEM 教育在我国不断发展。在政策引导方面，国家发布相关规划，积极推动 STEM 教育发展。其中，2016 年《教育信息化"十三五"规划》鼓励有条件的地区积极探索信息技术在新教育模式上的应用。2018 年中国教育科学研究院"STEM 教育 2029 计划"启动。2019 年教育部发布的《关于实施全国中小学教师信息技术应用能力提升工程 2.0 的意见》提出：探索跨学科教学等教育教学新模式，并把促进教师跨学科教学能力提升作为主要措施之一。在实践开展方面，地方政策推动 STEM 教育的实践开展。例如，2016 年，广东省教育研究院确定 12 所学校为首批 TI 数学与科学跨学科综合实验基地学校。2017 年，浙江省启动了中小学

---

[*] 本节主要参考赵慧臣、张娜钰、马佳雯《STEM 教育跨学科学习共同体：促进学习方式变革》，《开放教育研究》2020 年第 3 期。

STEM 教育项目试点区。2019 年，陕西省遴选 STEM 教育领航种子（实验）学校。

STEM 教育跨学科学习引起人们关注。"跨学科"强调不同学科知识的整合和应用，"跨学科学习"则要求学生学习不同科学知识，面向问题进行合作与交流，并形成跨学科的创新方案。为促进跨学科学习开展，教育部科技司《关于做好 2019 年度教育信息化教学应用实践共同体项目推荐遴选工作的通知》指出："构建跨学科学习（STEAM 教育）实践共同体，以探索推进信息化教学应用的长效机制。共同体是帮助跨组织团体实现知识（或信息）共享与协作创新的多功能、高效形的组织形式。"[1] 面向 STEM 教育，跨学科学习共同体更好地支持学生整合和创新不同学科知识，成为创新人才培养的重要方式。

一 STEM 教育跨学科学习共同体的提出

互联网环境下，知识不再是线性的、集中的，而是分散的、碎片化的。学生必须加强不同类型信息的加工和不同学科知识的整合。STEM 教育跨学科学习共同体则回应了创新学习方式、营造学习文化以及丰富学习理论的现实诉求。

（一）STEM 教育跨学科学习共同体可以促进学习方式变革

在教育方式不断革新的背景下，学生的学习方式呈现多样化。按照学科类型和学习人员类型的不同，人类学习方式可以划分为四种类型（如图 3-1 所示）：群体跨学科学习（第Ⅰ象限）、个体跨学科学习（第Ⅱ象限）、个体单学科学习（第Ⅲ象限）和群体单学科学习（第Ⅳ象限）。其中，传统的个人单学科学习方式中，同伴互动与知识交叉薄弱，难以支持学生的综合发展。在个体跨学科学习中，学生即便具备扎实的学科知识，也会因交流互动不足而难以深入。群体单

---

[1] 周朴雄、陶梦莹：《面向产业集群创新的知识建构共同体研究》，《情报科学》2014 年第 12 期。

学科学习则指在某学科课堂教学中，学生之间围绕该学科开展知识学习，但容易受学科规律影响而形成思维定式，难以形成跨学科知识结构和创新应用。

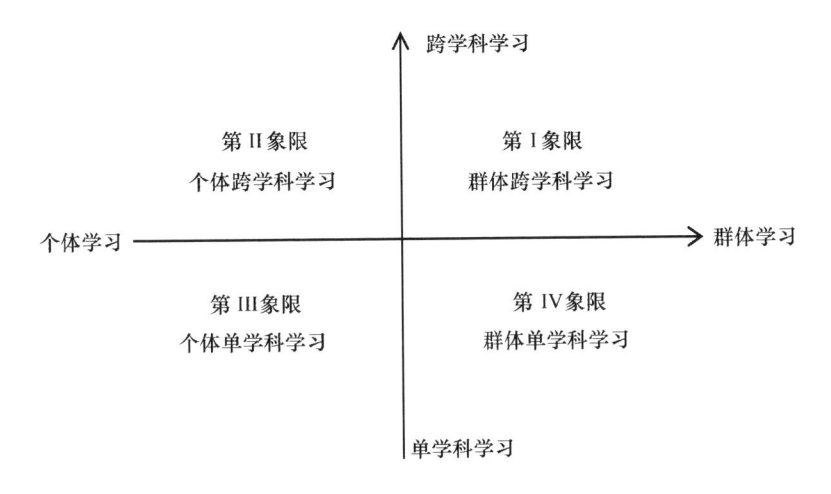

```
                        ↑ 跨学科学习
                        |
        第Ⅱ象限         |      第Ⅰ象限
        个体跨学科学习   |      群体跨学科学习
                        |
个体学习 ————————————————+————————————————→ 群体学习
                        |
        第Ⅲ象限         |      第Ⅳ象限
        个体单学科学习   |      群体单学科学习
                        |
                        ↓ 单学科学习
```

图 3-1　基于学科特征和学习主体的学习方式分类

在学科融合的趋势下，群体跨学科学习成为学习方式变革的方向。STEM 教育跨学科学习是群体跨学科学习的代表形式。通过跨学科学习，不同学科学生在互动交流中形成分析问题的跨学科思维，构建解决问题的跨学科方案。

(二) STEM 教育跨学科学习共同体的价值

面向 STEM 教育，学生、教师等群体开展跨学科学习，相对个体单学科学习而言已经形成跨学科学习文化。根据文化体现在器物、行为和制度三个层面，跨学科学习共同体则分别体现在跨学科学习资源、跨学科学习行为和跨学科学习理念方面（如图 3-2 所示）。

首先，共同体共享跨学科学习资源。作为基础性因素，跨学科学习资源是跨学科学习共同体的物质基础。丰富的跨学科学习资源可以为共同体提供学习工具、学习内容和学习环境，为不同学科知识之间的融合创新提供更多可能性。

```
       ┌─ 器物层面 ──→ 共同体的跨学科学习资源 ┄┄┄→ 基础性因素
文化 ──┼─ 行为层面 ──→ 共同体的跨学科学习行为 ┄┄┄→ 实践性因素
       └─ 制度层面 ──→ 共同体的跨学科学习理念 ┄┄┄→ 引导性因素
```

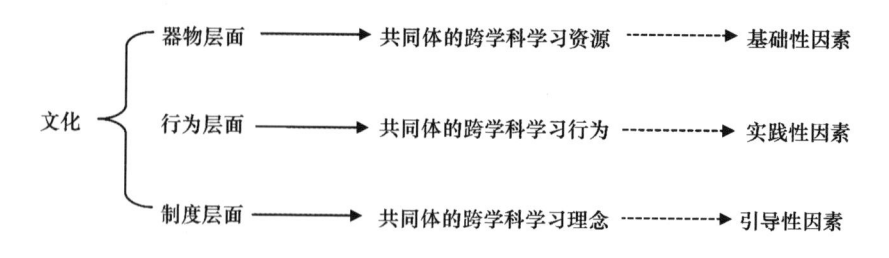

图 3-2 作为学习文化的跨学科学习共同体层次

其次,共同体优化跨学科学习行为。共同体规则使成员之间的跨学科学习更高效,更好地支持学生构建跨学科的知识结构和应用跨学科知识解决现实问题。通过跨学科学习共同体,学生可以拓宽跨学科学习的广度与深度,融会贯通多学科知识解决生活中的问题;教师可以提升跨学科教学能力与综合课程开发能力,引导学生强化所学不同学科知识与现实生活、未来职业之间的联系。[①]

最后,共同体升华学科学习理念。我国长期分科教学的实际、不同学科类别之间的差异以及教师跨学科教学经验的不足等问题均导致跨学科学习难以真正实现。创造"共同体成员为了同一目标而努力"的氛围是学习共同体质量的界定标准。[②] 跨学科学习共同体赋予学生和教师"自主自治"的跨学科学习理念。此时,教师和学生享有更多的跨学科学习自主性,自由开展从问题分析、项目设计到合作探究等跨学科学习活动,有助于实现跨学科学习目标。

(三) STEM 教育跨学科学习共同体研究有待拓展

在由单学科到跨学科教学改革趋势下,相关学者关注学习共同体的特点与潜在价值,并从本体论、认知论和价值论三个层面进行了探讨。首先,在本体论层面,相关学者认为杜威的"民主共同体"蕴含学习共同体的思想,指出学习共同体具有开放共享、协作探究和自

[①] "The Califomia Center for College and Career", Designing Multidisciplinary Integrated Curriculum Units, https://casn.berkeley.edu/wp-content/uploads/2019/03/LL_Designing_Curriculum_Units_2010_v5_web-1.pdf, 2019-03-15.

[②] 柳春艳、傅钢善:《论学习共同体——教育新理念》,《现代教育技术》2006 年第 3 期。

主自治等特征。① 其次，在认知论层面，相关学者主要关注学习共同体的形成与构建。其中，钟志贤强调共同体知识建构要在学习者与环境及教师之间的多层次互动中完成。② 张红波等基于社会网络的视角，探讨在教学实践中让教师更好地构建学习共同体。③ 最后，在价值论层面，相关学者提出利用学习共同体的特性，将其应用对象扩展到教师、课程等中。其中，孙元涛讨论了教师跨界学研的团队工作及跨学科协同教学模式等，支持教师专业发展。④ 张晓娟等基于学科的课堂学习共同体，提出注重创建有共同愿景、真实情境和文化氛围的课堂学习共同体，实现深度学习。⑤

反思现有研究发现，学者多从知识建构层面探究学习共同体，主体多是教师群体或课堂单学科教学，缺乏面向 STEM 教育的群体跨学科学习的研究。鉴于此，本书针对 STEM 教育的跨学科特点，讨论跨学科学习共同体的要素及其关系，期待以跨学科方式助力复合型人才培养。

二 STEM 教育跨学科学习共同体的构成要素

STEM 教育跨学科学习共同体由不同特质的学生组成，通过整合课程将单学科的学习转变为多学科学习；通过项目式分工引导学生将不同学科的知识融会贯通，从而形成资源开放、团队异质、成果共建的共同体。参照活动系统"主体—客体—规则—工具—劳动分工—共

---

① 杨小玲、陈建华：《论杜威教育思想中的"学习共同体"理念》，《南京社会科学》2017 年第 3 期。
② 钟志贤：《知识建构、学习共同体与互动概念的理解》，《电化教育研究》2005 年第 11 期。
③ 张红波、徐福荫：《基于社会网络视角的学习共同体构建与相关因素分析》，《电化教育研究》2016 年第 10 期。
④ 孙元涛：《教师专业学习共同体：理念、原则与策略》，《教育发展研究》2011 年第 22 期。
⑤ 张晓娟、吕立杰：《指向深度学习的课堂学习共同体建构》，《基础教育》2018 年第 3 期。

同体"的构成①，单学科学习共同体与跨学科学习共同体的比较见表 3 – 1。

表 3 – 1　　　单学科学习共同体与跨学科学习共同体的比较

要素\类型	主体	客体	规则	工具	分工	环境
单学科学习共同体	同质学生	单一课程	单学科支持的学习应用	符合学科特点的工具	拼图式分工	主题场景
跨学科学习共同体	异质学生	整合课程	跨学科支持的整合与生成	创新性组合与群体性应用	项目式分工	混合学习环境

（一）跨学科学习的主体：异质学生为主，多学科教师为辅

在跨学科学习共同体中，教师、学生为了解决问题而开展跨学科群体学习。其中，异质学生需要有效合作，而非任意合作；不同学科的教师则成为学生跨学科学习的促进者和引导者。

一方面，异质学生作为跨学科学习共同体的重要主体，需要发挥跨学科学习的能动性和创造性。学生要建立共同愿景或聚焦感兴趣的问题，制订详细的跨学科学习计划；寻找适合的跨学科学习方式，提高跨学科学习的效果；围绕基本概念和学习内容，讨论不同学科之间的关联并进行整合；注重团队精神，在面向问题的跨学科研究中主动承担各自责任。

另一方面，不同学科教师在跨学科学习共同体中的作用不容忽视。教师讨论跨学科学习大纲，设计跨学科学习框架；将学术问题转化为生活中的真实问题，为学生提供丰富的跨学科学习情境；给予学生足够的时间和空间以跨学科的方式开展探究，提升学生跨学科创新能力。

---

① 斯琴图亚：《基于活动理论的班级知识建构共同体的社会—认知动态分析》，《电化教育研究》2009 年第 3 期。

（二）跨学科学习的客体：跨学科课程

STEM 教育跨学科课程必须协同整合、优化重组，支持学生以跨课程的方式开展项目式学习。其中，跨学科课程关注的重心不是某个学科或者学科界限，而是融合不同学科的主题。例如，深圳市乐群小学开展了"探·创春天""喂鸟器产品发布会""大道无痕·行者无疆——粤之行"等二十多个主题式跨学科课程，深受师生喜爱。然而，跨学科课程的主题并非是将不同学科的相同主题知识简单拼凑到一起。例如，针对"水"的主题课程，语文教师从课本中抽取与水有关的诗词、文章讲解，然后物理教师介绍水的三态变化，接着生物教师讲解水对于生物体的较大作用，最后地理教师介绍水在地球系统中的重要作用。[①] 这只是不同学科知识在形式上的线性组合，并没有从跨学科理念实现多学科知识的创新融合。

跨学科课程要从生活问题融合多学科知识，支持学生从熟悉的生活情境逐渐深入，不断丰富跨学科的知识结构。因此，跨学科课程应具备以下特性：面向学生兴趣、生活，尽可能多地包罗主要学科；反映职业领域内目前或历史的问题，可以从多学科视角分析；为学生提供跨学科研究与调查的方向，给予跨学科学习多元化的方法引导。跨学科课程应聚焦三个关键词。第一是"兼顾"，即以某门课程为主，其他若干课程为辅，将不同学科课程内容进行整合。第二是"融合"，面向学科知识与生活情境的联系，将不同学科知识融合到主题中。第三是"贯通"，以社会文化为背景，将不同学科知识和项目学习结合起来。例如，围绕主题"水的秘密"开展项目式学习时，学生可以探究水是如何产生的（物理、化学视角分析其构成）；水对生命的重要性（生物视角分析水的微观形态，地理视角分析水循环、水生态）；在生活中水扮演什么角色（净化、灌溉、水坝、发电）；水与社会、经济的相互作用（历史视角分析水与战争、社会变迁的关

[①] 李佩宁：《什么是真正的跨学科整合——从几个案例说起》，《人民教育》2017 年第 11 期。

联、经济视角分析水运与经济发展的关系）；水与文化的共生（文化视角分析关于水的诗歌、音乐、风俗等）。

（三）跨学科学习的规则：促进不同学科知识的整合与创新

规则是组织需要制定的约束条件，以规范、协调内部运作。跨学科学习共同体需要形成新的教学模式作为规则，促进学生开展不同学科信息和知识的学习和应用。因此，所采用的教学模式应能够支持多学科知识整合与生成。跨学科学习的规则要体现在以下方面（the Califomia Center for College and Career, 2019）：转变传统的教师主导的教学设计，支持学生在跨学科学习活动中的主体地位；在分析未被学生掌握的知识与技能的基础上，开展特定的跨学科交流活动；构建由多方参与的跨学科学习社区，支持不同学习背景、学习水平的学生均能得到最大程度的发展。例如，5EX 模型（EQ：进入情境与提出问题活动；EM：探究学习与数学应用活动；ET：工程设计与技术制作活动；EC：知识扩展与创意设计活动；ER：多元评价与学习反思活动）从教师创设与生活紧密相关的问题情境出发，引领学生由具体的现象提出问题假设，制定研究方案，在收集相关资料、数据后，动手操作验证假设并反复修正，最后采用多种方式评估学生学习情况。[①]

（四）跨学科学习的工具：创新性组合后的群体性应用

跨学科学习共同体需要关注技术对跨学科学习的支持作用。教师和学生需要借助信息技术实现跨学科学习的最优化，最大程度支持跨学科学习开展。其中，跨学科学习离不开多功能网络平台的支持。例如，通过"知识论坛"（Knowledge Forum）、Moodle 平台等，学生与教师可以发文、点评等，在跨学科学习中表达观点、贡献思路与传播知识。

跨学科学习工具是创新性组合，用来支持群体的学习活动。例如，绩效图可以帮助教师和学生分析跨学科课程中的重点主题、标准

[①] 李克东、李颖：《STEM 教育跨学科学习活动 5EX 设计模型》，《电化教育研究》2019 年第 4 期。

和绩效，不受文科或理科学习特点的限制。首先，教师定期圈画学习主题的范围，罗列主题间的顺序，确定课程纲要；其次，学生根据课程目标勾勒出绩效图；最后，团队成员通过绩效图分析成果，一方面可以直观地看到跨学科学习的意义，另一方面成员间对不同学科的联系进行头脑风暴。

（五）跨学科学习的分工：项目式学习的协作式分工

即使组成跨学科学习的要素相同，但如果分工方式不同，整体效果有可能不同。合理的分工既可以支持师生的跨学科学习活动，又能推动跨学科学习共同体的开展。

一方面，学生应依据项目需要开展协作式分工。例如，有的学生偏向理科思维，有的学生文科突出，有的学生擅长提出质疑，有的学生善于思考解答等。因此，跨学科学习共同体围绕问题进行分工时，不同特质学生间应多形式进行协作，通过互补方式耦合起来，带动或引导其他学生的发展。

另一方面，教师应依据项目主题优化不同学科课程之间的关联，支持学生跨学科学习分工。跨学科学习的效果不仅取决于多门组成课程，而且在很大程度上取决于课程之间的关联方式。跨学科课程分为主要学科与辅助学科，在保持学科特点的基础上增强不同学科知识关联；区分不同学科的核心概念，明确不同学科的基础知识。例如，在学习"圆明园"主题时，语文教师的教学重点是对圆明园的描写、情感的表达，而历史教师应重点讲解历史背景和事件缘由等。

（六）跨学科学习的环境：开放共享的混合式学习环境

跨学科学习环境要突出线上与线下学习相结合、正式学习与非正式学习相结合；更加关注混合学习环境的应用效果，而非混合的种类，进而营造开放、轻松和有趣的跨学科学习氛围。例如，深圳南山实验学校以美术知识为基础，将"教室—黑板"教学环境转变为身临其境的真实场景，带领学生走进城市街道、生活社区、博物馆等场所，丰富学生的跨学科学习体验。

根据环境对跨学科学习作用的不同，可以将其分为正向环境、中性环境和反向环境。其中,正向环境对跨学科学习产生积极作用,而反向环境对跨学科学习起抑制或消极的作用,中性环境对跨学科学习既无积极作用也无消极作用。在建构跨学科学习环境时,教师需要采取有效措施,将反向环境转化为正向环境或者中性环境。

概括而言,学生与教师、跨学科课程、跨学科学习工具、跨学科学习规则、协作式分工和混合式环境等共同构成跨学科学习共同体(如图3-3所示)。在混合式学习环境中,学生和教师遵循跨学科规则(跨学科成员管理、跨学科课程设计、跨学科学习评价),应用跨学科学习工具,学习跨学科课程,形成跨学科学习成果。其中,教师可采用项目式教学方法,引导学生组合和应用跨学科学习工具,与学生共同设计跨学科课程。学生可利用跨学科学习平台,及时查看团队活动进度及学习分析报告,参与跨学科课程的设计和实施。

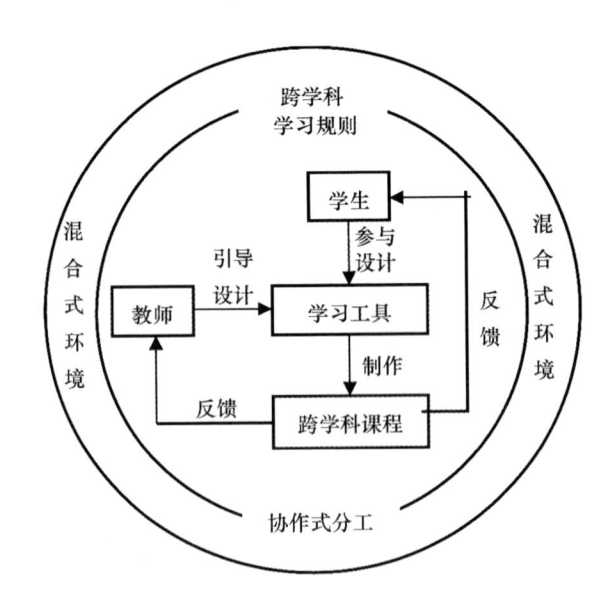

图3-3 跨学科学习共同体要素及其关系

三 STEM 教育跨学科学习共同体的构建路径

STEM 教育跨学科学习共同体不仅需要在理论上分析构成要素,

而且需要根据形态探讨构建路径。根据一般共同体发展的特点，跨学科学习共同体也同样经历着组合、适应、发展、解体和形成新共同体的循环过程（如图3-4所示）。

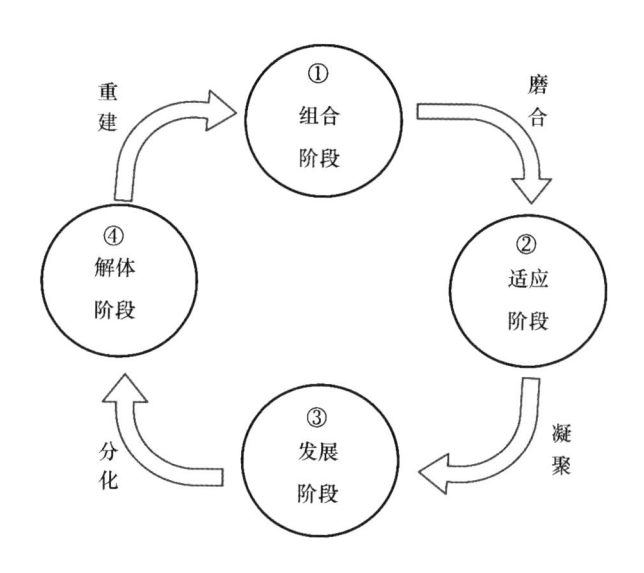

图3-4　跨学科学习共同体构建路径

（一）组合阶段：判断是否存在跨学科学习共同体

在跨学科学习共同体建立初期，学生与学生之间、教师与学生之间相互组合，判断能否异质互补、协作学习、融洽交流，并形成创新性结论。为此，教师需要设计开放式的问题来检验跨学科学习共同体要素的适切性；学生需要反思通过跨学科课程的学习，能否从中找到感兴趣的问题，并为此开展有效的项目分工。

依据教学设计的相关理论，跨学科学习共同体包含条件、方法和结果三方面的变量（如图3-5所示）。首先，条件变量（成员特点、跨学科课程、学习工具、学习环境）是形成跨学科学习共同体的前提基础。分析条件变量有益于把握跨学科学习共同体的属性和特点。其中，如何把握跨学科学习共同体成员的风格和特点，采用合适的跨学科学习工具，针对性地设计跨学科课程，营造共享开放的跨学科学习环境是跨学科学习共同体形成的重点。其次，方法变量（学习管理策略、内容讲授策略和学习组织策略）是优化跨学科学习共同体的主要方式。其中，教师如何设计跨学科学习策略、学生如何选择跨学科学习组织策略尤为重要。最后，结果变量（跨学科学习效果、学习效率等）是检验跨学科学习共同体效果以及是否需要调整的重要依据。

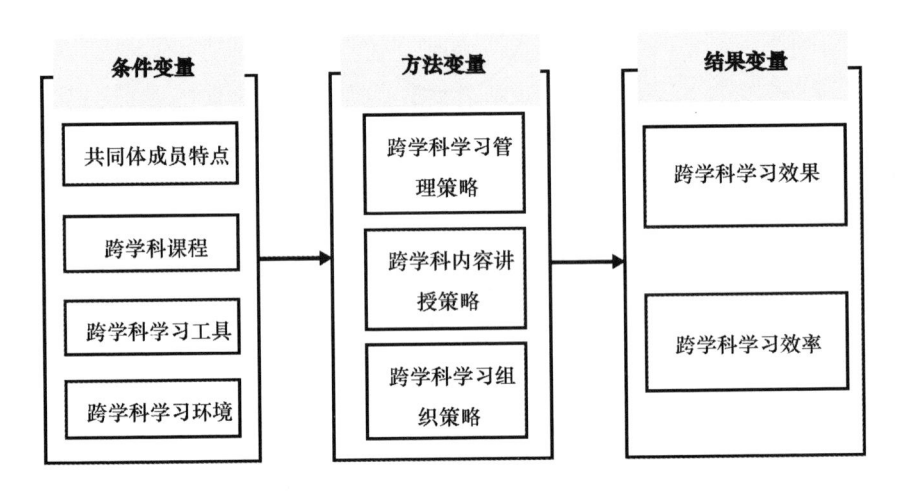

图 3-5　跨学科学习共同体变量的内容与关系

（二）适应阶段：形成稳定的跨学科学习共同体

跨学科学习共同体并不能立即产生共生效应，而是不断在课程整合、合作学习、交流表达中调整。这种调整既是跨学科学习共同体内部合作学习的相互适应，又是共同体成员之间形成关系的过程[①]。明确的分工使成员各司其职、互补互助，逐渐提升成员对共同体的参与感、认同感与归属感。

跨学科学习共同体在适应阶段需要明确成员角色，合理分配任务。一般而言，跨学科学习共同体中应有负责人、活动组织者、记录员和发言代表等。选定恰当的学生为负责人，有助于跨学科学习活动

---

① 钟启泉：《知识建构与教学创新——社会建构主义知识论及其启示》，《全球教育展望》2006 年第 8 期。

的有序开展。其承担的责任有：监管跨学科学习的环节、指挥跨学科学习中的重要事务、上传下达跨学科学习的要求及所需材料、安排跨学科学习会议和参与评估跨学科学习效果。

（三）发展阶段：成为有效的跨学科学习共同体

在发展阶段，跨学科学习要素之间的融合程度变强，逐渐成为有效的跨学科学习共同体。成员在讨论、探索中将单学科核心概念转化为跨学科知识，通过解决真实问题验证跨学科学习的"有效性"。

跨学科学习共同体需要根据实际情况及时进行调整。为此，教师可以根据教学设计的一般模式，开展跨学科学习的教学设计（如图3-6所示）。其中，学习需求分析体现跨学科学习的愿景，作为跨学科教学设计的起点；跨学科内容和成员特点分析则为跨学科的学习目标设计、教学策略选择和学习资源应用提供依据；教学效果评价则关注跨学科学习的质量，以便据此及时修订相关教学活动。

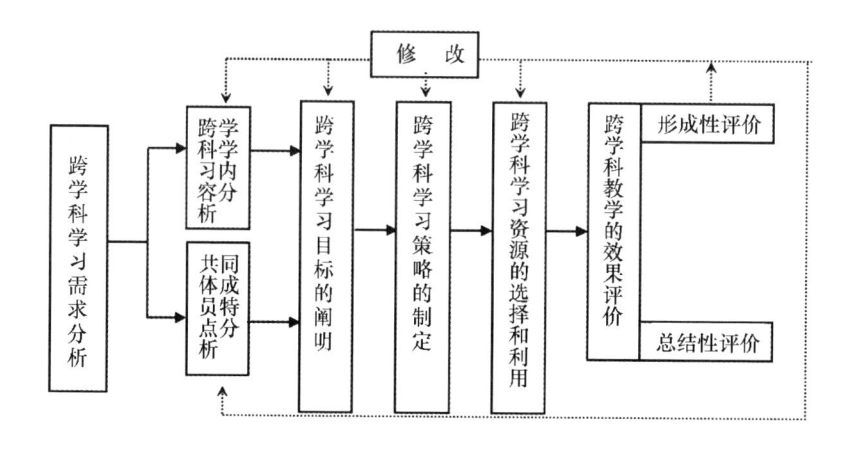

图3-6 面向跨学科学习的教学设计流程

（四）解体阶段：转化为新的跨学科学习共同体

发展阶段后，跨学科学习共同体便逐渐进入转变期，某些跨学科学习共同体将面临解体。主要原因有两方面：一方面，个别学习共同体的发展比较迟缓，难以适应现实需要，跨学科学习效果不尽如人意，进而导致因跨学科学习共同体落后而面临解体。另一方面，跨学科课程中个别课程的优胜劣汰。由于跨学科课程的多样性及成熟度存在差异，有些课程的自我调整进度可能与STEM教育发展不协调。发展较快或较慢的课程逐渐不再适应原有的跨学科学习，导致相应的跨学科学习共同体解体。至此，不同学科的课程又开始新的优化整合，师生重新组合，形成新的、更有活力的跨学科学习共同体。

四 STEM教育跨学科学习共同体实施建议

为培养引领时代发展的综合型人才，教育者既需要在理论层面剖析跨学科学习共同体的规律，又需要在实践层面探讨跨学科学习共同体的落实。STEM教育跨学科学习共同体需要从学校、教师和学生三个层面来构建。

（一）学校瞄准跨学科学习趋势，规划跨学科学习共同体的发展路径

首先，学校应关注学科交叉的新发展，将跨学科课程纳入课程体系。学校要反思传统课程管理方式存在的问题，根据创新人才培养目标调整跨学科课程的组合。例如，2019年《河南省教育厅关于推进中小学人工智能教育的通知》提出：将人工智能教学纳入信息技术、科学、综合实践活动课程，在不增加教师、学生负担的同时，融合推进。

其次，学校应与企业、教育机构建立合作关系，争取跨学科学习所需的社会资源。例如，美国辛辛那提市2011年形成的地区性STEM学习生态系统，汇集了正规教育机构、大学、本地博物馆和科学项目的非正规教育机构，以及对STEM感兴趣的商业合作伙伴[1]，为跨学科学习提供社会领域的交流机会和资源支持。

最后，更新现有学生评价体系，增加STEM教育跨学科学习评

---

[1] 刘亮亮、李雨锦：《美国中小学STEM学习生态系统研究——以辛辛那提市STEM学习共同体为例》，《现代教育技术》2018年第10期。

价。依据 STEM 教育跨学科育人理念，综合采用形成性评价、总结性评价等多种评价方式；汇集富有跨学科学习经验的专家小组检查学生的作品，对学生跨学科学习成果进行指导和反馈。学校既要关注学生个体跨学科学习的进步，更要重视跨学科学习共同体的发展；既要评价跨学科学习的外部成果，更要评价跨学科学习的团队氛围。

（二）教师聚焦跨学科学习需求，提升跨学科教学能力

一方面，不同学科教师加强交流和合作，形成跨学科教学团队。遴选优秀的学科教师组建跨学科教学共同体，研讨不同学科在横向与纵向的整合方法与策略；在保持学科特色的基础上，充分发挥不同学科教师的特长，为学生呈现有效整合的跨学科课程。例如，2013 年以来，福建省福州市鼓山中学建立了由专家学者、行政管理人员、学科教师共同组成的跨学科教师团队，超越了年级和学科的局限，打破了单学科教师的传统管理模式。[①]

另一方面，教师不断提升自身专业素养，提升跨学科教学的意识与能力。开展 STEM 教育跨学科教学时，教师需要具备更加多样化的学科知识背景，有效地将不同学科知识与生活和职业进行联系；综合应用多种教学模式与教学方法，以高效实现跨学科学习的目标；从教学明确性、教学多样性、教育任务取向、教学投入程度、班级管理情况、师生互动关系等方面，开展跨学科教学的有效性评价（见表 3-2），从而不断积累跨学科教学经验，提升跨学科教学能力。

表 3-2　　　　　　　　教师跨学科教学有效性的评价

程度 纬度	较差	较好
教学明确性	教学目标的设计偏向于拼凑，不能体现不同学科目标之间的联系。	设计跨学科教学目标，体现不同学科特征

[①] 许京、蔡丽红：《协同创新 提升跨学科教师团队合作效能》，《中小学管理》2017 年第 2 期。

续表

程度 纬度	较差	较好
教学多样性	不能使不同学科、不同年级的学生参与到跨学科学习中来；不能为跨学科学习开展提供丰富的学习资源	设计多元教学活动，让不同学科、不同年级的学生参与进来；为跨学科学习学生提供丰富的学习资源
教学任务取向	小组学习效果难以达到跨学科教学目标，未能根据小组成员特征设计跨学科教学任务	紧密围绕跨学科教学目标安排教学任务，并不断反馈和调整，保证跨学科教学目标不偏移
教学投入程度	很少将跨学科学习主动权交由学生，未能定时与跨学科学习学生交流	在跨学科教学活动中，定时与学生交流，查看任务完成度，调整教学进度
班级管理情况	将选择权完全交由学生，不能妥善处理不同学科、不同年级学生之间跨学科学习中的管理问题	与其他学科教师合理分配课堂空间，根据学生特点，采取项目式活动，科学安排跨学科学习活动的负责人
师生互动关系	较多将注意力集中在跨学科知识内容的讲解上，缺乏与学生在跨学科学习效果方面的沟通	经常与学生交流，了解和关注他们对跨学科学习任务、活动和效果的看法和意见，并及时调整教学设计

（三）学生面向真实问题，增强跨学科学习的意识与能力

为了面向现实问题来开展跨学科学习，学生需要不断摆脱"单学科阅读—单学科思考—单学科实践"的局限，从"跨学科阅读—跨学科思考—跨学科实践"三个维度（如图3-7所示），提升学生跨学科学习的意识与能力。

首先，学生树立跨学科学习的观念，形成跨学科阅读的意识。在跨学科学习中，学生围绕所关注的问题，根据不同学科之间的互补关系，养成跨学科阅读的习惯：既可以是某个学生阅读不同学科的资料后进行融会贯通，又可以是不同学科学生阅读各自学科资料后进行交流研讨。

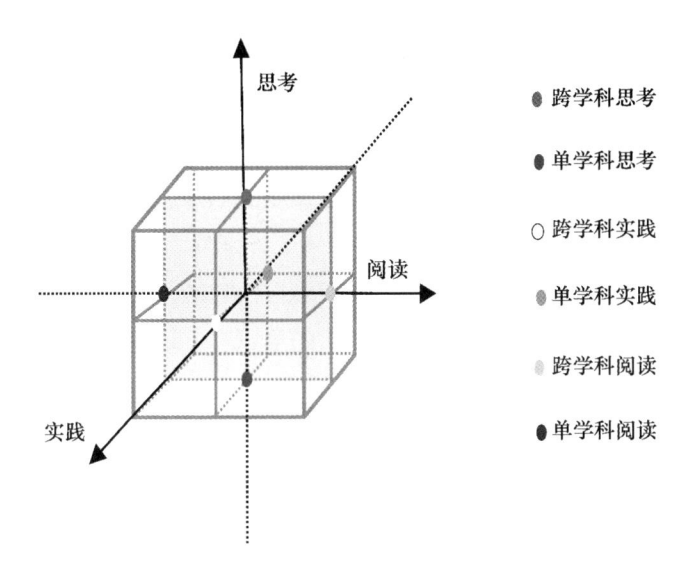

图 3-7 学生的跨学科能力构成

其次，学生提升跨学科思考的能力，形成跨学科知识结构。学生要在跨学科思考的过程中整合不同学科的信息，挖掘不同学科知识之间的联系，加强对不同学科知识的深度学习，形成跨学科知识结构。

最后，学生注重融洽成员关系的建立，在跨学科学习实践中突出团队精神。在跨学科学习共同体中，每个学生均有独特之处，发挥着不可替代的作用。学生之间应围绕问题互相帮助，加强彼此之间的跨学科交流：不仅积极分享个人的新见解，还要回应同伴的不同观点，不断创新跨学科问题的解决方案。

第二节 STEM 中学的教学设计*：以美国北卡罗来纳州为案

在"大众创新，万众创业"的大背景下，国家更加注重创新型人

---

* 本节主要参考赵慧臣《美国北卡罗来纳州中学 STEM 学校的教学设计及其启示》，《中国电化教育》2017 年第 2 期。

才的培养。STEM 教育的主要目标是培养学生分析问题、解决问题的综合能力以及提高他们的跨学科创新能力，成为未来教育改革创新的重要方向。2015 年教育部在《关于"十三五"期间全面深入推进教育信息化工作的指导意见》中明确建议学校探索 STEAM 教育等新的教育模式。目前已有 600 余所中学引入了 STEM 教育课程。

目前而言，我国 STEM 教育在本质、本地化、与创客的关系、人才培养和课程等五个方面都面临着某些争议[1]，其教学活动指导、评价和改善亟须科学有效的标准。量规可以为 STEM 教学提供更加具体的参考，引导师生按照标准优化教学过程，提高 STEM 教学效果。分析美国北卡罗来纳州中学 STEM 学校基于量规开展教学设计的特点和启示，可以为我国 STEM 教学提供参考。

一 美国北卡罗来纳州中学 STEM 学校的教学设计概况

北卡罗来纳州中学 STEM 学校综合了科学、技术、工程和数学四门学科，并且与州、国家、国际和行业的标准一致。北卡罗来纳州中学 STEM 学校"STEM 属性（STEM Attributes）"主要描述了一所优秀的中学 STEM 学校应具备的特征。其教学设计包括 10 种 STEM 属性，并且列出了 2—5 个"要素"的关键组成方面分别描述每种属性。四个阶段的"实施连续体""初期（Early）""发展（Developing）""成熟（Prepared）""典型（Model）"依次排列在页面顶端，代表着每个要素实现的不同深度，如表 3-3 所示。

北卡罗来纳州中学 STEM 学校的教学设计框架主要包含 10 方面：基于项目的跨学科、综合性的知识内容贯穿于 STEM 教学设计；与校内或校外的 STEM 项目有效连接；技术与课程教学相融合；真实性评价以及 STEM 技能的展示；综合性 STEM 课程的开发，社区或行业合作关系以及与高等教育连接；推广、支持以及关注服务环节的不足与缺陷，关注女性、少数民族和经济欠发达地区等问题；一种互通性的

---

[1] 赵兴龙、许林：《STEM 教育的五大争议及回应》，《中国电化教育》2016 年第 10 期。

STEM 课程教学被教育、社区或商业部门所接受和采纳；基于工作的 STEM 学习经验以提高学生和教师在需要掌握的 STEM 技能领域的兴趣和能力；商业与社区建立合作关系，以提供教师以外的指导、实习以及其他 STEM 机会；学生的职业发展道路与高等教育 STEM 课程教学计划呼应。其中，前六条是关于 STEM 教学设计，后四条则主要为 STEM 教学提供方法与途径，这十个属性适用于中学，而第十一个属性仅适用于高中。

表 3-3　　　　基于量规的中学 STEM 学校的教学框架[①]

北卡罗来纳州中学 STEM 学校的教学阶段	初期	发展	成熟	典型
综合了科学、技术、工程和数学四门学科，并与州、国家、国际以及行业标准一致				
1. 基于项目的跨学科、综合性的知识内容贯穿于 STEM 教学设计				
2. 与校内、校外的 STEM 项目有效连接				
3. 技术与课程教学相融合				
4. 真实性评价以及 STEM 技能的展示				
5. 综合性 STEM 课程的开发，社区或行业合作关系以及与高等教育连接				
6. 推广、支持以及关注服务环节的不足与缺陷，关注女性、少数民族和经济欠发达地区等问题				
社会和行业的持续性参与				
7. 一种互通性的 STEM 课程教学被教育、社区和商业部门所采纳				

---

① Raleigh N. C., *Middle School STEM Implementation Rubric*, Friday Institute for Educational Innovation, 2013.

续表

北卡罗来纳州中学 STEM 学校的教学阶段	初期	发展	成熟	典型
8. 基于工作的 STEM 学习经验可以提高师生在需要掌握的 STEM 技能领域的兴趣和能力				
9. 商业与社区的合作关系，以提供教师以外的指导、实习以及其他 STEM 机会				
与高等教育联系起来				
10. 学生的职业发展道路与高等教育 STEM 课程教学计划呼应				
11. *在社区学院、学院和（或者）大学信用完成				

*表示只适用于高中学校。

二 美国北卡罗来纳州中学 STEM 学校的教学设计

STEM 教育鼓励学生整合不同学科的知识，通过动手实践解决当前遇到的问题，以培养学生 STEM 素养以及跨学科思维能力。北卡罗来纳州中学 STEM 学校基于量规开展教学设计，有力地促进了课程教学的开展。

（一）通过 STEM 主题整合课程内容，开展项目学习

基于项目的学习是 STEM 教学活动最常用的教学或学习方式之一，可以作为"纽带"把科学、技术、工程和数学四门学科连接起来。[①] 因此，通过 STEM 主题整合课程内容，开展项目学习主要体现在基于项目的学习频率、整合 STEM 学科知识频率、基于项目的合作频率以及支持 STEM 教学活动的物理空间设计四个方面，如表 3－4 所示。

---

① 李小涛、高海燕、邹佳人：《"互联网+"背景下的 STEAM 教育到创客教育之变迁——从基于项目的学习到创新能力的培养》，《远程教育杂志》2016 年第 1 期。

表3-4 通过STEM主题整合课程内容，开展项目学习①

阶段 要素	初期	发展	成熟	典型
1. 基于项目的学习频率	很少用于STEM教育	每月运用于STEM教育	每月运用于STEM教育以及相关学科教学	经常运用于有STEM教育以及相关学科教学
2. STEM整合的频率（教师整合STEM学科、学生组织跨学科知识的情况）	25%的STEM必修和选修课中	25%—50%的STEM必修和选修课中	50%—75%的STEM必修和选修课中	超过75%的STEM必修和选修课中
3. 基于项目的合作频率（教师通过专业学习社区和共同交流时间来共享STEM活动以及规划学习成果）	每半年共享	每季度共享	每月共享	每周共享
4. 物理空间〔计算机实验室（教室）被改造为协作空间，项目工作地点作为师生面对面、虚拟协作（展示）的空间〕	在特定场合被改造	偶尔被改造	经常被改造；可能还包括1个STEM实验室	多个设备或空间专门服务学生项目合作

1. 项目学习的频率逐步提高

在STEM教育中，学生在项目实践活动应用不同学科知识来解决现实问题。基于项目的学习需要教师和同学具备相应的信息技术应用能力、较为完善的跨学科知识体系。因此，基于项目的STEM教学活动应以学生学习情况为依据，因地制宜地计划是否适合开展以及如何开展。

在初期阶段，学生主要通过教师讲解获得和掌握知识，很少开展基于项目的学习。随着学生跨学科知识内容的拓展、STEM素养的增强以及教师教学能力不断完善，在成熟阶段无论是学生还是教师每月

---

① Raleigh N. C., *Middle School STEM Implementation Rubric*, Friday Institute for Educational Innovation, 2013.

均开展基于项目的学习,并且应用于所有的学科领域。在典型阶段,基于项目的学习活动已经被学生熟练运用,可以经常在 STEM 领域以及所有学科开展。

2. 整合 STEM 学科知识的教师不断增多

教师的学科知识整合能力对 STEM 教学效果产生重要影响。在初期阶段,25% 的 STEM 核心课程和选修课程教师经常做出明确的努力来整合科学、技术、工程和数学四门学科的知识内容,并要求学生组织跨学科知识。在发展阶段、成熟阶段和典型阶段,分别有 25%—50%、50%—75%、超过 75% 的 STEM 核心课程和选修课程教师能够将科学、技术、工程和数学知识进行整合,学生被要求独立组织跨学科知识。

教师需要根据教学情况和学生反馈,结合自身能力有目的、有计划地整合学科知识:不仅仅局限于 STEM 核心课程以及选修课程,还应将其作为理念扩展至现实生活中。此外,STEM 学生同样需要具备学习、整合和应用跨学科知识的能力。

3. 基于项目的合作更加频繁

基于项目的合作可以为不同学科教师提供交流合作的机会,有利于消解不同学科教师之间的学科界限。学生则可以通过商讨如何完成学习任务,共同规划学习步骤,并在解决问题的过程中完成知识建构。

在初期阶段,不同学科教师之间的合作频率较低。STEM 教师每半年通过参与专业学习社区和制定共同规划来进行合作,并共享 STEM 教学活动计划。随着不同学科教师之间融合加深,从发展阶段、成熟阶段再到典型阶段,STEM 教师之间的合作、教学活动计划以及教学成果共享的会议时间将逐渐缩短至每季度、每月乃至每周。

4. 支持项目学习的物理空间设计

项目学习的开展需要为师生提供协作交流和成果展示的空间。随着师生 STEM 素养的不断提高、实践能力的增强以及协作程度加深,STEM 项目学习的空间以及设备的需求会逐渐加强,需要管理者为师生提供必要支持。

在初期阶段,特定场合下的计算机实验室(教室)被改造成学生合作的空间,项目工作地点作为师生面对面、虚拟协作(展示)作品的空间;从发展阶段到成熟阶段,计算机实验室(教室)从偶尔到经常性地被改造为学生合作的空间,甚至可能还有专业 STEM 实验室;在典型阶段,多个设备或空间专门为合作与项目而设置,以支持师生之间的协作交流、成果展示等。

(二) 校内外 STEM 项目的有效连接

构建学校、社区、高等教育机构和企业之间的 STEM 网络可以为学生提供参与 STEM 项目实践活动、聆听 STEM 专家实践经验和体验专业的 STEM 工作环境的机会,从而提高学生在 STEM 教育中的参与度,让学生认识到 STEM 教育对生活的价值。[①] 校内外 STEM 项目的有效连接主要体现在 STEM 网络、学生和 STEM 专业人员、研究与发展三个方面,如表 3-5 所示。

表 3-5　　　　　校内外 STEM 项目的有效连接[②]

要素＼阶段	初期	发展	成熟	典型
STEM 网络(学校与其他学校、社区、高等教育机构和企业之间建立合作关系的情况,优质中学 STEM 学校解决方案的执行情况)	正在寻求建立合作关系,正在准备提供解决方案	正忙于建立合作关系,确定执行解决方案	已经签订合作关系,确定执行解决方案	已经建立具有共同愿景、互惠互利,甚至可监控、可评估的合作关系,确定执行解决方案
学生和 STEM 专业人员(学生获得 STEM 专家的直接经验、专业 STEM 工作环境或 STEM 内容的实践应用的机会)	领导者正在制订计划,为了给学生提供机会	每学年学生至少两次机会	每学年学生至少四次机会	每月学生都有机会

---

① 周鹏琴、徐唱、张韵、李芒:《STEM 视角下的美国科学课程教材分析——以 FOSS-K-5 年级科学教材为例》,《中国电化教育》2016 年第 5 期。
② Raleigh N. C., *Middle School STEM Implementation Rubric*, Friday Institute for Educational Innovation, 2013.

续表

阶段 要素	初期	发展	成熟	典型
研究与发展（学校领导与STEM教师共享与他们STEM教育相关的实践与研究）	每年共享	每半年共享	每季度共享	每月共享

1. 构建学校、社区、高等教育机构和企业之间的STEM网络

STEM教育提倡学校之间、学校与社区或企业之间建立合作伙伴关系，形成了协同联动的知识创新共同体。其中，学校教育可以通过开发有效的STEM课程资源、创新教学方法和教学活动的方式，促进学生参与STEM教学，并通过科学的评估改进课堂教学。

在初期阶段，中学STEM学校正在寻求与其他学校、社区、高等教育机构和企业之间建立合作关系，为建立优质的中学STEM学校提供有效的计划和解决方案。从发展阶段到成熟阶段，中学STEM学校从正忙于转到已经签订与其他学校、社区、高等教育机构以及企业之间商议，执行优质STEM项目或建立优秀中学STEM学校的解决方案。而在典型阶段，中学STEM学校已经与其他学校、社区、高等教育机构和企业之间形成具有共同愿景、互惠互利、甚至可监控、可评估的合作关系。

2. 逐步增加学生与STEM专业人员的交流机会

随着STEM协作共同体的建立，学生参与STEM项目活动、体验专业STEM工作环境以及与STEM专业人员的交流频率逐步提升。学校应当构建与拓展多元化沟通途径，鼓励学生进行深层次的探究，以便让所有学生均能参与STEM学习。

在初期阶段，学校领导者正在制订计划，为学生提供与STEM专家见面交流以及体验专业的STEM工作环境的校内外机会。从发展阶段到成熟阶段，学生由每学年至少有两次机会转变为每学年至少有四次机会去体验专业STEM工作环境或在校内外进行STEM项目实践活

动。而到了典型阶段，学生可以每月获得此机会。

3. 通过分享交流不断完善研究与发展的计划方案

STEM 教育研究与发展规划不仅是学校领导的责任，更需要教师、学生、家长乃至社区的支持。STEM 学校领导、教师以及相关人员不断分享交流优秀的实践与研究成果，共同制定和完善 STEM 教育的计划方案。

中学 STEM 学校领导以及教师共享关于 STEM 教育目标的实践案例与研究成果。在初期、发展、成熟、典型四个发展阶段，领导与教师之间的共享频率逐渐提高，时间逐渐变为每年、每半年、每季度、每月。

（三）技术与课程教学深度融合，支持 STEM 教学

STEM 教育强调将技术融合到课程教学中，提高学生运用技术分析和解决问题的能力。探讨不同阶段 STEM 教育中技术的运用情况、信息资源的利用状况以及技术与课程的融合情况等，可以让师生及时了解目前技术与课程融合的问题，采取针对性措施以信息技术优化课程教学，如表 3-6 所示。

表 3-6　　　　　　　　技术与课程教学不断融合[①]

要素＼阶段	初期	发展	成熟	典型
面向 STEM 的信息技术	已经确定相关的技术工具	高达 50% 的师生精通相关技术工具	50%—75% 的师生精通常用的技术工具	超过 75% 的师生精通常用的技术工具
STEM 教育信息资源〔STEM 师生获得与基本技术标准对应的计算机（基于网络）的教学资源情况〕	很少获得	每年获得	每半年获得	每月获得

---

① Raleigh N. C., *Middle School STEM Implementation Rubric*, Friday Institute for Educational Innovation, 2013.

续表

阶段 要素	初期	发展	成熟	典型
计算机和网络技术（STEM教师运用计算机、网络、手机、虚拟现实以及其他技术工具来支持教学的情况）	偶尔运用	每周运用	每天运用。相关技术工具经常在学生手中	技术工具无缝融合于教学中，持续在学生手中
技术支持（STEM教师获得教学技术工具维护支持的情况，信息技术设备时间工作的情况）	很少有机会，不能长时间工作	偶尔有机会，偶尔不能延长工作时间	经常有机会，很少不能延长工作时间	根据所需获得。很少不能延长工作时间

1. STEM师生应用信息技术的比例不断增加

随着STEM教育不断深入，技术对师生提供的支持逐渐多样化，师生的技术需求不断增加。在STEM教学中，学生需要利用技术手段支持创新活动，通过技术真正实现与传播创意。

在不同阶段，STEM教学的师生需要不断提高对相关技术工具的熟练度和使用频率。在初期阶段，STEM课程教学相关的技术工具已经确定。相关技术工具是参加STEM师生要学习和掌握的。在发展阶段、成熟阶段和典型阶段，50%、50%—75%、超过75%的师生精通相关常用的技术工具。

2. STEM师生应用教育信息资源的频次不断提高

在不同阶段，STEM师生能够获取和利用的技术资源的频次不同。在初期阶段，STEM师生很少能够获得与北卡罗来纳州基本技术标准相对应的计算机（基于网络）的教学资源。在发展阶段、成熟阶段、典型阶段，STEM师生每年、每半年、每月分别能够获得相应的教学资源。这表明经过培训以及实践活动，师生的信息技术素养不断提高，应用技术手段收集、分析和应用信息的能力不断增强。

3. STEM师生应用计算机与网络技术的能力逐步提高

技术不仅是开展STEM教学的核心要素，更是支持STEM教学创新的重要方式。[①] 因此，STEM师生的信息技术应用能力对创新STEM教学以及促进学生发展具有重要作用。技术不只是一种支持或辅助教学的手段，更是把创意转化为现实成果的桥梁。

STEM师生应该不断创新教学方法和技术应用方式，把信息技术融入创新教学和创意实现中。在初期阶段，STEM师生偶尔运用信息技术来支持教学。从发展阶段到成熟阶段，STEM教师从每周变为每天运用技术工具来支持教学和学习。而在典型阶段，STEM教师将技术工具无缝融合于教学中。

4. 技术设备的经常维护与有效支持

不断提高技术设备的支持与维护程度，可以为STEM教学提供可靠的帮助。从初期阶段到典型阶段，STEM师生获得的支持不断增加。在初期阶段，STEM教师获得的教学技术工具的维护和支持有限，信息技术设备不能长时间工作。从发展阶段到成熟阶段，STEM教师从偶尔到经常会获得教学技术工具的支持和维护，信息技术设备偶尔不能延长工作时间。在典型阶段，STEM师生可以根据自身所需获得技术工具的支持与维护，少有信息技术设备不能延长工作时间。

（四）开展真实性评价以及STEM技能展示

STEM教育以跨学科方式引导学生通过合作和实践的方式完成项目或解决生活中的问题，以培养学生解决问题的创新能力。传统的单一的评价方式难以对STEM教学进行客观、真实的评价。STEM教学需要关注真实性评价、教师协作发展评估、STEM成就激励措施、文化创新四个方面，如表3-7所示。

[①] 丁杰、蔡苏、江丰光：《科学、技术、工程与数学教育创新与跨学科研究——第二届STEM国际教育大会述评》，《开放教育研究》2013年第2期。

表 3-7　　　　开展真实性评价以及 STEM 技能展示①

阶段 要素	初期	发展	成熟	典型
真实性评价 (STEM 核心以及选修课教师运用多样化指标评价学生的成功)	教师被鼓励和支持应用	多达 50% 的教师运用	50%—75% 的教师在每学年多次运用	超过 75% 的教师经常运用
教师协作式发展的评估 (STEM 教师共享协作式发展的评估策略、共同制定促进学生成功策略的情况)	每半年共享评估策略	每季度共享评估策略；偶尔共同制定促进学生成功的策略	至少每月反思协作和学生学习情况，共同制定多样化的策略	至少每两周反思协作和学生学习情况，共同制定多样化的策略
庆祝 STEM 学习成就 (学生、教师和管理人员为 STEM 学生的学习庆祝)	每年庆祝	每半年通过现场展示和在线展览的方式庆祝	每季度通过现场展示和在线展览的方式庆祝	每月庆祝，通过现场展示或以在线方式在州以及国家论坛的方式
创新文化 (项目领导者给予学生荣誉，鼓励 STEM 学生创新)	每年	每半年	每季度	项目文化不断地赋予学生荣誉

1. 开展真实性评价的教师不断增加

STEM 教学评价应以多元化的评价理念，发挥师生等多元化评价主体的作用；应考虑学习的过程性实践的真实性以及教学绩效等因素，开展真实性评价，从而建立面向 STEM 综合素养的评价体系。

在初期阶段，STEM 核心课程以及选修课教师被鼓励和支持运用多样化指标与方式评价学生的学习成就。从发展阶段、成熟阶段到典型阶段，分别 50%、50%—75% 和超过 75% 的 STEM 核心课程教师和选修课教师运用多样化指标评价学生的学习成就。

---

① Raleigh N. C., *Middle School STEM Implementation Rubric*, Friday Institute for Educational Innovation，2013.

2. 教师协作发展的频次不断提高

教师之间的知识共享、经验交流可以促进教师的专业发展。在评估教师协作发展的过程中，除了需要通过监测学生的学习情况，协作制定并完善评估和发展策略外，还应通过评估、反思和改进教师的 STEM 教学能力，提升 STEM 教学团队的教学水平。

在初期阶段，STEM 教师通过协作共享、制定和评估学生学习情况策略的频率较少，每年共享两次。从发展阶段、成熟阶段到典型阶段，STEM 教师从每季度转变为至少每月、每周共享评估策略，共同制定、评估促进学生成功的策略，以检测和反映学生学习情况。

3. 激励 STEM 学习成就的措施应用频繁

为营造积极的 STEM 学习文化，STEM 学习者应举行庆祝和表彰活动。从初期阶段、发展阶段到成熟阶段，STEM 教师、学生和管理人员由每年、每半年转变为每季度通过现场和在线展示成果的方式为优秀学生进行庆祝。在典型阶段，STEM 教师、学生和管理人员每月为优秀学生进行庆祝，通过现场或者在线方式在州乃至国家论坛上展示学生成果。

采取相应的成就激励措施可以提高学生 STEM 的学习兴趣、学习驱动力与参与 STEM 项目实践的积极性。激励学生的学习成就具体措施：（1）了解学生对 STEM 教育的兴趣，针对性地激发他们的学习热情。（2）为学生提供积极的情感体验，以消除（削弱）对 STEM 学习的负面影响。（3）帮助学生将 STEM 知识技能与 STEM 职业联系起来。（4）帮助学生将 STEM 知识和技能与学生的兴趣和经验联系起来。（5）设立 STEM 教学奖学金。

4. 不断营造创新的文化氛围

"STEM 教育的最终结果是为社会培养更多的具有综合解决复杂现实问题的人，促进社会的发展。"[①] STEM 教育领导者鼓励学生不断

---

① 詹青龙、许瑞：《国外 STEM 教育研究的热题表征与进路预判——基于 ERIC（2005—2015）的量化考察》，《中国电化教育》2016 年第 10 期。

进行创新,并且会给予创新者荣誉和奖励。在初期阶段、发展阶段和成熟阶段,项目领导者分别每年、每半年、每季度给予荣誉以及鼓励STEM学生创新。在典型阶段,创新的项目文化不断形成,STEM学生创新受到表扬、鼓励以及以物质刺激。

为了营造创新的文化氛围,除了增加学生奖励,还应该形成STEM教师团队的创新文化。具体措施包括:(1)向学生定期展示STEM教育发展现状。(2)鼓励STEM教师向学生宣介绍、宣传STEM职业。(3)为STEM师生提供丰富的专业知识。

(五)开发综合性的STEM课程,形成社区/行业合作关系以及与高等教育连接

STEM教学需要教师、学生、管理者、项目领导者、家长、社区、高等教育机构和企业之间建立共同体,通过合作来促进教师专业的发展,主要包括个性化专业培养、工作嵌入式(job-embedded)专业培养、师生的特征以及专业培养频率四个方面,如表3-8所示。

表3-8 整合STEM课程的专业培养,社区/行业合作关系以及与高等教育连接[1]

要素 \ 阶段	初期	发展	成熟	典型
个别化的专业发展(STEM教师参加课程学习的情况,是否确定专业发展目标)	参加大规模的、面向初学者介绍STEM教学技能的专业发展课程	参加大规模、侧重于STEM教学技能的专业发展课程	教师已经确定独特的专业发展目标,并调整他们25%的STEM专业发展活动	教师已经确定独特的专业发展目标,并调整他们50%的STEM专业发展活动
工作嵌入式的专业发展(STEM教师运用该方法进行专业培养的情况)	每学年两次运用	每个季度运用	每月运用	每月多次运用

[1] Raleigh N. C., *Middle School STEM Implementation Rubric*, Friday Institute for Educational Innovation, 2013.

续表

阶段 要素	初期	发展	成熟	典型
师生的特征 （STEM教师专业发展活动的侧重点）	标准化、照本宣科的教学	每年根据不同类型的学生教授具体内容	每季度根据不同类型的学生教授具体内容	经常根据不同类型的学生教授针对性内容
专业培养的频率（STEM教师每年参加与STEM相关的专业培养的时间）	10—20小时	20—25小时	25—30小时	30小时或更多

1. 提高教师专业发展的个性化和专业化

为了满足不同类型学生的学习需求，教师需要提高STEM教学能力，创新教学策略、教学效果评估方式以及学生学习成就评价方法。不同阶段STEM教师所具备的专业能力不尽相同，STEM教师专业化培养、个性化培养的内容和程度有所区别。

在初期阶段，STEM教师参加大规模的专业培养课程，相关课程主要为初学者介绍相关的STEM教学技能。在发展阶段，STEM教师参加大规模专业培养课程，侧重于重要的STEM教学技能，可能会包括基于问题的教学策略、整合STEM或边缘学科信息内容。从成熟阶段到典型阶段，STEM教师已经确定了独特的专业培养目标，并实现从25%到50%的STEM专业培养活动以满足个性化、专业化的专业发展需求。

2. 以工作嵌入方式促进教师专业发展

工作嵌入式培养主要指运用基于工作的或实践活动的培训方式，对STEM教师进行专业能力培养。通过参加与STEM相关的工作和实践活动，教师可以更好把握STEM学科知识与现实问题之间的连接，建立STEM课程知识与项目实践之间的紧密联系。

尽管培训方法主要是工作嵌入式或基于实践活动，但不同阶段教师培训的频率或程度不同。在初期阶段，STEM教师每学年接受两次专业培训。在发展阶段，STEM 教师每季度接受专业培养。在成熟阶段到典型阶段，STEM 教师专业培养由每月一次变为多次运用工作嵌入式的方法。

3. 针对学生的特征和需要，进行因材施教

为了开展个性化的教学，STEM 教师针对不同的教学内容和学生采取具有针对性的教学方法和教学策略。在不同阶段，STEM 教师专业培养活动侧重于个性化教学的程度不同。在初期阶段，STEM 教师专业培养活动侧重于标准化、照本宣科的教学策略。从发展阶段到成熟阶段，STEM 教师专业培养活动由每年转变为每季度，侧重于根据不同类型的学生教授具体内容。在典型阶段，STEM 教师专业培养活动经常侧重于根据不同类型的学生教授具有针对性的内容。

此外，个性化教学培训还应关注学生需求：（1）项目实践活动能够满足不同学生的学习需求，并且学生可以自主学习。（2）项目实践活动应运用技术来关注学生个性化的学习需求、学习风格以及兴趣爱好。（3）学生须在规定时间内完成学习目标。[①]

4. 逐步增加教师专业培养的时间和内容

教师专业培养时间主要指 STEM 教师每学年参加与 STEM 相关的专业培训的时间。在初期阶段、发展阶段、成熟阶段和典型阶段，STEM 教师每年参加与 STEM 相关的专业培养课程时间分别为 10—20 小时、20—25 小时、25—30 小时、30 小时。教师专业培养时间的增加，有助于丰富教师专业培养的内容，提高 STEM 教师的教学能力。

（六）关注缺少支持服务的学生，不断促进教育公平

STEM 教育倡导营造创新性、探究性、开放性和包容性的教学文化，关注处于不同社会阶层和文化背景的学生，尤其是女性、少数民族和经济欠发达地区的学生。STEM 教育被寄希望于成为减少辍学率、失业率和贫困率的关键因素。

---

① CTEq, "Design Principles Rubric", http://change the equation. org/sites/default/files/CTEq%20Design%20Principles%20Rubric. pdf, 2016 - 06 - 02.

中学 STEM 学校领导为解决弱势群体所受支持服务不足的问题,专门设计了指导方针,以提高弱势群体学生参与 STEM 学习的机会,主要在探究文化以及关注弱势学生两个方面,如表 3-9 所示。

表 3-9　关注缺少支持服务的学生,不断促进教育公平[①]

要素＼阶段	初期	发展	成熟	典型
探究文化	中学 STEM 学校领导者很少阐释什么是探究文化和创造力	中学 STEM 学校的核心参与者维持探究文化和创造力	探究文化和创造力在大多数中学 STEM 学校参与者中处处存在	探究文化和创造力存在于中学 STEM 学生、教师和管理者之间
关注弱势学生群体(指导方针或具体实践致力于提高弱势群体学生的长期参与性的情况)	没有清晰的指导方针或具体实践	1 项指导方针或具体实践被应用	至少 2 项指导方针或具体实践被应用	2 项指导方针或具体实践被应用

1. 培养探究文化

探究文化主要指中学 STEM 学校致力于营造探究和创新文化,把所有学生都纳入创新文化氛围中,以培养他们的探究能力和创新能力。培养探究文化既需要为师生共同参与探究学习提供合适的环境,又需要鼓励所有学生参与探究式学习活动,引导学生通过合作提出问题、做出假设、验证假设并得出结论。

在不同阶段,中学 STEM 学校尽管均强调将所有学生纳入到文化中,但对创新文化的重视和塑造方式不同。在初期阶段,某些学校领导者向 STEM 参与者阐释什么是探究文化和创新。在发展阶段,中学 STEM 学校的核心参与者维持探究文化和创新。在成熟阶段,探究文化和创新在大多数中学 STEM 学校参与者之间处处存在。在典型阶

---

① Raleigh N. C., *Middle School STEM Implementation Rubric*, Friday Institute for Educational Innovation, 2013.

段，探究文化和创新存在于中学 STEM 学校学生、教师和管理者之间。可见，随着 STEM 教学的开展，探究文化与创新的渗透群体不断扩展。

2. 关注弱势学生群体

中学 STEM 学校专门为弱势群体学生设计相关指导方针，提高弱势群体学生参与 STEM 学习的机会，并维持其长期参与性。人们对弱势群体学生长期参与 STEM 教育的关注度逐渐加深，体现在指导方针与具体实践方面的增多。

在不同阶段，STEM 学校对弱势群体学生的关注程度不同。在初期阶段，中学 STEM 学校没有清晰的方针或具体实践活动致力于从 STEM 教育方面来提高弱势群体学生的长期参与性。在发展阶段到成熟阶段，有 1 项到 2 项指导方针或具体实践活动致力于从 STEM 教育方面提高弱势群体学生的长期参与性。在典型阶段，有若干项指导方针或具体实践致力于在 STEM 教育方面提高弱势群体学生的长期参与性。

三 美国北卡罗来纳州中学 STEM 学校教学设计的启示

针对我国中学开展 STEM 教学的需要，人们在分析和总结 STEM 教学需求和关键要素（教师学生素养、课程资源、支持服务、协作方式、教学策略等）、兼顾国际经验和本土特色的情况下开展 STEM 教学实践。

（一）吸引社会力量参与，顶层设计 STEM 教学计划

STEM 教育虽被国内专家和学者倡导，并已经逐步开展，但其顶层设计和阶段性规划有待强化。STEM 教育的顶层设计和实施规划需要在国家层面的推动下，吸引社会力量的支持，为开展 STEM 教育提供战略指导和有力支持。例如，美国政府发布《美国创新战略：确保经济增长和繁荣》将 STEM 教育提升到国家教育发展战略高度，不仅有"项目引路""变革方程"等第三方社会组织的积极参与，而且获

得英特尔公司、考夫曼基金会等大型企业和基金会提供的支持。[1] 以顶层设计为导向、以实践为检验标准，设计 STEM 教育实施计划和评估指标，有助于逐步推进 STEM 教育的发展，完善 STEM 教育实施效果。

（二）设计、开发与整合 STEM 学科的课程资源

整合 STEM 学科的课程资源不是简单地把四门学科课程知识进行线性叠加，而是把原本独立、分散的不同领域的学科知识和技能整合为活动，通过形式多样的学习活动（基于项目的、基于探究的、基于主题的和基于问题）支持学生在解决问题的过程中实现不同学科知识与方法在不同情境中的迁移、运用和生成。

STEM 课程资源建设的关键在于如何通过与现实生活紧密相连的、与社会需求相对应的主题将不同的学科知识融合在一起。（1）设计 STEM 课程资源要强调基于问题与真实情景。问题是跨学科知识与技能的连接点，而真实的情景是学生进行跨学科知识迁移的支架。（2）整合 STEM 课程资源需要不同学科教师和专家的智慧，更需要加强社会力量的支持。例如，美国 STEM 创新课程与英特尔公司、美国宇航局、美国航空航天协会、VEX 机器人等共同合作，为美国 STEM 中学、高中学校提供课程资源。（3）STEM 课程资源的整合要充分兼顾学校的特点和实际情况，建设符合学校特色的校本课程。

（三）提供技术服务和设备支持，服务 STEM 教学

STEM 教育中的科学探究与工程设计需要技术手段的支持。开展 STEM 教学的技术服务为 STEM 师生提供所需技术设备和信息资源的维护和更新，并为师生利用技术创新教学过程、开展团队合作、分享创新成果等提供咨询、培训等支持。具体包括：（1）设置技术应用的情景，帮助学生了解该技术的应用价值。（2）提供 STEM 实验室以及设备，并进行技术培训。（3）进行产品制作的演示，不仅为学生讲解产

---

[1] 钟柏昌、张禄：《项目引路（PLTW）机构的产生、发展及其对我国的启示》，《教育科学研究》2015 年第 5 期。

品制作的原理，而且让他们在制作过程中进行探究。（4）进行总结和反思。

受办学水平差异的影响，STEM 教学活动没有特殊或先进的设备，但用来支持学生和教师创建作品的 STEM 房间或学习区是实施 STEM 教学所需的。学校要为师生提供 STEM 教学相关的技术设备，然后根据教学内容、教学目标以及教学实施情况组合合适的教学设备。此外，STEM 学校要重复利用社会组织（科技馆、博物馆等）所创设的 STEM 相关模拟实验室或其提供 STEM 学科的其他设备。[①]

（四）开展 STEM 教师专业培养，提高教师 STEM 教学能力

STEM 教师专业能力对开展 STEM 教学、促进学生发展方面来说至关重要。然而，我国基础教育阶段虽然有数学、科学、技术等课程，但课程之间的界限鲜明，整合上相对薄弱，对教师教学能力的培养主要针对某门学科或某单个领域。STEM 教育跨学科、综合性的特征对教师提出了更高的要求。"STEM 教师需要采用一体化的教学和学习方法，不需要明确地区分出具体学科内容，在教学处理上形成动态的、连贯性的学习。"[②]

首先，教师要掌握多门学科的知识技能和教学方法，并将它们融合到具体的教学活动中。其次，采用多元化的培养方式（职前培训、进修等）对教师进行培训，增加 STEM 教师实习项目的数量和参加 STEM 项目的频率，以提高其 STEM 教学能力。例如，采用基于实践活动、工作嵌入式等培训活动，提高教师的 STEM 教学能力和创新教学策略，以满足不同类型学生的学习需求。最后，引导教师通过知识的共享、经验的交流与成果的展示及时根据实际教学情况改善教学策略。

（五）关注弱势学生群体，不断促进教育公平

STEM 教育倡导关注弱势学生群体，满足弱势群体的教育需求，

[①] 蔡苏、王沛文：《美国 STEM 教育中社会组织的作用及对我国的启示》，《中国电化教育》2016 年第 10 期。

[②] 詹青龙、许瑞：《国外 STEM 教育研究的热题表征与进路预判——基于 ERIC (2005—2015) 的量化考察》，《中国电化教育》2016 年第 10 期。

增加弱势学生群体参与 STEM 学习的兴趣与机会。尤其重视女性和少数民族的学生，鼓励 STEM 教师到贫穷地区和少数民族地区教学以缩小教育差距，促进教育公平。

首先，需要明确解决 STEM 领域弱势群体的需求问题，尤其是关注女性和少数民族的学生。其次，针对弱势群体的需求问题，发挥信息技术优势，提高弱势群体学生的 STEM 参与程度。最后，通过针对性的招聘工作使 STEM 教育项目延伸到弱势群体。[①]

（六）构建多元化、真实性的评价体系，优化 STEM 教学效果

鉴于 STEM 教育的跨学科、综合性等特征以及其重点培养学生的问题解决能力的目标，STEM 教育采取更加灵活的方式准确评估 STEM 教师教学效果和学生学习成就。STEM 教学评价要以促进学生发展为根本目的，侧重于利用多元化、过程性评价等方式了解教学效果，并及时调整和改进教学活动，以提高学生分析、探究和设计等能力。

真实性评价强调在完成任务或作品的过程中评价学生的表现，注重评价学生创新能力、实践能力和团队协作能力，更适用于以培养学生跨学科综合能力为目的的 STEM 教育。STEM 教育评价可采用表现性评价以更加真实全面地评价学生的学习成就。[②] 作为真实性评价的具体表现，表现性评价指在真实的情境中，通过对学生完成作业或成果作品表现的观察和判断来评价学生的学习成就。

第三节　STEM 教育对中学教师教学能力提出新要求[*]

STEM 教育，充分体现了主要学科领域与现实世界的联结，注重

---

① CTEq, "Design Principles Rubric", http：//change the equation. org/sites/default/files/CTEq%20Design%20Principles%20Rubric. pdf, 2016 – 06 – 02.

② 李杨：《STEM 视野下的科学课程构建》，硕士学位论文，浙江师范大学，2014 年。

＊ 本节主要参考论文赵慧臣、周昱希、李彦奇、刘亚同、文洁《跨学科视野下"工匠型"创新人才的培养策略——基于美国 STEAM 教育活动设计的启示》，《远程教育杂志》2017 年第 1 期。

让学生实践完成感兴趣的、与现实生活相关的实践项目，在把握运用知识的时机和方法的基础上，以形成创新产品与方案的方式来服务社会。例如，STEAM教育用跨学科的方法融会贯通科学、技术、工程、艺术和数学五大领域，注重学习内容与现实世界的联系，通过协作和实践的学习方式形成终身学习的意识和能力，引导学生适应快速变化的社会生活和专业领域。在STEAM教育中，科学在于认识世界、解释自然界的客观规律，主要解决自然现象中"是什么""为什么"的问题；工程与技术则是被人们用来改造世界，满足社会需求，回答社会实践中"做什么""怎么做"的问题；艺术则被人们以美好的形式丰富世界，更好满足审美的需求，回答社会实践中"如何做得更好"的问题；数学则是科学、工程、艺术和技术发展的基础。[1]

一　STEM教育活动要素的分析

STEM教育以培养具有跨学科思维能力的创新型人才为目标，融合了"做中学"、建构主义、体验式教学等教学模式，具有现实问题导向、跨学科学习、团体协作实施和社会服务支持等特点。例如，STEAM教育以课程整合的理念设计教育活动，支持学生以跨学科的方式认识世界，以综合创新的形式改造世界，从而培养学生解决问题的创新能力。[2] STEM教育主要采用基于项目的学习、基于问题的学习为主要教学方式，让学生通过合作来完成项目实践或者解决生活中所遇到的问题。

为更好引导学生开展创造性的学习活动，STEM教育活动要素比较丰富。其主要包括作为学习场所的教室和社区、提供服务支持的教育者、发挥创造性的学生、不断优化的课程设置、面向生活世界的主题、支持实践活动的环境。

---

[1]　叶兆宁、杨元魁：《集成式STEM教育：破解综合能力培养难题》，《人民教育》2015年第9期。

[2]　赵慧臣、陆晓婷：《开展STEAM教育，提高学生创新能力——访美国STEAM教育知名学者格雷特·亚克门教授》，《开放教育研究》2016年第5期。

(一) 作为学习场所的教室和社区

为了支持学生进行创造性的活动，合作被人们视为 STEM 教育中教师和学生的基本技能。为锻炼合作能力，STEM 教育提供了多种方式。其中，教室可以帮助学生在提升技能的同时更深刻地理解团队合作的重要性。STEM 教育项目可大可小，可以联结其他项目或独立存在。理想情况下，它们应具有共同的主题，有利于学生将所学知识和相关项目（主题）联系起来。

STEM 教育提倡学校和社区之间需要建立合作关系。在那些由社区提供支持的 STEM 项目中，教育工作者、各级各类的学生和家长具有较高的参与记录，有助于提高项目可持续性开展。社区可以增加 STEM 教育中社会文化的融入渗透。此时，家长参与 STEM 教育的积极性和贡献不断增长。

(二) 提供支持服务的教育者

STEM 教育需要不同教师相互配合，共同引导学生完成学习主题。其中，教育者提供多元化的支持服务，更多作为教学设计者、活动组织者和学习引导者。教育者以引人入胜的方法引导学生通过协作的方式交流思想。STEM 教育者让各地不同学生了解自己以及在团队中如何工作，引导他们学习地理和体育、音乐和艺术等作品，从而拥有超越在所在社区的经验，获得对现实世界的新看法。大多数情况下，教育工作者还是依旧基于自身的工作安排和教学主题。但在有些时候，不同学科专业的教育者会共同教授交叉的学科内容。

教育者根据学生所需的基本概念和技能，设计符合学生需要的主题，以满足不同类型学生的学习需求。个别教育工作者转变课程结构，并与共同的主题联系在一起，使其成为 STEM 教育的组成部分。教育者通过协作的方式交流思想，对于突发情况有所应对，并且具备有效的时间规划。

(三) 发挥创造性的学生

在 STEM 教育中，学生需要不断地评估自身的兴趣点、经验和才能，通过基于现实的项目，在深度和广度上应用跨学科的知识和技能。当向学生展示如何创建合作团队以及在开展基于现实的学习时，以下方面值得注意①：（1）学生可以运用跨学科的知识和技术来支持他们的工作，当涉及相关活动时，他们能够回顾所学概念并有更深理解。（2）学生应具备识别和尊重自己和他人不同技能的能力，在融入团队的过程中学会怎样做好自身角色，并不断帮助成员学习如何完成项目、服务社会。（3）学生能够更自然地通过团队合作来解决那些被当作主体报道的冲突和话题。（4）学生期待STEM教育活动，并且采取更多措施做好学习准备。（5）参与者和同伴能够感觉到更多的团队认同和自豪感，实现从ME（个体的学生）到WE（社会的参与者）的转变。

（四）不断优化的课程设置

STEM课程通常需要及时根据生活中的发现与发明更新内容，为学生提供多样化的技能和职业选择机会。STEM课程应该适合于不同年级、不同学习风格的学生，满足他们的个别化学习需要。

STEM教育通过网络虚拟社区为成员提供了优质的课程方案，具体包括STEM教育理论、STEM教育项目创建、STEM虚拟训练以及STEM虚拟认证等多个逐渐丰富的层次。② 相对于传统课程，STEM教育在线课程可以根据社会的不断发展进行实时更新。当然，不断增加的STEM教育在线课程需要相关领域的专家审查。

在网络环境中，教育工作者不断更新课程计划模板。课程计划模板对教育者以跨学科的方式来开展教学具有很大帮助。教育工作者可以借此理解如何构建STEM课程计划，并帮助相关的教育专家和学科教师创造更标准化的、生活化的STEM课程。丰富的、多样化的课程计划被发送至网络中供师生挑选，从而让构建面向学生个性化学习的STEM课程体系成为可能。不断优化的STEM课程使不同类型的学生

---

① Georgette Yakman, "STEAM Programs", http：//steamedu.com/programs/membership-levels/，2016-4-01.

② Georgette Yakman, "STEAM Programs", http：//steamedu.com/programs/membership-levels/，2016-4-01.

从本地和全球的团队互动中获得支持,以便实现更加针对现实问题的发现和创新。

(五) 面向生活世界的主题

为了培养创新型人才,STEM 教育强调紧密联系现实生活,以开展相关主题活动为主要教学方式,支持学生综合跨学科的知识用来形成解决问题的方案(产品),同时培养了他们的合作能力、协作能力、沟通交流能力以及创新能力。

在不断变化的现实世界中,丰富的实践经历对于 STEM 学生的成功非常必要。STEM 教育形成了面向生活世界的丰富主题,如力量与能力、要素与过程、生命与运动、传输、交流、音乐和发明等。通过学习以及完成主题活动,学生既可以将主题与个人行为、个人能力、个人信念联系起来,又能够将活动主题与社会生活联系起来。

(六) 支持实践活动的环境

作为实践平台与开放空间,STEM 实验室非常重要。STEM 实验室可以支持学生基于现实生活进行发现和发明,帮助学生创造符合社会需求的作品。学校应具备用来创建作品的 STEM 房间、具有相应的教育技术实验室和存储机器人等技术设备的干净房间以及 3D 打印机等。学生可以在支持实践活动的环境中利用相关工具进行创作。

二 STEM 教育活动流程的设计

相对于传统的教育活动,STEM 教学以学生为中心。教师不仅告诉学生怎么做,而且引导学生体验实践中解决实际问题,在不断探索的过程中提升创新能力。STEM 教师需要科学安排教育活动过程,即要做什么,用什么做以及达到怎样的效果等。

为培养创新型人才,教师应鼓励学生质疑和反思,而不是依赖死记硬背;应引导学生面向问题创新,而非强调简单地应用。为此,STEM 教育的教师需要科学安排教学活动过程,即要做什么(活动的目的)、用什么做(设备、要素和材料等)以及达到什么效果(学生发现了什么、收获了什么)等。其中,根据 STEAM 教学活动流程,设计了 STEAM 教育教学过程卡，如图 3-8 所示。该教学过程卡涵盖了项目活动的主要内容，可帮助学生清楚了解项目活动要素以及如何开展该项目活动。根据教学过程卡片①，STEAM 教育活动设计主要分为四个阶段（按照顺时针展开），具体包括准备阶段（学生选择所需工具与资源）、实施阶段（学生自主完成活动任务）、改进阶段（学生探索中培养创新能力）、反思阶段（巩固和完善学生的认知结构）。

STEM 教育针对学生目前的学习需要和未来的工作需要，通过问题导向的项目实践，实现多个学科之间的整合，为学生提供体验创新、独立思考和团队协作的机会。尽管 STEM 教育提供多种方式支持学习，但学生仍需要对个人学习负责，需要不断发挥自身的能动性和创造性。STEM 教育的教学活动不以传授知识为主要任务，而以培养学生的问题解决能力和创新能力为目标。相对于传统的教学活动设计，STEM 教学坚持以学生为中心。教师不仅告诉学生怎么做，而且引导学生体验解决实际问题的过程，在探索中开启学生的创造力。

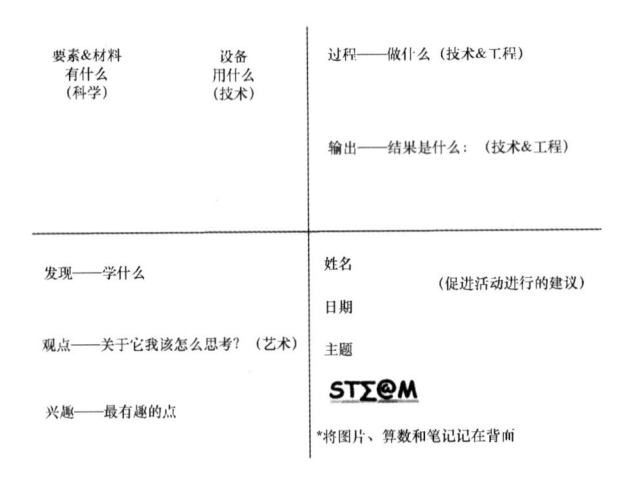

要素&材料 有什么 （科学）	设备 用什么 （技术）	过程——做什么（技术&工程）
		输出——结果是什么：（技术&工程）
发现——学什么		姓名　　　（促进活动进行的建议） 日期 主题
观点——关于它我该怎么思考？（艺术）		STΣ@M
兴趣——最有趣的点		*将图片、算数和笔记记在背面

图 3-8　STEAM 教育教学过程设计步骤

---

① Georgette Yakman, "STEAM Activity Lesson Plan Notes Sheet", http://steamedu.com/wp-content/uploads/2014/12/STEAMdailyNotesCoverSheet.jpg, 2016-3-20.

（一）准备阶段：学生选择所需工具与资源

STEM 教育的工具与资源主要包括要素、素材和设备等。学生根据 STEM 教育的活动主题，查阅相关资料和信息，选择完成该活动所需的技术设备、材料和素材等。准备阶段实质上是学生综合运用所学知识，在分析、选择、设计等的基础上挑选所需材料与相应技术工具的阶段。该阶段由学生独立完成，主要用于培养他们的逻辑判断能力、资源选择能力以及自主思考能力。

（二）实施阶段：学生自主完成活动任务

实施阶段涵盖 STEM 教育中的技术（T）和工程（E）。在此阶段，学生应该思考运用知识和设备材料做些什么（What I did）以及应达到的效果是什么（What was the result）。在该阶段，学生通过不断探索、实验及动手实践，综合运用科学、技术、工程、艺术和数学等知识来解决当前生活和社会所面临的问题，完成 STEAM 教育的主题活动。实施阶段主要用于提升学生的主观能动性，培养他们的知识应用能力以及探索创新能力等。

（三）改进阶段：学生探索中培养创新能力

除了填写相关的个人信息和主题信息外，改进阶段要求学生填写改善活动的建议，即怎样设计才能促进活动的可持续性、有效性以及更好地吸引合作者的积极参与。教师可以在网络平台上提供视频资源，引导学生查找资料，帮助学生解惑。该阶段用于培养学生的批判性思维能力和创新能力。

（四）反思阶段：学生巩固和完善认知结构

尽管 STEM 注重创新成果的产生，但是更关注学生的发展。在反思阶段，学生反思学习活动的全过程：学到了什么（What I learned）？对于知识自己有何新的看法（What I thought about it）？以及觉得最有趣的点在哪里（most interesting point）？通过反思，学生不但巩固了所学知识、优化了认知结构，而且拓展或生成了新知识。反思阶段主要用于培养学生的反思能力与批判性思维能力。

STEM 教育活动借鉴学科融合与联系的观念，不以传授某知识点为主要任务,而是以培养学生的自主学习能力、解决问题能力和创新能力为目标。在教育活动中,学生自己选择所需材料与工具,参与策划、组织、实践、反思与改进每个环节。例如,在"爱迪生"的电灯泡的案例[①]中,STEAM教育活动如图3-9教学卡片所示。此时,教师不会过度干预学生的学习活动,而是发挥引导服务的支持作用。

STEM教育主题往往由现实生活的问题、常见的现实场景和有益的科技产品展开,让学生面对现实生活的问题,从科学、技术、工程、艺术和数学等跨学科的角度,以探索的方式展开创造性学习,以综合的方式寻找问题的解决方案。

要素&材料 有什么 (科学)	设备 用什么 (技术)	过程——做什么(技术&工程)
电工胶带 电池 卫生纸滚筒 4个鳄鱼夹 0.5mm铅笔芯	隔热的盘子 玻璃瓶	1.剪下7段电工胶带,用胶带将电池连在一起 2.卫生纸筒不要太高,两个鳄鱼夹固定在滚筒上,将其放在隔热的盘子上 3.0.5mm的铅笔芯做灯丝,玻璃瓶做灯罩,其余两个架子连通电源 输出——结果是什么:(技术&工程) 发光
发现——学什么 灯泡发光的原理 观点——关于它我该怎么思考?(艺术) 它是通过什么原理发光的? 那些所用的工具都有什么性能? 兴趣——最有趣的点 铅笔芯可以当灯芯,并且发光		姓名　小明 　　　　　　　　　(促进活动进行的建议) 日期　2016年2月22日 主题　"爱迪生电灯"DIY STΣ@M *将图片、算数和笔记在背面。

图3-9　STEAM教育教学过程设计的案例"爱迪生电灯"

---

① 巩义凤凰机器人创意中心:《STEAM教育与机器人教育》,http://www.wtoutiao.com/p/2598DzL.html,2016年10月18日。

三　STEM教育对中学教师教学能力提出新要求

在"大众创业，万众创新"的时代背景下，我国STEM教育活动应借鉴国际经验，针对现实问题，开展STEM教育活动，提升STEM教育质量。

（一）立足教育综合改革，把握STEM教育目标

STEM教育在我国教育领域尚处于起步和发展阶段，理论层面的研究主要是对国外经验及相关报告的介绍与解读；实践层面的探索则主要集中在少数发达地区的个别中小学校，整体上缺乏宏观系统规划及具体实施方案。[①] 人们应该立足于全面深化教育综合改革、培养学生创新能力及综合能力的背景下，分析STEM教育的国际态势、发展趋势和研究热点，从跨学科视角分析STEM教育的目标取向、实施现状、课程整合、项目评价、教师培养、学业成就等，针对我国教育的现实问题，探寻跨学科教学和创新人才培养的方案。

为此，我国STEM教育需要明确的教育目标定位，实现从STEM教育到深化教育综合改革、从单学科素养培养到综合素养提升、从知识学习到创新创造的转变，从而培养学生具备终身发展和社会发展所需要的优秀品格和核心能力。

（二）多方协同参与，共同开展STEM教育

"STEAM教育的践行融合多个学科，需要多维度的顶层设计、建立教育改革生态圈。"[②] 实施STEM教育不只是学校的职责，还需要家庭、政府和企业的支持，更依赖于非营利机构和社区等的广泛参与。政府、学校、学生、家长、社会机构等多方共同参与、有效协作，支持STEM教育活动的有效开展。

在系统理论的指导下，人们应该关注实施STEM教育的各个因素

[①] 胡畔、蒋家傅、陈子超：《我国中小学STEAM教育发展的现实问题与路径选择》，《现代教育技术》2016年第8期。

[②] 王娟、吴永和：《"互联网+"时代STEAM教育应用的反思与创新路径》，《远程教育杂志》2016年第2期。

之间的关系，分析它们之间的协作方式，更好将教育理念转变为教育实践。在具体的支持方式上，政府提供政策引导，学校提供专业师资，社会公众提供舆论支持，企业提供实习机会，如图3-10所示。多方协同参与，共同开展STEM教育，有助于深入挖掘STEM教育的潜力，充分实现STEM教育的目标。

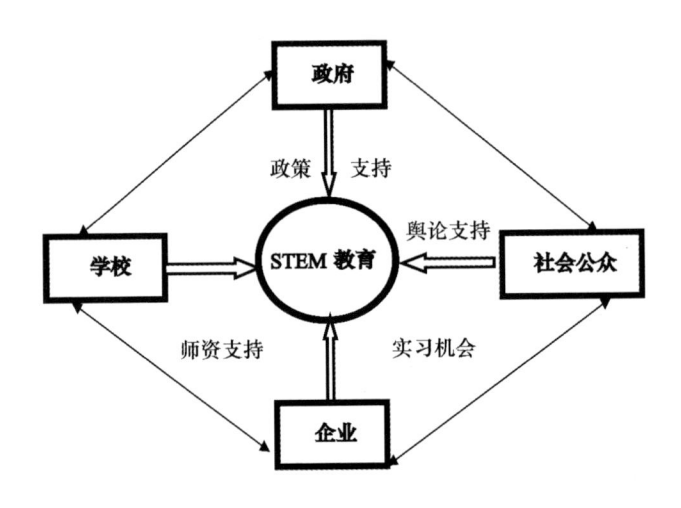

图 3-10　STEM教育实施的协作方式

（三）加强师资队伍培训认证，支持 STEM 教学

STEM教育强调学科之间的高度整合，对教师提出了新的挑战。STEM教学的教师不仅需要具备良好的跨学科知识，更要掌握不同学科整合教学的技能。教师在教学过程中需要更好地进行跨学科融合教学，引导学生以跨学科的方式来分析和解决问题。

强化师资队伍培训认证，有助于培养具备学科综合能力的师资队伍，以支持STEM教学开展。我国STEM教育需完善STEM教师的培训认证，引导教师既理解STEM教育理论，又善于开展STEM教育实践。例如，在STEAM教育中，定期培训数学、科学、技术、工程、艺术和数学等相关学科的专业教师，使其能够胜任STEAM教学任务；完善相关学科教师的专业标准，支持他们开展STEAM教育活动。经过培训的教师可以在将原本科目仍保留为独立课程的情况下，以学科综合理念为指导，协调和规划不同课程的教学活动，促进学生综合应用不同学科的知识，在问题解决的实践过程中不断提高自身的综合素质。

（四）构建满足社会需求的跨学科课程，形成优质教学资源

STEM 教育要求教育工作者注重当地现实情况，遵循教育规律，不照搬西方模式，在已有课程的基础上，灵活把握教学目标，设计创新特色的学习形式。[①] 唯有如此，STEM 教育的跨学科课程才能更有吸引力，才能更适应于不同年级阶段且学习风格广泛的学生，更好地支持学生基于现实问题的发现和发明。

根据 STEM 教育的理念，我国 SSTEM 教育应该避免课程资源"孤立化"和"学科化"倾向，在已有课程的基础上，有效整合科学、技术、工程、艺术和数学等相关学科的教学内容，形成本土特色的跨学科的课程资源。

由于受历史、经济、政治、文化因素的影响，不同地区 STEM 教育要因地制宜。因此，STEM 教育在借鉴国外经验的基础上，应该结合地域、历史、文化、经济等因素，针对目前和未来经济社会对人才培养的需要，联系学会、协会、科技场馆等社会资源，设计与优化有不同学科的课程内容，形成高度融合的优质资源。

（五）发挥信息技术支持，优化 STEAM 教学过程

作为实施 STEM 教育的重要支持，信息技术可以支持学习者采用多元的表达方式，提升学生学习质量。STEM 教育中，学生通过信息技术获取资料，与同伴一起分析问题，设计解决方案，并进行完善，从而不断提升自身的创新能力。例如，基于手势的计算技术，可以在不同的情境中为学习者提供基于探索的学习体验。[②] 发挥信息技术对

[①] 唐小为、王唯真：《整合 STEM 发展我国基础科学教育的有效路径分析》，《教育研究》2014 年第 9 期。

[②] 蔡慧英、顾小清：《设计学习技术支持 STEM 课堂教学的案例分析研究》，《电化教育研究》2016 年第 3 期。

STEM教育的支持作用，需要将信息技术融入STEM教育，不断优化STEM教学过程。人们需要根据教学目标、教学内容以及教学对象的特征，选择、综合和应用合适的信息技术，以支持STEM教育活动。

提升学生的信息技术素养，有助于发挥信息技术在STEM教育中的应用潜力。STEM教育要求学生不仅要关注或掌握不同学科领域的知识技能，还要通过有效运用技术手段来解决问题或完成任务。例如，STEM教育应当向低年级小学生指出哪些机器被电脑驱动控制，电脑的硬件和软件基础是什么；对于中年级小学生，教会他们编码的基础知识，并介绍一门重要的国际语言；对于高年级小学生，让他们了解计算机控制设备，掌握编程的基础知识、会做基础的机器人。

（六）以实际问题为导向，提升学生的创新能力

整体而言，我国学生理论知识较扎实，但动手能力、创新能力有待提高。STEM教育活动面向现实世界的实际问题，鼓励学生动手设计、参与和解决问题，以培养他们的问题解决能力和技术素养。

针对现实世界的问题，学生在教师的引导和启发下，综合应用不同学科的知识，通过小组分工、研讨问题、制订解决方案、实施完善的系列过程，创造出具有创意的作品。在此背景下，学校应该以实际问题为导向，创新STEM教育的活动形式，引导学生在社会生活中探讨科学、技术、工程、艺术和数学方面的关系，培养满足社会需求的、具有创新能力的学生。

（七）支持创业创新教育，发挥STEM教育的价值

我国传统教育注重学生的学业成绩，关注学生是否掌握了特定学科的知识，忽略了知识有何用、怎么用、用到哪些方面，难以有效引导学生将所学知识与未来生活联系起来。STEM教育不仅传授学生理论知识，还引导他们怎么将理论知识与实际生活联系起来，并根据不同类型的学生设计不同的教学方式与教学内容，帮助学生掌握更多的创新方法。

STEM教育帮助学生掌握科学、技术、工程、艺术和数学等不同学科知识的基础上,引导他们面向实际问题开展知识学习与现实世界的互动,通过跨学科的方式在解决问题的实践过程中提升创新能力,提升在创新创业方面新颖的见解和实践能力。STEM 教育可以在支持学生更好地开展创业创新活动的过程中,不断发挥和实现自身的社会价值。

第四节 中学 STEM 教师教学能力需要提升[*]

为了促进教学改革和提升教学水平,STEM 教育需要向教师、教辅人员和项目提供面对面与在线相结合的培训,使更多教育者了解 STEM 教育的理念、特点与方法。为引导学生做有意义的事,教师应当培养学生之间合作的能力。当学生与能力更强的同学共同完成任务时,更多的是配合,并不利于其自身合作技能的提高。此时,按照层级对学生分组,组织同一水平的学生围绕现实问题进行项目活动,以提高每个学生的合作技能。学生通过亲身的合作实践,也能体验到合作的益处,从而有助于以后在工作和生活中有效开展合作。

一 不同学科教师需要协同开展 STEM 教育

STEM 教育中,不同学科之间的融合是根本。学科之间应由谁进行融合?答案是需要不同学科人员之间加强交流,运用跨学科的思维开展合作。一方面,STEM 教育的教师应该根据学生特征,开展不同学科、不同课程之间的融合,并注重通过项目活动带动课程的整合,培养学生的 STEM 素养(科学、技术、工程、数学等素养)和解决问题的创新能力。另一方面,学校需为教师协作提供时间和资源,创建教师之间分享专业知识和提升教学技能的条件,不

---

[*] 本节主要参考论文赵慧臣、陆晓婷《开展 STEAM 教育,提高学生创新能力——访美国 STEAM 教育知名学者格雷特·亚克门教授》,《开放教育研究》2016 年第 5 期。

断促进教师专业发展。

当然，STEM教育要获得成功，离不开多部门的合作。不同的STEM教育学校之间应当加强合作交流，共享教学资源、教育模式和方法等。此外，STEM教育的骨干教师与辅助人员每周也应有安排一定的时间进行跨校合作，以便于不同学校教师之间分享STEM教育经验，以相互借鉴的方式共同提升STEM教育效果。

不同学科人员也应充分利用社会机构、社会专业人员等资源，开发校本课程，设计符合学生需要的学习资源和教学模式，从而促进课堂教学模式的改革。例如，教师可将所教的课程纳为STEM课程的组成部分，并邀请相关专家交流，将专家的观点融入STEM教育，围绕共同的主题联合开展教学。

二 中学STEM教师的培训认证

STEM教育中，教师一方面需要学习新的知识内容，获得所需的教学经验，不断提高教学设计能力，另一方面应在引导学生"了解自己"和"如何进行团队协作"等基础上，帮助学生掌握如何进行互动、如何成为小组成员、如何开展团队合作等基本知识。相关活动涉及基本的写作、科学运用词汇和行为调查等，需要教师有效地组织与实施。例如，教师应根据学生兴趣和不同学科的知识特点，采用不同的教学方式以开展个别化教学，面向现实问题设计跨学科项目活动，并不断增强现实问题、课程内容、活动设计、能力培养以及未来工作之间的联系，引导学生在问题解决过程中提高创新能力。

美国STEAM教育对教育工作者有严格要求，至少90%的骨干教师、指导人员、管理人员在相关专业领域得到STEAM教育的认证和批准。另外，所有新增教师（包含艺术、技术和工程、体育等）应获得STEAM教育的认证。为提升教育活动设计的水平，美国STEAM教育针对教育工作者、社会人员和项目提供三种类型的培训，主要通过虚拟与现实相结合的方式①，使相关人员了解STEAM教育活动特点与方法，提升其教育活动设计水平。

（一）面向STEM教师的培训认证

面向教育工作者（学校管理者、教育工作者、图书馆协助员和课外项目辅导员等）的STEM教育培训认证的重点是学习如何整合科学、技术、工程和数学教育，即为什么要做、是怎样工作的以及怎样影响个人、学校及社区。在开始培训认证前，教育工作者需要通过网络视频等虚拟训练完成相关理论与主题的学习。培训内容包括个性化的指导和帮助人员学习如何撰写STEM课程计划概要以及最终获得STEM教育人员认证。STEM教育培训有助于丰富教师的专业知识，让他们更好地理解如何与其他教育者（本地和国际）合作。这不仅有助于他们了解如何安排学生的学习活动，发挥学生个体的创新优势，可以帮助他们精心设计团队，让所有成员为STEM教育做出贡献。

其中，美国STEAM教育具体培训过程包括：（1）培训理论与推理能力。包括向教育工作者介绍STEAM教育框架、STEM/STEAM知识论与教学论的观点回顾、了解学科共同点、介绍课堂管理策略、分析不同类型学生的学习需求、审查先前STEAM教育项目和案例并开发课程导图。（2）实践和创建课程计划。主要包括课程导航图主题探讨、研究如何为教育工作者和学生创建STEAM团队、STEAM主题案例和跨学科问题式学习（Problem – Based Learning）或研究性学习（Research Based Learning）项目、项目可持续性的思考和策略、寻找合作伙伴与资助、基于标准的课程计划创建。（3）认证过程。主要指提交培训期间所需提交的项目材料，包括课程计划简稿、通过一年课程培训后的课程计划和完成认证调查等。

（二）面向STEM教育中社会人员的培训认证

在面向社会人员的STEM教育培训认证中，家长、博物馆馆长、

---

① Georgette Yakman,"Professional Development Training & Certification", http：//steamedu.com/programs/certification – training/，2016 – 02 – 15.

家庭教师等是主要参与者。训练方式通过虚拟与现实相混合的模式来进行，培训过程和内容与教育人员培训相同。社会人员可通过训练营学习怎么运用 STEM 教育框架，探讨如何应用该框架设计 STEM 教育活动，以满足社会需求。

（三）面向 STEM 项目的培训认证

面向项目的 STEM 教育培训认证主通过项目活动以及工作会议来解决教育工作者普遍关注的问题，有助于用来协助教育工作者更深入理解和运用 STEM 教育。如果需要，相关人员应该接受 STEM 训练营以及通过在线方式进行培训。例如，美国 STEAM 教育领域知名学者格雷特·亚克门教授及其团队为实施 STEAM 教育项目学校提供"计划认证"，让学校能够充分采纳和实施 STEAM 教育。对于难以现场访问的 STEAM 教育工作者，他们要求学校提供相关照片、教学视频以及网络电话联系时间，以便必要时通过网络等方式给予指导和支持 STEAM 教育工作者的专业发展。

在面向项目的 STEM 教育培训认证中，需要分析的材料主要包括：学校系统和地区的人口统计、跟踪统计、被认证的教学团队、每年每个教学团队的 STEM 课程计划、每年 STEM 教育的目标清单、学生团队结构、生活学习环境、在公共区域的主题展示、组织机构和商业伙伴的关系、被建议学校（项目）的 STEM 辅导员。培训认证机构进行考察的目的不是批评，而是提供支持；不是去审查哪些还没完成，而是为项目的发展提供帮助，让相关人员感到是在回答他们的问题、学习他们的经验并通过头脑风暴的方法解决问题。在此过程中，STEM 教育的相关人员需要知道哪些是不清楚的、需要做什么、正在做什么、需要什么支持以及如何获得相应支持。

例如，美国 STEAM 教育的培训方式为虚拟和现场混合训练；培训资源为 24 个视频和 7.5 小时的训练支持文件，培训内容包含 STEAM 教育理论、STEAM 教育流程、STEAM 教育的课堂说明以及如何编写自定义的 STEAM 课程；培训目标是培养能够撰写和提交通过认证审核的 STEAM 课程简介的教育者（见表 3 - 10）。

表 3-10　　　　STEAM 教育培训认证现场和虚拟混合培训

虚拟网络训练——理论和研究	STEAM 教育框架介绍
	STEM 和 STEAM 认识论和教学法研究综述
	了解不同科目的共通之处
	班级管理策略——行为和跨学科
	不同类型学生的会议扩展
	回顾先前 STEAM 教育项目的实例
	发展课程结构图
实习计划创建	根据课程结构图开展主题讨论
	教师和学生的探究活动和如何创建 STEAM 小组
	基于问题学习/探究式学习的跨学科项目——实践实例
	项目可持续性的考虑和策略
	合作伙伴、赞助和基金建议
	社区扩展和 STEAM 学校项目
	基于标准的课程计划创设/扩展
认证过程	培训过程提交所要求的项目
	提交课程计划的简要草案
	一年训练时间内完成最后的课程计划
	完成最后的认证调查
	获得证书

通过 STEM 培训与经过 STEM 认证的教育者有一定区别。参加过一次全面 STEM 培训的教育者可以说他们接受过 STEM 教育训练，学习了如何运用 STEM 课程计划和实践进行传授和教学。已完成课程计划并经认证的教育者可以声明他们被 STEM 认证成功，证明他们已经知道如何写作 STEM 课程计划。STEM 培训和认证人员有权访问培训

和教学文件，包括访问在一年培训期内 STEM 课程计划中不断更新的资源。

三　我国中学 STEM 教师提升教学能力的设想

中国要开展 STEM 教育，建议在教授课程时将 STEM 看作是提升创造力的方法。例如，对于其中的艺术教育而言，STEAM 教育的真正目的不是教艺术，而是让学生懂得如何在现实生活中运用艺术，不断完善目前的生活方式和所在的现实世界。为了提升教师跨学科教学能力，美国 STEAM 教育领域知名学者格雷特·亚克门教授认为应当将教育辅助人员融入 STEAM 团队。具体包括：（1）指导人员。他们帮助学生了解自己的兴趣和爱好，指导他们选择符合职业目标的课程，引导他们实现自身技能和兴趣与未来职业的匹配。（2）图书馆管理员/媒体专家。他们可以帮助学生寻找信息、查询教育专家，以及为学生 STEAM 教育项目的作品展示提供空间，让学生看到大家在做什么、怎么做的，以及引导学生如何借鉴他人成果改善自己的产品或者方案。（3）信息/教育技术人员。他们改善 STEAM 教育中技术应用的过程和方法，优化师生教学，并以发展的眼光对如何购买与使用新兴教育技术提出建议。

为促使 STEAM 教育取得更好的效果，格雷特·亚克门教授还建议：（1）每个学校应配备一名 STEAM 认证协调员。作为课程专家、申请撰写人和社区联络员，相关协调员应精通职业规划、基于问题的学习、课程整合等相关知识，熟悉教育、科学、技术、工程、艺术、数学等学科间的联系。（2）学校应当根据技术教育的相关国家标准设计 STEAM 教育主题。（3）采购设备与设计课程应具有可持续发展的视野，既要基于 STEAM 教育的现实状况，又要能满足 STEAM 教育的未来需要。（4）实现信息技术与 STEAM 教育的深度融合，采用翻转课堂等方式开展教学活动。

第四章　中学 STEM 教师教学能力的研究述评

本章分别对 STEM 教育研究、STEM 教师研究、STEM 教师教学能力研究、STEM 教师教学能力评价研究展开综述。通过梳理相关研究的热点和趋势，可以更好地聚焦中学 STEM 教师教学能力研究的重点，把握中学 STEM 教师教学能力研究的趋势和方向。

第一节　STEM 教育研究：偏向 STEM 理论探索

十几年来，我国学者围绕 STEM 教育理念、政策文件、课程活动等不同方面展开积极探索。为了全面了解我国 STEM 教育领域的发展情况，本书以 CNKI 为检索数据库，以"主题＝STEM 教育"OR"题名＝STEM 教育"为表达式进行高级检索，截至 2019 年 6 月 30 日，共检索出文献 1135 篇，将检索到的文献进行发表年度可视化分析，如图 4－1 所示。

一　STEM 教育研究成果愈加丰富

国际上的 STEM 教育表现出"能力为本""整合为要"的特征，以项目引领为抓手，具有继承创新的特色，展现出多方力量的共同努力[1]。此外，国际上的 STEM 教育也呈现出"偏向功利主义""区域公平失衡"

---

[1] 祝智庭、雷云鹤：《STEM 教育的国策分析与实践模式》，《电化教育研究》2018 年第 1 期。

"STEM 师资质量不高"等问题。

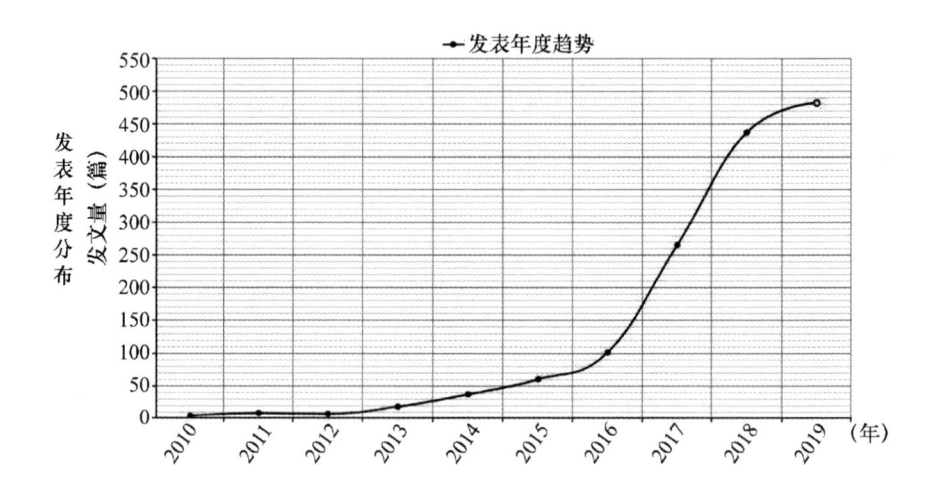

图 4-1 2010—2019 年 6 月国内 STEM 教育文献发表年度趋势

自 2010 年以来，国内 STEM 教育也获得了迅速发展。本书以主题＝"STEM 教育"OR 篇名＝"STEM 教育"，将搜索范围缩小至"核心"和"CSSCI"，共检索到 414 篇文献。剔除会议通知、征稿、述评等无关文献，共获得 344 篇有效文献。通过 CiteSpace v 5.3.R4 文献可视化分析工具对筛选的 344 篇文献进行关键词共现分析。具体设置为：将 Time Slicing 跨度设为 2010—2020 年，Years Per Slice 设为 1 年，Node Types 选择为 Keyword。节点越大、文字字体越明显说明其与主题越相关。如图 4-2 所示，STEM 教育、STEAM 教育、创客教育、科学教育、跨学科等均是近年来我国 STEM 教育研究的重点关注范畴。

我国 STEM 教育关键词的时间线如图 4-3 所示。自 2013 年起，我国 STEM 教育开始进入迅速发展时期，美国是国内 STEM 比较研究的重点，跨学科、项目学习等引起了学术界强烈关注。此后，如何开展 STEM 教学、如何对 STEM 教学展开评价是 STEM 教育目前的研究重点之一。2010—2013 年，有关 STEM 教育的文献数量不多且增长缓慢。

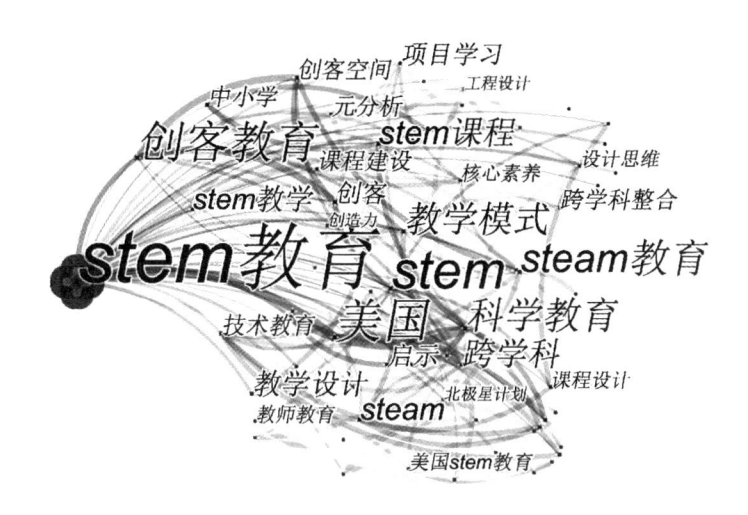

图 4-2 国内 STEM 教育研究学术期刊关键词共现

相关学者围绕"STEM 教育是什么"解读美国政策、探究 STEM 教育起源等内容,尚处于浅层次的理论分析阶段。其中,赵中建认为美国高度重视 STEM 教育的根本原因,在于其深刻认识到科学技术的滑坡在于人才的严重短缺,提出中国是时候认识和深入研究 STEM 教育了[1]。2014—2016 年,STEM 教育的文献数量逐渐增多,相关学者围绕"为什么发展 STEM 教育"梳理了 STEM 教育对我国教育改革的意义与影响。其中,董泽华回顾了美国 STEM 教育的演变过程,认为 STEM 教育可以深化我国科学教育的发展[2];叶兆宁等通过分析在 K-12 阶段将 STEM 教育与科学教育融合的典型实例,认为实施 STEM 教育有助于培养学生综合解决问题的能力[3]。2017 年以来,发表文献的数量每年倍增。且持

---

[1] 赵中建:《为了创新而教育》,《中国教育报》2012 年 6 月 15 日第 7 版。
[2] 董泽华:《美国 STEM 教育发展对深化我国科学教育发展的启示》,《教育导刊》2015 年第 2 期。
[3] 叶兆宁、杨元魁:《集成式 STEM 教育:破解综合能力培养难题》,《人民教育》2015 年第 17 期。

续上升的趋势明显。国内学者研究着眼"怎么实施 STEM 教育",尝试开展 STEM 教育案例的实践研究,本土化研究成果增多。其中,赵慧臣等分析了 STEM 教育应用于中学生探究学习的可能性,设计了 STEM 教育视野下中学生探究学习框架。[①]

经过十余年的探索,我国学者对 STEM 教育的教学理论、教学设计等方面取得了一定的成果,但在教师教学能力研究等方面有待拓展。若只注重教学方法而忽视驾驭方法的教师教学能力,教师将难以顺利地实现跨学科教学的转型与提升,我国也将难以有效实施 STEM 教育。

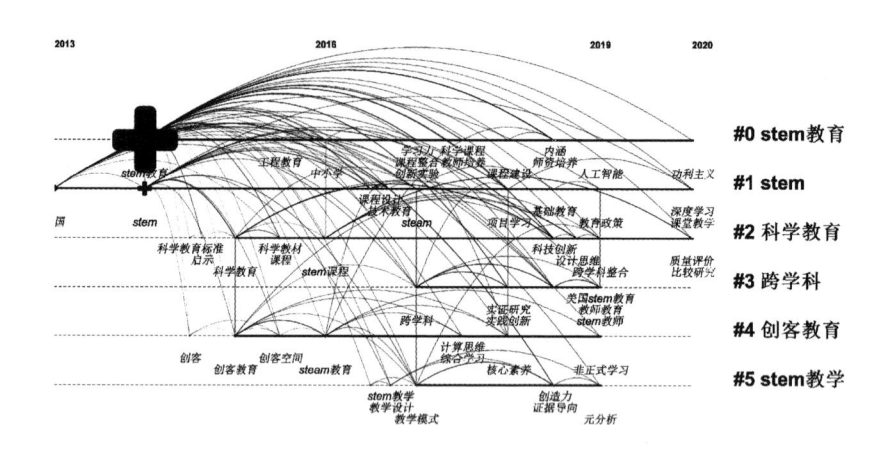

图 4-3　国内 STEM 教育研究关键词时间线

按照频率和中心度的大小,从高到低展示了国内 STEM 教育中排名前 30 位的关键词,如表 4-1 所示。其中,关键词"中小学"排名第 17 位,自 2016 年起相关研究逐渐增多;"STEM 教师"排名第 28 位,成为近两年的研究热点。

---

① 赵慧臣:《STEM 教育视野下中学生探究学习的设计与实施》,《现代教育技术》2017 年第 11 期。

表4-1 国内STEM研究排名前30位关键词的频次、中心度和研究年份

数量	中心性	年份	关键词
186	1.50	2014	stem教育
44	0.17	2014	stem
27	0.15	2013	美国
23	0.02	2015	创客教育
16	0.07	2016	steam教育
13	0.07	2015	科学教育
11	0.03	2017	教学模式
9	0.04	2016	stem课程
9	0.13	2017	跨学科
7	0.06	2017	steam
6	0.00	2017	stem教学
6	0.00	2017	教学设计
5	0.00	2015	启示
5	0.00	2015	创客
5	0.02	2018	项目学习
4	0.00	2019	跨学科整合
4	0.00	2016	中小学 17位
4	0.03	2019	元分析
4	0.00	2016	创客空间
4	0.00	2018	课程建设
4	0.04	2017	技术教育
3	0.00	2018	核心素养
3	0.01	2017	课程设计
3	0.01	2019	教育政策
3	0.00	2019	设计思维
3	0.01	2019	美国stem教育
3	0.01	2019	教师教育

续表

数量	中心性	年份	关键词	
3	0.00	2019	stem 教师	28 位
3	0.00	2019	人工智能	
2	0.01	2020	深度学习	
2	0.00	2019	非正式学习	

对研究趋势和热点进行分析，发现 STEM 教育在我国朝着学科化发展，而且逐渐聚焦。这为我国 STEM 教育的本土化研究带来了机遇和挑战。对 STEM 教育的内涵、STEM 教育的特征、STEM 教育的意义与作用进行文献分析，有利于人们更好地把握 STEM 教育的发展。

首先，在 STEM 教育的内涵研究方面，目前并没有清晰的界定。对于 STEM 教育内涵的讨论最早源于美国。2012 年，美国国家科学基金会（National Science Foundation，简称 NSF）对 STEM 教育进行了广泛的界定。NSF 从元学科视角解释了 STEM 教育，认为 STEM 教育不仅包括数学、自然科学等常见学科，还包括心理学、经济学等社会或行为科学。此外，Mark Sanders 将 STEM 教育界定为一种教学方法，认为 STEM 教育是 Science、Technology、Engineering 和 Mathematics 中任何两个或多个学科之间的教学方法。与此同时，在科学、技术、工程、数学所指代的四类学科的不断发展中，人们逐渐发现 STEM 教育过于偏向理科素养，于是便将艺术（Arts）元素加入，注重培养学生人文素养的"STEAM"的概念就此出现，STEM 教育的内涵得以丰富。在国内，研究机构、政府组织以及与 STEM 相关的不同群体都基于自己的认识来定义 STEM 教育。其中，王素[1]指出中国背景下的 STEM 教育是一场终身学习运动，是跨学科、跨学段的课程群。李克东等[2]认为 STEM 教育是

---

[1] 王素：《2017 年中国 STEM 教育白皮书解读》，《现代教育》2017 年第 7 期。

[2] 李克东、李颖：《STEM 教育跨学科学习活动 5EX 设计模型》，《电化教育研究》2019 年第 4 期。

一种通过整合科学、技术、工程和数学领域内容和方法进行项目学习的教育方式。秦瑾若等认为STEM教育实质是以培养STEM素养为目标，进行基于真实问题情景下的跨学科式教育。[①] 而夏青认为STEM教育是STEM理念在教育中的反映，是付诸教育实践的一种思考。[②] 不管基于何种视角，STEM教育的核心目标均是以创新与提高标，面向提升教师和学生实践素养。

其次，在STEM教育的特征研究方面，STEM教育囊括了艺术、体育、人文、计算机科学、调查研究、创造与革新、全球沟通协作等21世纪所需的知识与技能，发展为包容性更强的跨学科综合素养教育。STEM的核心特征有：跨学科、趣味性、体验性、情境性、协作性、设计性、艺术性、实证性和技术增强性。[③] 融合的STEM教育则具备跨学科、协作性、体验性、设计性、情境性等特征。[④] 跨学科是其最核心特征。[⑤] 虽然国内对STEM教育的特征尚且没有明确的界定，但均将跨学科、协作性作为STEM的关键特点。

最后，在STEM教育的意义与作用方面，相关学者多将STEM教育作为改善我国传统分科教学现状及提升学生创新思维与能力的重要途径。一方面，基于STEM教育整合的理念，探索我国基础科学教育的有效路径。[⑥] 另一方面，借助STEM教育培养和发展学生的高阶思维。例如，计算思维在STEM教育的发展中极具优势，探索STEM视

[①] 秦瑾若、傅钢善：《STEM教育：基于真实问题情景的跨学科式教育》，《中国电化教育》2017年第4期。

[②] 夏青：《基于STEM教育的小学科学专题案例的开发》，硕士学位论文，南京师范大学，2017年。

[③] 余胜泉、胡翔：《STEM教育理念与跨学科整合模式》，《开放教育研究》2015年第4期。

[④] 张屹、赵亚萍等：《基于STEM的跨学科教学设计与实践》，《现代远程教育研究》2017年第6期。

[⑤] 李克东、李颖：《STEM教育跨学科学习活动5EX设计模型》，《电化教育研究》2019年第4期。

[⑥] 唐小为、王唯真：《整合STEM发展我国基础科学教育的有效路径分析》，《教育研究》2014年第9期。

野下计算思维能力的发展策略有利于改善 STEM 的教学成效[①]；我国需尊重文化差异，形成平等协作的 STEM 教育环境[②]。此外，STEM 教育的意义与作用逐渐朝着促进教育公平和平等发展，面向改善不同地区间 STEM 教育差异的方向迈进。

二 STEM 教育研究重心由理论转向应用

我国 STEM 教育逐渐从理论研究走向实践推广。2015 年，江苏省在启动 STEM 教育试点项目，设立"江苏省 STEM 教育项目学校"，积极探索建立本校 STEM 教育课程体系，锻造综合素质较强的师资团队。随后，上海、河南和山东等地区陆续启动 STEM 教育试点项目，进一步扩大 STEM 教育项目试点工作。其中，上海率先提了"STEM+"概念，扩展了 STEM 教育的内涵，拓宽了 STEM 教育发展的途径，促使课程、项目等更加自然地与 STEM 连接、融合。多地组织举办了"STEM+"活动，见表 4-2。

表 4-2　　　　　　　　　"STEM+"实践案例

类别	单位	实践案例
"STEM+"课程	北京中学	学校积极探索"STEM+"教育，构建了 STEM+课程体系，课程主要以课内和课外两种形式开展
"STEM+"项目	江苏南京外国语学校	摒弃"拼盘式"结构，指向"STEM+""立体性融合"。学校设计了多个研究性项目，如《灵敏的触角—生物传感器》》《软件设计与立体雕刻》《秦淮河治理》《PM2.5 治理》等大量与生活实践紧密结合的项目
"STEM+"培训	青岛六十六中	学校建设"STEM+"课程设计团队，提高师资力量
"STEM+"比赛	北京密云区	2019 年 6 月，由北京科技教育促进会、密云区教委联合举办的密云区中小学生科技创新基本技能挑战赛暨"STEM+"项目挑战赛在密云青少年宫举行

---

① 朱珂、贾鑫欣：《STEM 视野下计算思维能力的发展策略研究》，《现代教育技术》2018 年第 12 期。

② 赵慧臣、马悦等：《STEM 教育中如何实现教育公平——〈STEM 教育需要所有儿童：公平问题的批判性审视〉报告启示》，《现代远程教育研究》2018 年第 5 期。

在 STEM 教育实践落地后，题愈发凸显，相关学者的研究重点逐步转向 STEM 教学等相关问题。高频关键词与高中心性关键词为研究者们在某一研究领域中普遍关注的问题。为深入了解我国 STEM 教育的研究主题，研读范围缩小为北大核心期刊和 CSSCI 期刊。在 CNKI 检索数据库共检索文献 267 篇。剔除会议资讯、重复文献、无作者等无效文献，获得有效文献 253 篇。选择 Refworks 格式导出文献，利用 Cite Space V 软件设置时间分段 Time Slicing 跨度为 2010—2019 年，间隔 Years Per Slice 为 1 年，Node Types 为 Keyword，Top 50 Per Slice 设置每年前 50 个关键词，绘制关键词网络共现图谱，如图 2-2 所示。图中的十字光标代表分析对象，节点越大则说明该词在整个关键词网络中出现的频次越高；节点之间的连线表示共现关系，连线越粗则代表相互之间的共现关系越强。同时高频共现关键词词频信息表，统计前 10 位的高频关键词（词频大于 5）及高中心性关键词，形成表 4-3。

表 4-3　　国内 STEM 教育研究高频共现关键词情况

排序	关键词	频次	中心度	年份
1	STEM 教育	144	1.11	2014
2	STEM	31	0.17	2014
3	创客教育	21	0.06	2014
4	美国	21	0.01	2013
5	科学教育	13	0.09	2015
6	STEAM 教育	12	0.06	2016
7	教学模式	6	0.01	2017
8	跨学科	6	0.04	2017
9	课程设计	5	0.05	2017
10	教学设计	5	0.03	2017

通过分析频次可以发现,"STEM 教育""创客教育""美国""科学教育""STEAM 教育"出现频数较高,在期刊文献中多次被作为关键词使用。分析节点连线可以发现,美国、创客教育、科学教育方面与 STEM 教育研究密切关联。分析年份发现,2017 年开始"教学模式""跨学科""课程设计""教学设计"成为 STEM 教育的研究热点。通过关键词的变化可以发现,STEM 教育研究主题从理论研究延伸到应用研究,聚焦于如何贯彻落实 STEM 教学以创新教学模式。总体来说,已有 STEM 教育研究涉及领域较广,但是缺乏系统化研究,研究内容、研究方法、研究视角都处于"碎片化"状态[1]。教师群体未出现在关键词知识图谱中,说明 STEM 教师仍处于 STEM 教育研究的边缘。

第二节　STEM 教师研究:关注 STEM 教师的培养

STEM 教师是 STEM 教育活动实施的组织者。而很多教师目前对 STEM 教育价值的缺乏全面认识,不能完全理解跨学科整合的教学能给学生的学习带来什么益处,难以满足 STEM 教育发展的需求[2]。STEM 教师教学能力的发展往往不足以支撑高效的 STEM 教学[3]。越来越多的国家开始注重培养 STEM 教师和 STEM 人才,以改变 STEM 教师数量短缺和能力不足的状态。政府积极开展 STEM 教师培训,增加 STEM 教师供应,STEM 教师在许多国家供不应求,即便美国的 STEM 师资仍存在教师数量短缺、教师行业人口流失严重、教师专业能力不

---

[1] 叶海燕:《我国 STEM 教育研究的研究综述》,《西北成人教育学院学报》2019 年第 2 期。

[2] Becker, K., & Park, K., "Effects of Integrative Approaches among Science, Technology, Engineering, and Mathematics (STEM) Subjects on Students' Learning: A Preliminary Meta-analysis", *Journal of STEM Education: Innovations and Research*, 2011, 12.

[3] Turner, K. B., "Northeast Tennessee Educators' Perception of STEM Education Implementation", *Dissertations & Theses Gradwork*, 2013, 12.

第四章 中学 STEM 教师教学能力的研究述评

强等问题。① 为此，美国针对 K-12 阶段 STEM 教师素质普遍不足的问题，高度重视 STEM 教师的培养，联邦政府出台《STEM 优秀教师队伍建设法案》，通过提供额外津贴补助、教学资源及教学领导职位等方式来吸引和留住优秀的 STEM 教师。韩国政府鼓励教师参加线上线下的培训活动，帮助教师熟悉 STEM 教育的教学模式。日本政府成立了"核心科学教师培训中心"，增强科学教师的教学实力，增加 STEM 教师数量。我国政府陆续出台相关政策，支持和引导教师提升跨学科教学水平。教育部《关于实施全国中小学教师信息技术应用能力提升工程 2.0 的意见》提出：促进教师跨学科教学能力，建设本地教师跨学科教学能力提升培训资源和示范校，在一定程度有助于促进、STEM 教师的培养和发展。相关政策文件从宏观视角提出了 STEM 教师培养、发展的方向，而 STEM 教学能力的具体内容以及 STEM 教学的实施方法有待进一步研究和明确。

2010 年起，国内外有关 STEM 教师的研究逐渐增多，而且较多关注 "教师对 STEM 教育的理解" 以及 "STEM 教师的专业发展" 等，同时 STEM 教学从业者多以科学教师及信息技术教师为主，并未明确区分 STEM 专职教师与 STEM 兼任教师的区别。梳理国内外 STEM 教师的相关研究，发现主要围绕着 STEM 教师角色、STEM 职前教师研究、STEM 教师自我效能感研究以及 STEM 教师的培养等主题展开。

首先，我国学者或是讨论 STEM 教师的能力、角色变化，或是思考 STEM 教师的专业发展。其中，霍力岩以为，新时代呼唤创新教育，教育要完成的最重要任务就是激发学生的创新意识、培养学生的创新能力。② 为此，教师应该变书本知识的复制者为学生创造能力的培养者。余胜泉等认为，STEM 教师既需要保持对各个教学环节的控制、管理、帮助和指导，又需要从课堂主角变为幕后导演，成为学生

---

① American Association of Colleges for Teacher Education (NJ), "Preparing STEM Teachers: The Key to Global Competitiveness", *American Association of Colleges for Teacher Education*, 2007, 06.
② 霍力岩：《教育的转型与教师角色的转换》，《教育研究》2001 年第 3 期。

意义建构的帮助者、促进者[1]，认为 STEM 教师要灵活地转换为 STEM 课堂的教学设计者、活动组织者、知识讲授者和学习引导者等。

其次，在 STEM 职前教师研究方面，职前教师是国外（尤其是美国）STEM 教师研究中出现的高频词。美国、澳大利亚等国都重视 STEM 职前教师的培训。在国家层面，为系统提升 STEM 教师的质量，美国推进了多个 STEM 职前教师培训项目。如数学和科学教师势在必行项目（the Science and Mathematics Teacher Imperative，SMTI）、MST（Mathematics，Science，Technology）教师培养项目和 UTeach 项目，极大地完善了美国 STEM 教师培训体系。[2] 澳大利亚则为 STEM 教师提供优厚的待遇以吸引更多的职前教师加入 STEM 教学。[3] 在个体层面，研究表明职前教师对 STEM 教学的理解并不深入，但是他们对教授 STEM 课程却有着强烈的信心。[4] 但同时 STEM 职前教师在掌握跨学科教学的技能和方法方面也面临较大挑战。Alan 等指出了 STEM 学科整合对职前科学教师的重要性以及职前科学教师在跨学科整合中存在的困难。[5] STEM 职前教师作为 STEM 教师的重要储备力量，重视 STEM 职前教师的发展和培训，将有利于 STEM 教育教学的整体推进。

再次，在 STEM 教师的自我效能感研究方面，研究表明自我效能感较高的 STEM 教师对教学更有激情，更有可能继续留在教学岗位，而自我效能感较低的教师在遇到困难时，更倾向于放弃。[6] 学校、教

---

[1] 余胜泉、胡翔：《STEM 教育理念与跨学科整合模式》，《开放教育研究》2015 年第 4 期。

[2] 翁聪尔：《美国 STEM 教师的培养及其启示》，硕士学位论文，华东师范大学，2015 年，第 80 页。

[3] 张玉娴：《追求公平和卓越——新世纪以来澳大利亚基础教育改革研究》，硕士学位论文，华东师范大学，2015 年，第 61 页。

[4] KurupPremnadh M.，"Building Future Primary Teachers' Capacity in STEM：Based on a Platform of Beliefs，Understandings and Intentions"，*International Journal of STEM Education*，No. 1，2019.

[5] Alan B.，"Using STEM Applications For Supporting Integrated Teaching Knowledge Of Pre - Service Science Teachers"，*Journal of Baltic Science Education*，No. 2，2019.

[6] 翁聪尔：《美国 STEM 教师的培养及其启示》，硕士学位论文，华东师范大学，2015 年，第 80 页。

师个体及社会等多方主体共同影响 STEM 教师的自我效能感。其中，教师个体是影响 STEM 教师自我效能感的决定性因素。对于教师个体而言，对多学科教学内容的把握、跨学科教学方法的选择以及学生的学习反馈都极大地影响着 STEM 教师的自我效能感。STEM 专业发展项目是提升 STEM 教师个体效能感的有效手段，可以有效改善 STEM 教师对教学方法的态度，并增加他们的兴趣，有利于提高 STEM 教师的自我效能感[1]。学校则可以通过开展多元创新的文化活动、营造和谐轻松的学校氛围，提升 STEM 教师的自我效能感。Zakariya 等的研究结果显示校园文化氛围对 STEM 教师的工作满意度有很强的直接影响，STEM 教师的自我效能感对工作满意度也存在直接影响，教师自我效能感在学校气氛与工作满意度之间具有中介作用[2]。而在国家层面，提升 STEM 教师的薪资待遇，开展多样化的培训活动也可为提升 STEM 教师的自我效能感提供帮助。

最后，在 STEM 教师的培养方面，要结合我国实际，着眼于学科教师的 STEM 教学的再培训。学校可邀请 STEM 专家及行业从业者为 STEM 教师展开培训，并优化 STEM 课程。如在 STEM 科学课程中增加工程设计，并启动工作坊，可以训练教师在真实问题情境下提出问题的能力，能够更好地将 STEM 整合到教学中[3]。社会和相关机构则应探讨如何使用有效的 STEM 概念教学方法来提高教师的自信心[4]。目前，STEM 跨学科整合依旧是 STEM 教学面临的核心难题。影响 STEM 教师整合的因素多样，转变 STEM 教师对跨学科教学的态度，

---

[1] Aldahmash Abdulwali H., " Saudi Arabian Science and Mathematics Teachers' Attitudes Toward Integrating STEM in Teaching before and after Participating in a Professional Development Program", *Cogent Education*, No. 1, 2019.

[2] Zakariya Yusuf F., " Effects of School Climate and Teacher Self–efficacy on Job Satisfaction of Mostly STEM Teachers: a Structural Multigroup Invariance Approach", *International Journal of STEM Education*, No. 1, 2020.

[3] Elayyan Shaher Rebhi, "Teachers' Perceptions of Integrating STEM in Omani Schools", *Shanlax International Journal of Education*, No. 1, 2019.

[4] Smith Kasee L., "Effective Practices in STEM Integration: Describing Teacher Perceptions and Instructional Method Use", *Journal of Agricultural Education*, No. 4, 2015.

提升STEM教师跨学科教学的信心很有必要。曾丽颖等运用教师发展阶段理论，指出STEM教师应遵循螺旋式课程设置发展其综合素质。[1] 高巍等总结美国UTeach课程体系的优势，认为我国应构建科学的课程体系，创建STEM教师培养的引领项目，实行多方式联合的课程评价体系，推动卓越STEM教师的发展[2]。与此同时，我国传统分科教学的教育背景使得教师对STEM多学科知识掌握较弱，对我国STEM教师培养提出了严峻挑战。

概括而言，有关STEM教师的研究，相关学者大多停留在梳理国外STEM教师教育政策、借鉴STEM教师专业发展路径、启示我国STEM教师的成长等方面。例如，李学书参考《美国竞争法》中提到的"为有志于STEM教育事业的专业人员制定为期一年的教育硕士学位计划"，建议我国多元化教师的职业通道，开发替代性的教师资格认证路径[3]。我国多数的STEM教育更倾向于学术层面的理论研究，缺乏基于国情的STEM教师培养研究，具有可操作性的提升方法和策略较少。无论是文献数量还是研究质量，对于指导STEM教师专业发展远远不够。所以，研究者对教师群体的关注度有待提高，结合中国国情、本土特色的STEM教师教学能力发展策略有待增加。

第三节 中学STEM教师教学能力研究综述

一 教师教学能力研究

在研究STEM教师教学能力之前，先对教师教学能力的研究现状进行梳理、分析。国外较早就关注教师教学能力进行定义。（1）从综合素养的角度，Ray H. Simpson早在1966年就将教学能力划分

---

[1] 曾丽颖、任平等：《STEAM教师跨学科集成培养策略与螺旋式发展之路》，《电化教育研究》2019年第3期。

[2] 高巍、刘瑞等：《培养卓越STEM教师：美国UTeach课程体系及启示》，《开放教育研究》2019年第2期。

[3] 李学书：《美国STEM教师教育政策演进、内容和借鉴》，《教育学术月刊》2019年第3期。

为传授知识、组织教学和处理人际关系三个维度。[1]（2）从教学活动的角度，Renfro C. Manning 则将教学能力分为了制订教学计划、课堂教学管理和知识传授等三个方面的能力。[2] Franziska 认为教学能力包括四个维度，分别是学科知识、教学诊断、教学方法运用和教学管理。[3]（3）从教师职业的角度，Long 等将教学能力视为不同教学情境下的专业态度、知识和技能，以及个体满足其自身角色和有效影响学习者学习过程的集合。[4] 相关学者持续关注并不断更新教师教学能力的内涵。较为权威的、被全世界广泛接受和认可的国际教师能力标准是由国际培训、绩效、教学标准委员会制定的《教师能力标准》，即"IBSTPI 教师能力标准"，提出教学能力是制定教师能力标准的核心取向。[5]

关于教师教学能力的问题，20 世纪 80 年代我国学者就开启了探讨。伴随着新课程改革的推广，相关学者不断丰富教师教学能力的内容。其中，代表性观点如表 4-4 所示。

表 4-4　　　　　　我国教师教学能力研究概览

学者	观点内容	年份
陈安福	3 项：收集教学资料的能力、组织教材的能力、语言表达能力[6]	1988
孟育群	5 项：认识能力、设计能力、传播能力、组织能力、交往能力[7]	1990

---

[1] Simpson, Ray H., *Teacher Self-Evaluation*, New York: The Psychological Foundation of Education Series, 1966.

[2] Manning, R. C., *The Teacher Evaluation Handbook: Step-by-Step Techniques & Forms For Improving Instruction*, Englewood Cliffs: N. J Prentice Hall, 1988.

[3] Franziska Vogt, Marion Rogalla, "Developing Adaptive Teaching Competency through Coaching", *Teaching and Teacher Education*, 2009, 08.

[4] Long, C. S., Ibrahim, Z. & Kowang, T. O., "An Analysis on The Relationship Between Lecturers' Competencies znd Students' Satisfaction", *International Education Studies*, 2014, 01.

[5] ［美］詹姆斯·克莱恩等：《教师能力标准———面对面、在线及混合情境》，顾小清译，华东师范大学出版社 2007 年版。

[6] 陈安福：《教学管理心理》，福建教育出版社 1988 年版。

[7] 孟育群：《现代教师的教育能力结构》，《现代中小学教育》1990 年第 3 期。

续表

学者	观点内容	年份
李秉德	5项：理解和运用教材的能力、语言表达能力、观察了解学生的能力、组织、管理和调控教学活动的能力、初步的教育科学研究的能力	2000
罗树华、李洪珍	12项：掌握和运用教学大纲的能力、掌握和运用教材的能力、选择和运用教学参考书的能力、编写教案的能力、选择和运用教学方法的能力、激发学生学习兴趣的能力、指导学生学习方法的能力、因材施教的能力、实施教学目标的能力、组织课堂教学的能力、教学测试能力、制作和使用教具的能力①	2002
王宪平	5项：教学选择能力、教学整合能力、教学沟通能力、教学评价能力、教学创新能力②	2006
张波	4项：教学能力、科研能力、管理能力、创造能力③	2007
卢正芝、洪松舟	3项：教学设计能力、教学实施能力、教学反思能力④	2009
杜萍	7项：教学设计能力、课程资源开发与利用能力、教学表达和示范能力、教学交往能力、教学管理能力、评价学生能力、教学研究创新能力⑤	2011
徐继红	三个层面：能力构成层面（包括个人特质、态度、知识和技能）、工作领域层面（包括职业基本能力、教学能力、课程能力和专业能力）和教学活动层面（包括教学设计、开发、利用、管理和评价的能力）共13项⑥	2013

---

① 罗树华、李红珍：《教师能力学》，山东教育出版社2005年版。
② 王宪平：《课程改革视野下教师教学能力发展研究》，博士学位论文，华东师范大学，2006年，第64页。
③ 张波：《论教师能力结构的建构》，《教育探索》2007年第1期。
④ 卢正芝、洪松舟：《研究教师有效的教学能力：为何与如何》，《教育理论与实践》2009年第1期。
⑤ 杜萍：《当代中小学教师基本教学能力标准的研制与反思》，《课程·教材·教法》2011年第8期。
⑥ 徐继红：《高校教师教学能力结构模型研究》，博士学位论文，东北师范大学，2013年，第48页。

续表

学者	观点内容	年份
王磊等	两个层级：一级核心能力项——教学内容及其教学价值理解能力、学生学习及发展空间分析能力、教学目标设计能力、教学过程设计能力、诊断评价设计能力、教学实施能力、教学反思与改进能力共7项，二级核心能力项——理解教学内容知识体系能力、理解学科及教学价值能力、把握课程要求能力，评价规划、工具开发、诊断反馈等共23项①	2018

教师教学能力的内涵认识不尽相同，大致可分为几个视角。(1) 面向宏观的教师教育工作，孟育群、徐继红等均提到了交往能力、认知能力等。(2) 在课堂教学方面，陈安福、王宪平、王磊等以教学活动的过程为主线拓展教师教学能力。(3) 面向教师的教学管理，张波、杜萍等均提出了"管理能力"。(4) 强调教师对学生的影响，例如，李秉德提出"观察了解学生的能力"、罗树华提出"激发学生学习兴趣的能力"等。在不同的观点中，"教学设计能力""教学实施能力""教学组织（调控）能力"和"教学评价（反思）能力"被提及次数最多。因此，这几项能力成为在不同教学模式中支持教师教学、保证教学活动顺利实施的必备能力。

从不同维度研究了教师教学能力，在涵义、性质和构成方面形成了系列研究成果，对教师专业发展有重要的理论借鉴和实践指导意义。STEM教育、创客教育等新出现的教育范式，改变了教与学的方式，打破了传统教育的惯性，冲击着教师的教学能力。面对教育的进步，教师的能力结构必然要发生变化以适应新的教学活动。

二 STEM教师教学能力研究：跨学科教学能力亟待提升

近年来，由于新型教学模式的涌现，关于教师教学能力的内涵及

---

① 王磊、魏艳玲、胡久华等：《教师教学能力系统构成及水平层级模型研究》，《教师教育研究》2018年第6期。

其优化的研究成为我国教育理论与实践研究的难点。STEM 教育理念落实到课堂必然要依托教师力量，STEM 教师的教学能力将影响 STEM 教育的实施效果。面向创新人才的培养，STEM 教师需要具备哪些教学能力？相较于传统教学，STEM 教育对教师教学能力有何更高的要求？这些都是需要深入思考并有待解决的问题。

相关学者大致提出了以下观点。(1) 教师要对 STEM 素养与跨学科概念有透彻的认识。叶兆宁等提出，STEM 教师要了解 STEM 教育的价值，尤其是要从课程的高度理解 STEM 教育的教育意义，避免教学设计偏向传统教育。[①] (2) 教师要具备跨学科知识和跨学科教学能力。丁杰等指出，"担任 STEM 教学任务的教师不仅需要具备良好的 STEM 学科知识，更要掌握 STEM 整合教学的知识与技能，并且对 STEM 教育抱积极态度"[②]。(3) STEM 教师要具备 STEM 课程设计能力。谢丽等认为，跨学科的 STEM 课程设计和实践过程是对教师教学能力的更高要求。(4) 教师需要增强课堂调控能力。STEM 教育课堂上学生在合作交流中学习，教师作为监控者要有较强的把握课堂节奏、调节课堂氛围、维持秩序等能力。(5) 教师需要提升 STEM 教学的信心。谢丽等发现，目前我国中小学教师还是分学科授课，缺乏 STEM 教学的能力和信心。[③] STEM 教师应该提升专业素养，提高自我效能感，增强教学信心。

本书在传统教师的教学能力相关研究基础上，根据 STEM 教育理念的特征，明确 STEM 教师需要具备的教学能力要素，以指导教师掌握 STEM 教育方法，引导 STEM 教师明确职业发展方向。相关学者谈到 STEM 教育的发展策略，几乎都提及 STEM 教师作为重要因素；但是往往将其作为策略的一部分。虽然某些学者对 STEM 教师进行了专

---

① 叶兆宁、杨元魁：《构建 STEM 教育的课程观——STEM 教师专业发展的必由之路》，《人民教育》2018 年第 8 期。
② 丁杰、蔡苏、江丰光、余胜泉：《科学、技术、工程与数学教育创新与跨学科研究——第二届 STEM 国际教育大会述评》，《开放教育研究》2013 年第 2 期。
③ 谢丽、李春密：《整合性 STEM 教育理念下的课程改革初探》，《课程·教材·教法》2017 年第 6 期。

题研究，但是更多讨论 STEM 教师能力的变化、职前职后的培训，尚没有系统论述 STEM 教师教学能力。目前，各国 STEM 教师教学能力水平不均衡，相关研究主要围绕 STEM 教师教学能力的构成、提升和培养以及能力模型的建构等方面。

首先，在 STEM 教师教学能力的构成研究方面，跨学科教学能力是 STEM 教学能力的核心。STEM 教师教学能力的相关研究中，较少有人对其构成展开系统阐述。大多相关研究还是基于各自研究视角对 STEM 教师教学能力的构成下定义。逯行等[1]立足于 STEM 教育的整合性特征，认为 STEM 教师的教学能力包括理解和掌握学科知识内容的能力以及在多种情境中运用多种方法解决现实问题的能力。陈鹏等[2]从设计思维的视角出发，认为 STEM 教师教学能力包括整合应用知识、技术的能力，和指向创新教学变革的设计思维与能力。周如玉等[3]则着眼于数字化时代对 STEM 教师的要求，认为 STEM 教师教学能力包括新思维能力、跨学科能力、创新创造能力和连通能力。可见，跨学科融合（或整合）的能力是 STEM 教师教学能力的构成研究中关注的重点，但跨学科融合的能力具体包括哪些内容还需要进一步探讨。

其次，在 STEM 教师教学能力的提升与培养研究方面，加深 STEM 教师对跨学科融合（或整合）的理解和认识，强化 STEM 教师跨学科教学技能。当前，STEM 教师在整合运用、创新、角色识别、技术应用等方面存在不足[4]，中小学 STEM 教师教学能力亟待提升。在国家层面，可通过开展 STEM 教师培训项目系统提升 STEM 教师教

---

[1] 逯行、李子运等：《国内整合学科的 STEM 教育教师专业发展研究》，《数字教育》2018 年第 3 期。

[2] 陈鹏、田阳等：《基于设计思维的 STEM 教育创新课程研究及启示——以斯坦福大学 d.loft STEM 课程为例》，《中国电化教育》2019 年第 8 期。

[3] 周如玉、陈晓宇：《STEM 融合教育中教师能力培养策略研究》，《科技创业月刊》2019 年第 6 期。

[4] 陈小敏：《上海市小学 STEM 教师跨学科能力的调查研究》，硕士学位论文，上海师范大学，2019 年，第 12 页。

学能力。高巍等的研究表明通过 UTeach 项目这种多机构共同合作的方式可以培养 STEM 教师的多学科素养，提升跨学科教学能力。① 周如玉等基于新思维能力、跨学科能力、创新创造能力和连通能力四种跨学科教学能力要素建构了 STEM 教师能力融合模型，促进 STEM 教师教学能力的培养和提升。② 王卓玉等则在 TPCK 框架的基础上将 STEM 教师的跨学科教学能力划分为 STEM 技术知识、STEM 教学法知识和 STEM 内容知识三大类，并进一步细化。③ 在个体层面，提升 STEM 教师的教学能力需根据 STEM 教师所处的不同阶段，有针对性地选择方式和策略。对于已经从事 STEM 教学的教师，同侪辅导能够帮助他们更熟练地将多学科知识应用到跨学科教学中。④ 对于 STEM 职前教师，图形化工具和生动有趣的教学情境更便于他们理解 STEM 教学的内涵。研究表明 STEM 职前教师更乐于将电子游戏作为教学工具，同时可以帮助他们更好地适应跨学科教学。⑤ 提升 STEM 教师的跨学科教学能力不仅需要教师个体增加体验和训练，更需要学校、社会部门展开多机构共同合作，综合培养和提升 STEM 教师多学科素养和教学能力。

最后，在 STEM 教师教学能力模型建构的研究方面，相关研究的主题有待系统化和内容深入。相关研究从较为宏观的视角探讨 STEM 教师教学的关键能力并建构 STEM 教师教学能力模型。例如，马佳雯利用文献研究法和德尔菲专家咨询法，在洋葱模型的基础上

---

① 高巍、刘瑞等：《培养卓越 STEM 教师：美国 UTeach 课程体系及启示》，《开放教育研究》2019 年第 2 期。
② 周如玉、陈晓宇：《STEM 融合教育中教师能力培养策略研究》，《科技创业月刊》2019 年第 6 期。
③ 王卓玉、樊瑞净：《中学 STEM 教师的 TPCK 知识结构分析》，《广西师范大学学报》（哲学社会科学版）2018 年第 2 期。
④ Cotabish Alicia, "The Effects of a STEM Professional Development Intervention on Elementary Teachers' Science Process Skills", *Research in the Schools*, No. 2, 2011.
⑤ Van Eck Richard N., "Project NEO: A Video Game to Promote STEM Competency for Preservice Elementary Teachers", *Technology, Knowledge and Learning*, No. 3, 2015.

建构了 STEM 教师教学能力递进模型和互动模型。[1] 卫麓羽等[2]基于 TPACK 框架建构了 STEAM 教师能力模型，指出 STEAM 教师应以学科知识为基础、教学法知识为途径、技术知识为工具，同时将"境脉"因子作为影响 STEAM 教师教学的重要因素。而在微观层面，学者聚焦 STEM 教师教学的某种具体能力。例如，王碧梅[3]聚焦课堂教学能力，构建科学教师课堂教学能力结构模型，认为小学科学教师的课堂教学能力包括科学教学目标调控能力、科学教学内容组织能力、情境创设能力、提问解释能力、探究教学能力、合作交流能力、评价总结能力、迁移应用能力。而夏珂[4]则聚焦教学实施与评价能力，以《标准》为基础构建了中小学理科教师教学实施与评价能力指标体系。

第四节 中学 STEM 教师教学能力评价研究

评价标准是衡量或判定评价对象价值程度的准则与尺度。评价指标体系是评价标准数量化了的指标群，是将评价标准转化为供人们实施评价的量化操作工具[5]。在梳理 STEM 教师教学能力评价指标体系的相关研究时，总结各国 STEM 教师能力评价标准的内容可以更好地把握 STEM 教师教学能力评价指标体系的相关研究，并对评价指标体系的建构提供指导。

---

[1] 马佳雯：《中学 STEM 教师教学能力的结构模型研究》，硕士学位论文，河南大学，2020 年，第 64 页。
[2] 卫麓羽、袁磊：《STEAM 教师能力模型构建研究》，《软件导刊（教育技术）》2019 年第 3 期。
[3] 王碧梅：《小学科学教师课堂教学能力的评价研究》，博士学位论文，陕西师范大学，2017 年，第 51 页。
[4] 夏珂：《中小学理科教师 STEM 教学实施与评价能力研究》，硕士学位论文，华中师范大学，2019 年，第 3 页。
[5] 赵乔翔、危世琼：《试论初中语文教学大纲的评价标准及评价指标体系》，《宜昌师专学报》1995 年第 2 期。

一 STEM教师能力评价标准：抽象程度较高，可操作性较弱

近年来，以美国为代表的欧美国家在STEM教育的推进和发展中占据领先地位。我国与欧美等国在STEM教学、STEM课程设计尤其是STEM教师的培养上存在较大差异，主要表现在我国STEM教师培养场所相对单一，培养年限相对较短，学制相对单一，实践类课程更加缺乏。[①]

此外，在知网、谷歌学术、必应学术等数据库中检索"STEM教师能力评价"的相关文献，发现发布STEM教师能力评价标准的国家较少。已发布的STEM教师能力评价标准大多围绕STEM教师教学的一般能力，指标的表述较为泛化，也未聚焦到某一学段。本部分以美国宾夕法尼亚州、西班牙、爱尔兰为代表介绍国外STEM教师能力评价标准，对比我国STEM教师能力评价标准，分析中学STEM教师能力评价指标体系的重点。

（一）美国宾夕法尼亚州STEM教师能力评价标准

宾夕法尼亚州（Commonwealth of Pennsylvania）教育资源丰富，重视STEM教育的推进，在教师的有效性评价方面做出了重要贡献。[②]美国宾夕法尼亚州教育局（The Pennsylvania Department of Education）发布的《STEM教育认证指南》[③]（*The Framework for Integrative STEM Education Endorsement Guidelines*）中指出，STEM教师应具备的能力包括知识内容、技术能力、教学实践能力和评估能力，如表4-5所示。

[①] 李春密、王硕：《STEM教师培养的国际比较研究——以中、美、英、德为例》，《教师教育研究》2018年第4期。

[②] 刘晓兴：《美国宾夕法尼亚州教师有效性评价体系研究》，硕士学位论文，河南大学，2017年，第3页。

[③] The Pennsylvania Department of Education, "The Framework For Integrative STEM Education Endorsement Guidelines", https://www.education.pa.gov/Documents/Teachers-Administrators/Certification%20Preparation%20Programs/Specific%20Program%20Guidelines/Integrative%20Science,%20Technology,%20Engineering,%20Mathematics%20(STEM)%20Education%20Guidelines.pdf, August 8, 2020.

表4-5　　美国宾夕法尼亚州STEM教师能力评价标准①

维度	内容
1. 知识内容	①展示下一代科学标准、PA数学标准、PA科学和技术标准的知识； ②理解STEM教育与科学、技术、工程和数学以外的其他学科的联系； ③认识到STEM教育是一种通识教育； ④利用解决问题的方法和设计过程来回答复杂的问题； ⑤展示在STEM教育中应用探究式教学方法的知识
2. 技术能力	①通过设计和实施学习体验，应用STEM学科整合实践； ②通过各种科学、数学、技术或工程模型来表示真实世界的现象； ③探索科学、技术、工程和数学的基本概念和主要原理； ④利用设计过程和各种资源（教育技术、信息、材料、工具、机器）安全高效地开发解决方案，解决需要整合多个学科的概念和技能的问题； ⑤运用数学和科学的公式、原理、推理和精确的语言来预测结果，解决技术和工程问题
3. 教学实践能力	①设计、实施和反思课程和单元，包括综合STEM学习周期方法和开发适当的方法； ②选择、修改和发展支持高阶思维培养和创造性问题解决的学习活动； ③建立和维护身心安全的学习环境，鼓励和支持创新、设计思维和智力冒险； ④通过综合和积极的策略，支持所有学生STEM读写能力的发展； ⑤让学生有目的地使用教学技术，以增加和扩展他们理解、转移和适应STEM知识、技能和性格的能力
4. 评估能力	①在综合STEM教育中创造差异化的学习体验，以满足所有学生的需求； ②通过形成性/终结性和个体/群体等多种形式的有意义的评价，激发学生的抽象、推理等思维； ③让学生能够运用自我评估的策略来培养他们监控自己学习的能力； ④利用多样化和真实的评估策略来监控和调整STEM学科和年级水平的教学

---

① The Pennsylvania Department of Education, "The Framework For Integrative STEM Education Endorsement Guidelines", https://www.education.pa.gov/Documents/Teachers-Administrators/Certification%20Preparation%20Programs/Specific%20Program%20Guidelines/Integrative%20Science,%20Technology,%20Engineering,%20Mathematics%20（STEM）%20Education%20Guidelines.pdf, August 8, 2020.

整体而言，美国 STEM 教师能力评价标准将"整合能力"作为 STEM 教师的核心能力。首先，美国宾夕法尼亚州 STEM 教师能力评价标准强调 STEM 教学与真实世界的联系，STEM 教师要根据不同学科的特点发展自身解决现实问题的能力。其次，STEM 教师要引导学生有目的地学习使用技术，提升学生 STEM 知识技能的应用能力。再次，STEM 教学还需要创造差异化的学习体验，让学生实现个性化发展。最后，美国宾夕法尼亚州 STEM 教师能力评价标准关注教师评价方式的多元化。教师不仅要学会运用多种评价方式，提升学生对 STEM 知识的理解；还需要引导学生采用自我评价调节学习进程。

（二）西班牙 STEM 教师能力评价标准

西班牙 STEM 教师能力评价标准[①]认为 STEM 教师应具备掌握学科内容与跨学科方面知识、教学技能、态度和价值观等方面的能力，如表 4-6 所示。其将"创新与技术使用"作为 STEM 教师的核心能力。首先，要求 STEM 教师掌握丰富的学科内容知识，由具体逐渐过渡到抽象，并能够指导现实问题的解决。其次，将"注重多样性"作为主题单独列出，强调 STEM 教师要尊重学生的个体差异，注意资源空间的合理分配，保证教育公平。再次，指出 STEM 教师应提升自我反思的能力，创造性地设计 STEM 课程及教学。最后，要求 STEM 教师认识到在 STEM 的教学活动中整合信息技术的重要性，评估 STEM 开发和学习过程中使用技术的影响，以提升信息技术融入教育实践的能力。

[①] Mario Barajas, "Policy Envisions and Requirements for STEM Teachers' Competence Development: State of Affairs in SPAIN", http://euclid.iacm.forth.gr/elite/images/docs/EN/IO1/Spanish_ context_ analysis.pdf, August 8, 2020.

表4-6　　　　　　　　西班牙STEM教师能力评价标准①

维度	内容	
1. 跨学科的知识和内容	①了解STEM课程的教学内容； ②了解STEM各学科的历史、近期发展和未来前景，以便向学生传达相关学科的动态愿景； ③了解STEM学科的性质和STEM知识形成的具体形式； ④了解与STEM学科教学相对应的理论和实践发展； ⑤了解认识论的观点，相关观点提供了对STEM学科展开的现实的认识； ⑥对与STEM学科教学最相关的概念和实践方面的选择和排序有标准； ⑦理解和评估STEM知识应用的社会经济方面和环境影响的关键能力； ⑧能够基于为该学科开发的模型，解决STEM学科相关问题	
2. 教学技巧	课程和教育实践	①满足所教授科目的所有当前课程要素，深入研究其教育所需的问题（已开发学科的特定和横向技能）； ②了解确定课程中不同主题的问题和关键思想； ③能够计划、组织、管理和解释现象、信息、解决问题、项目和与所教授课程的基本方面相关的过程； ④了解背景和情况（历史也指问题中的问题）在哪些情况下使用或可以应用于各种课程内容； ⑤了解如何设计和开发单独或集体的教育项目、规划单元、行动计划、环境、活动和创新材料，使STEM课程适应学生的多样性，并提高教育过程中环境的质量； ⑥制定教学和实践活动的选择和评估标准，相关活动可能构成STEM学科教学的里程碑； ⑦使用有助于知识和推理的教学策略，鼓励与STEM相关的批判性精神； ⑧认识到语言在学习原材料中的重要性和科学语言的特点，促进学生利用教材学习科学和数学，学习说写科学和数学； ⑨评估实验工作在科学教学中的重要性；了解如何将实验工作整合到教育探究的设计和实施中； ⑩认识到在STEM的教学活动中整合信息和通信技术的重要性。了解如何将其融入教学活动的模型和例子。将信息和通信技术融入教育实践的能力

---

① Mario Barajas, "Policy Envisions and Requirements for STEM Teachers' Competence Development: State of Affairs in SPAIN", http: //euclid.iacm.forth.gr/elite/images/docs/EN/IO1/Spanish_ context_ analysis.pdf, August 8, 2020.

续表

维度		内容
	注重多样性	①考虑多样性问题，考虑到可用的资源，开展课堂的组织和管理以及各种形式的分组，努力满足中心和课堂的多样性； ②发现学生的学习困难。利用对学生发展特点、社会背景、动机和兴趣的了解，设计和制定教育建议，使他们能够终身学习，引导他们批判性地总结和反思行为； ③认识到学生理解和推理的方式在学科教学过程中的重要性，并在具体情境中加以识别； ④改革各学科的课程，使之适应学生的理解和推理方式、教育水平、社会背景、多样性等； ⑤设计和开发学习空间，特别注意公平、情感教育和价值观、男女权利和机会平等、公共教育和可持续未来的建设
	评价	①知道如何运用评估的策略和技巧。理解评价作为调节和刺激努力的工具，以及促进STEM学科教学的改进； ②评估STEM开发和学习过程中使用技术的影响
3. 性格和态度		①把学习理解为一种全局性的、复杂的、超越性的学习；自我调节自己的学习，调动各种知识来适应新的情况，把知识联系起来制定新的方法； ②独立负责地开展与STEM相关的工作（根据他们的专业）； ③在教育研究中应用基本的技术和方法，能够设计和开发教育干预中的应用研究和创新项目，以及了解特定于STEM知识领域的情况； ④激励和促进学生和教师以及同一学生之间的交流，以获得良好的学习氛围，并制定防止排斥和歧视的教学策略； ⑤了解劳动力市场的历史沿革、现状和前景、教师职业的特点、时代的社会现实、工作与生活质量的互动关系，以及为适应可能需要专业的变化和转变而需要的知识； ⑥重视教师在工作生活中反思性实践的教育价值，并促进其在学生中的应用，使其成为具有批判性思维的公民，识别信息需求，发现它，分析、处理，使用并有效地、批判性地和创造性地交流； ⑦基于批评和自我批评的能力以及教育的社会重要性，获得道德承诺；批判性地分析个人工作，为自主学习和专业发展寻找新的资源；承担教学的伦理维度，以责任感行动，从研究创新和教育管理两个方面，对教育的理念和建议进行决策和批判性分析； ⑧假设教学必须改进、更新和适应教育、社会、文化和科学的变化，理解并参与和教学有关的研究和创新项目，并在课堂上提出创新建议； ⑨了解和分析学校组织模式的基本要素及其与政治和行政背景的联系。满足各中心的体制方法、人力资源的组织、教育界的参与结构、班组的特点和组织形式、资源材料的组织及其与环境的关系； ⑩设计和开展有助于使学校成为普遍参与的环境，特别是参与评估、研究和教育创新的活动，以促进团队合作和团队之间的教学

(三) 爱尔兰 STEM 教师能力评价标准

爱尔兰教育与技能部（Irish Department of Education and Skills）在《STEM 教育政策声明 2017—2026》（*STEM Education Policy Statement 2017 - 2026*）[1]中提出，STEM 教师的核心能力包括 STEM 学科知识与学科教学知识、教学实践能力与自信心。爱尔兰 STEM 教师能力评价标准主张 STEM 教师首先通过 STEM 学习，培养好奇心、探究能力、毅力、应变力和创造力，进而更好地训练 STEM 教学技能，更好地开展 STEM 教学，如表 4-7 所示。"合作能力"是爱尔兰 STEM 教师能力的核心，"知识与技能"是该评价标准考虑的重。其中，"知识"涵盖了 STEM 学科知识、STEM 教学知识和评估知识三个方面。"技能"涵盖了合作能力、学习活动设计、教学环境开发三个方面。

表 4-7　　　　　　　　爱尔兰 STEM 教师能力评价标准[2]

维度	内容
1. STEM 学科知识和学科教学知识	①具有丰富的教学知识和专业评估知识； ②掌握 STEM 学科知识、教学方法和流程； ③教师在 STEM 四门学科内以及跨学科方面的教学知识和技能能够不断增长
2. 教学实践能力和自信心	①在相互合作的基础上，教师能够提供有效且有吸引力的 STEM 教学、学习和评估方法； ②能够设计和制定高质量的学习体验； ③能够开发 STEM 教学环境； ④能够通过合作以分享 STEM 教学实践； ⑤能够通过合作进行 STEM 学习，从而培养好奇心、探究能力、毅力、应变力和创造力

---

[1] Department of Education and Skills, "STEM Education Policy Statement 2017 - 2026", https://www.education.ie/en/The - Education - System/STEM - Education - Policy/stem - education - policy - statement - 2017 - 2026 - .pdf, August 8, 2020.

[2] Department of Education and Skills, "STEM Education Policy Statement 2017 - 2026", https://www.education.ie/en/The - Education - System/STEM - Education - Policy/stem - education - policy - statement - 2017 - 2026 - .pdf, August 8, 2020.

(四) 我国 STEM 教师能力评价标准

2018 年，中国教育科学研究院 STEM 教育研究中心发布的《STEM 教师能力等级标准（试行）》[①]从五个大的维度对 STEM 教师提出了明确的要求，如表 4-8 所示。我国 STEM 教师能力评价标准将"跨学科整合"作为 STEM 教师的核心能力。同时，也详细说明了 STEM 教师在科学、技术、工程和数学四类学科方面所需具备的知识内容。此外，我国 STEM 教师能力评价标准重视教学评价与反馈的重要作用，要求 STEM 教师能够建立基于信息技术等多元化的 STEM 教育评价机制。既针对教师的个人禀赋及素养，又面向教师实施 STEM 教育的具体环节，体现了对 STEM 教师知行合一的要求。

表 4-8　　　　　　中国 STEM 教师能力评价标准[②]

维度		内容
1. STEM 教育价值理解	STEM 教师理解	①热爱 STEM 教育事业，能够从国家人才战略层面认识 STEM 教育的意义和价值 ②把握 STEM 教育理念、研究 STEM 教育规律，通过 STEM 相关的知识学习、教学实践、反思创新，提升专业化水平，不断增进 STEM 教育的专业情感、提高师德修养
	STEM 教学理解	③从 STEM 教育的角度提炼、挖掘所任教学科的育人价值 ④理解 STEM 课程在学校课程体系中的位置，正确处理 STEM 课程与相关学科、综合实践活动等其他课程之间的关系 ⑤关注国内外 STEM 教育理论与实践的最新进展，把 STEM 专业知识、STEM 教育理论、STEM 教学规律和 STEM 教育实践有机结合，把握 STEM 课程有效实施的原则
	STEM 培养对象理解	⑥明晰学生应具备的 STEM 素养的内涵及其结构体系，把握 STEM 教育对促进学生科学素养、创新精神、实践能力等核心素养的独特价值 ⑦掌握青少年认知规律，尊重学习者的主体性，根据青少年兴趣爱好及个性发展的需要，充分调动和发挥青少年的主动性和创造性，挖掘学生的 STEM 潜质

---

① 《STEM 教师能力等级标准（试行）》，中国教育科学研究院 STEM 教育研究中心，2018 年。
② 《STEM 教师能力等级标准（试行）》，中国教育科学研究院 STEM 教育研究中心，2018 年。

续表

维度		内容
2. STEM 学科基础	科学素养	⑧具备识别科学原理的能力，能够理解科学的事实、概念、规律、定理和理论 ⑨具有运用科学原理的能力，能够运用对科学的认识和理解去解释或预测观察到的现象 ⑩具有科学探究的能力，知道系统性培养学生科学素养和科学精神的方法和途径 ⑪具有运用科学技术的能力，应该知道如何运用科学技术去解决现实问题
	数学素养	⑫在STEM教育中能够有意识引导学生运用数学工具，渗透数学知识，引导学生会用数学的眼光观察世界，会用数学的思维思考世界，会用数学的语言表达世界
	工程实践	⑬理解工程学科在STEM中的价值和地位 ⑭理解工程思维的复杂性、系统性、目的性及价值性等特点 ⑮具备将工程思维贯穿应用于STEM课程的设计、实施、评价反思过程中的意识和能力
	技术应用	⑯能将教育技术、信息技术、计算机编程技术等与STEM教学内容、目标进行有机融合，根据STEM教学情境，选择使用恰当的技术方法
	"STEM+"	⑰根据STEM教育的需要，能够了解除了科学、技术、工程、数学以外的其他学科知识图谱
3. STEM 跨学科理解与实践	跨学科理解与实践	⑱掌握扎实的专业基础，至少精通单一学科知识体系，了解其他学科知识体系，并根据STEM课程的需要，分析其中的相关联系 ⑲具备能促让学生形成独特的跨越学科界限的知识视野和思维习惯，培养学生树立整体知识观的教育观念 ⑳能够和其他学科同伴协同创新，把来自两个学科的思想和方法结合，解决那些不能用单一学科或研究领域来解决的问题 ㉑通过对比STEM各学科的性质和目标，建立基于STEM教育的学科知识图谱，形成对中小学科学、技术、数学等相关学科本质的综合性理解

续表

维度		内容
4. STEM课程开发与整合	STEM课程开发与整合	㉒熟悉STEM教育课程要以学生为中心、聚焦解决真实情境问题的特点 ㉓理解STEM课程的两种模式：基于学科渗透的课程模式和基于学科融合的广域课程模式 ㉔能够基于STEM课程的实施需求和学生的发展需求，挖掘、整合校内外各类STEM课程资源，并在具体的教学中，恰当地选择、运用相关资源 ㉕在开发与整合STEM课程过程中，有意识建立能培养学生批判性思维、创造性思维、科学思维、计算思维、工程思维、设计思维、量化思维等思维方式的任务或目标
5. STEM教学实施与评价	实施STEM教学	㉘能围绕主题、任务、项目、问题，用跨学科的知识和方法开展STEM实践，培养学生多学科整合与转化能力，引领学生进行多种形式的学科融合的学习活动 ㉙设计并实施项目式学习的活动，创设有挑战性、开放性、可操作性，基于生产、生活、科研、大赛实际的项目，能通过项目驱动的学习方式培养学生的STEM素养 ㉚具备发现问题、确定问题、分析问题的能力，创设可以探究的、与学生生活实际相关的问题情境或生活场景，通过问题解决培养学生的STEM素养 ㉛能够在STEM教学实施过程中整合运用丰富的技术手段或教学方法，注重研究性学习、问题导向学习等学习模式的运用
	评价与反馈	㉜能够表达STEM教育设计过程或进行成果展示 ㉝理解、掌握课程评价、学习评价等评价理论与方法，建立基于信息技术、教育技术等手段的多元化的STEM教育评价机制 ㉞能够对STEM教育的实施过程及结果进行反馈与指导
	反思与提高	㉟能够对STEM课程的开发与实施进行反思与优化，不断完善和改进STEM教学

（五）STEM教师能力评价标准的比较

从框架的划分逻辑和专业能力的描述两个方面比较美国宾夕法尼亚州、西班牙、爱尔兰教育与技能部及我国的STEM教师能力评价标准，可以更加清晰地了解不同国家STEM教师能力评价指标体系的联系与区别，如表4-9所示。

表4-9　　　　　不同国家STEM教师能力评价标准的比较

视角 国家（或地区）	框架划分的依据	专业能力的描述
美国（宾夕法尼亚州）	STEM教师的知识结构	立足实践
西班牙	STEM教师的专业发展	强调多样性
爱尔兰		注重合作
中国	STEM教师的知识结构	细化学科

1. 不同STEM教师能力评价标准的框架划分逻辑

国内外不同STEM教师能力评价标准框架的共同之处是均包含指标"学科知识（或学科基础）"。不同之处在于，美国、西班牙和爱尔兰将指标"技能（或教学技能）"直接作为标准的一级指标，我国则将指标"技能"进一步细化为"跨学科理解与实践""课程开发与整合""教学实施"。此外，我国与美国均将指标"评价（或评估）"作为评价标准的一级指标，西班牙特有指标"态度与价值观"，爱尔兰教育部则更注重STEM知识的掌握。

从评价标准的划分逻辑来看，我国和美国均以STEM教师必备的知识结构和教学技能为依据建立评价标准，具体包括"STEM价值理解""STEM学科基础""STEM教学技能""STEM评价能力"等。而西班牙和爱尔兰则以STEM教师的专业发展为依据建立评价标准，其框架不仅包含了STEM学科知识和教学技能还强调了"态度""价值观""信心"等指标。

2. 不同STEM教师能力评价标准关于STEM专业能力的描述

美国和我国的STEM教师能力评价标准中关于STEM专业能力的描述较为相似。美国宾夕法尼亚州STEM教师能力评价标准较为详细地给出了STEM教师在知识、技能、实践和评估四个方面应具备的能力，而且较为综合地给出了STEM教师在不同情境中应用不同学科的要求。而我国STEM教师能力评价标准在表述STEM教师专业能力时,则按照 STEM 基础学科的特征,分别描述 STEM 教师应具备的能力。

西班牙和爱尔兰的 STEM 教师能力评价标准中关于 STEM 专业能力的描述较为相似。两国均按照"知识—技能—情感"的结构界定 STEM 教师能力。此外,西班牙 STEM 教师能力评价标准将 STEM 作为综合学科来描述 STEM 教师应具备的能力,将"关注多样性"作为 STEM 教师能力的关键要素;而爱尔兰 STEM 教师能力评价标准侧重于 STEM 教师间的合作,从而创造高质量的教学和学习体验。

二 STEM 教师教学能力评价研究的反思

STEM 教师教学能力评价指标体系的相关研究还较少,从指标体系的建构方法和建构内容两个方面,可以更清晰地把握 STEM 教师教学能力评价指标体系的研究现状。STEM 教师教学的评价指标体系的研究尚待系统和深入,如何针对 STEM 教学问题,为 STEM 教师设计操作性较强的评价指标体系有待进一步探讨。

一方面,STEM 教师教学能力评价指标体系的建构方法中,质性研究方法多用于评价指标体系的建构阶段,量化分析方法用于体系的验证及应用阶段。相关学者多采用文献研究法、内容分析法或文本分析法对相关文献、政策文件进行编码确定 STEM 教师教学能力的核心要素;采用德尔菲专家咨询法多轮修正、配合主成分分析、结构方程模型修正评价指标;采用层次分析法、因子赋权法或熵权法计算指标权重。

另一方面,在 STEM 教师教学能力评价指标体系的建构内容中,研究主题较为分散,系统性有待提升。中国《STEM 教师能力等级标准(试行)》作为国内现行的、较为权威的 STEM 教师能力评价标准,国内 STEM 教师能力评价相关研究多以此为基础。其中,罗清[1]将

---

[1] 罗清:《中小学 STEM 教师培训设计与实践研究》,硕士学位论文,上海外国语大学,2019 年,第 16 页。

STEM 教师能力分为 STEM 价值认同感、STEM 学科知识、跨学科整合能力、STEM 教学实施能力和多元化评估能力五个要素；光善慧[1]聚焦高阶思维的基本特征，建构出面向课堂教学的 STEM 教师教学能力评价工具；刘蝶[2]针对全科教师的培养问题设计了小学全科教师跨学科教学能力指标体系；王碧梅等[3]设计了包括目标、内容、情景创设等多个要素的科学教师教学能力评价指标体系。

---

[1] 光善慧：《基于高阶思维的中小学 STEM 课堂教学评价的实证研究》，《教学管理与教育研究》2020 年第 17 期。

[2] 刘蝶：《小学全科教师跨学科教学能力指标体系建构研究》，硕士学位论文，西南大学，2020 年，第 3 页。

[3] 王碧梅、曹芳芳：《基于 Delphi – AHP 法的科学教师教学能力评价指标体系建构》，《当代教育与文化》2019 年第 3 期。

第五章　中学 STEM 教师教学能力结构模型

随着社会对人才质量需求的不断提高，越来越多的国家和地区开始普及和推广 STEM 教育。面对新兴的教育范式 STEM 教育，高质量的师资至关重要。教育部实施的《全国中小学教师信息技术应用能力提升工程 2.0 的意见》，把促进教师跨学科教学能力提升作为主要任务之一，以引领教师专业发展。STEM 教师应具备哪些教学能力、如何变迁原有教学能力等问题亟待研究与解决。因此，本章聚焦中学 STEM 教师教学能力的结构模型，以期为 STEM 教师的培训与发展提供参考。

第一节　中学 STEM 教师教学能力结构模型的构想

围绕研究主题，本章以中学 STEM 教学为情境，讨论 STEM 教育对我国传统教育的冲击，梳理中学 STEM 教育教学现状，反思已有教师教学能力结构模型研究，为构建中学 STEM 教师教学能力结构模型提供参考；以洋葱模型为构建模型的逻辑基础，汲取其基本思想与特点；以系统建模为方法，介绍模型构建的原则与步骤。

一　以中学 STEM 教学为情境

STEM 教师应具备与 STEM 教育理念相适应的教学能力以开展

STEM 教学。2019 年，中国教科院 STEM 教育研究中心发布《中国 STEM 教育调研报告》。此调查覆盖全国八大区域，抽样 12 个样本省，涉及近 700 所中小学校，发放问卷近 5 万份，是迄今对中国 STEM 教育发展情况最为全面的调研。本章参考《中国 STEM 教育调研报告》中教学方面的调研结果以及 STEM 教学相关的文献，以中学 STEM 教学为情境，分析中学 STEM 教育教学的现状，发现 STEM 教师能力在总体上有待提升，中学 STEM 教师教学能力值得关注。

（一）STEM 教育区别于传统教育的特征

1. 基于真实问题的情境，进行项目式学习

教育不能忽视情境对认知产生的潜在作用。"人们所熟悉的一切不是外部教学的结果，而是周围环境文化的产物。"[①] 学习情境不同，学习效果也有所差别。因此，传统教育往往开门见山地讲授理论知识，使知识脱离生活实践成了"空中楼阁"。STEM 教育倡导按照真实的社会情境、生活情境、科学研究活动改造学校教育，拉近知识与学生日常生活的距离，从而帮助学生有效地进入知识的应用领域。学生在真实的、逼真的情境中，通过观察、动手操作等方式领悟知识本质，加深对知识的理解。

另外，在真实问题的情境中，STEM 教育主要采用基于项目的学习（Project – Based Learning）方式开展教学。项目式学习将项目目标与教学目标巧妙地联系起来，将多学科知识融入项目任务，通过问题驱动刺激学习的发生，能够充分调动学生的积极性，激发学生的学习热情。此时，学生不再只是教师的模仿者，而是由被动的学习者变为积极的探索者，在经历参与、合作、体验等过程后，最终获得完成项目的成就感。

2. 基于学习共同体，开展跨学科教学

传统教育将知识分门别类划分为具体学科，虽然有利于系统地梳

[①] 周利平、谭明杰：《论 STEM 教育与创客教育的关系》，《广东开放大学学报》2018 年第 4 期。

理知识，方便教师教学和学生掌握，但是忽视了学科之间的关联以及知识的整合运用。信息技术环境下，知识不再是线性的、集中的、清晰的，而是分散的、碎片化的和模糊的。人们在现实生活中遇到的问题更加复杂、多样化和不确定，分科学习已经难以满足社会对人才的要求。跨学科并非是不同学科的简单叠加、混合，而是突破学科知识界限的真正意义的融合。一方面，STEM 教育既保留了每一门学科的特点，又使相关学科灵活地交叉融合①，促进了跨学科课程群的形成。另一方面，STEM 教育开展多元主题的跨学科教学，有利于培养学生的跨学科多元思维与多角度分析问题的高阶思维。

学生学习共同体是 STEM 教育开展跨学科教学的新型学习方式。共同体是一种帮助跨组织团体实现知识（或信息）共享与协作创新的多功能、高效性的组织形式。② 由不同特质的学生组成的学习共同体将有助于学生分工合作、共同商讨、分享交流、迸发灵感与创意。这样不仅可以发展个人的探究技能和表达能力，而且可以实现集体的知识建构。

3. 基于"做中学"的动态课堂，注重学习过程

STEM 教育从开放的知识观角度反思了传统教育"知行分离"的弊端，强调知行合一；反思了传统教育专注考试的弊端，重视学习者个人价值的实现。STEM 课堂区别于传统课堂的讲授、记忆与模仿，没有固定教材和唯一答案，是具有一定的灵活性与弹性空间的动态课堂。动态的教学方式、生成性的学习资源与开放的教学环境，更加突出学生的主体地位和实践能力与创新能力的培养。

此外，STEM 教育关注思想持续生成与拓展的过程而非仅关注结论性的答案，鼓励学生在体验过程中收获蕴含在真实问题情境中的过程性

---

① 李雁冰：《"睡眠监测仪科学、技术、工程与数学"教育运动的本质反思与实践问题——对话加拿大英属哥伦比亚大学 Nashon 教授》，《全球教育展望》2014 年第 3 期。

② 周朴雄、陶梦莹：《面向产业集群创新的知识建构共同体研究》，《情报科学》2014 年第 12 期。

知识，实现从"学会"到"会学"的质的突破。① 学生从中体会知识的内涵并掌握理论的实践应用，不仅可以体验学习知识的趣味性，而且可以提高逻辑思维的水平。教师更多地关注学生学习过程中复杂知识和技能的获得，以及操作能力与解决问题能力的培养。因此，教师角色的转变将促进师生间的平等交流，从而营造民主的课堂氛围。

（二）中学 STEM 教师教学能力现状的反思

1. 教师对 STEM 教育理念理解不透彻

据调查，多数教师赞同"小学、初中、高中阶段都有必要开设 STEM 课程"的观点。大部分教师认为 STEM 教育具有其他学科不可替代的作用，同时也认为 STEM 教学目标可以通过其他学科叠加实现，甚至将 STEM 教育等同于综合实践活动。这反映了教师对 STEM 教育的价值认识还不够明确。若不能透彻理解 STEM 教育理念，则难以充分实现 STEM 教育的育人价值。另外，在很多学校 STEM 教育还处于第二课堂，相关的学科教师多是自主学习 STEM 教育理念、教学策略等。② 教师在学科背景、实践经验、能力水平等因素的影响下，对整合学科的 STEM 教育理解不尽相同③，有可能背离 STEM 教育"培养学生综合运用所学知识，创造性解决问题的能力"的初衷。提升教师对 STEM 教育理念的认知，将有助于教师精准把握 STEM 教学的认识和改革方向。

2. 教师对 STEM 教学内容掌握有待完善

目前我国尚没有统一的 STEM 课程标准，中学 STEM 课程主要以 3D 打印、编程、机器人教学等作为载体。④ 某些学校在实施过程中出

---

① 秦瑾若、傅钢善：《STEM 教育：基于真实问题情景的跨学科式教育》，《中国电化教育》2017 年第 4 期。
② 方旭、史妮娜：《我国中小学教师 STEM 教育现状的实证研究》，《中国教育信息化》2018 年第 3 期。
③ 逯行、李子运、李芒：《国内整合学科的 STEM 教育教师专业发展研究》，《数字教育》2018 年第 3 期。
④ 逯行、李子运、李芒：《国内整合学科的 STEM 教育教师专业发展研究》，《数字教育》2018 年第 3 期。

现"技术热",只停留在技术传授,没有将技术作为一种激发创意的工具,没有依托其他学科及学习者兴趣去开发跨学科探究项目,"做中学"退变为"照着做"①。而且在教学内容上,存在难度较高,任务量较大,连贯性差等情况,缺乏科学的教育设计、基础性学科知识的融合。中学一节课只有40分钟,在不足1小时的时间内探究、互动、完成任务的时间紧张。课程内容太难或太复杂不仅会影响学生的积极性,而且容易造成任务堆积、课时战线拖长、难以达到持续性探究等问题,不利于培养学生的创新能力。因此,中学STEM教师需要根据学段特点、学生特征和学生能力基础等来设置教学内容。

3. 教师跨学科教学能力薄弱

相关学科教师兼职STEM教师略微缓解了师资匮乏的难题。然而他们虽然对于科学、数学等学科教学比较熟悉,却并未清晰掌握跨学科整合教学的方式,欠缺将技术整合到课程教学中的能力。受分科教学根深蒂固的影响,教师难免会在教学中偏向于单一学科的教学,如信息技术教师偏重于软件、美术教师偏向于绘画等,难以很好地实现跨学科教学。因此,提升STEM教师的跨学科教学能力,针对STEM教师开展系统培训,才能促进STEM教育的健康发展。

(三) 中学STEM教师教学能力结构模型研究的反思

教学能力的"结构化"是将教师教学能力的构成要素分条目、按序列整合。② 教学能力结构模型则指连接教学能力的各个要素,形成相互关联、彼此制约的有机整体。而"构成"多用其动词词性,近义词为形成、造成。教学能力构成更重视组成模型的构成要素以及确定要素的过程。

1. 传统教师教学能力结构模型研究成熟

20世纪60年代,国外学者开始对教师教学能力结构进行研究,

---

① 余胜泉、胡翔:《STEM教育理念与跨学科整合模式》,《开放教育研究》2015年第4期。

② 刘舜民、赵绍军:《教师教育专业特色凝练与培养模式创新的实践研究》,《常熟理工学院报》2014年第6期。

从能力性质、教学模式、教师职业发展等不同视角构建了相对成熟的教师教学能力结构模型。其中，Ronald D. Simpson & Kathleen S. Smith 以"洋葱模型"为依据，提出了由六个维度组成的教学能力结构，具体内容如图 5-1 所示。

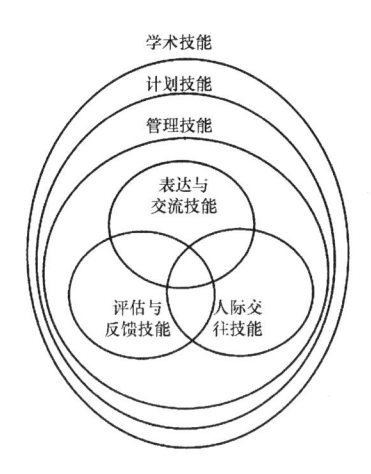

图 5-1 Kathleen S. Smith & Ronald D. Simpson 教学能力结构①

W. M. Molenaar 等总结前人的经验，提出了教学能力三维结构模型。该模型由能力构成、组织级别和教学领域三个维度组成，如图 5-2 所示。该模型将复杂的教学能力分解为相互独立的三部分，自上而下、由小到大、清晰直观、层次鲜明，并且在特殊的背景下对应不同的行为特征。它是西方现代教学能力理论中最经典的教学能力结构模型，也是被援引和使用最多的教学能力结构模型。②

---

① Ronald D. Simpson, Kathleen S. Smith, "Validating Teaching Competencies for Graduate Teaching Assistants: A National Study Using the Delphi Method", *Innovative Higher Education*, 1993, 02.

② 周琬謦：《应用型大学教师教学能力评价体系研究》，博士学位论文，厦门大学，2017 年，第 72 页。

◈ 中学 STEM 教师教学能力评价与提升研究

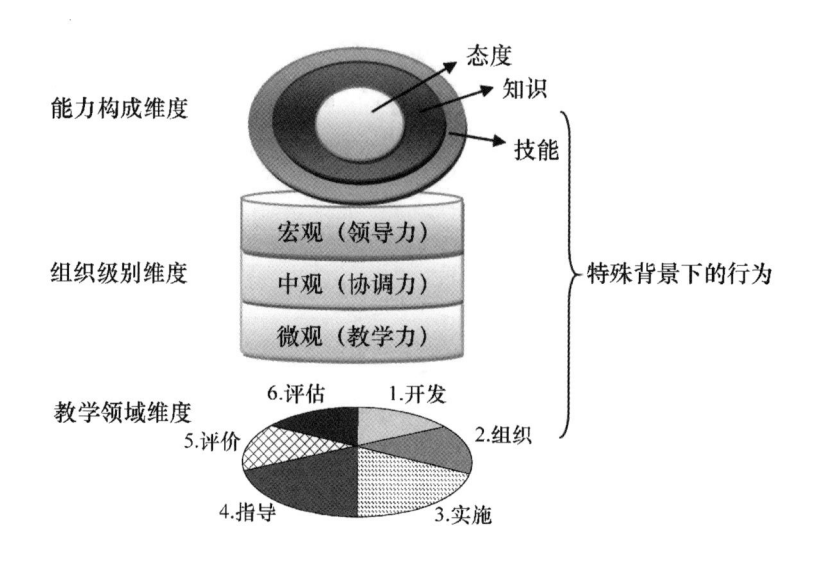

图 5-2　W. M. Molenaar 等教学能力三维结构[①]

我国学者对教师教学能力也进行了深入研究，得出了某些科学实用的教学能力结构模型。其中，具有代表性的为是康锦堂建构的二维教学能力结构模型。该模型根据性质将教学能力分为基础能力和专业能力两大层次，根据表现形式将不同层次的教学能力再分为显性系列和隐性系列，如图 5-3 所示。

申继亮、王凯荣在理论工作者与实践者观点的基础上，将专业能力细分为学科教学能力、一般教学能力和教学认知能力三个层次，并构建了教学能力结构模型，如图 5-4 所示。在教学能力方面提出，各式各样的教学活动都会涉及教师的三种能力：教学认知能力、教学操作能力和教学监控能力。该教学能力结构模型各部分之间并非相互独立的，而是相互传递、逐层递进、逐级包含的关系。其内容更加具体，层次更加突出，逻辑更加清晰，在构建中学 STEM 教师教学能力模型时值得参考。

[①] W. M. Molenaar, A. Zanting, P. Van Beukelen, etc., "A Framework of Teaching Competencies across the Medical Education Continuum", *Medical Teacher*, 2009, 05.

第五章 中学STEM教师教学能力结构模型

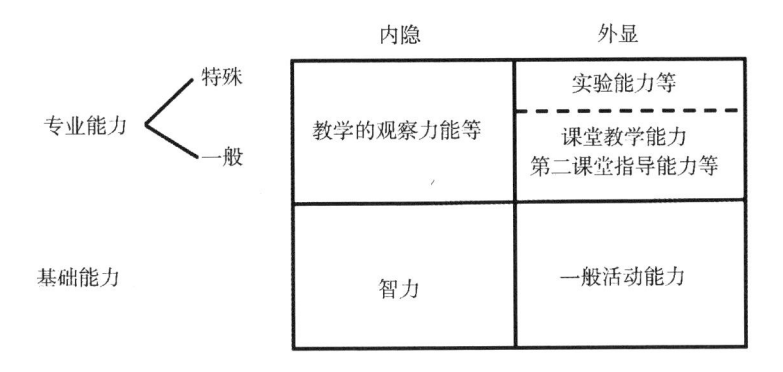

图5-3 教学能力二维结构模型①

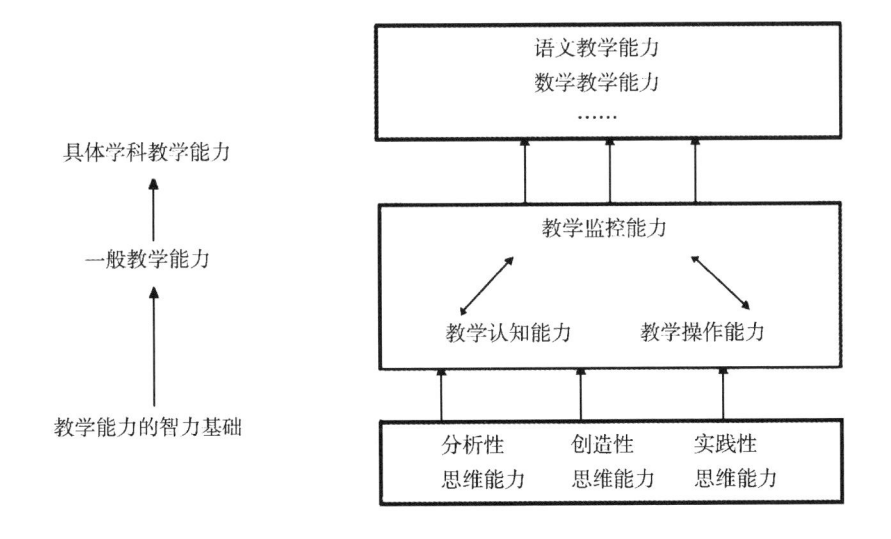

图5-4 教学能力结构模型②

白虹雨面向教师专业发展阶段构建中学教师课堂教学核心能力模型，如图5-5所示。该模型的横轴根据教学环节将教学划分为教

---

① 康锦堂：《教学能力结构及测评》，厦门大学出版社1991年版。
② 申继亮、王凯荣：《论教师的教学能力》，《北京师范大学学报》（人文社会科学版）2000年第1期。

学设计、教学实施、教学评价三个过程，纵轴根据能力属性将中学教师教学的核心能力分为监控能力、反思能力和研究能力三个维度，每个维度包含四个构成指标，教师课堂教学核心能力随课堂的进程而变化。该模型将不同层次的教师能力对应至教师专业发展的不同阶段，各部分之间的递进性强，模型功能价值明显。

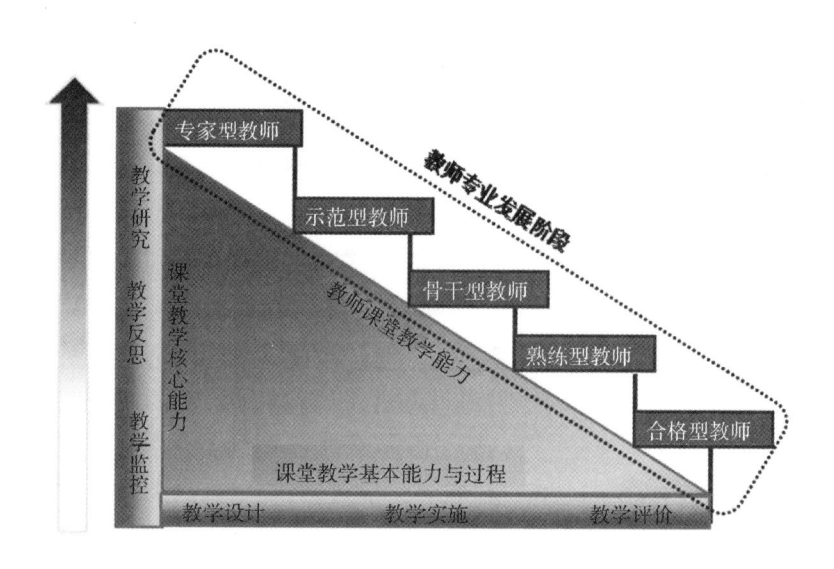

图 5-5　中学教师课堂教学核心能力模型①

相关模型虽然结构有所不同，但是在内容上有所相似。面对 STEM 教育的新型教育模式，传统的教师教学能力结构模型已经难以指引教师教学的未来发展。

2. STEM 教师教学能力结构模型研究薄弱

近年来 STEM 教育实践的探索逐渐增多，某些学者将 STEM 教育理念与单一学科结合，具体到教学活动设计的层面。例如，常咏梅等

---

① 白虹雨：《中学教师课堂教学核心能力的结构研究》，硕士学位论文，西南大学，2017 年，第 61 页。

通过实证研究制定了基于 STEM 教育理念的教学活动设计框架[1]；王玲玲设计了 STEM 融入小学科学课程设计的模型[2]。但面向 STEM 教师的教学能力研究屈指可数，具有实践意义的 STEM 教师教学能力研究成果较少。

康毅运用行为事件访谈法编制了中小学 STEAM 教师胜任特征检核表，解析了 STEAM 教师胜任力特征并构建了 STEAM 教师胜任力特征模型，如图 5-6 所示。考虑到 STEAM 教师既具备传统教师的胜任特征，又具备其特殊的胜任特征，该模型将特征分为基准性特征和鉴别性特征两个维度；根据每一项特征的内涵将其分为五大特征群，内容全面翔实。但该模型对特征的归属不够明朗，而且没有展示不同特征之间的联系，如两大维度和五大特征群是什么关系等，模型的内部关系不够紧密。

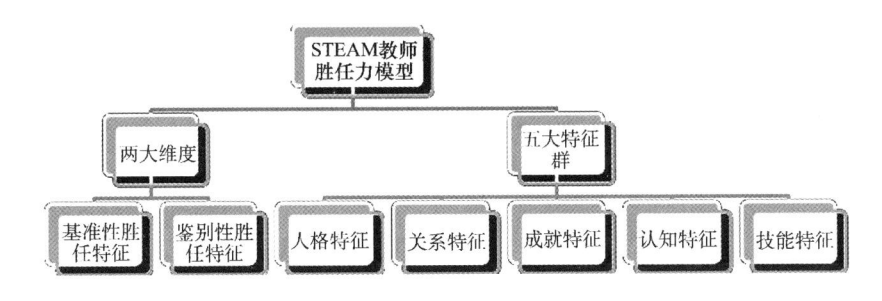

图 5-6　STEAM 教师胜任力特征模型[3]

卫麓羽等在 TPACK 理念和框架的指导下，剖析 STEAM 教师应具备的知识和能力的逻辑关系，构建出 STEAM 教师能力模型，如图 5-7 所示。该模型认为：STEAM 教师个人 TPACK 库以 CK（学科知识）为基

---

[1] 常咏梅、张雅雅、金仙芝：《基于量化视角的 STEM 教育现状研究》，《中国电化教育》2017 年第 6 期。

[2] 王玲玲：《基于 STEM 的小学科学课程设计研究》，硕士学位论文，华东师范大学，2015 年，第 71 页。

[3] 康毅：《中小学 STEAM 教师胜任力特征模型研究》，硕士学位论文，陕西师范大学，2018 年，第 42 页。

础，以 PK（教学法知识）为途径，以 TK（技术知识）为工具，并且与习得和应用过程中的"境脉因子"双向互动。该模型展现了 STEM 教师多样化的知识与技能之间的关系，但是没有凸显 STEM 教师区别于传统教师的能力，对 STEM 教师跨学科教学能力的重视不够。

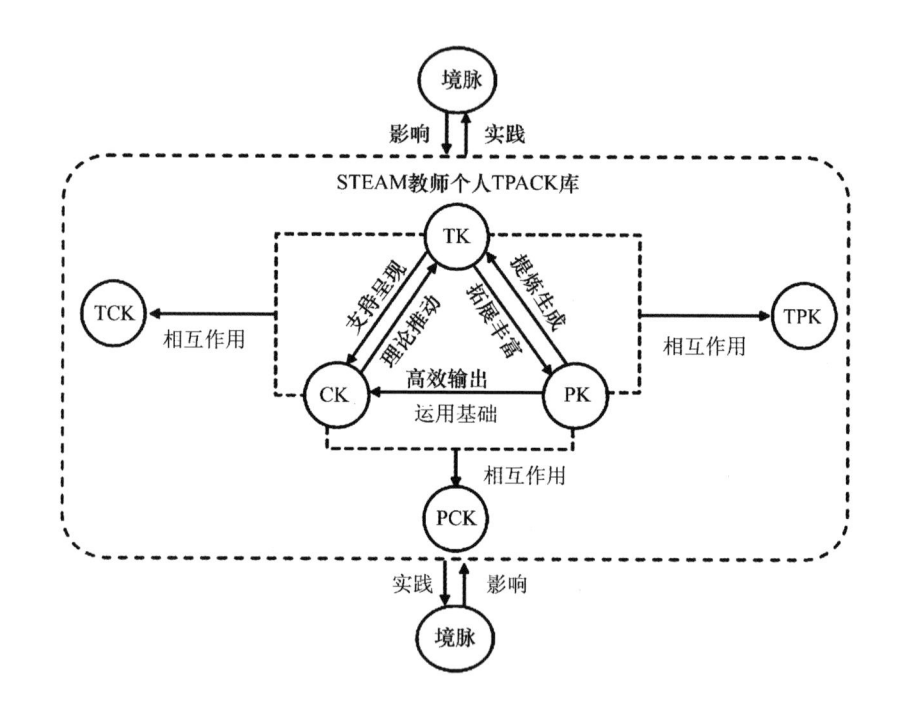

图 5-7　STEAM 教师能力模型[①]

总体来说，STEM 教师方面的研究缺少指导教师如何提升教学能力的系统化成果。为此本书依据成熟的教师教学能力结构模型，探究 STEM 教师教学能力之间的关系，围绕"筹划教学活动的能力""开展 STEM 教学的能力"和"研究教学发展的能力"探讨中学 STEM 教师的教学能力结构模型。

---

① 卫麓羽、袁磊：《STEAM 教师能力模型构建研究》，《软件导刊（教育技术）》2019 年第 3 期。

二 以洋葱模型为基础

能力素质模型通常包括三类能力：通用能力、可转移的能力和独特的能力。[①] 美国学者理查德·博亚特兹（Richard Boyatzis）延伸心理学家麦克利兰的冰山模型，提出了代表性的能力素质模型"洋葱模型"，如图5-8所示。洋葱模型由表层到里层依次为：知识与技能、自我认知与态度/价值观、个人特质与动机。其中，越外层的能力越不稳定，越容易习得与评价；越中心的能力越稳定，也越难以显露与培养。内层与外层的能力之间互相影响、互相转化。外层的知识与技能会改变中层的自我认知与态度价值观进而形成内层的个人特质，而人的特质与动机决定其自我认知与态度/价值观，并表现为所掌握的技能与知识。

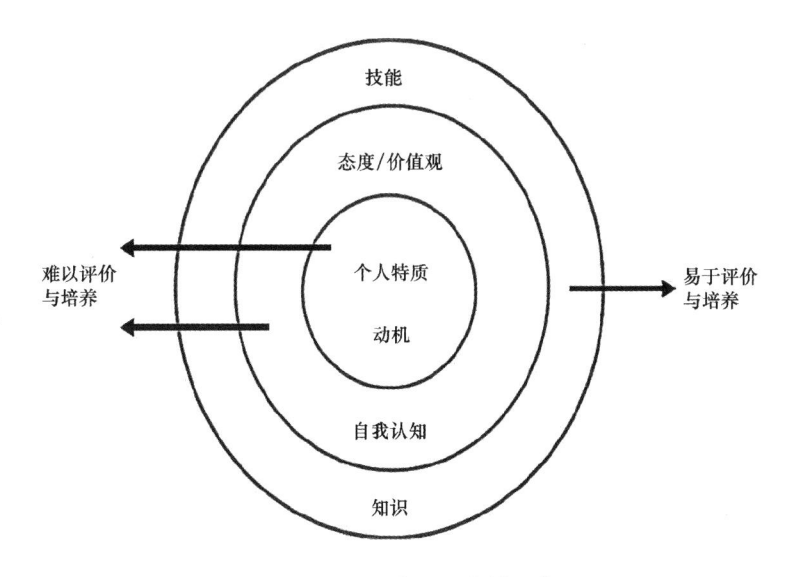

图5-8 能力素质洋葱模型[②]

[①] 吴召军：《建立以能力素质模型为核心的人力资源管理体系》，《中国培训》2005年第1期。

[②] 张嵬：《研究型医师胜任力模型构建研究》，硕士学位论文，中国人民解放军海军军医大学，2018年，第32页。

能力素质洋葱模型能够揭示能力素质由内到外的特点，更凸显能力素质逐层过渡的状态，突破了"冰山模型"非显即隐的局限。[1] 鉴于此，本书以能力素质洋葱模型为基础，在构建中学 STEM 教师教学能力结构模型时，既关注教师的知识和影响教师完成教学的技能（例如创设问题情境、跨学科教学），也注重教师的自我认知能力，还强调教师的内在特质。

三 以系统建模为方法

（一）模型构建的原则

作为一种表达工具，模型是系统的、物理的、数学的或其他方式的逻辑表达。它以某种确定的形式（如文字、符号、图标、实物、公式等）提供关于系统的知识。[2] 模型建构并不能想当然，而是需要遵循多种原则以保证模型的科学性和严谨性。

1. 相似性原则

相似性原则指模型对原型的直观性或抽象性的表述要和原型的本质相似，不能脱离其本质特征，否则就失去了模型建构的价值及科学研究的意义。需要注意的是，相似性不等同于对原型的直接复制，不需要将原型的所有细节都表现出来，而是应该根据使用目的呈现本质性和关键性的内容。

2. 简洁性原则

模型是对原型的功能属性、行为特征和内部规律的抽象，与原型相比要具有明显的简洁性。"没有明显简化的原型相比，简单模仿的模型不是好模型。"[3] 因此，要对原型的特征关系进行具体分析并将其有机组合起来，突出主要要素，舍弃无关紧要的要素，化繁为简、

---

[1] 周琬謦：《应用型大学教师教学能力评价体系研究》，博士学位论文，厦门大学，2017年，第72页。

[2] 郭齐胜、郭晓军、李光辉等：《系统建模原理与方法》，国防科技大学出版社2003年版。

[3] 许志国：《系统科学》，上海科技教育出版社2000年版。

言简意赅、层次分明。此外，模型可以由多个子系统组成，不同子系统之间的关系应该清楚明了，以确保模型的整体结构脉络清晰。

3. 可检验性原则

模型最重要的作用就是提供解决问题的思路和"脚手架"。所以，最终还要落脚于原型来验证其恰当与否。模型与原型的相似性是否为本质上的相似性、模型的简洁性是否合理等相关问题均需要加以验证。[①] 通过理论论证或实践操作反复检验模型，发现其中的缺陷与不足，不断对模型进行修改和完善，提高其科学性，使之更具有指导意义。

(二) 模型构建的步骤

罗国勒等指出，"建模是一项非常复杂的思维活动，没有统一的模式，也没有固定的方法"[②]。也就是说，模型建构的方法、过程不存在唯一的流程，可以根据实际情况灵活进行。本书的模型建构主要分为以下四个步骤：

1. 明确构建模型的对象和目的。模型的对象就是原型。因此明确对象是构建模型的首要步骤。本书构建模型的对象是中学 STEM 教师，其中包括从事、参与、管理 STEM 教学或"STEM +"相关活动的教育工作者。构建模型的目的为：明晰 STEM 教师教学能力应该包含的内容，促进 STEM 教师的专业发展，给 STEM 教师培训或招聘提供参考。

2. 获取模型需要包含的要素。本书在构建模型时，结合了国内外成熟的教师能力结构模型，掌握了教师能力的组成成分；通过传统教师的能力结构模型筛选了 STEM 教师教学能力的要素，依据 STEM 教育的特点确定模型的要素。

3. 找出模型各部分之间的关系。要素是组成模型的基本单位，要素按功能或属性划分为不同的部分，即模型的子系统。阐述模型中

---

① 孙小礼：《科学方法中的十大关系》，学林出版社 2004 年版。
② 罗国勒、罗昕、蒋天颖等：《系统建模与仿真》，高等教育出版社 2011 年版。

各要素的内涵，辨析组成部分之间的相互关系，可以更好体现模型内部的层次性、子系统之间的关联性和模型的整体性。

4. 构建模型。遵循系统建模的原则：相似性、简洁性和可验证性，构建中学 STEM 教师教学能力结构模型。

第二节 中学 STEM 教师教学能力结构模型的构建

结构模型由不同元素系统化组成。构建模型应确定构成要素，分析各部分间的关系以形成框架，然后按照一定的顺序组成有机整体。本章详细说明了中学 STEM 教师教学能力结构模型构建的过程：文献分析法获取模型构成要素，专家走访确定模型框架，然后初步构建中学 STEM 教师教学能力结构模型。

一 模型构建的过程

（一）选取样本文献

运用文献研究法对前人关于教师教学能力的研究进行总结归纳，从而逐步明确中学 STEM 教师教学能力结构的要素。选取的文献主要包括以下几类：

第一类，与教师能力相关的文件。本书选择的是 2012 年 2 月教育部下发的《中学教师专业标准（试行）》和 2018 年 5 月中国教育科学研究院公布的《STEM 教师能力等级标准（试行）》。

第二类，在中国知网筛选的期刊文献。（1）搜索主题为"教师胜任力"并含"中小学"的文献，检索出文献 50 篇。以被引率排序，去除胜任力评价、招聘研究、提升策略等主题的文献，选取相关度较高的 13 篇文献。（2）在期刊数据库，搜索篇名为"教学能力"并含"中学的文献"，检索出文献 125 篇。去除现状调查、职业发展、师范生培养等主题的文献，在研究教学能力构成的文献中，选取了被引率较高的 16 篇文献；在研究数学教师、信息技术教师、物理教师等学科教师的文献中,选取其中被引用度高的7篇文献。(3)在期刊数据库,以"STEM教师""STEAM教师"或"STEM+"为关键词共检索出文献9篇。选取了其中主要研究教师教学能力的6篇文献。共筛选出文献42篇。

第三类,硕博毕业论文。在"中国知网"搜索主题为"STEM教师"或"STEAM教师"的硕博论文,检索结果共75条,去除研究政策案例、教学设计、教师专业发展的相关毕业论文,确定了内容与"教师教学能力"相关度高的8篇文章。

(二) 文献编码分析

本书借助MAXQDA12软件对文献内容进行编码分析和处理。MAXQDA12是由德国VERBI Software公司开发的质化资料分析软件,可以分析所有非结构化数据,如访谈、文章、视频、音频、调查等。MAXQDA12运行稳定,界面直观清晰,操作简单,编码灵活,具有功能强大的编码工具和丰富多样的交互式数据分析工具,可以实现数据的导入、编码与注释、搜索与检索、分析与可视化、生成报告等,如图5-9所示。

编码是将文献中与研究主题相关的内容做标记、贴标签,量化分析文献内容的过程。通过MAXQDA12软件对文献内容进行组织、编码及可视化分析,以量化的节点材料来源数和参考点数为遴选依据,由宽到窄、由无序到系统、由数据到理论,逐步确定中学STEM教师教学能力的构成要素。

1. 归纳传统教师教学能力要素

为了成功地开展教育活动,教师需要具备多个方面的能力。虽然我国学者对教师能力的定义、划分标准不同,但是教学能力是必然提及的部分。许多学者通过问卷调查、访谈记录或影响因素分析,已经形成了较成熟的教学能力指标或结构模型。STEM教师作为教师群体的新兴类别,是广大教师的重要部分。因此,首先运用MAXQDA12软件统计一般教师教学能力的构成要素,归纳出大致的教学能力维度;并在一般教师教学能力的基础上增加针对STEM教师的能力要素。

◇ 中学 STEM 教师教学能力评价与提升研究

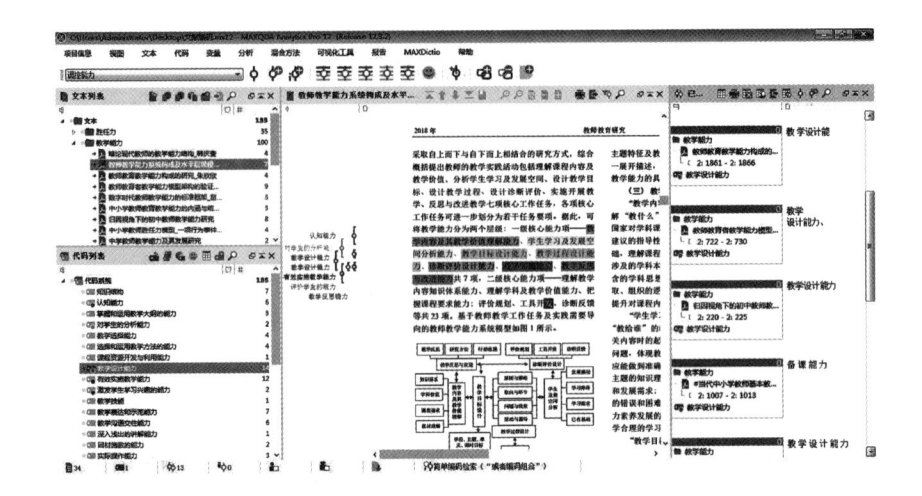

图 5-9 MAXQDA12 软件操作界面

将主题为"教学能力""教师胜任力"的文献导入 MAXQDA12 软件的文本列表窗口,在文本浏览窗口进行阅读、比较与筛选。对于聚焦教学能力的文献,直接提取一级维度进行编码。例如,杜萍[1]围绕教师教学能力制定了教学设计能力、课程资源开发与利用能力、教学表达和示范能力等七个一级指标,可直接进行编码。若文献讨论的是教师能力,则选择教师能力的教学能力部分,提取模型的二级维度进行编码。例如,马红宇等[2]将中小学教师胜任特征分为教学技能、个人修养、个性特质等六个一级特征群,编码时则锁定教学技能部分的具体内容。将名称不同但内涵重复的内容(如调控能力与监控能力等)合并计入。通过分析归纳,共得到 29 项编码,分别为教学设计能力、教学研究创新能力、有效实施教学能力等,具体编码频次情况如表 5-1 所示。

---

[1] 杜萍:《当代中小学教师基本教学能力标准的研制与反思》,《课程·教材·教法》2011 年第 8 期。
[2] 马红宇、唐汉瑛、汪熹、周亮:《中小学教师胜任特征模型构建及其绩效预测力研究》,《教育研究与实验》2012 年第 3 期。

第五章 中学 STEM 教师教学能力结构模型

表 5-1　　　　　　　教师教学能力编码频次

序号	名称	频率	百分比（%）	有效百分比（%）
1	教学设计能力	14	10.37	10.37
2	教学研究创新能力	14	10.37	10.37
3	有效实施教学能力	12	8.89	8.89
4	教学管理能力	11	8.15	8.15
5	教学反思能力	9	6.67	6.67
6	教学评价能力	9	6.67	6.67
7	知识结构	7	5.19	5.19
8	教学表达和示范能力	7	5.19	5.19
9	认知能力	6	4.44	4.44
10	教学沟通交往能力	6	4.44	4.44
11	教学选择能力	4	2.96	2.96
12	选择和运用教学方法的能力	4	2.96	2.96
13	扩展能力	3	2.22	2.22
14	组织教学能力	3	2.22	2.22
15	实际操作能力	3	2.22	2.22
16	掌握和运用教学大纲的能力	3	2.22	2.22
17	现代教育技能	2	1.48	1.48
18	调控能力	2	1.48	1.48
19	对学生的分析能力	2	1.48	1.48
20	评价学生的能力	2	1.48	1.48
21	激发学生学习兴趣的能力	2	1.48	1.48
22	因材施教的能力	2	1.48	1.48

续表

序号	名称	频率	百分比（%）	有效百分比（%）
23	指导学生学习方法的能力	2	1.48	1.48
24	教学反馈能力	1	0.74	0.74
25	教学技能	1	0.74	0.74
26	提高自主学习能力	1	0.74	0.74

初始编码对整个研究非常关键，若初始编码不严谨，将导致后续研究有所偏差。为了降低个人主观判断误差，提高初始编码的可靠性，在编码前邀请另一名教育技术学研究生参与编码。两人一起熟悉编码材料、统一编码规则，并独立完成初始编码。之后，按照计算公式：同意度百分比（信度）＝相互同意的编码数量÷（相互同意的编码数量＋相互不同意的编码数量），统计两人的编码一致性。结果显示，相互同意度百分比为90.6%，高于70%，说明编码信度良好，可以继续进行研究。

我国教育部颁布的《中学教师专业标准（试行）》中对教师的专业能力划分为：教学设计能力、教学实施能力、班级管理能力、教育教学评价能力、沟通与合作能力、反思与发展能力。参照《专业标准》，对29项编码内容整理归类。对于有绝对包含关系的内容，如教学表达和示范能力与深入浅出的讲解能力等，删除下位；对于有交叉关系的内容，如教学评价能力与评价学生的能力等进行合并，如表5-2所示。最后，初步确定中学教师教学能力模型的九个维度，分别为：教学设计能力、教学研究创新能力、有效实施教学能力、教学管理能力、教学评价能力、教学反思能力、教学认知能力、教学表达和示范能力、教学启发能力。

表5-2　　　　　　　教师教学能力归类初始编码示例

维　度	初始编码
教学认知能力	掌握和运用教学大纲的能力
	专业知识结构
	对学生特点的分析能力
有效实施教学能力	选择和运用教学方法的能力
	教学技能
	实际操作能力
	应变能力
教学启发能力	激发学生学习兴趣的能力
	指导学生学习方法的能力
	因材施教的能力
	扩展能力

2. 提炼STEM教师教学能力要素

STEM作为相互关联的科目而不是单独的学科，其最大的特征就是综合性、跨学科性。因此，对STEM教师的要求远高于对单科教师的要求。STEM教师的教学能力应在一般教师教学能力的基础上加以延伸与细化，以符合STEM教育理念的特征，最大化实现STEM教育的育人价值。

将搜索到的"STEM教师"相关文献导入MAXQDA12软件进行分析、编码。目前，关于STEM教师能力结构的研究较少，成熟的结构模型并不多。研究者多从STEM教育理念、课程改革、教师发展的角度谈及STEM教师能力，其构造的能力结构不具备层次性与完整性。围绕STEM教育展开的讨论，涉及STEM教育特点的观点突出，更贴近STEM教师所具备的能力与素质。仔细阅读文献并筛选相关内容进行编码，共得到16项编码，分别为教学设计能力、教学实施能力、实践创新能力、跨学科整合能力等,具体编码频次如表5-3所示。

表5-3　　　　　　STEM教师教学能力编码频次

序号	名称	频率	百分比（%）	有效百分比（%）
1	教学设计能力	9	15.00	15.00
2	教学实施能力	9	15.00	15.00
3	实践创新能力	7	11.67	11.67
4	跨学科整合能力	5	8.33	8.33
5	组织和管理能力	4	6.67	6.67
6	研究探索能力	4	6.67	6.67
7	对STEM的认知能力	4	6.67	6.67
8	信息技术应用的能力	4	6.67	6.67
9	教学评价能力	3	5.00	5.00
10	有效选择与应用STEM教学方法	2	3.33	3.33
11	教学调整能力	2	3.33	3.33
12	开发与利用教学资源	2	3.33	3.33
13	反思能力	2	3.33	3.33
14	教学指导能力	1	1.67	1.67
15	决策能力	1	1.67	1.67
16	教师角色	1	1.67	1.67
17	总计	60	100.00	100.00

对比表5-1和表5-3的前十项发现,在传统教师教学能力编码表中,排在前几位的要素是教学活动过程所对应的必备能力,具体

为：教学设计能力、教学实施能力、教学管理能力、教学评价能力。而在 STEM 教师教学能力编码表中，除了一般能力在研究中多次被提及之外，新增了跨学科整合能力、研究探索能力等，并且 STEM 认知能力被提及的频率增加。这说明 STEM 教师区别于其他教师的更复杂的基本能力。另外，创新能力在两个表中都稳居前三，稍有区别的是表 5-1 为"教学研究创新能力"，表 5-3 为"实践创新能力"，说明 STEM 教育更加突出教师的操作实践能力。

我国首个针对 STEM 教师专业发展的官方文件《STEM 教师能力等级标准（试行）》，将 STEM 教师能力划分为 STEM 教育价值理解、STEM 学科基础、STEM 跨学科理解与实践、STEM 课程开发与整合、STEM 教学实施与评价 5 个维度。[①] 本章参考《STEM 教师能力等级标准（试行）》中 STEM 教学实施与评价维度的内容，并依据 TPACK 理论的三个核心元素和四个复合元素，初步确定中学 STEM 教师教学能力模型的七个维度为：教学设计能力、教学开发能力、教学实施能力、教学管理能力、教学评价能力、教学启发能力、实践创新能力。

（三）整合 STEM 教师教学能力要素

根据能力结构理论的多层次因素规律，对文献内容进行从一般到特殊，从概括到具体的编码，逐层获取了 STEM 教师教学能力要素。参考刘鹂等[②]教师教育者教学能力结构中的 3 个一级维度"开展教学活动的能力""研究发展教学的能力""聚焦教学影响的能力"，按照教学过程的教学前、教学中、教学后三个时间段，在开展教学活动之前增加"筹划教学活动的能力"，将"研究发展教学的能力"整合于"聚焦教学影响的能力"。暂定中学 STEM 教师教学能力构成要素，如表 5-4 所示。

[①] 《STEM 教师能力等级标准（试行）》，中国教育科学研究院 STEM 教育研究中心，2018 年。

[②] 刘鹂：《论教师教育者教学能力要素、结构与特征》，《课程·教材·教法》2016 年第 9 期。

表5-4　　　　　中学 STEM 教师教学能力构成要素

一级维度	二级维度
筹划教学活动的层面	教学设计能力
	教学开发能力
开展教学活动的层面	STEM 教学实施能力
	教学管理能力
	教学评价能力
聚焦教学影响的层面	教学启发能力
	实践创新能力

二　模型构建的框架

(一) 模型框架的初步制定

1. 教学设计能力

教师要具备一定的 STEM 认知结构，并对教学活动进行设计。参考张瑞敏"面向创客教育的中小学教师胜任特征"量表，初步制定教学设计能力的具体内容，如表5-5所示。

表5-5　　　　　中学 STEM 教师教学设计能力框架

二级维度	编号	三级维度及内容描述	参考文献
教学设计能力	SJ1	STEM 认知：对 STEM 教育有准确的认知，有扎实的 STEM 学科知识	张瑞敏[1]（2017）
	SJ2	教学活动设计能力：基于教学内容的特点，创新性设计项目式学习的活动	
	SJ3	创设 STEM 学习情境：从学生的实际生活出发，创设可供探究的问题情境	

---

[1] 张瑞敏：《面向创客教育的中小学教师胜任力模型研究》，硕士学位论文，陕西师范大学，2017年，第83页。

第五章 中学 STEM 教师教学能力结构模型

2. 教学开发能力

工具、空间等是开展教学活动的物质基础，合适的资源可以更好地服务于教学。参考夏珂"STEM 教学实施与评价能力自评"量表，认为教师需要具备的教学开发能力包括开发和选择教学资源、营造 STEM 学习空间和开发 STEM 课程，如表 5-6 所示。

表 5-6　　　　　中学 STEM 教师教学开发能力框架

二级维度	编号	三级维度及内容描述	参考文献
教学开发能力	KF1	开发和选择教学资源：创造性地把各种可能的材料和资源转化为教学资源或学习资源	夏珂[1]（2019）
	KF2	营造 STEM 学习空间：合理利用校内外场所，营造 STEM 学习空间	
	KF3	开发 STEM 课程：从具体学科中挖掘适合进行 STEM 教学的跨学科内容，开发 STEM 主题课程	

3. STEM 教学实施能力

教学实施是实践教学设计、完成教学任务、达到教学预期目标的过程。因此，教学实施能力是教师能力的重中之重。参考陈小敏和 Hynes 的相关量表，初步制定 STEM 教学实施能力的具体内容，如表 5-7 所示。

4. 教学管理能力

教学管理是教学顺利进行的重要保证，贯穿于课堂教学的始终。教师在课堂中不仅要组织学生进行学习，还要调节课堂氛围，把握课堂节奏。参考杜萍"教师教学基本能力"量表，初步制定教学管理能力的具体内容，如表 5-8 所示。

---

[1] 夏珂：《中小学理科教师 STEM 教学实施与评价能力研究》，硕士学位论文，华中师范大学，2019 年，第 73 页。

表 5 – 7　　　　　中学 STEM 教师 STEM 教学实施能力框架

二级维度	编号	三级维度及内容描述	参考文献
STEM 教学实施能力	SS1	跨学科教学能力：熟悉所教学科与其他学科间的连接点，运用综合学科知识开展教学的能力	陈小敏[1]（2019）
	SS2	选择和运用教学方法的能力：在实际教学中，整合运用丰富的技术手段或多学科融合的教学方法进行 STEM 教学实践	
	SS3	角色转换能力：主动转换角色成为学生的引导者、促进者与启发者	
	SS4	操作示范能力：将理论与实践融会贯通，具备动手操作、示范教学的能力	Hynes[2]（2012）
	SS5	解决问题能力：具有发散思维，帮助学生解决遇到的难题	

表 5 – 8　　　　　中学 STEM 教师教学管理能力框架

二级维度	编号	三级维度及内容描述	参考文献
教学管理能力	GL1	教学组织能力：组织和协调学生进行探究性学习并展示学习成果	杜萍[3]（2011）
	GL2	教学调控能力：把握教学进程，调节课堂氛围，维持课堂秩序	

5. 教学评价能力

教师的教学评价能力关系到学生学习效果的反馈和自身教学的总结。STEM 教学以项目式学习为主，教学评价方式也应该区别于传统

---

[1] 陈小敏：《上海市小学 STEM 教师跨学科能力的调查研究》，硕士学位论文，上海师范大学，2019 年，第 78 页。

[2] Morgan M. Hynes, "Middle – school Teachers' Understanding and Teaching of the Engineering Design Process: A Look at Subject Matter and Pedagogical Content Knowledge", International Journal of Technology and Design Education, 2012, 03.

[3] 杜萍：《当代中小学教师基本教学能力标准的研制与反思》，《课程·教材·教法》2011 年第 8 期。

评价方式。参考徐继红"高校教师教学能力结构"量表,初步制定教学评价能力的具体内容,如表5-9所示。

表5-9　　　　　　　中学STEM教师教学评价能力框架

二级维度	编号	三级维度及内容描述	参考文献
教学评价能力	PJ1	多元评价学生能力:在教学过程中,灵活运用过程性评价、结果性评价、学生自评互评等方法,有效收集与分析数据,客观评价学生的表现	徐继红[1]（2013）
	PJ2	自我评价能力:对教学过程和教学成效进行及时总结和自我评价	

6. 教学启发能力

教师的启发能力影响着学生思维的宽度与广度,也是教师通过不断的自我反思,融会贯通多学科知识,改进STEM教学的体现。参考Beswick的"STEM环境中数学教师教学能力"量表,初步制定教学启发能力的具体内容,如表5-10所示。

表5-10　　　　　　中学STEM教师教学启发能力框架

二级维度	编号	三级维度及内容描述	参考文献
教学启发能力	QF1	启发学生运用不同学科的知识解决问题,培养学生STEM素养的能力（包含但不限于科学素养、技术素养、工程素养、数学素养的核心素养）	Beswick[2]（2019）
	QF2	教学沟通能力:注重与学生交流想法,并从方法上给予学生探究学习的指导和建议	
	QF3	教学反思能力:对已有的STEM课程进行反思,并不断完善和改进STEM教学	

---

[1] 徐继红:《高校教师教学能力结构模型研究》,博士学位论文,东北师范大学,2013年,第48页。

[2] Kim Beswick , Sharon Fraser, "Developing Mathematics Teachers'21st Century Competence for Teaching in STEM Contexts", *ZDM*, 2019, 06.

7. 实践创新能力

STEM教育强调跨学科学习和综合运用多学科知识解决问题。因此STEM教师的实践能力和创新能力不容忽视。实践创新能力不仅能够促进教师的专业发展，而且可以推动STEM教育的发展。参考杜萍关于"教学研究创新能力"部分的内容，初步制定实践创新能力，包括研究探索能力和创新教学模式能力，如表5-11所示。

表5-11　　　　中学STEM教师实践创新能力框架

二级维度	编号	三级维度及内容描述	参考文献
实践创新能力	CX1	研究探索能力：具有创新精神与研究探索能力	杜萍（2011）
	CX2	创新教学模式能力：大胆尝试新的教学模式，提倡和传播新的教学技术、教学方法和教学理念	

（二）模型框架的走访修订

设计的模型框架还不能直接用于构建模型，可以选择专家走访等主观评价法，对框架初稿进行更正，为后续构建模型打下良好基础。本书走访了高校教育技术学专家和从事中学STEM教学的教师，请他们直接阅读和分析模型框架（附录2），并根据他们的经验和认识对框架进行检查和评论，指出不妥之处。主要咨询的问题有：（1）一级维度的划分是否合适？（2）二级维度的归属是否准确？（3）定义与内容描述的吻合程度是否可以？（4）各要素之间关系的协调性是否合理？（5）请对整体框架提出修改意见。

1. 高校教育技术学专家意见的汇总与分析

本书共走访了6位高校教育技术学专家。专家们凭借对STEM领域的研究与教学经验的积累，以专业视角对模型框架提出了大量的宝贵意见。主要意见如表5-12所示。较多专家强调中学STEM教师教学能力结构要紧密联系STEM教育的特点，突出STEM教育跨学科教学的要求，重视STEM教师的创新实践能力。此外，有专家建议了解STEM教学模式或STEM教学流程来辅助STEM教师教学能力的研究。

表 5-12　　高校教育技术学专家对模型框架的意见汇总

走访对象	意见分类	具体意见
高校 教育技术学 专家 A	对框架整体的 建议	框架整体可以，相对规范，但是没有凸显 STEM 教师的教学能力的特点
	对框架维度的 建议	1. 跨学科能力是 STEM 教师突出的教学能力，应该重点研究； 2. 二级维度中，实践创新能力与教学实施能力有交叉现象； 3. "聚焦教学影响层面"这部分还需仔细考虑
	对内容描述的 建议	1. 内容描述里面，不需要再加"能力"； 2. SJ3 创设 STEM 学习情景和 KF2 营造 STEM 空间有何区别
高校 教育技术学 专家 B	对框架整体的 建议	1. STEM 教学能力一定在已有的教学能力范围当中； 2. 量表来源太多，感觉是拼凑出来的，应寻找权威问卷、著名量表或以量表为主，再根据 STEM 教学特点进行小范围的改动； 3. 要突出 STEM 教育交叉学科、跨学科教学、综合能力等特点
	对框架维度的 建议	1. 一级维度、二级维度来源不够明确，要有据可依，多参考教育学或教学论中已有的教学能力的要素； 2. "教学管理能力"的范围不够明确
高校 教育技术学 专家 C	对框架整体的 建议	1. 了解 STEM 教学模式、STEM 教学流程，然后依托模式、流程研究教师应具备的教学能力； 2. 要突出 STEM 教师特有的教学能力，对比传统教师强调 STEM 教师的创新能力
	对框架维度的 建议	1. 筹划教学活动层面，教学开发能力维度的位置不合适； 2. 开展教学活动层面划分合适； 3. 聚焦教学影响层面，二级维度划分应该面向学生，关注教师对学生能力、思维的引导能力； 4. 建议添加一级维度，面向教师自身的评价、反思和实践创新； 5. 二级维度、三级维度的命名中规中矩，没有特色与创新

续表

走访对象	意见分类	具体意见
高校教育技术学专家D	对内容描述的建议	1. 内容之间存在交叉，界限不明确，表述不够贴切，需要进一步细化具体； 2. SJ1 STEM认知能力中，还应该提到教师原本教授学科的学科素养； 3. KF3开发STEM课程中，"开发STEM主题课程"指课程主题内容还是包括课程资源、课程内容、课时分配等？定义模糊； 4. PJ1多元评价学生中，没有针对STEM教学的评价方式
	对框架维度的建议	1. 前两个一级维度比较清晰，第三个一级维度"聚焦教学影响的层面"问题比较多； 2. "聚焦教学影响的层面"下面的二级维度"教学启发能力"和"实践创新能力"似乎支撑不了一级维度； 3. 教学影响层面应该是教学对学生以及对教师的成效
	对内容描述的建议	1. QF1启发学生、QF2教学沟通能力是否属于教学实施环节？ 2. PJ2自我评价能力和QF3教学反思能力是否有交叉重合？教师总结里面是否包含教学反思？ 3. CX1和CX2实践和创新能力，是否属于教学实施环节？ 4. 具体内容描述不够清晰，有点抽象；不同维度的内容有交叉，划分不合适，尤其是聚焦教学影响层面的划分
高校教育技术学专家E	对框架整体的建议	1. 框架整体内容详细、完整； 2. 划分为3个一级维度合适
	对框架维度的建议	1. 一级维度和二级维度有没有紧扣教学能力？而且一级维度称为层面不合适； 2. 聚焦教学影响的层面应该指教师教学后，能不能很好地反思教学能力即元认知，教学过程有没有创新性，主要是两个方面：反思提升、实践创新； 3. "STEM教学实施能力"概念有点大，而且STEM可以省去； 4. "教学管理能力"与班级管理相似，建议改为教学组织能力，具体指控制课堂，把握进度； 5. "教学启发能力"应该归为开展教学的层面
	对内容描述的建议	1. SS2选择教学方法是属于教学设计部分，应该改为对教学方法、媒体的驾驭能力； 2. "教学评价能力"应该是面向学生，反思能力应该是面向教师自身

对于一级维度，"聚焦教学影响层面"存在较大的争议。4位专家指出该层面下的二级维度划分不合理。有专家认为，"实践创新能力"与"教学实施能力"有交叉、重复的现象；有专家认为"教学启发能力应"该归为一级维度"开展教学活动"的层面。对于二级维度，专家们普遍认为归属不够准确。3位专家提出"教学评价能力"的对象不明确；有专家建议增加针对STEM教学的学生评价方式。两位专家提出"教学管理能力"的命名不太恰当，建议修改为教学组织能力以区分班级管理能力。对于内容描述，主要矛盾也集中于"聚焦教学影响层面"的内容。3位专家指出"QF3教学反思能力"与"PJ2自我评价能力"在内容上有重复，并且与"教学反思"比较，概念界限不清晰；QF1启发能力和QF2教学沟通能力应该归属于二级维度教学实施能力。此外，KF3开发STEM课程、SS2选择和运用教学方法的能力等内容描述也需要仔细斟酌。

2. 中学STEM教师意见的汇总与分析

3位从事中学STEM教学的教师结合自身的STEM教学经历和STEM教学需求，从教师的视野对模型框架提出了修改意见，如表5-13所示。有教师认为，某些要素归类模糊，逻辑顺序需要调整，能力之间的协调性有待提高。

表5-13　从事中学STEM教学的教师对模型框架的意见汇总

走访对象	意见分类	具体意见
从事中学STEM教学的教师A	对框架维度的建议	1. "教学能力"的三个内容的顺序可以调整
	对内容描述的建议	1. SJ1 STEM认知能力里面的具体内容是否需要加与其他学科相关的思维？ 2. GL2教学调控能力应该属于教学实施能力； 3. QF3教学反思能力倾向于对课程的评价

续表

走访对象	意见分类	具体意见
从事中学STEM教学的教师B	对框架整体的建议	1. 模型框架的逻辑、要素包含关系还不够清楚，维度、层级需要调整； 2. 从实践的角度来说，STEM教师必须是教学团队，结构模型是对不同教师需要具备的能力？还是所有人都需要具备的能力
	对框架维度的建议	1. "教学开发能力"开发的是课程，建议改为课程开发能力，下面的具体内容都应该是为课程服务的； 2. "教学启发能力"不应该放在教学影响层面，教学影响指通过教学达到的效果。例如，STEM教育反作用于具体学科，对学科学习的影响； 3. 教学启发里面的问题比较多，说不通；实践创新能力是可以的
	对内容描述的建议	1. SS1跨学科教学能力，考虑跨了几个学科？是否满足STEM教学？ 2. STEM教学大多是基于项目式的，涉及不同学科的教师，所以应该体现教师的合作能力； 3. QF3教学反思能力属于教学启发能力吗？ 4. QF3教学反思能力和PJ2自我评价能力的区别是什么呢？个人认为，教学评价里面应该包含教学反思
从事中学STEM教学的教师C	对框架整体的建议	1. STEM教育开展缓慢和教师的教学能力有非常大的关系，教师的跨学科教学能力是瓶颈； 2. 比较STEM教学和传统式教学，应该突出对于STEM教育的教学能力
	对框架维度的建议	1. "STEM教学实施能力"下面的具体内容的顺序需要再考虑，建议了解STEM教学实施的过程及包含的内容，教学能力离不开教学过程； 2. 教学启发和教学实施的关系是什么？我认为，教学启发主要是在教学实施过程中

教师的意见主要集中于二级维度"STEM教学实施能力"和"教学启发能力"，以及内容"QF3教学反思能力"。相关概念之间依然存在交叉、模糊等问题；内容描述有些抽象，不够具体、贴切。有教

师认为，教学影响指通过教学达到的效果；并结合学科教师兼任STEM教学的现状，建议教师注意STEM教育对于具体学科，对学科学习的反作用影响。

3. 中学STEM教师教学能力结构框架的修订

根据教师的建议对相关文献资料开展研究，逐一对框架初稿中存在的问题进行认真分析，对维度命名、划分、内容表述进行修改、调整、增加及删除，框架具体修改内容如下：（1）简化一级维度名称；将存在争议的二级维度进行调整，其中"教学开发能力"改为"课程开发能力"，"教学管理能力"改为"教学组织能力"，"教学启发能力"改为"教学元认知能力"。（2）修改教学实施能力下属的具体内容，重点参考了李克东教授提出的STEM教育跨学科学习活动的五个环节[①]：进入情境与提出问题活动、探究学习与数学应用活动、工程设计与技术制作活动、知识扩展与创意设计活动、多元评价与学习反思活动。将"SJ3学习情境设计能力"移至此处并修改为"创设问题情境"，将"QF1启发学生"移至此处并修改为"启发思维"，将"SS5解决问题能力"修改为"适度指导"；同时增加"问题互动""信息技术应用"内容。为突出STEM教学的特点，在教学实施能力中增加"合作教学"，在教学管理能力中增加"组织小组合作"。（3）对于存在较大质疑的"教学评价能力"和"教学启发能力"，"教学评价能力"修改为主要体现教师对学生的评价以及教师组织学生进行评价的内容。"教学启发能力"调整为教师对自身教学的元认知能力的内容。

修改后的中学STEM教师教学能力结构框架如表5-14所示，包含3个一级维度、7个二级维度和26项具体内容。

---

① 李克东、李颖：《STEM教育跨学科学习活动5EX设计模型》，《电化教育研究》2019年第4期。

表 5-14　中学 STEM 教师教学能力结构框架的修订

一级维度	二级维度	三级维度及内容描述
筹划教学活动	教学设计能力	SJ1. 认知 STEM 教育：有扎实的学科知识，了解 STEM 理论基础，对 STEM 教育理念有准确的认知
		SJ2. 设计教学活动：基于教学内容，设计包含科学、技术、工程、数学等多学科内容的项目活动
		SJ3. 选择教学方法：选择与教学目标和内容相适应的教学方法，例如，问题式、探究式、设计式和项目式教学法
	课程开发能力	KF1. 开发 STEM 课程主题：从单一学科中挖掘适合进行 STEM 教学的跨学科内容，开发 STEM 课程主题
		KF2. 开发教学资源：创造性地把各种可能的材料和资源转化为教学资源或学习资源
		KF3. 营造 STEM 学习空间：合理利用校内外场所，营造 STEM 学习空间
开展教学活动	教学实施能力	SS1. 跨学科教学：熟悉所教学科与其他学科间的关联，能够迁移应用多学科知识开展教学
		SS2. 合作教学：与其他学科教师分工合作，共同教学
		SS3. 创设问题情境：结合学生的认知发展水平，创设切合生活实际、可供探究的问题情境，激发学生的好奇心和探索欲望
		SS4. 问题互动：提出探索性、开放性问题，引发学生积极思考
		SS5. 信息技术应用：在教学过程中，整合运用丰富的技术手段
		SS6. 操作示范：将理论与实践融会贯通，具备较强的动手操作、示范教学的能力
		SS7. 适度指导：从方法上给予学生探究学习的指导和建议，在指导不足和过多指导之间保持平衡
		SS8. 启发思维：引导学生综合运用不同学科的知识解决问题，培养学生 STEM 素养

续表

一级维度	二级维度	三级维度及内容描述
聚焦教学发展	教学组织能力	ZZ1. 调控教学过程：监控学生自主探究的时间，把握教学节奏，控制教学进程
		ZZ2. 组织小组合作：组织学生以小组的形式进行合作探究，完成项目
		ZZ3. 调节课堂氛围：营造合作互动的课堂氛围，调动学生积极性，维持课堂秩序
	教学评价能力	PJ1. 多元评价学生：灵活运用诊断性评价、形成性评价和总结性评价，从不同方面评价学生的表现
		PJ2. 组织学生互评：组织学生汇报、展示学习成果，并互相评价
		PJ3. 引导学生自评：引导学生自我总结、自我评价
	教学元认知能力	QF1. 反思教学过程：反思 STEM 课程的教学效果，善于发现教学过程中的不足之处
		QF2. 反审教学能力：审视自身教学能力与《STEM 教师能力等级标准（试行）》的差距
		QF3. 自我调节与提升：积极调整教学行为，主动提高自身 STEM 教学能力
	实践创新能力	CX1. 探究教学问题：探索并解决教学实践中的问题，不断完善和优化 STEM 教学
		CX2. 关联学科教学：积极思考 STEM 教育对学科教学的影响
		CX3. 创新教学模式：尝试与不同的学科进行跨学科教学，应用和传播新的教学技术、教学方法

三 中学 STEM 教师教学能力结构初始模型

借鉴 TPACK 理论的要素、能力结构理论的依据以及教师专业发展的视角，经过文献研究的归纳、专家走访的调整，初步确定中学 STEM 教师教学能力结构框架并构建初始结构模型，如图 5-10 所示。

该模型展示了中学 STEM 教师教学能力的构成要素。按照 STEM 教学工作实施的顺序，将中学 STEM 教师教学能力划分为筹划教学活动、开展教学活动和聚焦教学发展，并逐层呈现三部分的能力组成要素。该模型尚不能完全诠释中学 STEM 教师的教学能力，框架内容的适切性、要素之间的协调性等仍需要进一步分析与完善。

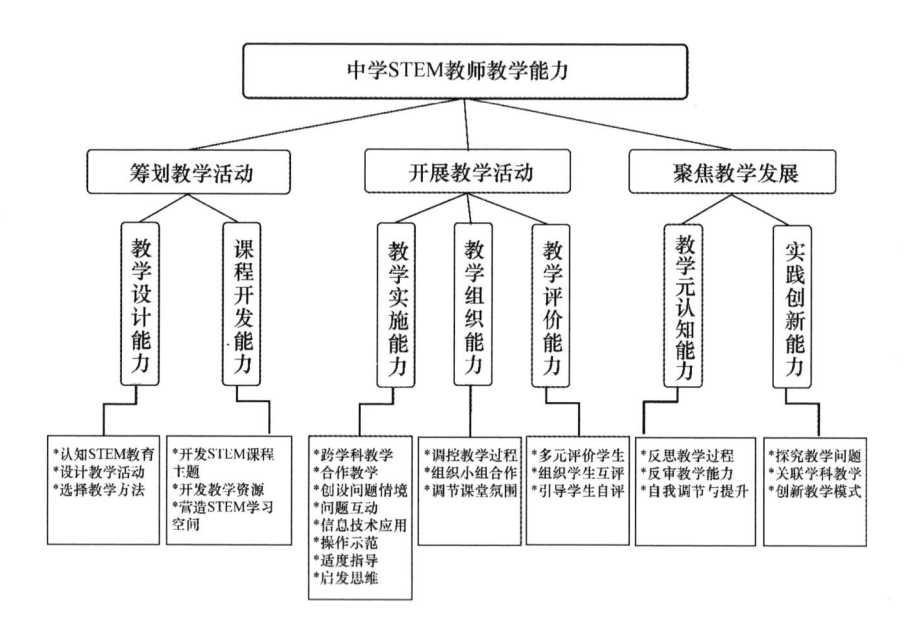

图 5-10　中学 STEM 教师教学能力结构初始模型

第三节　中学 STEM 教师教学能力结构模型的修正

为了提高模型要素的代表性、准确性及模型内部的紧密性和完整性，对结构模型进行更深一步的修正。本阶段主要采用德尔菲法，通过"专家意见形成—统计反馈—意见调整"的循环过程，帮助修正结构模型并建立研究的专家效度，从而保证中学 STEM 教师教学能力结构模型的合理性、科学性及有效性。

德尔菲法（Delphi）又称为专家咨询法，是美国兰德公司1964年提出的一种几乎可以应用于任何领域的咨询决策技术。[①] 本次调查先是编制问卷，向相关研究领域的专家进行意见征询，专家之间相互独立，不发生横向联系；然后收集专家意见进行统计分析；最后根据专家们所提的意见对模型进行调整，并把意见统计结果和修改结果再次反馈给专家，直至专家意见收敛于一致。

一 编制专家咨询问卷

专家咨询问卷是收集专家意见的重要载体。编制的专家咨询问卷共分为三部分。第一部分，问卷说明，简要阐述研究内容、研究目的和"中学STEM教师"的定义，说明邀请专家参与研究的原因。第二部分，问卷主体，将初步构建的中学STEM教师教学能力结构模型所包含的3个一级维度、7个二级维度和26项具体内容列举为两个调查量表。首先是对二级维度必要性的判断量表，然后是对具体内容从属合理性的评判量表；量表均采用三级评分标准，"必要/合适"记为3分，"建议修改/修改后合适"记为2分，"建议删除/不合适"记为1分；每个二级维度后均设置了开放式空间，便于专家详细说明修改意见；咨询问卷的最后也设有针对结构模型整体的开放式问题，为专家提供提出完善建议和意见的发挥空间。第三部分，对专家权威程度的调查，专家自评对问卷内容进行评判的依据以及对研究内容的熟悉度，以确定专家咨询结果的可信性。

二 确定咨询专家

专家的选择对研究结果的可靠性、有效性具有至关重要的影响。因此，挑选的专家应具有一定的代表性和权威性。根据研究主题，采取非概率"主观抽样"的方法遴选专家。所选专家一部分为高校从

[①] 王春枝、斯琴：《德尔菲法中的数据统计处理方法及其应用研究》，《内蒙古财经学院学报》（综合版）2011年第4期。

事相关教育教学研究的专家，一部分为中学从事、参与STEM教学活动的教师；主要考虑专家是否对STEM教育有深入的研究，中学教师是否参与过STEM教研工作，是否具有STEM教学的实践经验等。选择专家的途径主要为：

（1）通过CNKI获取在教学能力研究领域具有较高学术水平的高校专家；

（2）通过CNKI获取在STEM研究领域具有较高学术水平的高校教育技术系和科学教育系的专家；

（3）中国教育科学研究院公布的STEM首批领航学校、种子学校、种子教师；

（4）"中国STEM教育发展大会"等STEM相关会议的嘉宾或汇报教师。

德尔菲法的专家数量可根据所研究课题的大小和涉及面的宽窄而定，一般选取8—20人比较适宜。最终，确定了来自北京市、上海市、广东省、江苏省、浙江省、河南省等省市的专家共18名，见表5-15。

表5-15　　　　　　　　咨询专家的选择情况

专家类型	入选条件	人数
高校从事教学能力研究的专家	在CNKI发表较多教学能力主题论文	2
高校教育技术系、科学教育系的专家	在CNKI发表过STEM领域论文，副教授	10
中学从事STEM教学活动的教师	首批STEM种子教师	3
中学参与STEM教学活动的教师	首批STEM领航学校或种子学校中参与过STEM会议汇报或教研活动的教师	3

三　问卷的发放与统计

（一）问卷的发放

调研共进行了两轮专家咨询问卷的发放。通过邮箱、QQ和微信等途径将第一轮咨询问卷发放给 18 名专家,恳请专家在一周左右回复。十天后回收问卷 13 份,有 2 份问卷来自高校从事教学能力研究的专家,有 6 份问卷来自高校教育技术系的专家,有 5 份问卷来自中学从事、参与 STEM 教学活动的一线教师。整理第一轮咨询问卷专家的反馈意见,增删维度或内容,修改结构模型后形成第二轮咨询问卷。将第二轮咨询问卷继续发放给 18 名专家,专家人数、构成不变,以同样的方式发放和回收咨询问卷。回收问卷 12 份,有 2 份问卷来自高校从事教学能力研究的专家,有 6 份问卷来自高校教育技术系的专家,有 4 份问卷来自中学从事、参与 STEM 教学活动的一线教师。

(二) 数据的统计

1. 专家的积极系数

专家的积极系数即专家咨询问卷的回收率,计算公式为:回收率 =(参与的专家数÷全部专家数)×100%。积极系数能够说明专家对此次咨询的参与程度,反映专家对该领域的重视程度和关注度。其中,专家咨询问卷回收率在 50% 才可以用来分析和评价资料,大于 60% 说明回收率较好,70% 及以上则说明回收率很好。[①] 两轮咨询问卷的回收率情况见表 5-16,均高于 60%,说明较多专家关心调研内容,积极提供修改建议。

表 5-16　　　　　　两轮德尔菲法专家的积极系数

项目	第一轮	第二轮
发放咨询问卷(份)	18	18
回收咨询问卷(份)	13	12
专家积极系数(%)	72.2	66.7

---

① 蒋国华、方勇、孙诚:《科学计量学与同行评议》,《中国科技论坛》1998 年第 6 期。

2. 专家的权威程度

为检验专家所提意见对模型的修订是否有参考价值,需要统计专家的权威程度以验证咨询结果的可靠性。专家的权威程度是专家对所评价内容的自我判断过程,一般由两个因素决定:一是专家的判断依据(Ca);一是专家对指标的熟悉程度(Cs)[1]。判断依据和熟悉程度的算数平均值即为专家权威程度,计算公式为:Cr = (Ca + Cs) ÷ 2。Cr 值越大,说明专家意见的科学性越高,问卷结果的可信度越高。通常,专家权威系数 Cr≥0.70 即认为咨询结果可以采纳,Cr≥0.80 即咨询结果的可靠性非常高。[2]

考虑到主题聚焦教师的教学能力,属于教师专业发展研究的小专题,所以采用总表的形式让专家进行判断依据和熟悉程度的自我评价。对影响专家权威程度的因素进行赋值,见表 5-17 和表 5-18。

表 5-17　　　　　　　　专家判断依据程度赋值[3]

判断依据	判断依据程度量化值		
	大	中	小
从事 STEM 教学活动的实践经验	0.5	0.4	0.3
基于对 STEM 教育研究的理论分析	0.3	0.2	0.1
参考国内外文献资料	0.1	0.1	0.1
直观感觉	0.1	0.1	0.1
合计	1.0	0.8	0.6

---

[1] 贾品:《2 型糖尿病的医疗保险审核模型构建研究》,硕士学位论文,复旦大学,2012 年,第 54 页。
[2] 靳瑾:《医院行政职员岗位胜任力模型构建研究》,硕士学位论文,河北医科大学,2018 年,第 33 页。
[3] 林清然:《应用德尔菲法构建预防住院患者跌倒的护士培训课程》,硕士学位论文,暨南大学,2014 年,第 56 页。

表 5-18　　　　　　　专家对问题熟悉程度赋值①

熟悉程度	量化值
很熟悉	1.0
熟悉	0.8
一般	0.6
不熟悉	0.4
很不熟悉	0.2

根据对判断依据程度的赋值，分别计算 13 名专家对问题判断依据的自评结果，得分为该专家不同判断依据的选项分数之和；后统计不同总分的人数，计算专家判断依据系数：$Ca = \sum [$（人数 × 分值）/总人数$]$②。按照对熟悉程度的赋值，统计 13 名专家对问题熟悉程度的自评结果，计算专家对问题的熟悉程度系数：$Cs = \sum [$（人数 × 分值）/总人数$]$。第一轮和第二轮专家自评的统计结果，如表 5-19 和表 5-20 所示。

表 5-19　　　　两轮德尔菲法专家判断依据的统计结果

判断依据总分值	1.0	0.9	0.8	0.7	0.6
第一轮人数	4	4	5	0	0
第二轮人数	3	3	6	0	0

表 5-20　　两轮德尔菲法专家对问题熟悉程度的统计结果

熟悉程度分值	很熟悉	比较熟悉	一般	不太熟悉	不熟悉
第一轮人数	4	7	2	0	0
第二轮人数	3	7	2	0	0

---

① 张念：《基于"证据"的高校混合学习课程学业评价模型构建研究》，硕士学位论文，河南大学，2019 年，第 54 页。
② 赵旭：《绿色医院效果评价研究》，硕士学位论文，天津大学，2018 年，第 58 页。

经过计算，两轮咨询的专家判断依据系数 Ca 分别为 0.892 和 0.875，说明判断依据对专家的影响程度较高；专家熟悉程度系数 Cs 分别为 0.831 和 0.817，表明专家对所咨询的问题较熟悉；专家权威程度系数 Cr 分别为 0.861 和 0.846，均大于 0.8，证明专家的权威程度非常高，专家评判的结果可靠性较强，如表 5-21 所示。

表 5-21　　　　　　两轮德尔菲法专家的权威程度

轮次	判断依据 Ca	熟悉程度 Cs	权威程度 Cr
第一轮	0.892	0.831	0.861
第二轮	0.875	0.817	0.846

四　第一轮专家意见汇总与分析

在第一轮专家咨询问卷中，专家对二级维度的必要性和具体内容的适合性进行了评价。在统计学中，通常用均值、标准差和变异系数来判断待检测项目的集中程度。均值（M）是数据集中趋势的指标，能够显示专家对咨询问题的认同程度。均数越大，说明专家对问题的普遍认同度越高。调研以均值 M>2.4（3 分量表的百分之八十等级值）为筛选标准。标准差（SD）是数据离散趋势的指标，可以体现专家意见的离散程度。标准差越小，说明专家意见越集中。本书以标准差 SD<1 为筛选标准。变异系数（CV）又称"标准差率"，是标准差和均数的比值，反映专家对问题认同度的波动程度或协调程度。变异系数越小，说明专家意见的一致性越高。一般认为，某个问题的变异系数若大于 0.25，则认为专家们对此问题的分歧较大，若变异系数大于 0.3 则可删除此项内容。本书选取变异系数 CV<0.25 为变异系数的基准。[①]

（一）专家对维度的意见

运用 SPSS 统计工具计算每一项的均值、标准差和变异系数，见

---

① 袁青、黄淇敏：《应用德尔菲法筛选医院中层管理人员评价指标的研究》，《中国医院管理》2009 年第 7 期。

表5-22。依据筛选标准，分析项目的不足之处并考虑完善。分析发现，二级维度的均值范围为2.77—3，远大于标准值2.4，说明专家们对二级维度的认同度较高；其标准差均小于1，符合要求，说明专家们意见的离散程度较小；变异系数均小于0.25，符合筛选标准，证明专家们对整体模型维度框架的意见比较统一。因此，未删除任何一项。但有5位专家认为模型尚且没有跳出传统教师教学能力的框架，STEM教育对教师更高的能力要求没有凸显。于是，在保持原有内涵的前提下更改二级维度的名称，将STEM教育的具体特征添加于名称之中，使之更加契合STEM教育。还有专家认为，应该增加二级维度，充实中学STEM教师教学能力模型结构。因此，在筹划教学活动层面增加维度"STEM教学需求分析"，在聚焦教学发展层面，增加维度"STEM教学发展"。

表5-22　　第一轮德尔菲法专家对二级维度的意见统计

一级维度	二级维度	均值M	标准差SD	变异系数CV
筹划教学活动	教学设计能力	3.00	0.000	0.000
	课程开发能力	2.85	0.376	0.132
开展教学活动	教学实施能力	2.92	0.277	0.095
	教学组织能力	2.85	0.376	0.132
	教学评价能力	2.92	0.277	0.095
聚焦教学发展	教学元认知能力	2.92	0.277	0.095
	实践创新能力	2.77	0.599	0.216

（二）专家对内容的意见

整理专家们对模型具体内容的反馈，将其量化为均值、标准差和变异系数，结果见表5-23。每个条目的均值都大于2.4，符合筛选标准，说明专家们普遍对模型的内容比较认同；每个条目的标准差在0—0.768，均小于1，说明专家意见的离散程度较小，意见较为一致；有两个条目的变异系数大于基准0.25，需要重新慎重考虑。

表 5-23　第一轮德尔菲法专家对具体内容的意见统计

二级维度	具体内容	均值 M	标准差 SD	变异系数 CV
教学设计能力	SJ1. 认知 STEM 教育	2.85	0.376	0.132
	SJ2. 设计教学活动	2.92	0.277	0.095
	SJ3. 选择教学方法	2.85	0.376	0.132
课程开发能力	KF1. 开发 STEM 课程主题	2.46	0.776	0.315
	KF2. 开发教学资源	2.69	0.630	0.234
	KF3. 营造 STEM 学习空间	2.62	0.768	0.293
教学实施能力	SS1. 跨学科教学	2.92	0.277	0.095
	SS2. 合作教学	2.85	0.555	0.195
	SS3. 创设问题情境	2.85	0.376	0.132
	SS4. 问题互动	2.77	0.599	0.216
	SS5. 信息技术应用	2.69	0.480	0.178
	SS6. 操作示范	2.69	0.630	0.234
	SS7. 适度指导	2.69	0.630	0.234
	SS8. 启发思维	2.92	0.277	0.095
教学组织能力	ZZ1. 调控教学过程	3.00	0.000	0.000
	ZZ2. 组织小组合作	2.92	0.277	0.095
	ZZ3. 调节课堂氛围	3.00	0.000	0.000
教学评价能力	PJ1. 多元评价学生	2.85	0.376	0.132
	PJ2. 组织学生互评	2.69	0.480	0.178
	PJ3. 引导学生自评	2.77	0.439	0.158
教学元认知能力	QF1. 反思教学过程	2.77	0.439	0.158
	QF2. 反审教学能力	2.77	0.439	0.158
	QF3. 自我调节与提升	2.85	0.376	0.132
实践创新能力	CX1. 探究教学问题	2.77	0.599	0.216
	CX2. 关联学科教学	2.62	0.650	0.248
	CX3. 创新教学模式	3.00	0.000	0.000

1. 教学设计能力的意见分析

本书编制的专家咨询问卷是半结构化的问卷形式,有 8 位专家对中学 STEM 教师教学能力结构模型的框架、分类等提出了具体的修改意见。有 3 位专家提出,缺少教学前期的学情分析或是教学需求分析。并且,有专家认为"SJ1. 认知 STEM 教育"应该列为独立的二级维度。所以,将"SJ1. 认知 STEM 教育"移至新增二级维度,增加教学设计能力的内容"SJ1. 遴选 STEM 学习主题"。

2. 课程开发能力的意见分析

专家对课程开发能力的内容存在较大争议。从量化结果看出,"KF1. 开发 STEM 课程主题"的变异系数为 0.315,大于基准 0.25,不符合要求;并且有两位专家提出 STEM 主题来自真实世界,不是为了学科整合而去构建 STEM 课程。因此删除此条目。"KF3. 营造 STEM 学习空间"的变异系数为 0.293,大于基准 0.25,同样不符合要求;专家对此条目的质疑较多而删除。有专家建议"课程开发能力"的内容要求过高,可适当降低要求,于是修改为"KF1. 开发 STEM 教学资源"和"KF2. 开发活动记录工具"。

3. 教学实施能力的意见分析

教学实施能力是教学工作的核心部分,本书参考相关研究制定了 8 个条目。首先,有专家认为,条目太多,建议适当调整。其次,一线教师普遍反映"SS2. 合作教学"不符合教学实际,教学成本太高,实施难度大;因此,将此条目修改并移到了聚焦教学发展的层面。有专家认为"SS5. 信息技术应用"应选择合适的信息技术手段,不一定是最新的人工智能、软件编程等;所以,修改为"SS5. 应用适当的信息技术"。另外,SS6、SS7 两项条目的各项指数都比较接近筛选标准,最终删去了"SS6. 操作示范",修改"SS7. 适度指导"为"指导科学探究",具体指明 STEM 教学的探究过程。

4. 教学组织能力的意见分析

有专家提出,STEM 教师的教学组织能力要体现 STEM 教育特有的组织形式。STEM 教育在"做中学",即一定要有操作;STEM 教育倡导合作学习,即鼓励合作学习的形式。紧扣 STEM 教育的特征,完善了各个条目的描述,并修改条目顺序,将"ZZ1. 调控教学过程""ZZ2. 组织小组合作""ZZ3. 调节课堂氛围"调整为"ZZ1. 组织小组合作探""ZZ2. 把控动手操作时间""ZZ3. 营造合作探究氛围"。

5. 教学评价能力的意见分析

有专家提出,STEM 教学评价要面向全体学生,面向学生学习的全过程,并且教师采取的评价方式应具有针对性,例如,相关学科基础知识的评价、对团队协作能力的评价、任务完成情况的评价等。STEM 教育的跨学科评价与学科评价不同,不仅关注学生的知识习得,还要关注学生探究过程的表现、产品成果等,更加侧重过程性评价。本书将记录数据的评价表、记录表以及成果等元素加入其中,丰富了条目的内容描述。

6. 教学元认知能力的意见分析

对于教学元认知能力,在内容分类上,有的专家建议 QF1 和 QF2 合并,有的建议 QF1 和 QF3 合并;为此将"QF3. 自我调节与提升"整合到 QF1 和 QF2 当中。在内容描述上,有专家提出"QF2 反审教学能力"的具体描述欠妥,并不能直接嵌套另能力标准;本书删去原有描述,重新对 QF2 进行了阐释。

7. 实践创新能力的意见分析

有专家认为,"实践"与教学实施有交叉现象,故舍弃了该词;将实践创新能力细化为两个二级维度"STEM 教学发展"和"STEM 教学创新"。STEM 教育强调课程整合与跨学科教学,整合是由教师来完成的,所以教师之间要加强交流;在"STEM 教学创新"维度增加"CX1. 协同创新研究",要求教师之间互相协作,拓展 STEM 的课程整合。

总结第一轮专家咨询问卷的修改结果,增加了两个二级维度、四个具体条目,删除了代表性不突出、表达不清晰的两个条目,调整了条目顺序,修改了内容描述,更新了中学 STEM 教师教学能力的结构模型。

五 第二轮专家意见汇总与分析

根据第一轮问卷专家们的反馈意见修改模型,形成第二轮专家咨询问卷（附录3）。问卷中呈现了部分专家意见及修改原因，方便专家们对模型的维度划分、条目顺序及内容描述提出新的修改意见。依据德尔菲研究方法的原则以及统计学的原理，第二轮德尔菲问卷的结果仍然选取平均值来分析专家意见的集中程度，用标准差和变异系数两个指标来检验专家意见的离散程度。

（一）专家对维度的意见

第二轮专家问卷的统计结果情况见表5-24。对第二轮专家咨询问卷的调查结果进行了仔细分析，并结合专家意见后，对中学STEM教师教学能力进行再次修订。

表5-24　第二轮德尔菲法专家对二级维度的意见统计

一级维度	二级维度	均值 M	标准差 SD	变异系数 CV
筹划教学活动	STEM教学需求分析	2.82	0.603	0.215
	STEM教学设计	3.00	0.000	0.000
	STEM课程开发	2.73	0.647	0.237
开展教学活动	STEM教学实施	3.00	0.000	0.000
	STEM教学组织	3.00	0.000	0.000
	STEM教学评价	3.00	0.000	0.000
聚焦教学发展	STEM教学元认知	2.82	0.405	0.144
	STEM教学发展	2.82	0.405	0.144
	STEM教学创新	2.73	0.467	0.171

从表中可以看出，二级维度的均值都在标准值2.4，标准差均小于1，变异系数均小于0.25；说明专家们对维度比较认可且意见趋于一致。其中，"STEM课程开发"维度的标准差和变异系数较高，专家对此意见较多；有专家认为"STEM课程开发"命名欠妥建议修改，还有专家认为，此维度的要求太高建议删除。综合考虑后，将"STEM课程开发"修改为"STEM资源开发"。并且结合专家意见，将"STEM教学元认知"修改为"STEM教学反思"，将"STEM教学

发展"修改为"STEM 教学优化"。另外,有专家提出一级维度"聚焦教学发展"提法欠妥,修改为"研究教学发展"。

(二) 专家对内容的意见

统计各条目的均值、标准差和变异系数见表 5-25。每个条目的均值都满足大于 2.4 的要求,说明专家们普遍对模型的内容普遍比较认同;每个条目的标准差均小于 1,说明专家意见的离散程度较小,意见趋于一致;有四个条目的变异系数大于基准 0.25,主要集中于"STEM 教学需求分析"和"STEM 教学评价"。相较于第一轮专家问卷的结果,曾不达标的条目此次达到了要求,说明第一轮咨询后的修正得到了专家一定程度的认可,但条目仍存在其他的不妥之处,模型需要继续完善。

表 5-25　　第二轮德尔菲法专家对具体内容的意见统计

二级维度	具体内容	均值 M	标准差 SD	变异系数 CV
STEM 教学需求分析	FX1. 认知 STEM 教育	2.64	0.809	0.306
	FX2. 分析 STEM 学习需求	2.64	0.674	0.255
STEM 教学设计	SJ1. 遴选 STEM 学习主题	2.91	0.302	0.104
	SJ2. 设计项目活动	3.00	0.000	0.000
	SJ3. 选择多元教学方法	3.00	0.000	0.000
STEM 课程开发	KF1. 开发 STEM 教学资源	3.00	0.000	0.000
	KF2. 开发活动记录工具	2.73	0.467	0.171
STEM 教学实施	SS1. 跨学科教学	3.00	0.000	0.000
	SS2. 创设问题情境	2.91	0.302	0.104
	SS3. 提出真实问题	2.82	0.405	0.144
	SS4. 应用适当的信息技术	2.91	0.302	0.104
	SS5. 指导科学探究	2.91	0.302	0.104
	SS6. 培养 STEM 思维	2.73	0.467	0.171

续表

二级维度	具体内容	均值 M	标准差 SD	变异系数 CV
STEM 教学组织	ZZ1. 组织小组合作探究	2.73	0.467	0.171
	ZZ2. 把控动手操作时间	2.82	0.405	0.144
	ZZ3. 营造合作探究氛围	2.73	0.467	0.171
STEM 教学评价	PJ1. 开展多元评价	3.00	0.000	0.000
	PJ2. 引导学生成果互评	2.73	0.647	0.237
	PJ3. 支持学生反思自评	2.64	0.809	0.306
STEM 教学元认知	QF1. 反思 STEM 教学过程	2.91	0.302	0.104
	QF2. 反审自身教学能力	2.91	0.302	0.104
STEM 教学发展	FZ1. 改进 STEM 教学	3.00	0.000	0.000
	FZ2. 优化学科教学	2.91	0.302	0.104
STEM 教学创新	CX1. 协同创新研究	2.91	0.302	0.104
	CX2. 创新教学模式	2.91	0.302	0.104

在"STEM 教学需求分析"维度,"FX1. 认知 STEM 教育"的变异系数为 0.306,"FX2. 分析 STEM 学习需求"的变异系数为 0.255,都超出了标准值 0.250。有两位专家认为"FX1. 认知 STEM 教育"不合适,有专家提出,与二级维度不太切合,归属不妥,建议放到后面的维度当中;于是,将其修改为"提升 STEM 教学理念"并调整至"STEM 教学发展"维度。有两位专家认为"FX2. 分析 STEM 学习需求"修改后合适,主要原因是,具体描述不到位,本书参考相关研究完善具体内容。还有专家建议,增设条目以增加对学生学习知识起点的考查。因此,增加"FX1. 考查学生知识起点"。

在"STEM 教学评价"维度,"PJ3. 支持学生反思自评"的变异系数为 0.306,高于标准值 0.250,"PJ2. 引导学生成果互评"的变异系数为 0.237,接近标准界限。有专家指出,划分不够清晰,"PJ1. 开展多元评价"已经包括了 PJ2 和 PJ3 的内容;经过深入分析与思考,将此维度重新划分为"PJ1. 开展多样方法评价""PJ2. 综合多维内容评价"和"PJ3. 支持多元主体评价"。

另外，针对专家们提的模型 STEM 特点不够明显的意见，对某些条目进行了名称修改与调整：

（1）SJ2. 设计项目活动，修改为"整合多学科知识设计项目活动"；

（2）KF2. 开发活动记录工具，修改为"开发学习活动资源"；

（3）SS3. 提出真实问题与 SS2. 创设问题情境进行合并；

（4）SS4. 指导科学探究，修改为"以不同学科的视角指导科学探究"；

（5）SS6. 培养 STEM 思维，修改为"培养学生 STEM 素养"并改进其内容描述；

（6）ZZ2. 把控动手操作时间，修改为"监控 STEM 教学进度"并改进其内容描述；

（7）FZ2. 优化学科教学，修改为"优化 STEM 教学效果"；

（8）CX1. 协同创新研究，修改为"多学科协同创新"并改进其内容描述。

经过两轮的专家咨询，专家对各指标意见分歧减少且意见逐渐趋于一致，故不再继续进行专家咨询。最终，确定模型包括"筹划教学活动""开展教学活动""研究教学发展"3 个一级维度，9 个二级维度及 4 个具体条目，见表 5-26。

表 5-26　　　　　　中学 STEM 教师教学能力结构框架

一级维度	二级维度	三级维度及内容描述
筹划教学活动	STEM 教学需求分析	FX1. 考查学生知识起点：了解学生的已有知识和动手实践能力，掌握学生的认知特点
		FX2. 分析 STEM 学习需求：分析学生对生活中问题的关注点与兴趣点，了解不同学习者的学习需求

第五章 中学 STEM 教师教学能力结构模型

续表

一级维度	二级维度	三级维度及内容描述
开展教学活动	STEM教学设计	SJ1. 遴选 STEM 学习主题：从学生的日常生活出发，选择学生可以识别和可理解的实践性主题
		SJ2. 整合多学科知识设计项目活动：基于学习主题，设计包含科学、技术、工程、数学等多学科内容的项目活动
		SJ3. 选择多元教学方法：选择与教学内容相适应的教学方法，例如，问题式、探究式、设计式或项目式教学法
	STEM资源开发	KF1. 开发 STEM 教学资源：创造性地把各种生活中的材料或资源转化为教学资源或学习资源
		KF2. 开发学习活动资源：根据项目活动的内容，设计学生的工程设计表、活动记录表、评价表等支持工具
	STEM教学实施	SS1. 创设问题情境：创设切合生活实际、可供探究的问题情境，并提出探索性、开放性问题，驱动学生主动思考，激发学生的好奇心和探索欲望
		SS2. 跨学科教学：熟悉所教学科与其他学科间的关联，能够迁移应用多学科知识开展教学
		SS3. 应用适当的现代教育技术：根据教学内容，整合运用多样的、合适的技术手段辅助教学
		SS4. 以不同学科的角度指导科学探究：具备进行科学探究的能力并能够从方法上给予学生探究学习的指导
		SS5. 培养学生 STEM 素养：启发学生综合运用不同学科的知识解决问题，培养学生的科学精神和创新实践能力
	STEM教学组织	ZZ1. 组织小组合作：组织学生以小组形式进行学习，合作完成项目
		ZZ2. 监控 STEM 教学进度：监控学生自主探究的时间，严格把握教学节奏，控制教学进程
		ZZ3. 营造探究氛围：营造合作互动、主动求知的课堂氛围，调动学生学习的积极性

续表

一级维度	二级维度	三级维度及内容描述
研究教学发展	STEM教学评价	PJ1. 开展多样方法评价：基于记录表等证据，灵活运用诊断性评价、形成性评价和总结性评价，重视对学生的过程性评价
		PJ2. 综合多维内容评价：结合科学探究活动参与情况、产品制作与完成情况、在团队合作中的活跃度和作用等，对学生的设计规划能力、材料利用能力、时间管理能力、成果展示交流中的表达能力等进行综合评价
		PJ3. 支持多元主体评价：实施社会相关人员、家长、学生等多主体评价模式，发挥评价主体的作用，激发学生学习积极性
	STEM教学反思	FS1. 反思STEM教学过程：反思STEM课程的实施环节，善于发现教学过程中的不足之处，积极调整教学行为
		FS2. 反思自身教学能力：审视跨学科教学能力，主动提高自身的STEM教学能力
	STEM教学优化	YH1. 提升STEM教学理念：深化对STEM教育理念的认知，增强对STEM/STEAM/STEM+等的理解与认同
		YH2. 改进STEM教学：分析并解决教学实践中的问题，从STEM主题、任务、活动等方面不断改进和完善STEM教学
	STEM教学创新	CX1. 参与多学科协同创新：积极与其他学科教师协同合作，结合多个学科对课程进行整合创新，促进跨学科意识
		CX2. 创新STEM教学模式：积极思考多学科教学的整合方法，尝试联系不同的学科进行跨学科教学，探索新的STEM教学模式

六 形成中学STEM教师教学能力结构模型

本书应用德尔菲法从理论和实践两方面修正了初始理论模型，对维度和内容进行了查漏补缺。专家们突出的研究基础、丰富的实践经验和良好的学科背景为模型的修订提供了很大支持。根据完善后的内容，以洋葱模型为依托，构建了较为完善的中学 STEM 教师教学能力结构模型。

（一）中学 STEM 教师教学能力的递进结构模型

鉴于初步模型结构层次不够分明，可视化程度不高，中学 STEM 教师教学能力的递进结构模型，参考洋葱模型的基本形态，如图 5-11 所示。该模型由左右两部分组成，左半部分分层呈现了筹划教学活动、实施教学活动和研究教学发展三个层面，右半部分展示了每个层面包含的具体内容。教学能力的三个层面层层包裹、层层递进，外层能力是内层能力的基础，越接近圆心的教学能力对 STEM 教学越重要，对 STEM 教师自身能力的要求也越高。

该模型内容翔实、层次分明、易于理解，主要呈现了中学 STEM 教师胜任 STEM 教学应具备的教学能力要素，构成了从表层到里层不断发展的递进连续整体，体现了中学 STEM 教师教学能力的层级关系，可以为 STEM 教师的成长过程提供参考标志。

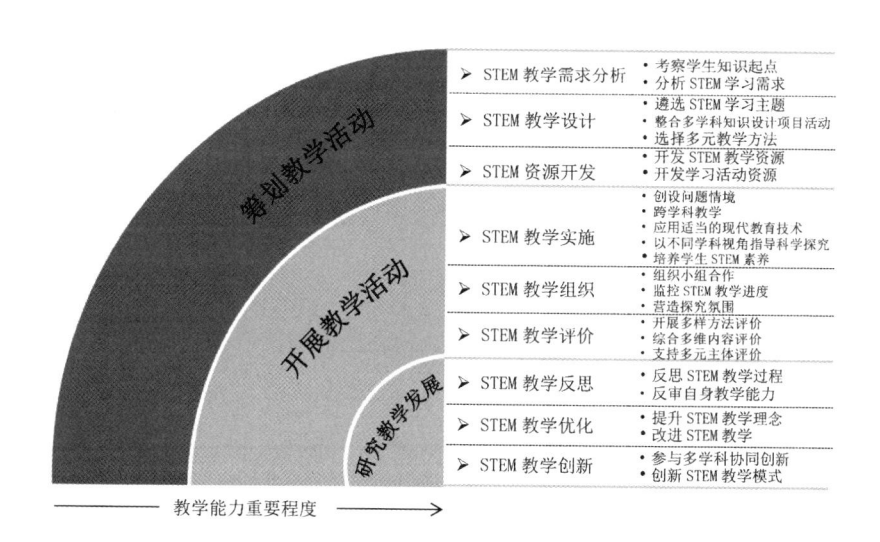

图 5-11　中学 STEM 教师教学能力的递进结构模型

1. 筹划教学活动：STEM 教师的基本能力

最外层的筹划教学活动是 STEM 教学的基础，包括中学 STEM 教师教学的基本能力：STEM 教学需求分析能力、STEM 教学设计能力和 STEM 资源开发能力。

首先，教师要具备 STEM 教学需求分析的能力，为制定教学内容、调动学生积极性、开展 STEM 教学奠定良好基础。教师要了解中学生年龄阶段的认知水平和动手实践能力，掌握中学生的学习风格；根据学生的"最近发展区"组织教学，避免 STEM 教学内容过易或过难，致使教师难教、学生难学。教师还需要走进学生们的生活，深入了解中学生在日常生活中的关注点，考察不同学生的 STEM 学习需求。

其次，STEM 教师要具备设计教学整体过程的能力，将教学理论融入具体的教学安排。结合掌握的学生情况，STEM 教师要从学生生活中遴选 STEM 学习主题，明确 STEM 课堂教学的目标；STEM 学习主题应具有较强的开放性、探索性和实践性。STEM 教学通常以项目为载体。因此教学设计主要是对项目内容、活动环节的安排；依据 STEM 教育的核心理念跨学科教学，STEM 教师应善于将不同学科的知识包含在情境化的项目活动中，跨越学科界限设计活动形式。并考虑 STEM 课堂的施教方法，灵活选择与教学内容相匹配的教学策略，以达到最佳的教学效果。

最后，STEM 课堂离不开各种资源的支撑，STEM 教师要具备 STEM 资源开发能力。STEM 教师应从简单的教学"材料观"中走出来，树立基本的教学"资源观"，广泛地涉猎各种教学资源，创造性地把各种生活中的材料转化为学习资源。[①] 此外，STEM 教师需要紧密结合 STEM 教学活动环节，设计开发学生的工程设计表、活动记录表、评价表等支持工具，全面完善 STEM 活动资源，为 STEM 课堂教学做好充足准备。

---

① 杨晓奇：《教师教学资源意识的缺失及其培植》，《教育发展研究》2013 年第 10 期。

2. 开展教学活动：STEM 教师的核心能力

中间层的开展教学活动是 STEM 教学的主体，该层面的教师教学能力决定着 STEM 课堂的质量水平，也是体现教师地位和作用的核心因素。开展教学活动层面包括中学 STEM 教师教学的核心能力：STEM 教学实施能力、STEM 教学组织能力和 STEM 教学评价能力。

首先，STEM 教师的教学实施能力直接影响 STEM 教育的质量。STEM 教师通过创设切合生活实际、可供探究的问题情境，引入 STEM 学习主题，激发学生的好奇心和探索欲望。在开展教学时，STEM 教师要能够交叉融合多门学科的知识，自如地转换不同学科的逻辑来传授学习内容。在教学演示时，STEM 教师要能够合理、有效地使用现代教育技术来辅助教学，丰富教学形式，增添课堂活力。例如，在以"坚固的建筑"为主题的 STEM 教学中，教师运用多媒体来播放视频，直观地展示地震对房屋的破坏等。在学生进行实践操作时，STEM 教师要能够发挥排忧解难的作用，从方法上给予学生指导与建议。在教学过程中，STEM 教师要鼓励学生用批判的眼光看待问题，启发学生联系不同学科的知识解决问题，让学生获得知识的结构化迁移，培育学生的高阶思维与 STEM 素养。

其次，在 STEM 课堂教学的进行中，教师要对实际的教学活动进行组织、监察与协调。教师应合理地组织学生以学习共同体或是合作小组的形式展开自主探究，并引导学生以小组为单位展示汇报、交流讨论，通过作品外化学习的结果、外显习得的知识和能力。在 STEM 课堂中，教师讲授的时间大大缩短，大部分时间交由学生动手操作，STEM 教师要控制好学生探究的时间；当不同小组进展不一致时，STEM 教师要把握好教学节奏，避免延误教学进度和课堂秩序混乱。STEM 教师作为课堂的主导者还要调节教学氛围，营造合作互动、主动求知的课堂气氛，调动学生学习的积极性与主动性，提高教学效率。

最后，STEM 教师要掌握符合 STEM 教学的多元评价方式，给予学生客观、真实、全面的评价。一是开展多样评价方法，综合应用诊断性评价、形成性评价和总结性评价方法，侧重形成性评价即过程性评价，实现从固定的结果评价向动态的过程评价的转变。二是综合多维内容，结合记录表、电子档案袋等工具跟踪记录的探究参与表现、产品制作情况、团队协作能力等信息考查学生。例如，美国康涅狄格科学中心开发的 STEM 案例，依照工程过程识别问题、创建蓝图、建立模型、检验和收集数据、分析数据和再设计、交流汇报、交流结果 7 个步骤对学生进行形成性评测[①]。三是支持多元主体共同评价，对于需要学生走出学校的 STEM 项目，对学生能力的考查就不应该由教师单方面根据任务完成情况或课堂表现来判定[②]。例如，以水资源为主题的 STEM 项目，需要学校、企业以及家庭、社区的支持参与，教师应该召集不同评价主体共同评估学生的能力水平。

3. 研究教学发展：STEM 教师的关键能力

处于圆心的研究教学发展对教师能力的要求最高，是教师教学成果凝练与教学能力提升的关键过程。研究教学发展层面包括教师专业发展的关键能力：STEM 教学反思能力、STEM 教学优化能力和 STEM 教学创新能力。

首先，STEM 教师的反思能力是教师教学能力发展的内部驱动力。教师要主动进行 STEM 教学反思，反思 STEM 课堂是否完成了教学目标，STEM 教学的过程是否完整，教学效果是否符合预期等。教师还要审视自身的教学能力，进行自我发现、自我判断、自我反思。反思是教师通过对自我教学行为的分析逐步建立起的一种"自我认知"，也是教师对自身教学能力的"元认知"[③]，有助于教师总结并积累教学经验，促进自身专业素质的提升。

其次，教师要具备 STEM 教学优化的能力。教师是教学活动的主

---

① 柏毅、庞谦竺、信疏桐：《STEM 教育评价的内容与策略》，《中国民族教育》2018 年第 1 期。

② 江丰光、蔡瑞衡：《国内外 STEM 教育评估设计的内容分析》，《中国电化教育》2017 年第 6 期。

③ 白虹雨：《中学教师课堂教学核心能力的结构研究》，硕士学位论文，西南大学，2017 年，第 61 页。

导者，是教学系统不断优化和协调的主力军；教师要能够在反复的实践与反思中逐渐领会 STEM 教学的内在规律，不断更新和加深对 STEM 教育理念的认识。更重要的是，教师要结合 STEM 教学理念去探寻和构建解决教学问题的方法，并进行再实践，逐步改进 STEM 教学，提升 STEM 教育质量。

最后，教师要具备 STEM 教学创新的能力。STEM 教育作为新兴的教育范式，其教学模式尚且没有统一的模板。如何创新 STEM 教学，更巧妙地融合多学科知识，更科学地培养学生的 STEM 素养，应该是 STEM 教师教学研究的重要主题。STEM 教师要注重与其他学科教师的交流，加深教师之间的合作研究程度，促进教师共同体的形成。作为学生创新能力的培养者，STEM 教师还应该提高自身的创新能力与创新精神，发挥专业潜能，追求理论创新、教学方法创新和教学模式创新等。

（二） 中学 STEM 教师教学能力的互动结构模型

面向实际教学，教师教学能力并不能单纯以一种或一方面的能力孤立存在，而应该以系统的能力群或能力结构体系的形式呈现。[1]受洋葱模型中要素层次性与传递性的启发，思考各层面之间的关联，构建了中学 STEM 教师教学能力的互动结构模型，如图 5-12。模型用圆形展现了每个层面的内部结构，教学能力由圆心向外依次展开，教学工作由圆形外围指向顺序实施；用箭头连接三个教学层面，指明层面之间的关系。中学 STEM 教师在筹划教学活动、实施教学活动和研究教学发展的三个层面所要具备的能力既相对独立，又彼此联系、互相影响。

该模型环环相扣、结构完整、布局美观，突出反映了中学 STEM 教师在教学不同阶段所具备能力之间的互动关系，呈现出一种循环结构，体现了 STEM 教师教学能力的动态性、系统性与整体性，有助于 STEM 教师了解教学能力要素之间的演化与协调。

---

[1] 宋明江、胡守敏、杨正强：《论教师教学能力发展的特征、支点与趋势》，《教育研究与实验》2015 年第 2 期。

◆ 中学STEM教师教学能力评价与提升研究

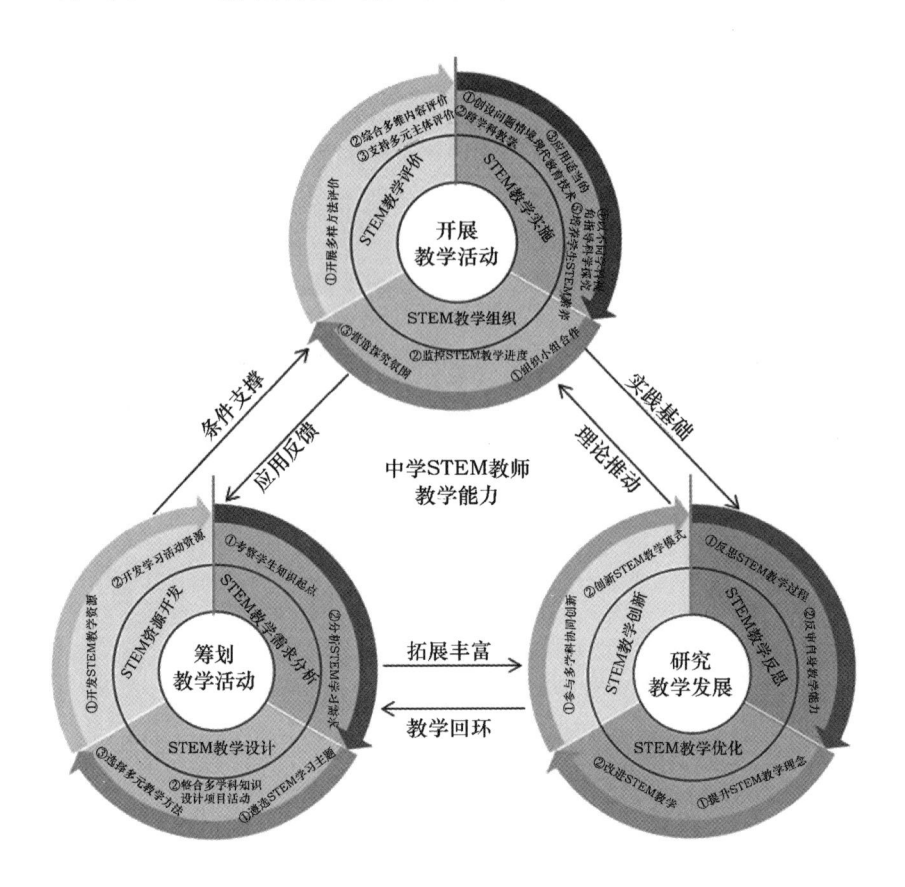

图 5-12 中学STEM教师教学能力的互动结构模型

1. 筹划—开展：STEM教学能力的支持与反馈

筹划教学活动层面与开展教学活动层面的STEM教师教学能力为支持与反馈的互动关系。筹划教学活动是教师教学工作的起点，是STEM教学的条件支撑。STEM教师的需求分析能力、STEM教学设计能力和资源开发能力能够保证准确的学情定位、扎实的工作准备和充足的物质基础，为STEM课堂做好铺垫。

开展STEM教学活动是对准备工作的应用、检验及反馈。STEM教师的教学实施能力、组织能力和评价能力决定着教学设计付诸实践的完成度，影响着资源使用效果与预期的差距，关系到STEM教学的实施效果。

2. 开展—研究：STEM 教学能力的呼应与转换

开展教学活动层面与研究教学发展层面的 STEM 教师教学能力为教学理论与课堂实践相互转化的关系。开展 STEM 教学活动是教师教学能力的外显过程，是教师发展教学的实践基础。教师在 STEM 教学过程中将教学理论知识转化为教学实践、积累教学经验，为教师教学发展奠定基石。

研究教学发展是 STEM 教学能力的凝练与提升，从理论上推动 STEM 教学的开展。教师通过 STEM 教学反思、STEM 教学优化及 STEM 教学创新，将实践经验升华为教学理论，从而加深对 STEM 教育的认知，创新教学模式，推动 STEM 课堂教学的发展。

3. 研究—筹划：STEM 教学能力的互补与循环

研究教学发展层面与筹划教学活动层面的 STEM 教师教学能力为理论研究互补与教学实践循环的关系。研究教学发展是促进教师经验升华、自我进取的重要途径，最终回环呼应教学筹划工作。STEM 教师在反思、优化与创新的过程中总结归纳的内容能够为新一轮的 STEM 教学准备工作提供理论支点，帮助 STEM 教师更好地开展 STEM 教学。

STEM 教师的教学能力是在日复一日的教学工作中，通过不断地筹划、实施、反思与研究而逐渐形成的。在筹划教学工作中 STEM 教师分析的学情、设定的教学目标、开发的教学资源可以为教学研究发展提供丰富的研究素材，有助于 STEM 教师在研究教学发展过程中回归教学起点，解决教学问题，提升教学能力。

（三）中学 STEM 教师教学能力结构模型之间的关系

本书遵循教师从事教学工作的基本规律，由筹划教学活动、开展教学活动、研究教学发展三个层面入手，逐步细化为中学 STEM 教师的教学能力。考虑到模型囊括的内容较多、关系较为复杂，构建了两个中学 STEM 教师教学能力的递进结构模型和互动结构模型，以不同形式更清晰地揭示中学 STEM 教师教学能力的结构。

在递进结构模型中，STEM 教师教学能力呈线性结构。中学

STEM 教师教学能力的互动结构模型中教师教学能力呈环状结构，展示了教学能力三个层面的相互影响、相互作用的关联。其实，两个模型在本质上是一样的，都旨在明确中学 STEM 教师教学能力的构成。相比而言，互动结构模型更加强调不同教学能力层面之间的互动关系，比递进结构模型更深入地剖析了教学能力的内部结构，更能说明教学能力之间的复杂关系。

第六章　中学 STEM 教师教学能力评价指标体系

近年来，STEM 教育凭借其融合创新的实践特征在我国获得了迅速发展。在 STEM 教学实施的过程中，师资匮乏、专业性不强等问题日渐突出。中学是我国 STEM 教育实践推广的主要阵地，中学 STEM 师资质量极大影响了 STEM 教学的实施效果。而我国中学 STEM 教师一般由物理、化学、数学、信息技术等学科教师兼任，STEM 教师跨学科教学能力参差不齐，专业的 STEM 教师教学能力评价工具和标准较少，这在一定程度上影响着 STEM 教师的专业发展。我国现行的《STEM 教师能力等级标准（试行）》抽象程度较高，未聚焦到具体学段。不同学段的 STEM 教师在使用《STEM 教师能力等级标准（试行）》时不能有针对性地评价自身教学能力。中学是开展跨学科教学的主要实践阵地，如何对中学 STEM 教师教学能力展开评价、怎样设计科学有效的评价工具是提升中学 STEM 教师教学效果的关键问题。

第一节　中学 STEM 教师教学能力评价指标体系的设想

一　中学 STEM 教师教学能力评价的主体

评价主体是评价活动的主要承担者。建构中学阶段 STEM 教师教学能力的评价指标体系，可以为中学 STEM 教师教学能力的自我评价提供参考。中学 STEM 教师教学能力评价指标体系的评价主体为从事 STEM 教学工作的 STEM 专职教师及 STEM 兼职教师，其既可以是独立进行跨学科教学的教师个体，也可以是团队合作中进行跨学科教学的教师个体，如表 6-1 所示。

表 6-1　　　　评价指标体系的评价主体和评价对象的内容

		内容
评价主体	STEM 专职教师	独立进行跨学科教学，或者团队合作中进行跨学科教学
	STEM 兼职教师	
评价对象		中学 STEM 教师教学能力

二　中学 STEM 教师教学能力评价的对象

中学 STEM 教师教学能力是本书的研究对象，也是中学 STEM 教师教学能力评价指标体系的主要评价对象。本书通过探索中学 STEM 教师教学能力评价的关键要素，面向教学过程建构相应的评价指标体系，为中学 STEM 教师进行教学能力的自我评价提供参考。

三　中学 STEM 教师教学能力评价指标体系的建构目标

中学 STEM 教师教学能力评价指标体系的建构目标主要有两个方面。一方面评价指标体系可以用于指导中学 STEM 教师进行跨学科教学能力的自我诊断，为中学 STEM 教师提供科学的、易于操作的 STEM 教学能力自我排查工具。

另一方面，对于中学职前 STEM 教师而言，中学 STEM 教师教学能力评价指标体系为其提供了可供自我学习和准备的操作指南。借助本书的研究成果，中学职前 STEM 教师可更直观地了解到开展 STEM 教学需要具备哪些基本的教学能力，从而更有针对性地进行练习。

表6-2 评价指标体系的建构目标

	建构目标
在职 STEM 教师	跨学科教学能力的自我诊断
职前 STEM 教师	自我学习和训练的操作指南

四 中学 STEM 教师教学能力评价指标体系建构的原则

通过查阅相关文献，发现相关评价指标体系建构的原则大致包含科学性、客观性、系统性、整体性、典型性与综合性、可行性、可操作性等。结合中学 STEM 教师教学的特点，中学 STEM 教师教学能力评价指标体系的建构原则主要为"客观性与科学性原则""系统性原则""可操作性原则""学科特色原则"。

其中，客观性与科学性原则是首要建构原则，作为形成评价指标体系的基本原则，能够保证评价指标体系的可用性。学科特色原则是核心建构原则，要求评价指标体系与评价主题具有一定的关联度，能够保证评价指标体系的有效性。系统性原则和可操作性原则作为支撑性原则，与客观性与科学性原则相结合，共同保证评价指标体系的可用性和规范性。

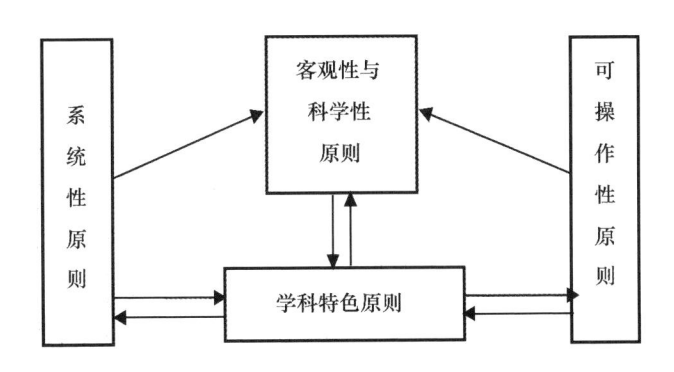

图 6-1 评价指标体系的建构原则

客观性与科学性原则。作为用于 STEM 教师教学能力自我评价的指标体系，一方面，需确保评价维度与评价指标内容的客观性，不带主观色彩。另一方面，需为评价指标体系选择科学的建构方法、组织方法，确定科学的指标权重，科学地验证评价指标体系，共同保证评价指标体系的客观性与科学性。

系统性原则。系统性原则要求中学 STEM 教师教学能力评价指标体系内部指标之间相互独立，同时又组成有机整体，系统反映评价对象的特征。

可操作性原则。可操作性原则要求评价指标的设计要符合教学实际，可实施性较强。教学能力是较为抽象的概念，教学能力评价是较为综合和复杂的过程。因此，在建构中学 STEM 教师教学能力评价指标体系时，要分解为具体的多级指标，使评价主体能够明确地操作执行。

学科特色原则。中学 STEM 教师教学能力评价指标体系需充分体现 STEM 教育的特征，反映中学 STEM 教师进行跨学科教学时需具备的能力，帮助 STEM 在职教师与 STEM 职前教师实施跨学科教学。如教师对 STEM 跨学科知识的理解、对 STEM 跨学科设计与整合的掌握，均要在评价指标体系的设计中有所体现。

五 中学 STEM 教师教学能力评价指标体系的建构方法

在"客观性与科学性原则""系统性原则""可操作性原则""学科特色原则"等建构原则的指导下，笔者开始建构中学 STEM 教师教学能力评价指标体体系，如图 6-2 所示。首先，归纳并总结相关文献，初步选取指标。其次，走访 STEM 专家和教师并结合同伴评价修订指标。再次，通过探索性因子分析的结果调整评价指标体系，同时结合验证性因子分析和教师访谈验证评价指标体系的信效度，并利用因子赋权法赋予指标权重。最后，分别为不同应用主体提出评价指标体系的应用建议。

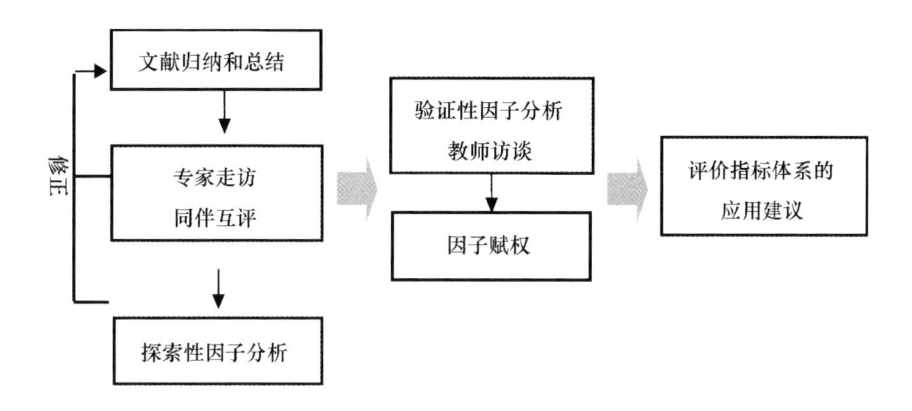

图 6-2 评价指标体系的建构过程

（一）梳理文献，初步选取中学 STEM 教师教学能力评价指标体系的指标项

笔者收集并整理国内外相关文献中关于 STEM 教师能力、STEAM 教师能力、创客教师能力等指标或指标描述。同时结合《STEM 教师能力等级标准（试行）》，在 TPACK 理论、能力的层次结构理论和教学过程最优化等理论的指导下，初步选取指标项。

（二）结合专家意见和同伴评价进一步调整指标项

为进一步提升指标体系的科学性，本书邀请 STEM 专家和 STEM 教育研究方向的学生对指标项提出意见，进一步对评价指标体系进行修正，获得"中学 STEM 教师教学能力评价指标体系初拟表"。

（三）通过探索性因子分析再一次调整指标项

本书将中学 STEM 教师教学能力评价指标体系转化为"中学 STEM 教师教学能力评价指标评分表"进行调研。调研阶段向 STEM 专家、中学 STEM 教师和 STEM 从业人员发放问卷，采用主成分分析法分析问卷数据，利用探索性因子分析的结果再次调整指标项，获得"中学 STEM 教师教学能力评价指标体系修正表"。

(四) 验证中学 STEM 教师教学能力评价指标体系的信效度并计算指标权重

测量评价指标体系的信度，并利用验证性因子分析的结果验证评价指标体系的结构效度。同时，邀请 STEM 一线教师开展访谈，再次确定评价指标体系的各级指标之间的关系，验证评价指标体系的内容效度。最后采用因子赋权的方式赋予评价指标权重。

第二节　中学 STEM 教师教学能力评价指标体系的建构

为使评价指标体系更易理解、更具可操作性，本书将采用一级指标、二级指标和三级指标建构中学 STEM 教师教学能力评价指标体系。评价指标体系的建构包括"基于文献初步拟定评价指标""通过走访专家修订评价指标""基于探索性因子分析删选异常指标"三个环节。

一　基于文献初步拟定评价指标

在中国知网和维普数据库中以"STEM 教师""STEAM 教师""创客教师""科学教师""教学能力""评价指标体系"分别作为关键词进行检索，对收集到的文献筛选、分类，发现国内相关研究主要参照中国教育科学研究院《STEM 教师能力评价标准（试行）》，而且现有研究较少。

笔者以教学设计的一般模式[①]为出发点，将传统的教学过程应用于 STEM 的常规教学中，从教学过程出发探讨 STEM 教师应当具备的能力。通过与 STEM 专家讨论，最后确定了"STEM 教学准备""STEM 教学目标的阐明""STEM 教学策略的制定""STEM 教学技术的选用"和"STEM 教学评价"5 个一级指标，如图 6-3 所示。

[①] 乌美娜:《教学设计》，高等教育出版社 1994 年版，第 53 页。

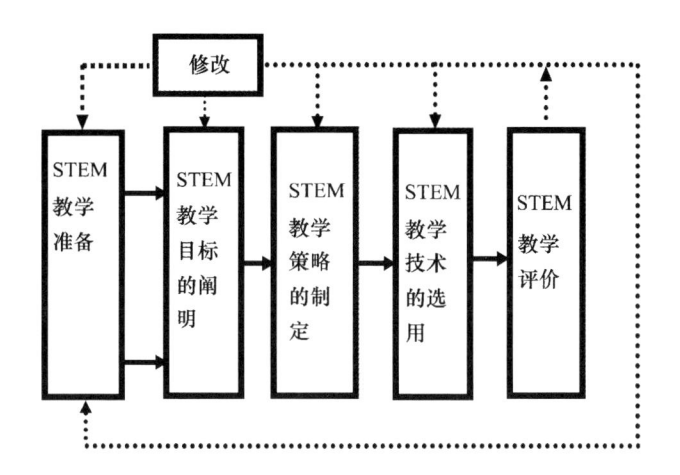

图6-3 中学STEM教师教学能力评价指标体系的一级指标间的关系

(一) STEM教学准备维度

STEM教学准备维度是建构评价指标体系的第一阶段,即STEM教师在开展STEM教学活动之前需要进行的各项设计和安排。STEM教学准备维度主要围绕学生特点、软硬件条件以及对不同学科教学内容的分析和设计三个方面。STEM教学准备维度的二级指标主要参考张祖忻、章伟民等著的《教学设计—原理与应用》一书,确定为"分析学习特征""分析跨学科学习的初始能力""分析STEM教学的环境特点""分析跨学科教学内容的知识结构"。三级指标主要参考《教学设计:原理与应用》《面向创客培养的STEM课程问题情境设计》《STEM教育理念与跨学科整合模式》《中学教师信息化教学能力评价指标体系构建与应用研究》等相关研究成果,共包含17个指标,指标描述和来源见表6-3所示。

表6-3　　　　STEM教学准备维度的三级指标及来源

序号	三级指标	来源
Q1	了解学生在逻辑思维能力方面的特点	张祖忻、章伟民[1]
Q2	分析学生的学习风格	
Q3	根据学生的生活经验，确定学生熟悉的情境领域	
Q4	通过对学生学习风格的分析，确定情境的呈现方式	
Q8	确定学生的初始能力与预期目标的差距	
Q17	根据学生学习能力合理编排教学活动顺序	
Q14	根据学生的初始能力和兴趣选择活动主题	
Q15	根据活动主题，确定教学内容的重点和难点	
Q5	根据学习者的生活经验，确定学习者情境的熟悉领域	赵燕[2]
Q6	通过对学生风格的分析，确定问题情境的呈现方式	
Q13	与不同学科教师协商，确定各自在STEM教学活动中所扮演的角色	
Q11	确定STEM教学中的可用设备、器材（如3D打印机、开源电路板等）和各种信息化工具（如Scratch可视化程序设计工具、概念图工具）等	余胜泉、胡翔[3]
Q10	确定开展STEM教学的可用场所，如创客实验室、STEM实验室	
Q12	确定支持跨学科教学的现有资料，如项目教学实例、校编创客教材	
Q7	通过问卷或上机操作等方式测试学生在项目实践中所具备的基础技能	张鸿军[4]
Q9	通过访谈或问卷等方式测试学生的实践创新能力	
Q16	利用概念图等知识可视化工具建立不同学科间的知识网络	

（二）STEM教学目标的阐明维度

STEM教学目标的阐明维度要求STEM教师根据教学准备阶段

---

[1] 张祖忻、章伟民：《教学设计——原理与应用》，高等教育出版社2011年版。
[2] 赵燕：《面向创客培养的STEM课程问题情境设计》，硕士学位论文，华东师范大学，2016年，第35页。
[3] 余胜泉、胡翔：《STEM教育理念与跨学科整合模式》，《开放教育研究》2015年第4期。
[4] 张鸿军：《中学教师信息化教学能力评价指标体系构建与应用研究》，硕士学位论文，四川师范大学，2018年，第85页。

获取的学生情况、基础条件和课程内容特点，设计 STEM 教学的总体目标，并将总目标细化。不仅要关注学生获得的知识与技能，更要注重提升学生的解决现实问题能力、设计思维和合作精神。二级指标的设计着眼于"跨学科学习""问题解决""创新能力"等 STEM 教育的核心特征，将 STEM 教学目标划分为"阐明跨学科知识目标""阐明问题解决能力目标""阐明跨学科情感态度目标"。三级指标主要依据《STEM 教师能力等级标准（试行）》《基于 STEM 理念的物理学科对学生科学探究能力的培养研究》《基于 STEM 的初中机器人教学项目设计研究》《美国整合式 STEM 教育的发展历程与实施策略》《中学教师信息化教学能力评价指标体系构建与应用研究》《STEM 教育理念与跨学科整合模式》等相关研究成果。

表 6 – 4　　STEM 教学目标的阐明维度的三级指标及来源

序号	三级指标	来源
Q19	引导学生掌握不同学科知识中的事实、概念、规律、定理或理论	中国教育科学研究院[1]
Q22	引导学生通过查阅资料自主合作，讨论问题解决的办法	娄望[2]
Q24	引导学生应用数学的思维与方法处理数据	
Q25	引导学生通过合作与讨论得出实验结论，并展示实验结果	
Q26	培养学生对科学探究的学习兴趣和动手的愿望	孙梦琴[3]
Q27	培养学生利用技术解决问题的意识	
Q28	培养学生对工程设计的意识和兴趣	
Q29	培养学生的空间想象力和对数学知识的兴趣	

---

[1] 中国教育科学研究院 STEM 教育研究中心：《STEM 教师能力等级标准（试行）》，2018 年。

[2] 娄望：《基于 STEM 理念的物理学科对学生科学探究能力的培养研究》，硕士学位论文，上海师范大学，2020 年，第 40 页。

[3] 孙梦琴：《基于 STEM 的初中机器人教学项目设计研究》，硕士学位论文，云南师范大学，2020 年，第 45 页。

续表

序号	三级指标	来源
Q18	引导学生提取项目主题中所蕴含的多学科知识	杜文彬[1]
Q20	引导学生利用思维导图等思维可视化工具建立不同学科间的关系	张鸿军[2]
Q21	引导学生将跨学科知识应用于解决复杂的问题情境中	余胜泉、胡翔[3]
Q23	引导学生通过作品设计促进跨学科知识的融合与迁移运用	
Q30	培养学生利用跨学科知识解决问题的思维	

(三) STEM教学策略的制定维度

STEM教学策略的制定维度要求STEM教师紧扣STEM教学活动设计的要求，突出STEM教育的"情境性""真实性""引导性"，同时将以项目活动的形式，训练学生的设计思维，培养其合作能力和创新精神。STEM教学策略的制定维度的二级指标主要参考项目教学的策略制定，确定为"创设真实性情境""细化项目学习任务""设计引导问题""组织学生分工协作"。STEM教学策略的制定维度的三级指标主要依据《面向创客培养的STEM课程问题情境设计》，*Teaching STEM to Millennial Students*，《STEM教育：基于真实问题情景的跨学科式教育》《面向STEM教育的项目学习设计与应用研究》《STEM教育理念与跨学科整合模式》《从验证到创造——中小学STEM教育应用模式研究》等相关研究成果。

---

[1] 杜文彬、刘登珲：《美国整合式STEM教育的发展历程与实施策略——与Carla Johnson教授的对话》，《全球教育展望》2019年第10期。

[2] 张鸿军：《中学教师信息化教学能力评价指标体系构建与应用研究》，硕士学位论文，四川师范大学，2018年，第85页。

[3] 余胜泉、胡翔：《STEM教育理念与跨学科整合模式》，《开放教育研究》2015年第4期。

表6-5　　STEM教学策略的制定维度的三级指标及来源

序号	三级指标	来源
Q32	发掘激发学习者兴趣、符合STEM项目学习内容发生背景的情境材料	赵燕[1]
Q35	将项目目标融入情境中进行细化分解	
Q42	问题答案的设计具有开放性	
Q43	采用多样的方式呈现问题	
Q33	使用生动的图表或媒介呈现真实的、趣味的情境材料	Martin Nikirk[2]
Q31	根据跨学科教学内容准备STEM课程实施的软硬件环境	
Q34	使用相关的、真实世界的例子增加情境的体验感	
Q36	将多学科知识融于相关的问题中	
Q44	与不同学科教师、教育专家或管理者建立合作关系	
Q38	采用开放式、探究式、游戏化等多样的形式呈现问题	
Q39	问题答案的设计具有开放性	
Q37	将问题划分为不同层次，问题具有一定的梯度性	秦瑾若、傅钢善[3]
Q45	根据任务特点与难度选择分工的形式（一是将整个班级同学作为团队围绕同项目任务而进行任务分工；二是将整个班级分为多个团队，每个团队针对同样的项目任务在团队内部进行任务分工）	吴红[4]
Q47	在分配任务时尽量兼顾到每个小组成员	
Q46	根据学生兴趣及特征，围绕不同学科主题合理分配活动小组	
Q40	设计具备跨学科、探究性、真实性或开放性的学习任务	余胜泉、胡翔[5]
Q41	向学生提供开展基于设计的学习的一般程序和策略	傅骞、刘鹏飞[6]
Q48	与学生讨论解决跨学科学习过程中存在的问题	

[1] 赵燕：《面向创客培养的STEM课程问题情境设计》，硕士学位论文，华东师范大学，2016年，第33页。

[2] Martin Nikirk, "Teaching STEM to Millennial Students", *Tech Directions*, No.71, 2012, p.14.

[3] 秦瑾若、傅钢善：《STEM教育：基于真实问题情景的跨学科式教育》，《中国电化教育》2017年第4期。

[4] 吴红：《面向STEM教育的项目学习设计与应用研究》，硕士学位论文，曲阜师范大学，2019年，第29页。

[5] 余胜泉、胡翔：《STEM教育理念与跨学科整合模式》，《开放教育研究》2015年第4期。

[6] 傅骞、刘鹏飞：《从验证到创造——中小学STEM教育应用模式研究》，《中国电化教育》2016年第4期。

(四) STEM 教学技术的选用维度

STEM 教学技术的选用维度明确了技术在 STEM 教学中的重要作用。作为 STEM 教师，不仅要会根据教学需求组合运用不同种类的教学技术，更应向学生阐明技术对于学习的重要意义，引导学生使用技术解决学习和生活中的问题。STEM 教学技术的选用维度的二级指标主要从教师和学生两个层面设计，确定为"应用不同种类的教学技术"和"引导学生使用学习技术"。STEM 教学技术的选用维度的三级指标主要依据《基于 COOC 平台的创客教育模式研究》和《中学 STEM 教师的 TPCK 知识结构分析》等相关研究成果。

表 6-6　　STEM 教学技术的选用维度的三级指标及来源

序号	三级指标	来源
Q53	选择可以作为学生学习、创作工具的媒体与技术	赵冲[1]
Q54	设置技术应用的教学情境，帮助学生了解技术的应用价值	
Q55	运用模型、标本、图片、视频、动画、PPT、交互式白板、网站设计问题情境	
Q56	能运用 PPT、实验仪器、电子白板、视频、网站、几何画板、Matlab（数学学科软件）、NOBBK（虚拟实验室）、Probeware Odyssey（科学学科软件）、概念图、流程图讲解 STEM 学科概念知识或者技术操作要点	王卓玉、樊瑞净[2]
Q49	运用网络搜索引擎、云平台等设计和开发 STEM 课程的流程和资源	
Q50	借助模型、动画、交互式白板等设计问题情境	
Q51	运用数学、科学等多学科教学软件讲解 STEM 学科概念知识或技术操作要点	
Q52	运用微信、在线论坛等与学生交流互动	
Q57	引导学生自主使用技术收集、分析、解释跨学科学习数据	

---

[1] 赵冲：《基于 COOC 平台的创客教育模式研究》，硕士学位论文，兰州大学，2020年，第21页。

[2] 王卓玉、樊瑞净：《中学 STEM 教师的 TPCK 知识结构分析》，《广西师范大学学报》（哲学社会科学版）2018 年第 2 期。

第六章　中学 STEM 教师教学能力评价指标体系

（五）STEM 教学评价维度

STEM 教学评价维度对 STEM 教师教学评价提出具体要求。STEM 教学评价维度的二级指标确定为"联合多元评价主体""采用多样评价方式""实施多维评价内容"。STEM 教学评价维度的三级指标主要依据《STEM 教育：基于真实问题情景的跨学科式教育》《中学 STEM 教师的 TPCK 知识结构分析》《基于深度学习理论的 STEM 教育教学模式研究》《STEM 教学模式的设计与实践研究》《基于教育人工智能支持下的 STEM 跨学科融合模式研究》等相关研究成果。

表 6-7　　STEM 教学评价维度的三级指标及来源

序号	三级指标	来源
Q60	与学生联合，引导学生对同伴在学习过程中的表现（如参与度、积极性等）进行评价，鼓励学生对自己的表现情况（如小组合作情况和作品完成度）进行反思	秦瑾若、傅钢善[1]
Q63	通过测试、问卷等总结性评价方式，在教学活动结束后，对学生的学习效果进行检验	
Q71	评价学生的创新意识、问题解决能力	
Q58	运用视听式教学媒体、交互式教学媒体（如视频分析技术、Nvivo 软件、文字处理软件、统计工具软件 Excel、SPSS、电子档案袋、大数据分析、Chem Query 评价系统）对学生作品展开评价	王卓玉、樊瑞净[2]
Q61	与家长联合，鼓励家长参与对学生的学习活动的评价	余佳[3]
Q59	与社会专家、学者联合，评价学生的创新意识、跨学科应用能力	

---

[1] 秦瑾若、傅钢善：《STEM 教育：基于真实问题情景的跨学科式教育》，《中国电化教育》2017 年第 4 期。
[2] 王卓玉、樊瑞净：《中学 STEM 教师的 TPCK 知识结构分析》，《广西师范大学学报》（哲学社会科学版）2018 年第 2 期。
[3] 余佳：《基于深度学习理论的 STEM 教育教学模式研究》，硕士学位论文，江西师范大学，2020 年，第 21 页。

续表

序号	三级指标	来源
Q62	通过活动记录、量表、访谈等过程性评价形式，及时了解课程教学开展情况	蔡海云[1]
Q68	考察学生在学习小组中的表现如团队合作情况、团队表现等	
Q64	通过问卷等量化评价方式，引导学生与小组成员互相评价	
Q70	评价学生的小组合作情况	
Q65	通过访谈，反思等质性评价方式，引导学生对自身学习情况进行自我评价	
Q66	测试学生的跨学科知识掌握情况	唐烨伟、郭丽婷等[2]
Q67	考察学生的课堂表现情况如课堂参与性、积极性	
Q69	评价学生的跨学科知识掌握水平	

"STEM 教学目标的阐明"中的三个要素"阐明跨学科知识目标、阐明问题解决的能力目标、阐明创新培养的价值目标"表明了 STEM 教师与其他学科教师最突出的区别。而"STEM 教学策略的制定"和"STEM 教学技术的选用"两个阶段则是提高 STEM 教师跨学科教学效果的关键。

二　通过走访专家修订评价指标

初步选取、确定中学 STEM 教师教学能力评价指标体系后，本书走访了 3 名 STEM 高校专家和 3 名 STEM 一线教师，并通过面对面访谈和电话访谈的方式进行了简单交流。接着，采用同伴评价的方式，邀请了 13 名教育技术专业的 STEM 教育研究方向的研究生进行两轮面对面的研讨。最后，结合 STEM 专家、STEM 教学相关人员以及

---

[1] 蔡海云：《STEM 教学模式的设计与实践研究》，硕士学位论文，华东师范大学，2017 年，第 55 页。

[2] 唐烨伟、郭丽婷等：《基于教育人工智能支持下的 STEM 跨学科融合模式研究》，《中国电化教育》2017 年第 8 期。

STEM 教育研究方向学生的意见，调整并完善了中学 STEM 教师教学能力评价指标体系的部分二级指标和三级指标。其中，二级指标的修改意见见表 6-8，修改后的三级指标见附录 6。

表 6-8　　二级指标的修改

一级指标	二级指标	修改意见	修改后的二级指标
STEM 教学准备	分析学习特征	结合中学生的特点，突出中学生的主体性	分析中学生的学习特征
	分析跨学科学习的初始能力		分析中学生跨学科学习的初始能力
	分析 STEM 教学的环境特点		分析 STEM 教学环境
	分析跨学科教学内容的知识结构		分析跨学科教学内容
STEM 教学目标的阐明	阐明跨学科知识目标	—	阐明跨学科知识目标
	阐明问题解决能力目标	—	阐明问题解决能力目标
	阐明跨学科情感态度目标	突出 STEM 教育培养学生创新创造能力的价值目标	阐明创新培养的价值目标
STEM 教学策略的制定	创设真实性情境	—	创设真实性情境
	设计引导问题		设计引导问题
	细化项目学习任务	突出 STEM 教育对学生设计思维与能力的培养	开展设计型学习活动
	组织学生分工协作	—	引导团队合作与交流
STEM 教学技术的选用	应用不同种类的教学技术		应用不同种类的教学技术
	引导学生使用学习技术	—	引导学生使用学习技术
STEM 教学的评价	联合多元评价主体	调整指标的描述	联合跨领域评价主体
	采用多样评价方式		采用多元评价方式
	实施多维评价内容		实施跨学科内容评价

三级指标的修改意见包括"紧密联系中学生的特点""围绕

STEM 教育的本质特征""注重指标表述的简洁性和准确性"几个方面，修改后的"中学 STEM 教师教学能力评价指标体系初拟表"见附录5。

三 基于探索性因子分析删选异常指标

前文通过文献归纳以及专家走访初步确定了评价指标体系的一级、二级和三级指标。为更好地结合一线 STEM 教师的意见，增加评价指标体系的可信度，本书将评价指标体系转换为指标评分问卷（见附录6），采用李克特五级量表（非常不重要 = 1，比较不重要 = 2，一般 = 3，比较重要 = 4，非常重要 = 5）测量中学 STEM 教师对评价指标体系的认可度。一般而言，样本量是题目数量的 5 倍至 10 倍，能够保证数据的检验效果。本书测量题项为 71。因此，样本量最好在 350（五倍计算）。

为确保数据来源的可靠性，回收纸质问卷时，联系了开封、郑州两地多所中学的 STEM 教师，并通过实地填写的方式获取数据；回收电子问卷时，主要通过各地 STEM 教学名师及相关高校教育技术专业研究生的传播，在郑州、开封、信阳、焦作、北京、上海、南京等地获取数据。问卷设计中包含填写者的所属学段和学科，作为筛选 STEM 教师身份的重要依据。

最终通过网络回收问卷 300 份，其中有效问卷 246 份；通过实地发放问卷 150 份，回收问卷 145 份，其中有效问卷 127 份。最终将有效的 373 份问卷数据输入 SPSS，并通过题项分析和探索性因子分析，结合现实意义和数据结果删除不合适的指标。

（一）题项分析

在进行探索性因子分析前，本书通过题项分析删除与问卷相关程度不高的指标，题项分析的内容包括相关分析和临界比检验两部分。

1. 相关分析

相关分析考察各个题目与总分之间的相关性程度。题目与总分的相关系数越高，说明题目与整个问卷的同质性越高，即关联程度越高；题目与总分的相关系数越低（小于0.4），则说明题目与整个问卷的同质性越低，即关联程度越低，此类题目一般建议删除。

问卷71个指标得分与问卷总分的皮尔逊相关性系数如表6-9所示。其中，指标Q62（通过活动记录、访谈等过程性评价方式，了解自身的跨学科教学水平）与总分的皮尔逊相关系数为0.096，显著性（双尾）为0.062，即其与总分相关性不显著，故应删除该题目。其余70道题目与总分的皮尔逊相关系数为0.282—0.718，均在0.001水平（双侧）上显著相关。

表6-9　　　各个题目与问卷总分的皮尔逊相关系数

题号	相关系数	题号	相关系数	题号	相关系数	题号	相关系数
Q1	0.587***	Q19	0.408***	Q37	0.438***	Q55	0.570***
Q2	0.665***	Q20	0.617***	Q38	0.452***	Q56	0.581***
Q3	0.653***	Q21	0.394***	Q39	0.602***	Q57	0.600***
Q4	0.664***	Q22	0.509***	Q40	0.329***	Q58	0.398***
Q5	0.625***	Q23	0.472***	Q41	0.489***	Q59	0.489***
Q6	0.609***	Q24	0.594***	Q42	0.363***	Q60	0.445***
Q7	0.718***	Q25	0.509***	Q43	0.418***	Q61	0.515***
Q8	0.657***	Q26	0.335***	Q44	0.590***	Q62	0.096
Q9	0.566***	Q27	0.304***	Q45	0.566***	Q63	0.587***
Q10	0.333***	Q28	0.493***	Q46	0.455***	Q64	0.586***
Q11	0.455***	Q29	0.282***	Q47	0.475***	Q65	0.617***
Q12	0.460***	Q30	0.312***	Q48	0.552***	Q66	0.573***
Q13	0.343***	Q31	0.582***	Q49	0.349***	Q67	0.437***
Q14	0.630***	Q32	0.558***	Q50	0.514***	Q68	0.642***
Q15	0.666***	Q33	0.534***	Q51	0.564***	Q69	0.501***

续表

题号	相关系数	题号	相关系数	题号	相关系数	题号	相关系数
Q16	0.693***	Q34	0.543**	Q52	0.413***	Q70	0.498***
Q17	0.642***	Q35	0.408***	Q53	0.583***	Q71	0.464***
Q18	0.366***	Q36	0.468***	Q54	0.641***		

注：*表示 $p<0.05$，**表示 $p<0.01$，***表示 $p<0.001$。

被删除的指标 Q62 强调通过过程性评价的方式了解其跨学科教学情况。在实际教学中，过程性评价需要投入更多的时间记录教学和学习数据，操作过程较为烦琐，教学实践也只有较少的一线 STEM 教师可以做到。除去答题者随意填写答案的可能性，过程性评价操作的复杂性可能是指标 Q62 与问卷总分的相关度较低的重要原因。

2. 临界比检验

在统计学中，高分组和低分组在同问卷得分中具有显著差异，证明该份问卷题目具有较好的鉴别度。因此，临界比检验又可称为高低分组检验。对高低分组进行独立样本 T 检验，考察高低分组间是否具有显著差异。一般临界比检验的 T 值大于 3 说明该题目鉴别度较好，可以保留。

本研究将问卷总分作为变量，并进行降序排列。将样本量（n = 373）的前 27% "1—106" 号作为高分组，将样本量（n = 373）的后 27% "271—373" 号作为低分组，对 70 个指标进行独立样本 T 检验。如表 6-10 所示，全部指标的 T 值均大于 3。同时，两组样本在每个指标的得分均差异显著（$p<0.001$），说明 70 个指标之间具有显著的区分度，鉴别度较高。

（二）探索性因子分析

探索性因子分析（Exploratory Factor Analysis，EFA）一般用于探索一定数量题目之间的结构关系。在本书中，采用探索性因子分析验证预设的中学 STEM 教师教学能力评价指标体系的一级指标、二级指

第六章 中学STEM教师教学能力评价指标体系

表6-10 临界比检验（n=373）

题号	高分组（n=103）	低分组（n=106）	T	题号	高分组（n=103）	低分组（n=106）	T
Q1	3.854±0.354	3.057±0.741	9.972***	Q36	4.398±0.583	3.821±0.766	6.118***
Q2	4.757±0.453	3.472±0.72	15.497***	Q37	4.32±0.581	3.877±0.726	4.861***
Q3	4.767±0.425	3.5±0.796	14.413***	Q38	4.466±0.591	3.934±0.82	5.370***
Q4	4.777±0.418	3.5±0.734	15.509***	Q39	3.845±0.364	3.009±0.697	10.814***
Q5	4.699±0.575	3.34±1.041	11.732***	Q40	4.379±0.742	3.849±0.86	4.761***
Q6	4.777±0.559	3.453±0.947	12.344***	Q41	4.524±0.624	3.708±0.804	8.187***
Q7	4.777±0.418	3.368±0.939	14.070***	Q42	4.33±0.706	3.764±0.89	5.086***
Q8	4.738±0.523	3.415±0.984	12.178***	Q43	4.641±0.624	3.943±0.838	6.811***
Q9	4.689±0.611	3.349±1.096	10.961***	Q44	3.854±0.354	3.066±0.621	11.306***
Q10	4.097±0.533	3.557±0.731	6.116***	Q45	4.621±0.544	3.66±0.779	10.358***
Q11	4.34±0.635	3.491±0.733	8.939***	Q46	4.534±0.539	3.783±0.768	8.158***
Q12	4.233±0.645	3.406±0.714	8.782***	Q47	4.456±0.538	3.736±0.734	8.071***

续表

题号	高分组（n=103）	低分组（n=106）	T	题号	高分组（n=103）	低分组（n=106）	T
Q13	4.165±0.596	3.566±0.69	6.722***	Q48	4.66±0.534	3.689±0.785	10.485***
Q14	3.835±0.373	3.009±0.724	10.407***	Q49	4.398±0.53	3.953±0.797	4.739***
Q15	4.854±0.354	3.67±0.848	13.245***	Q50	4.534±0.557	3.708±0.676	9.635***
Q16	4.864±0.372	3.528±0.842	14.909***	Q51	4.524±0.557	3.651±0.744	9.624***
Q17	4.835±0.373	3.698±0.938	11.574***	Q52	4.243±0.551	3.66±0.729	6.529***
Q18	4.592±0.494	4.151±0.566	6.002***	Q53	3.816±0.39	3±0.662	10.814***
Q19	4.612±0.49	4.17±0.447	6.809***	Q54	4.748±0.458	3.594±0.714	13.931***
Q20	3.864±0.372	3.019±0.676	11.157***	Q55	3.689±0.465	2.925±0.613	10.145***
Q21	4.563±0.498	4.132±0.48	6.368***	Q56	4.592±0.494	3.679±0.698	10.945***
Q22	4.738±0.484	4.123±0.658	7.716***	Q57	3.845±0.364	3.085±0.649	10.475***
Q23	4.796±0.405	4.189±0.571	8.892***	Q58	4.534±0.539	3.953±0.773	6.287***
Q24	3.825±0.406	3.028±0.654	10.544***	Q59	4.369±0.56	3.642±0.807	7.589***

续表

题号	高分组（n=103）	低分组（n=106）	T	题号	高分组（n=103）	低分组（n=106）	T
Q25	4.806±0.444	4.113±0.652	8.998***	Q60	4.495±0.575	3.811±0.732	7.497***
Q26	4.262±0.442	3.925±0.492	5.223***	Q61	4.447±0.555	3.736±0.796	7.501***
Q27	4.291±0.457	4.009±0.402	4.730***	Q63	4.65±0.555	3.604±0.88	10.313***
Q28	3.767±0.447	3.142±0.608	8.447***	Q64	4.612±0.564	3.575±0.827	10.603***
Q29	4.252±0.437	4±0.498	3.901***	Q65	4.728±0.489	3.679±0.846	11.015***
Q30	4.291±0.457	3.972±0.525	4.701***	Q66	4.68±0.546	3.726±0.811	9.991***
Q31	4.592±0.568	3.585±0.63	12.127***	Q67	4.35±0.589	3.83±0.774	5.445***
Q32	4.65±0.537	3.821±0.614	10.386***	Q68	3.816±0.39	3.028±0.609	11.098***
Q33	4.641±0.521	3.811±0.634	10.314***	Q69	4.398±0.6	3.774±0.747	6.654***
Q34	4.592±0.601	3.613±0.711	10.730***	Q70	4.534±0.607	3.868±0.806	6.734***
Q35	4.33±0.584	3.934±0.759	4.219***	Q71	4.456±0.607	3.896±0.894	5.314***

注：*表示 $p<0.05$，**表示 $p<0.01$，***表示 $p<0.001$。

标与三级指标之间的关系。适合进行探索性因子分析的条件为 KMO（Kaiser Meyer Olkin，取样适切性数量）接近于1，Bartlett 球形检验的显著性 P 值小于 0.05。

本问卷中 KMO 为 0.911，P = 0.000，如表 6 – 11 所示，符合进行探索性因子分析的条件。在此基础上，本书通过主成分分析法抽取特征根值大于1的因子作为公因子。一般而言，探索过程中指标的删除依据为：（1）因子负荷小于 0.4；（2）双负荷因子（载荷之差小于 0.35）；（3）难以合理解释指标与公因子间的关系。

表 6 – 11　　首次探索性因子分析的 KMO 和巴特利特检验值

KMO（取样适切性数量）		0.911
巴特利特球形度检验	近似卡方	17299.552
	自由度	2415
	显著性	0.000

在首次探索性因子分析中，特征根值大于1的成分有16个，旋转后的总方差解释率达到 70.100%，如表 6 – 12 所示。

表 6 – 12　　首次探索性因子分析的总方差解释率

成分	初始特征值			提取载荷平方和			旋转载荷平方和		
	总计	方差百分比（%）	累积百分比（%）	总计	方差百分比（%）	累积百分比（%）	总计	方差百分比（%）	累积百分比（%）
1	19.380	27.686	27.686	19.380	27.686	27.686	5.241	7.487	7.487
2	4.843	6.918	34.604	4.843	6.918	34.604	3.637	5.196	12.683
3	3.443	4.918	39.522	3.443	4.918	39.522	3.483	4.976	17.659
4	2.680	3.828	43.350	2.680	3.828	43.350	3.390	4.843	22.502
5	2.434	3.477	46.827	2.434	3.477	46.827	3.024	4.320	26.823
6	1.969	2.812	49.639	1.969	2.812	49.639	3.023	4.318	31.141
7	1.824	2.606	52.245	1.824	2.606	52.245	3.019	4.312	35.453

续表

成分	初始特征值			提取载荷平方和			旋转载荷平方和		
	总计	方差百分比（%）	累积百分比（%）	总计	方差百分比（%）	累积百分比（%）	总计	方差百分比（%）	累积百分比（%）
8	1.688	2.412	54.657	1.688	2.412	54.657	2.987	4.267	39.720
9	1.557	2.225	56.882	1.557	2.225	56.882	2.934	4.191	43.911
10	1.550	2.214	59.096	1.550	2.214	59.096	2.932	4.189	48.100
11	1.464	2.091	61.187	1.464	2.091	61.187	2.774	3.963	52.063
12	1.399	1.998	63.185	1.399	1.998	63.185	2.610	3.729	55.792
13	1.394	1.991	65.176	1.394	1.991	65.176	2.584	3.691	59.484
14	1.256	1.794	66.971	1.256	1.794	66.971	2.553	3.647	63.131
15	1.175	1.679	68.650	1.175	1.679	68.650	2.521	3.602	66.732
16	1.015	1.450	70.100	1.015	1.450	70.100	2.358	3.368	70.100
17	0.906	1.294	71.395						
18	0.861	1.231	72.625						
…									

如表6-13所示，存在Q39（问题答案的设计具有开放性）和Q68（评价跨学科教师的合作教学情况）的因子负荷小于0.4，Q20（引导学生利用思维导图等思维可视化工具建立不同学科间的关系）是双负荷因子。Q39负荷较低表明多数一线STEM教师更偏向于设定可预知的答案域。Q68负荷较低表明一线STEM教师对评价不同学科教师的合作教学情况的认同度较低，说明实践中"合作教学"或者"跨学科教学评价"可能在方法或者效果等多方面存在问题；而双负荷因子则表明Q20在设计时可能存在语义不明的问题。重新审视Q20的表述，发现"思维可视化工具"表述较为局限，"建立不同学科间的关系"则未清晰阐述跨学科间的关系，故应删除Q39、Q68和Q20三个指标。

表 6-13　首次探索性因子分析旋转后的成分矩阵[a]

题项	成分															
	1	2	3	4	5	6	7	8	9	10	11	12	13	14	15	16
Q1	0.585															
Q2																
Q3																
Q4																
Q5	0.751															
Q6	0.759															
Q7	0.665															
Q8	0.568															
Q9	0.677															
Q10										0.782						
Q11										0.757		0.779				
Q12										0.675		0.802				
Q13										0.816		0.795				

第六章 中学 STEM 教师教学能力评价指标体系

续表

题项	成分 1	2	3	4	5	6	7	8	9	10	11	12	13	14	15	16
Q14	0.430															
Q15													0.755			
Q16													0.718			
Q17													0.761			
Q18																0.803
Q19																0.770
Q20	0.458		0.467													
Q21																0.807
Q22															0.802	
Q23															0.775	
Q24			0.565													
Q25															0.807	
Q26								0.815								

255

续表

题项	成分																
	1	2	3	4	5	6	7	8	9	10	11	12	13	14	15	16
Q27			0.576					0.754								
Q28																
Q29								0.794								
Q30								0.817								
Q31						0.683										
Q32						0.749										
Q33						0.781										
Q34						0.705										
Q35				0.831												
Q36				0.844												
Q37				0.829												
Q38				0.831												
Q39																

第六章 中学 STEM 教师教学能力评价指标体系

续表

题项	成分															
	1	2	3	4	5	6	7	8	9	10	11	12	13	14	15	16
Q40														0.726		
Q41														0.654		
Q42														0.737		
Q43														0.707		
Q44			0.552													
Q45							0.759									
Q46							0.740									
Q47							0.744									
Q48							0.777									
Q49		0.635														
Q50		0.643														
Q51		0.510														
Q52		0.604														

257

续表

题项	成分 1	2	3	4	5	6	7	8	9	10	11	12	13	14	15	16
Q53			0.576													
Q54		0.698														
Q55			0.498													
Q56		0.769														
Q57			0.491													
Q58											0.780					
Q59											0.730					
Q60											0.698					
Q61											0.718					
Q63					0.730											
Q64					0.689											
Q65					0.684											
Q66					0.720											

续表

题项	成分																
	1	2	3	4	5	6	7	8	9	10	11	12	13	14	15	16
Q67									0.765							
Q68																
Q69									0.757							
Q70									0.667							
Q71									0.817							

提取方法：主成分分析法。
旋转方法：凯撒正态化最大方差法。

a. 旋转在 12 次迭代后已收敛。

删除 Q39、Q68 和 Q20 三个指标后，进行第二次探索性因子分析，如表 6-14 所示，第二次探索性因子分析 KMO 为 0.906，P = 0.000，符合进行探索性因子分析的条件。

表 6-14　第二次探索性因子分析的 KMO 和巴特利特检验值

KMO 取样适切性量数		0.906
巴特利特球形度检验	近似卡方	16458.413
	自由度	2211
	显著性	0.000

第二次探索性因子分析中，如表 6-15 所示，特征根值大于 1 的成分有 16 个，旋转后的总方差解释率达到 71.036%。

表 6-15　第二次探索性因子分析的总方差解释率

成分	初始特征值			提取载荷平方和			旋转载荷平方和		
	总计	方差百分比(%)	累积百分比(%)	总计	方差百分比(%)	累积百分比(%)	总计	方差百分比(%)	累积百分比(%)
1	18.195	27.156	27.156	18.195	27.156	27.156	4.830	7.210	7.210
2	4.763	7.108	34.265	4.763	7.108	34.265	3.627	5.414	12.623
3	3.425	5.112	39.376	3.425	5.112	39.376	3.384	5.051	17.675
4	2.673	3.989	43.365	2.673	3.989	43.365	3.019	4.506	22.181
5	2.376	3.546	46.911	2.376	3.546	46.911	2.992	4.465	26.646
6	1.965	2.933	49.844	1.965	2.933	49.844	2.976	4.442	31.088
7	1.822	2.720	52.564	1.822	2.720	52.564	2.919	4.357	35.445
8	1.679	2.507	55.071	1.679	2.507	55.071	2.916	4.352	39.797
9	1.542	2.302	57.373	1.542	2.302	57.373	2.883	4.303	44.100
10	1.534	2.290	59.663	1.534	2.290	59.663	2.764	4.125	48.225

续表

成分	初始特征值 总计	初始特征值 方差百分比(%)	初始特征值 累积百分比(%)	提取载荷平方和 总计	提取载荷平方和 方差百分比(%)	提取载荷平方和 累积百分比(%)	旋转载荷平方和 总计	旋转载荷平方和 方差百分比(%)	旋转载荷平方和 累积百分比(%)
11	1.438	2.146	61.808	1.438	2.146	61.808	2.691	4.017	52.242
12	1.392	2.077	63.885	1.392	2.077	63.885	2.597	3.877	56.119
13	1.364	2.035	65.921	1.364	2.035	65.921	2.593	3.870	59.989
14	1.248	1.863	67.784	1.248	1.863	67.784	2.538	3.788	63.777
15	1.174	1.752	69.535	1.174	1.752	69.535	2.527	3.771	67.548
16	1.005	1.500	71.036	1.005	1.500	71.036	2.337	3.488	71.036
17	.865	1.291	72.327						
18	.850	1.269	73.595						
…									

提取方法：主成分分析法。

第二次探索性因子分析旋转后的成分矩阵如表6-16所示。其中，Q1（了解中学阶段的学生在逻辑思维能力方面的特点）、Q14（根据学生的初始能力和兴趣选择STEM项目主题）两个指标和Q5（通过问卷或访谈等方式了解学生对跨学科学习或实践的态度）、Q6（通过问卷或试题等方式测试学生在科学、技术、工程与数学方面知识的初始掌握情况）、Q7（通过问卷或上机操作等方式测试学生在跨学科项目实践中所具备的基础技能）、Q8（确定学生在跨学科学习方面初始能力与预期目标的差距）、Q9（通过访谈或问卷等方式测试学生的实践创新能力）聚合在同一主成分中。按照指标内容，Q5、Q6、Q7、Q8、Q9属于"分析中学生跨学科学习的初始能力"的内容，而Q1、Q14、Q55彼此之间关联性不高，而且难以对其与Q5、Q6、Q7、Q8、Q9间的关系做出合理解释，故删除Q1和Q14两个指标。

表6-16 第二次探索性因子分析旋转后的成分矩阵[a]

题项	成分															
	1	2	3	4	5	6	7	8	9	10	11	12	13	14	15	16
Q1	0.589															
Q2													0.789			
Q3													0.809			
Q4													0.804			
Q5	0.755															
Q6	0.770															
Q7	0.666															
Q8	0.575															
Q9	0.671															
Q10							0.786									
Q11							0.757									
Q12							0.679									
Q13							0.812									

续表

题项	成分 1	2	3	4	5	6	7	8	9	10	11	12	13	14	15	16
Q14	0.433															
Q15																
Q16											0.766					
Q17											0.729					
Q18											0.772					
Q19																0.800
Q21																0.771
Q22																0.809
Q23															0.804	
Q24															0.776	
Q25												0.543				
Q26						0.817									0.811	
Q27						0.756										

续表

题项	成分															
	1	2	3	4	5	6	7	8	9	10	11	12	13	14	15	16
Q28																
Q29						0.793										
Q30						0.815										
Q31					0.688											
Q32					0.752											
Q33					0.786											
Q34					0.707											
Q35			0.831													
Q36			0.845													
Q37			0.831													
Q38			0.829													
Q40														0.733		
Q41												0.559		0.651		

续表

题项	\multicolumn{16}{c}{成分}
	1	2	3	4	5	6	7	8	9	10	11	12	13	14	15	16
Q42														0.742		
Q43														0.700		
Q44																
Q45				0.762								0.535				
Q46				0.740												
Q47				0.747												
Q48				0.779												
Q49		0.637														
Q50		0.645														
Q51		0.512														
Q52		0.609										0.532				
Q53																
Q54		0.700														

续表

题项	成分															
	1	2	3	4	5	6	7	8	9	10	11	12	13	14	15	16
Q55		0.771														
Q56												0.469				
Q57												0.438				
Q58										0.778						
Q59										0.733						
Q60										0.703						
Q61										0.719						
Q63									0.727							
Q64									0.694							
Q65									0.692							
Q66									0.733							
Q67								0.765								
Q69								0.756								

续表

题项	成分															
	1	2	3	4	5	6	7	8	9	10	11	12	13	14	15	16
Q70								0.668								
Q71								0.818								

提取方法：主成分分析法。

旋转方法：凯撒正态化最大方差法。

a. 旋转在 8 次迭代后已收敛。

而 Q24（引导学生应用数学的思维与方法处理跨学科学习问题）、Q28（培养学生对工程设计的意识和兴趣）、Q44（与不同学科教师、教育专家或管理者建立合作关系）、Q53（运用视频分析技术、电子档案袋等收集、分析跨学科教学数据）、Q55（分析比较技术在不同学科中应用的差异）和 Q57（引导学生自主使用技术收集、分析、解释跨学科学习数据）六个指标虽聚合在同一维度，但分析其内容，指标内容指向"跨学科目标设计""技术应用""评价"等多个维度，难以统一命名，所以应删除 Q24、Q28、Q44、Q53、Q55、Q57 六个指标。

最终共获取 59 个有效指标，并再一次进行探索性因子分析。第三次探索性因子分析的 KMO 为 0.895，P = 0.000，删除题目后的问卷符合进行探索性因子分析的条件，如表 6 - 17 所示。

表 6 - 17　第三次探索性因子分析的 KMO 和巴特利特检验值

KMO（取样适切性量数）		0.895
巴特利特球形度检验	近似卡方	14485.850
	自由度	1711
	显著性	0.000

第三次探索性因子分析中，特征根值大于 1 的成分共有 15 个，碎石图横坐标"成分数"在第 15 以后趋于平缓。如图 6 - 4 所示，59 个题目共聚类成 15 个主成分，与预设的 16 个主成分不相符，故应在后面的环节中对公因子重新命名。

如表 6 - 18 所示，分别测量 15 个公因子的 Cronbach's α 均大于 0.7，旋转后 15 个公因子的方差贡献率在 3 和 7 之间波动，累积方差解释率达到 72.872%，能够合理解释各个公因子所包含的指标内涵。

第六章 中学STEM教师教学能力评价指标体系

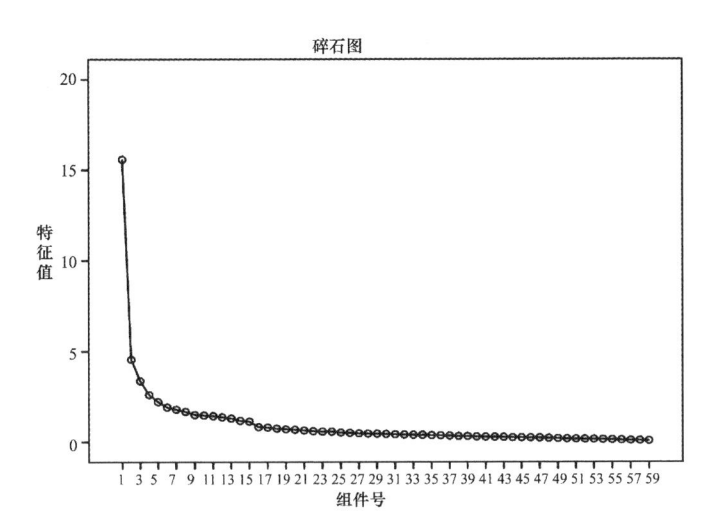

碎石图

图6-4　第三次探索性因子分析碎石图

表6-18　第三次探索性因子分析中各个公因子的克隆巴赫系数及方差贡献率

公因子	包含的指标	Cronbach's α	旋转后方差贡献率（%）	旋转后累积方差贡献率（%）
因子1	Q56、Q54、Q50、Q49、Q52、Q51	0.830	6.021	6.021
因子2	Q6、Q5、Q9、Q7、Q8	0.878	5.942	11.962
因子3	Q36、Q37、Q35、Q38	0.922	5.619	17.581
因子4	Q48、Q45、Q47、Q46	0.868	4.990	22.571
因子5	Q26、Q30、Q29、Q27	0.848	4.969	27.540
因子6	Q33、Q32、Q34、Q31	0.874	4.953	32.494
因子7	Q66、Q63、Q64、Q65	0.860	4.882	37.375
因子8	Q13、Q10、Q11、Q12	0.824	4.862	42.238
因子9	Q71、Q67、Q69、Q70	0.851	4.831	47.068
因子10	Q58、Q59、Q60、Q61	0.816	4.615	51.684
因子11	Q4、Q3、Q2	0.961	4.452	56.135
因子12	Q40、Q42、Q43、Q41	0.785	4.295	60.430

续表

公因子	包含的指标	Cronbach's α	旋转后方差贡献率（%）	旋转后累积方差贡献率（%）
因子 13	Q25、Q22、Q23	0.879	4.268	64.699
因子 14	Q17、Q15、Q16	0.933	4.263	68.961
因子 15	Q21、Q18、Q19	0.836	3.910	72.872

旋转后公因子 1 的方差贡献率最高，其包含 Q56（根据跨学科学习内容帮助学生选择合适的技术工具）、Q54（设置技术应用的教学情境，帮助学生了解技术的应用价值）、Q50（借助模型、动画、交互式白板等设计问题情境）、Q49（运用网络搜索引擎、云平台等设计和开发 STEM 课程的流程和资源）、Q52（运用微信、在线论坛等与学生交流互动）、Q51（运用数学、科学等多学科教学软件讲解 STEM 学科概念知识或技术操作要点）六个指标，分析指标内容发现，公因子 1 的内容指向"跨学科教学中使用技术的重要性"和"应用教与学技术的能力"。从侧面说明一线 STEM 教师对"技术使用"的认可度，认为其是 STEM 教学中的必备能力。

旋转后公因子 15 的方差贡献率最低，公因子 15 包含 Q21（引导学生将跨学科知识应用于解决复杂的问题情境中）、Q18（引导学生提取项目主题中所蕴含的多学科知识）、Q19（引导学生掌握不同学科知识中的事实、概念、规律、定理或理论）三个指标。分析指标内容发现，公因子 15 的内容指向"跨学科教学的知识目标的阐明"。而同样指向"跨学科能力目标"和"价值目标"的公因子 5 和公因子 13 的方差贡献率也相对较低。说明 STEM 教师认为 STEM 教学目标在跨学科教学能力中不是特别重要。该结果与一线 STEM 教师的访谈结果相吻合。

取消小系数（0.4），并将所有指标按照旋转后的因子载荷大小从高到低排序，获得了旋转后的因子成分矩阵，如表 6-19 所示。各个指标在其主成分上的因子载荷均大于 0.5，各个主成分上的指标的因子载荷在 0.5 和 0.9 间浮动。

表6-19 第三次探索性因子分析旋转后的成分矩阵[a]

指标	成分														
	1	2	3	4	5	6	7	8	9	10	11	12	13	14	15
Q56	0.778														
Q54	0.718														
Q50	0.665														
Q49	0.644														
Q52	0.613														
Q51	0.535														
Q6		0.775													
Q5		0.756													
Q9		0.712													
Q7		0.648													
Q8		0.602													
Q36			0.843												
Q37			0.833												

续表

指标	成分 1	2	3	4	5	6	7	8	9	10	11	12	13	14	15
Q35			0.829												
Q38			0.829												
Q48				0.779											
Q45				0.765											
Q47				0.758											
Q46				0.755											
Q26					0.825										
Q30					0.815										
Q29					0.796										
Q27					0.752										
Q33						0.805									
Q32						0.763									
Q34						0.712									

续表

指标	成分														
	1	2	3	4	5	6	7	8	9	10	11	12	13	14	15
Q31						0.707									
Q66							0.753								
Q63							0.733								
Q64							0.715								
Q65							0.709								
Q13								0.819							
Q10								0.791							
Q11								0.759							
Q12								0.685							
Q71									0.796						
Q67									0.788						
Q69									0.779						
Q70									0.661						

续表

指标	成分 1	2	3	4	5	6	7	8	9	10	11	12	13	14	15
Q58										0.771					
Q59										0.734					
Q60										0.720					
Q61										0.718					
Q4											0.825				
Q3											0.822				
Q2											0.811				
Q40												0.738			
Q42												0.736			
Q43												0.711			
Q41												0.661			
Q25													0.815		
Q22													0.813		

续表

指标	成分														
	1	2	3	4	5	6	7	8	9	10	11	12	13	14	15
Q23													0.793		
Q17														0.790	
Q15														0.778	
Q16														0.743	
Q21															0.817
Q18															0.803
Q19															0.778

提取方法：主成分分析法。
旋转方法：凯撒正态化最大方差法。
旋转在 8 次迭代后已收敛。

根据旋转后的成分矩阵发现，每个公因子下都有几个负荷较高的因子，说明问卷区分度较好。但是实际因子与预测因子数目不相符，说明部分因子的归因不太好。因此，需要重新归因，对各公因子进行命名，如表6-20所示，获得中学STEM教师教学能力评价指标体系修正表（见附录7）。

表6-20　　　　　　　　　　　　因子命名

序号	公共因子	因子
11	分析中学生的学习特征	Q2 利用协作学习的问卷或量表分析学生在团队合作方面的学习风格
		Q3 根据学生的生活经验，确定学生熟悉的情境领域
		Q4 通过对学生学习风格的分析，确定问题情境的呈现方式
2	分析中学生跨学科学习的初始能力	Q5 通过问卷或访谈等方式了解学生对跨学科学习或实践的态度
		Q6 通过问卷或试题等方式测试学生在科学、技术、工程与数学方面知识的初始掌握情况
		Q7 通过问卷或上机操作等方式测试学生在跨学科项目实践中所具备的基础技能
		Q8 确定学生在跨学科学习方面初始能力与预期目标的差距
		Q9 通过访谈或问卷等方式测试学生的实践创新能力
8	分析STEM教学环境	Q10 确定开展STEM教学的可用场所，如创客实验室、STEM实验室
		Q11 确定STEM教学中的可用设备、器材和各种信息化教学工具
		Q12 确定支持跨学科教学的现有资料，如项目教学实例，校编创客教材
		Q13 与不同学科教师协商，确定各自在STEM教学活动中所扮演的角色
14	分析跨学科教学内容	Q15 根据STEM项目主题，确定教学内容的重点和难点
		Q16 利用概念图等知识可视化工具建立不同学科间的知识网络
		Q17 根据学生跨学科学习能力合理编排教学活动顺序

续表

序号	公共因子	因子
15	阐明跨学科的知识目标	Q18 引导学生提取项目主题中所蕴含的多学科知识
		Q19 引导学生掌握不同学科知识中的事实、概念、规律、定理或理论
		Q21 引导学生将跨学科知识应用于解决复杂的问题情境中
13	阐明问题解决的能力目标	Q22 引导学生查阅资料，合作讨论问题解决的方法
		Q23 引导学生通过作品设计促进跨学科知识的融合与迁移运用
		Q25 引导学生通过合作与讨论得出实验结论，并展示实验结果
5	阐明创新培养的价值目标	Q26 培养学生对科学探究的学习兴趣和动手的愿望
		Q27 培养学生利用技术解决问题的意识
		Q29 培养学生的空间想象力和对数学知识的兴趣
		Q30 培养学生利用跨学科方法解决问题的思维
6	创设真实情境	Q31 根据跨学科教学内容准备 STEM 课程实施的软硬件环境
		Q32 发掘真实的、能够激发学生兴趣的、符合 STEM 项目的情境材料
		Q33 使用生动的图表或媒介呈现真实的、趣味的情境材料
		Q34 合理设计真实情境的导入流程
3	设计引导问题	Q35 问题的设计顺应学生的认知水平和发展规律
		Q36 将多学科知识融于相关的问题中
		Q37 问题具有一定的梯度性
		Q38 采用开放式、探究式、游戏化等多样的形式呈现问题
12	开展基于设计的学习活动	Q40 设计具备跨学科、探究性、真实性或开放性的学习任务
		Q41 向学生提供开展基于设计的学习的一般程序和策略
		Q42 激发和引导学生制定和实施作品的有效设计方案
		Q43 展示学生小组设计的作品，并引导学生分享设计的想法
4	引导团队合作与交流	Q45 根据跨学科学习内容的特点和难度选择学生分工的形式
		Q46 根据学生兴趣及特征，围绕不同学科主题合理分配活动小组
		Q47 引导小组内部成员合作完成跨学科活动任务
		Q48 与学生讨论解决跨学科学习过程中存在的问题

续表

序号	公共因子	因子
1	应用多元化教与学技术	Q49 运用网络搜索引擎、云平台等设计和开发 STEM 课程的流程和资源
		Q50 借助模型、动画、交互式白板等设计问题情境
		Q51 运用数学、科学等多学科教学软件讲解 STEM 学科概念知识或技术操作要点
		Q52 运用微信、在线论坛等与学生交流互动
		Q54 设置技术应用的教学情境，帮助学生了解技术的应用价值
		Q56 根据跨学科学习内容帮助学生选择合适的技术工具
10	联合跨领域评价主体	Q58 与其他学科教师联合，评价学生跨学科知识技能的掌握
		Q59 与社会专家、学者联合，评价学生的创新意识、跨学科应用能力
		Q60 与学生联合，引导学生评价同组成员的表现，对自己的作品反思
		Q61 与家长联合，评价学生解决现实问题的能力
7	采用多元评价方式	Q63 通过测试等总结性评价方式，检验学生跨学科知识的掌握情况
		Q64 通过问卷等量化评价方式，引导学生与小组成员互相评价
		Q65 通过访谈，反思等质性评价方式，引导学生对自身学习情况进行自我评价
		Q66 通过教学反思、量表对自身的跨学科教学能力自我评价
9	实施跨学科内容评价	Q67 评价教师的跨学科教学设计
		Q69 评价学生的跨学科知识掌握水平
		Q70 评价学生的小组合作情况
		Q71 评价学生的创新意识、问题解决能力

公因子1命名为"应用多元化教与学技术"，涵盖了中学STEM教师"应用不同种类的教学技术"及"引导学生使用学习技术"两个方面。这里的技术包括各类软件、工具或平台，教师不仅要找到最适合课程内容的技术，同时也要向学生阐释技术在学习中的意义。公

因子2命名为"分析中学生跨学科学习的初始能力"指STEM教师需要通过多种方式测试学生在跨学科学习的知识、技能与态度等多方面的初始水平。公因子3命名为"设计引导问题"指STEM教师要将学习任务分解成符合学生认知发展规律的引导问题，并将不同学科知识融于引导问题中。公因子4命名为"引导团队合作与交流"指STEM教师不仅要与其他学科教师合作，同时还要根据学生的学习风格和初始能力分配活动小组，培养学生的合作精神，发展其领导力及创造力。公因子5命名为"阐明创新培养的价值目标"指STEM教师应将培养学生的创新实践能力作为跨学科教学活动设计的出发点，发展学生的合作能力、探索精神等。公因子6命名为"创设真实情境"指STEM教师需要结合学生熟悉的情景材料，利用多元的媒介工具呈现跨学科教学的真实情境。公因子7命名为"采用多元评价方式"指STEM教师要针对不同评价内容，不同评价对象组合使用多种质性及量化的评价方式，以实现评价结果的科学性。公因子8命名为"分析STEM教学环境"指STEM教师需评估开展跨学科教学的软硬件条件，以及协商不同学科教师所扮演的角色。公因子9"实施跨学科内容评价"指STEM教师要对跨学科教学与学习中的关键内容展开评价，实现评价的全面性。公因子10命名为"联合跨领域评价主体"其要求STEM教师要与领域专家、教师保持紧密联系，发挥不同评价主体的优势，对教与学的不同内容展开评价。公因子11命名为"分析中学生的学习特征"指STEM教师不仅要了解中学阶段学生的认知特点，同时还要借助各类工具确定学生的学习风格，了解学生熟悉的情景领域。公因子12命名为"开展基于设计的学习活动"指STEM教师通过设计具有挑战性的学习任务，训练学生的设计思维能力，培养学生创新创造的意识、思维和能力。公因子13命名为"阐明问题解决的能力目标"指STEM教师应训练学生的动手能力，通过实践提升其解决现实问题的能力。公因子14命名为"分析跨学科教学内容"指STEM教师应依据学生特征与现实状况，设计跨学科活动主题，并确定活动环节及重难点。公因子15命名为"阐明跨学科的知识目标"

指 STEM 教师应引导学生发现学习活动中的跨学科知识,并发现不同学科知识之间的联系。

第三节 中学 STEM 教师教学能力评价指标体系的验证

通过文献梳理、专家走访和探索性因子分析等多种方式,本书确定了包含 5 个一级指标、15 个二级指标和 59 个三级指标的评价指标体系。为使评价指标体系更具科学性,本书将通过验证性因子分析验证一级指标、二级指标和三级指标间的关系,并通过专家访谈再次检验相符程度。

一 测量评价指标体系的信度

信度(reliability)指测量结果的一致性或稳定性。本书将 Cronbach's α 作为信度检验的依据。一般而言,Cronbach's α 系数大于 0.7,可认为指标之间的一致性较好。如表 6-21 所示,对 373 份样本进行信度检验,问卷整体的 Cronbach's α 为 0.960,各个维度的 Cronbach's α 均在 0.8,证明问卷可信度较高,较为稳定。

表 6-21　　　　　　　　信度分析 (n=373)

维度	Cronbach's α	基于标准化项的 Cronbach's α	项数
STEM 教学准备	0.920	0.920	15
STEM 教学目标的阐明	0.860	0.861	10
STEM 教学策略的制定	0.905	0.907	16
STEM 教学技术的选用	0.830	0.828	6
STEM 教学评价	0.869	0.869	12
总的 Cronbach's α	0.950	0.950	59

二 基于验证性因子分析验证评价指标体系的结构

验证性因子分析（confirmatory factor analysis，CFA）是用于测量因子与测量项间的对应关系是否与预测一致的研究方法。本书采用验证性因子分析对指标间关系进行检验，同时利用 Amos23 软件获取各项指标检验模型的结构效度。

（一）验证性因子分析：分析评价模型的拟合程度

本书构造了三级评价模型，在开展验证性因子分析时，需要分别对三级指标的关系进行验证。CFA 整体模型拟合要求为因子载荷大于 0.5，卡方自由度比值（$x2/df$）小于 3 或者小于 5，RMSEA 值小于 0.1，各项指标达到拟合标准，方可认为评价模型拟合程度较好。

1. 一阶验证性因子分析：验证二级指标与三级指标间的关系

本书采用 Amos23 进行验证性因子分析，验证各指标与潜变量之间的关系；采用极大似然法计算各项拟合指标，检验中学 STEM 教师教学能力评价指标体系 15 个因子的拟合程度。

本书建立了中学 STEM 教师教学能力评价指标体系三级指标的整体一阶评价模型。经检验，中学 STEM 教师教学能力评价指标体系三级指标一阶评价模型的拟合指数均符合验证性因子分析的检验标准，说明三级指标的模型整体拟合度较好，具体指标如表 6-22 所示。

表 6-22　三级指标验证性因子分析的模型拟合度数据

统计检验量	适配的标准或临界值	检验数据结果
x^2/df 值	<3（1—5 可接受）	1.650
RMR 值	<0.05	0.023
RMSEA 值	<0.05 优良；<0.08 良好（<0.1 可接受）	0.042
NFI 值	>0.8	0.839
IFI 值	>0.8	0.929
TLI 值	>0.8	0.920
CFI 值	>0.8	0.928

◈ 中学 STEM 教师教学能力评价与提升研究

为验证每个二级指标与其所对应的三级指标间的关系，本书分别建立了"STEM 教学准备"维度一阶评价模型、"STEM 教学目标的阐明"维度一阶评价模型、"STEM 教学策略的制定"维度一阶评价模型、"STEM 教学技术的选用"维度一阶评价模型和"STEM 教学评价"维度一阶评价模型，并验证每个评价模型的模型拟合度。

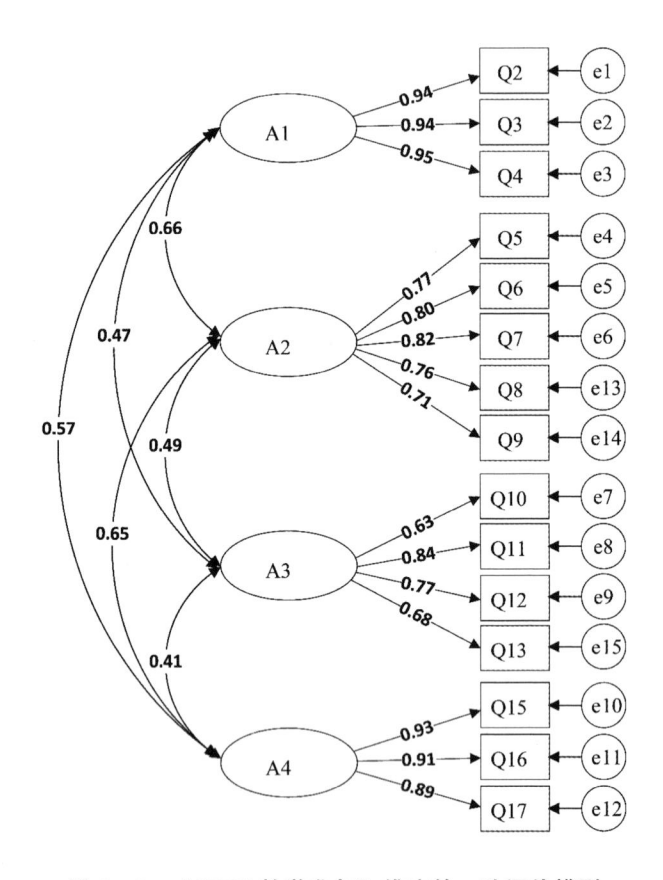

图 6-5　"STEM 教学准备"维度的一阶评价模型

如图 6-5 所示，"STEM 教学准备"维度中，A1（分析中学生的学习特征）、A2（分析中学生跨学科学习的初始能力）、A3（分析 STEM 教学环境）、A4（分析跨学科教学内容）所对应指标的标准化因子载荷均大于 0.5，x^2/df 为 2.753（小于 3），RMR 为 0.027（小于 0.05），NFI 为 0.947、CFI 为 0.965、IFI 为 0.965、TLI 为 0.956，均大于 0.9，RMSEA 为 0.069（小于 0.08），"STEM 教学准备"维度的一阶评价模型的模型拟合度较好，A1、A2、A3、A4 与各自对应指标间关系较为合理。

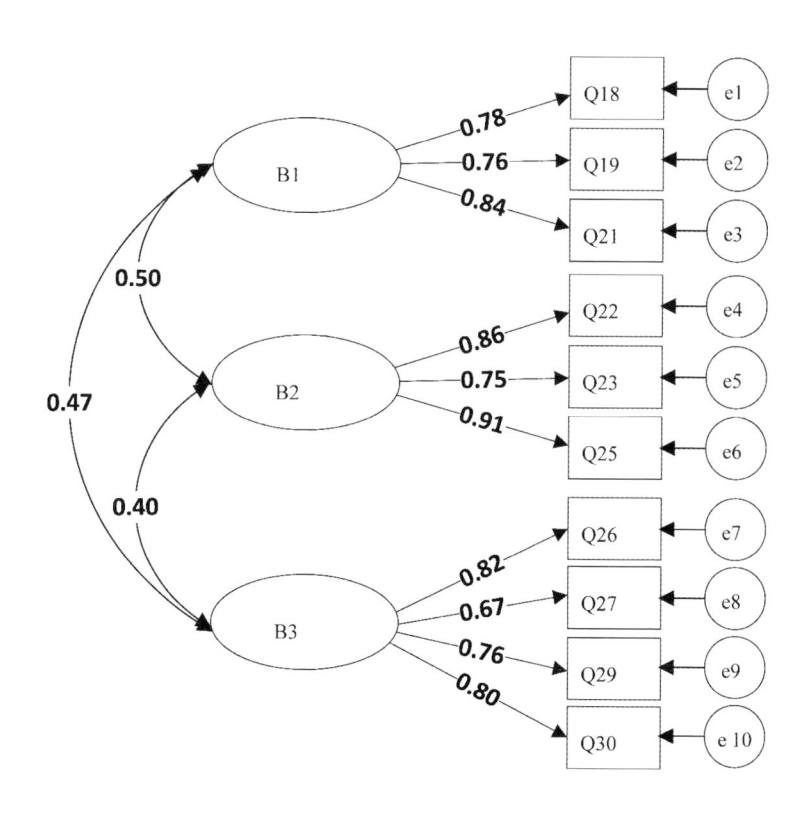

图 6-6 "STEM 教学目标的阐明"维度的一阶评价模型

如图 6-6 所示，"STEM 教学目标的阐明"维度中，B1（阐明跨学科的知识目标）、B2（阐明问题解决的能力目标）、B3（阐明创新培养的价值目标）所对应指标的标准化因子载荷均大于 0.5，x^2/df 为 2.318（小于 3），RMR 为 0.010（小于 0.05），NFI 为 0.961、CFI 为 0.977、IFI 为 0.978、TLI 为 0.968，均大于 0.9，RMSEA 为 0.060（小于 0.08），"STEM 教学目标的阐明"维度的一阶评价模型的模型

◇◈ 中学STEM教师教学能力评价与提升研究

拟合度较好，B1、B2、B3与各自对应指标间关系较为合理。

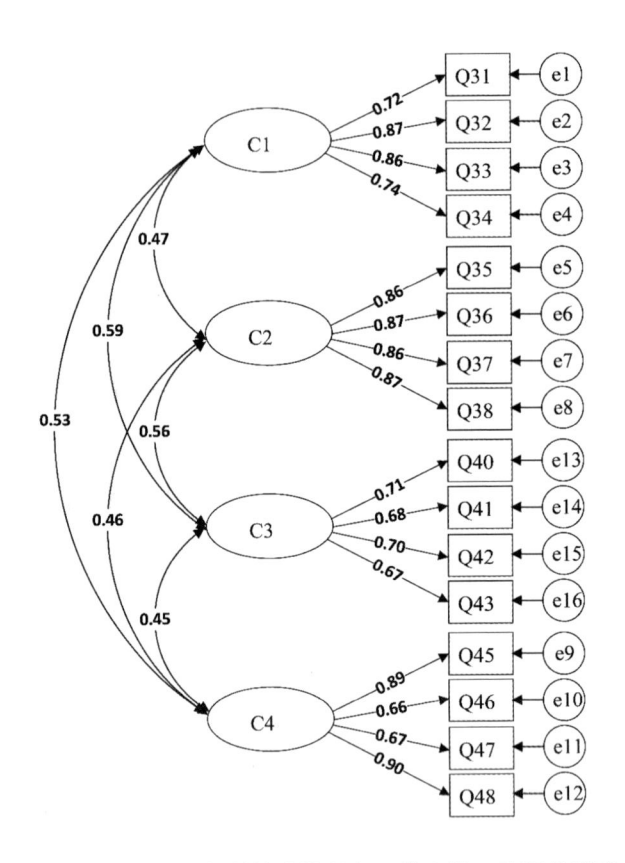

图6-7 "STEM教学策略的制定"维度的一阶评价模型

如图6-7所示，"STEM教学策略的制定"维度中，C1（创设真实情境）、C2（设计引导问题）、C3（开展设计型学习活动）、C4（引导团队合作与交流）所对应题项的标准化因子载荷均大于0.5，x^2/df 为4.003（小于5，尚可接受），RMR为0.021（小于0.05），CFI为0.919、IFI为0.920、TLI为0.901，均大于0.9，NFI为0.896（大于0.8，尚可接受），RMSEA为0.090（小于0.1，尚可接受），"STEM教学策略的制定"维度的一阶评价模型的模型拟合度一般。

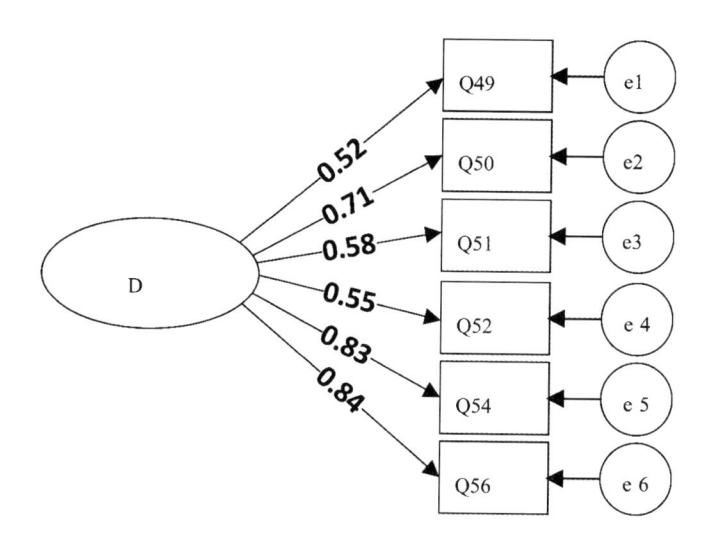

图6-8 "STEM教学技术的选用"维度的一阶评价模型

如图6-8所示,"STEM教学技术的选用"维度中,其所对应的各题项的标准化因子载荷均大于0.5,x^2/df为4.620(小于5,尚可接受),RMR为0.018(小于0.05),NFI为0.949、CFI为0.960、IFI为0.960、TLI为0.933,均大于0.9,RMSEA为0.099(小于0.1,尚可接受),"STEM教学技术的选用"维度的一阶评价模型的模型拟合度一般。

如图6-9所示,"STEM教学评价"维度中,F1(联合跨领域评价主体)、F2(采用多元评价方式)、F3(实施跨学科内容评价)所对应的各题项的标准化因子载荷均大于0.5,x^2/df为2.855(小于3),RMR为0.027(小于0.05),NFI为0.930、CFI为0.953、IFI为0.954、TLI为0.939,均大于0.9,RMSEA为0.071(小于0.08),"STEM教学评价"维度的一阶评价模型的模型拟合度较好,F1、F2、F3与各自对应指标间关系较为合理。

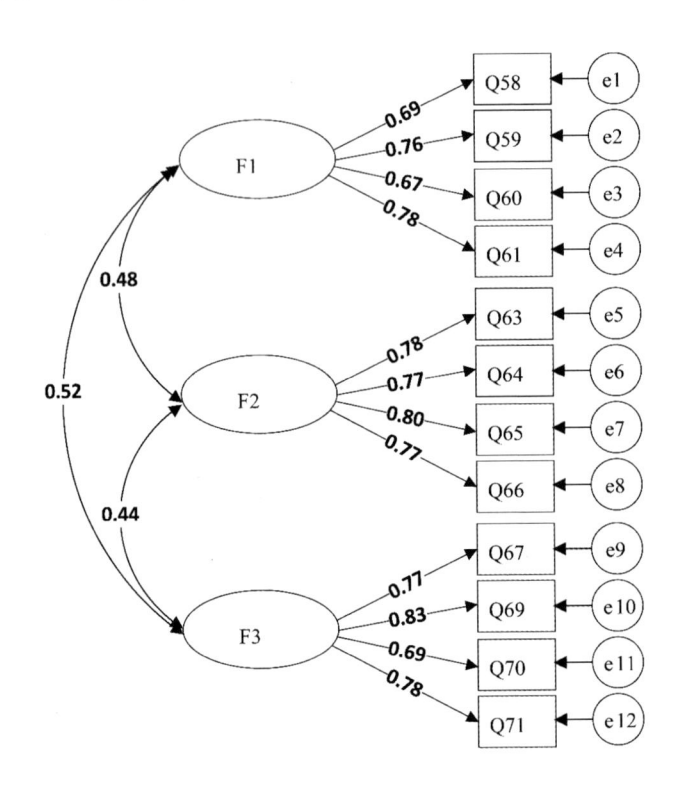

图6-9 "STEM教学评价"维度的一阶评价模型

2. 二阶验证性因子分析：验证一级指标与二级指标间的关系

在本环节，依旧采用Amos 23软件，并将三级指标作为观察变量，将二级指标和一级指标分别作为潜变量，分别建立二阶评价模型，对评价指标体系的一级指标与二级指标的关系展开验证。

如图6-10所示，"STEM教学准备"维度中，A分别到A1、A2、A3、A4的标准化因子载荷均大于0.5，x^2/df为2.704（小于3），RMR为0.027（小于0.05），NFI为0.946、CFI为0.965、IFI为0.965、TLI为0.958，均大于0.9，RMSEA为0.068（小于0.08），目标系数为0.995，"STEM教学准备"维度二级指标的二阶评价模型的模型拟合度较好。

第六章 中学 STEM 教师教学能力评价指标体系

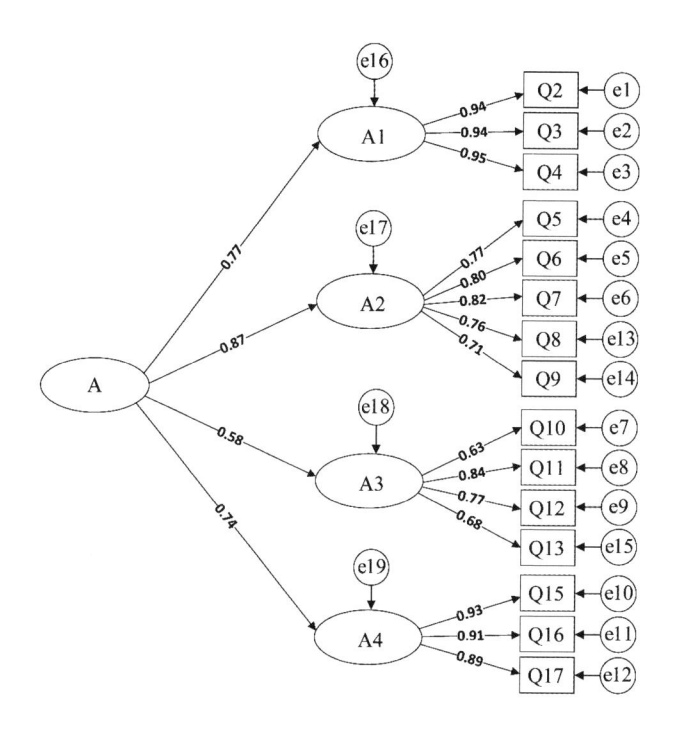

图 6-10 "STEM 教学准备"维度的二阶评价模型

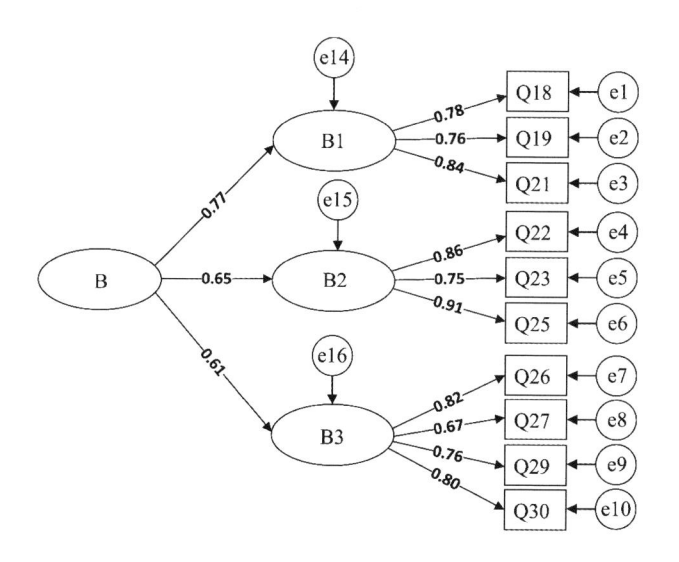

图 6-11 "STEM 教学目标的阐明"维度的二阶评价模型

如图 6-11 所示,"STEM 教学目标的阐明"维度中,B 分别到 B1、B2、B3 的标准化因子载荷均大于 0.5,x^2/df 为 2.318(小于 3),RMR 为 0.010(小于 0.05),NFI 为 0.961、CFI 为 0.977、IFI 为 0.978、TLI 为 0.968,均大于 0.9,RMSEA 为 0.060(小于 0.08),目标系数为 1,"STEM 教学目标的阐明"维度的二阶评价模型的模型拟合度较好。

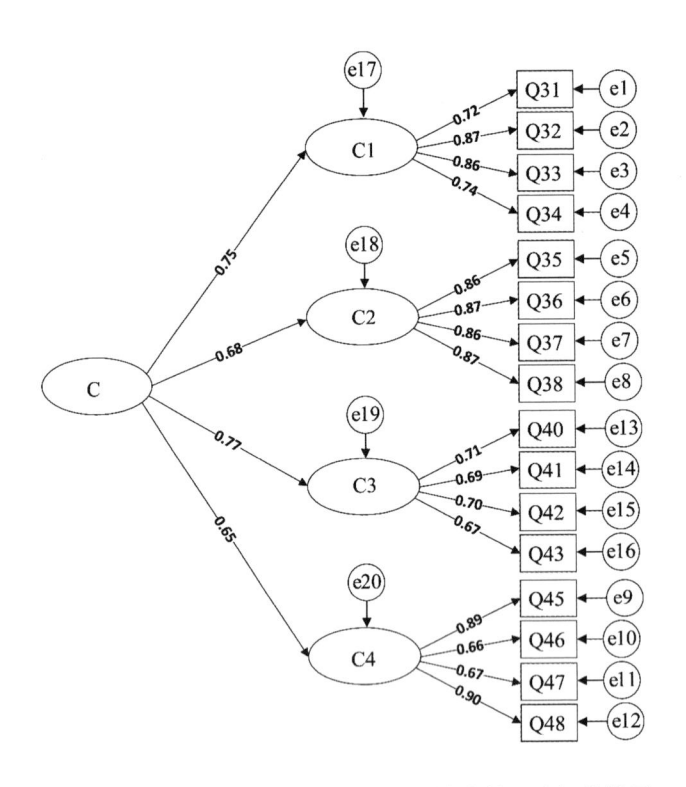

图 6-12 "STEM 教学策略的制定"维度的二阶评价模型

如图 6-12 所示,"STEM 教学策略的制定"维度中,C 分别到 C1、C2、C3、C4 的标准化因子载荷均大于 0.5,x^2/df 为 3.992(小于 5),RMR 为 0.024(小于 0.05),CFI 为 0.918、IFI 为 0.918、TLI 为 0.901,均大于 0.9,NFI 为 0.894(大于 0.8),RMSEA 为 0.090(小于 0.1),目标系数为 0.983,"STEM 教学策略的制定"维

度二级指标的二阶评价模型的模型拟合度一般。

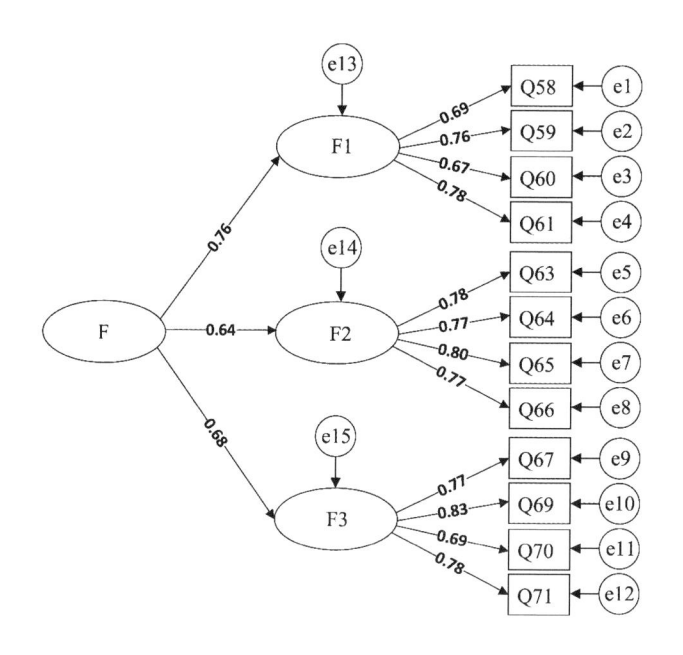

图 6-13　"STEM 教学评价"维度的二阶评价模型

如图 6-13 所示,"STEM 教学评价"维度中,F 分别到 F1、F2、F3 的标准化因子载荷均大于 0.5,x^2/df 为 2.855（小于 3）,RMR 为 0.027（小于 0.05）,NFI 为 0.930、CFI 为 0.953、IFI 为 0.954、TLI 为 0.939,均大于 0.9,RMSEA 为 0.071（小于 0.08）,目标系数为 1,"STEM 教学评价"维度二级指标的二阶评价模型的模型拟合度较好。

（二）结构效度检验：分析三级指标的聚合程度及区分程度

结构效度指测验实际测到所要测量的理论结构和特质的程度。[①] 结构效度分为收敛效度和区分效度。收敛效度（Convergent Validity）

---

① 戴海崎、张锋：《心理与教育测量》,暨南大学出版社 2018 年版,第 65 页。

又叫聚合效度，指测量同一概念不同题项之间应具有显著的相关性[①]。区分效度（Discriminant Validity）指构（construct）面对代表的潜在特质与其他构面所代表的潜在特质间低度相关或有显著差异存在。[②]

1. 收敛效度

在验证性因子分析中，验证收敛效度的两个重要指标是组合信度（Composite Reliability，CR）和平均方差萃取量（Average Variance Extracted，AVE）。CR 大于 0.7，而且 AVE 大于 0.5 时，说明模型的收敛效度较好[③]。CR 和 AVE 的计算公式分别为

$$CR = \frac{(\sum_{i=1}^{n} 因子载荷)^2}{(\sum_{i=1}^{n} 因子载荷)^2 + (\sum_{i=1}^{n} 测量误差)}, AVE = \frac{\sum_{i=1}^{n} (因子载荷)^2}{n}$$，其中 n 为指标数量。

如表 6-23 所示，维度 A1、A2、A3、A4、B1、B2、B3、C1、C2、C4、F1、F2、F3 的组合信度 CR 均大于 0.7，各个维度的平均方差萃取量 AVE 均大于 0.5，收敛效度良好。而维度 C3 与维度 D 的组合信度 CR 均大于 0.7，C3 的平均方差萃取量 AVE 为 0.4773（小于 0.5），D 的平均方差萃取量 AVE 为 0.4675（小于 0.5），略低于收敛标准，两个维度的收敛效度一般。

C3（开展设计型学习活动）收敛效度不佳，表明其包含的 Q40（设计具备跨学科、探究性、真实性或开放性的学习任务）、Q41（向学生提供开展基于设计的学习的一般程序和策略）、Q42（激发和引导学生制定和实施作品的有效设计方案）、Q43（展示学生小组设计的作品，并引导学生分享设计的想法）四个指标间的相关程度不高。

[①] 王重鸣：《心理学研究方法》，人民教育出版社 2000 年版，第 85 页。

[②] 吴明隆：《问卷统计分析实务——SPSS 操作与应用》，重庆大学出版社 2009 年版，第 194 页。

[③] Joseph F. Hair, *Multivariate Data Analysis (7th Edition)*, New Jersey: Prentice Hall, 2009, p.605.

表6-23 中学STEM教师教学能力评价指标体系收敛效度报告

维度	题项	非标准化因子载荷	标准误S.E.	临界比C.R.	P	标准化因子载荷	SMC	组合信度CR	平均方差萃取量AVE	AVE平方根
A1	Q2	1				0.937	0.878	0.9614	0.8924	0.9447
	Q3	1.017	0.028	36.166	***	0.944	0.8911			
	Q4	1.012	0.027	37.47	***	0.953	0.9082			
A2	Q5	1				0.767	0.5883	0.8799	0.595	0.7714
	Q6	1.001	0.062	16.017	***	0.797	0.6352			
	Q7	0.98	0.061	16.095	***	0.82	0.6724			
	Q8	0.944	0.064	14.674	***	0.761	0.5791			
	Q9	0.966	0.07	13.818	***	0.707	0.4998			
A3	Q10	1				0.628	0.3944	0.8218	0.5385	0.7338
	Q11	1.449	0.133	10.855	***	0.837	0.7006			
	Q12	1.297	0.123	10.563	***	0.769	0.5914			
	Q13	1.12	0.101	11.12	***	0.684	0.4679			
A4	Q15	1				0.926	0.8575	0.9336	0.8241	0.9078
	Q16	1.048	0.037	28.383	***	0.911	0.8299			
	Q17	0.996	0.037	27.053	***	0.886	0.785			
B1	Q18	1				0.785	0.6162	0.8378	0.633	0.7956
	Q19	0.88	0.062	14.167	***	0.763	0.5822			
	Q21	1.009	0.066	15.231	***	0.837	0.7006			
B2	Q22	1				0.862	0.743	0.881	0.7129	0.8443
	Q23	0.819	0.049	16.783	***	0.751	0.564			
	Q25	1.111	0.054	20.473	***	0.912	0.8317			
B3	Q26	1				0.824	0.679	0.8499	0.5875	0.7665
	Q27	0.74	0.059	12.55	***	0.672	0.4516			
	Q29	0.889	0.057	15.557	***	0.759	0.5761			
	Q30	1.047	0.066	15.855	***	0.802	0.6432			

续表

维度	题项	非标准化因子载荷	标准误 S.E.	临界比 C.R.	P	标准化因子载荷	SMC	收敛效度 组合信度 CR	收敛效度 平均方差萃取量 AVE	AVE 平方根
C1	Q31	1				0.724	0.5242	0.8754	0.6389	0.7993
C1	Q32	1.139	0.076	15.015	***	0.87	0.7569			
C1	Q33	1.13	0.073	15.49	***	0.857	0.7344			
C1	Q34	1.076	0.079	13.703	***	0.735	0.5402			
C2	Q35	1				0.855	0.731	0.9218	0.7466	0.8641
C2	Q36	1.051	0.05	20.82	***	0.873	0.7621			
C2	Q37	1.018	0.048	21.089	***	0.858	0.7362			
C2	Q38	1.062	0.049	21.585	***	0.87	0.7569			
C3	Q40	1				0.711	0.5055	0.785	0.4773	0.6909
C3	Q41	0.955	0.092	10.431	***	0.682	0.4651			
C3	Q42	0.98	0.083	11.824	***	0.697	0.4858			
C3	Q43	0.93	0.086	10.856	***	0.673	0.4529			
C4	Q45	1				0.889	0.7903	0.867	0.6247	0.7904
C4	Q46	0.69	0.049	14.017	***	0.664	0.4409			
C4	Q47	0.694	0.047	14.794	***	0.675	0.4556			
C4	Q48	1.041	0.044	23.608	***	0.901	0.8118			
D	Q49	1				0.524	0.2746	0.8355	0.4675	0.6837
D	Q50	1.41	0.151	9.353	***	0.711	0.5055			
D	Q51	1.221	0.147	8.299	***	0.578	0.3341			
D	Q52	1.063	0.133	7.996	***	0.546	0.2981			
D	Q54	1.768	0.176	10.032	***	0.828	0.6856			
D	Q56	1.688	0.167	10.086	***	0.841	0.7073			

续表

维度	题项	非标准化因子载荷	标准误 S.E.	临界比 C.R.	P	标准化因子载荷	SMC	组合信度 CR	平均方差萃取量 AVE	AVE 平方根
F1	Q58	1				0.687	0.472	0.8162	0.5272	0.7261
	Q59	1.165	0.099	11.708	***	0.759	0.5761			
	Q60	0.986	0.093	10.653	***	0.668	0.4462			
	Q61	1.193	0.092	12.933	***	0.784	0.6147			
F2	Q63	1				0.78	0.6084	0.8601	0.6058	0.7783
	Q64	0.971	0.068	14.347	***	0.767	0.5883			
	Q65	1.002	0.066	15.12	***	0.797	0.6352			
	Q66	0.932	0.062	15.025	***	0.769	0.5914			
F3	Q67	1				0.773	0.5975	0.8531	0.5931	0.7701
	Q69	1.106	0.068	16.226	***	0.832	0.6922			
	Q70	0.934	0.074	12.625	***	0.692	0.4789			
	Q71	1.072	0.073	14.616	***	0.777	0.6037			

D（应用不同种类的教与学技术）收敛效度不佳，表明其包含的 Q49（运用网络搜索引擎、云平台等设计和开发 STEM 课程的流程和资源）、Q50（借助模型、动画、交互式白板等设计问题情境）、Q51（运用数学、科学等多学科教学软件讲解 STEM 学科概念知识或技术操作要点）、Q52（运用微信、在线论坛等与学生交流互动）、Q54（设置技术应用的教学情境，帮助学生了解技术的应用价值）五个指标间的相关程度不高。

2. 区分效度

在本书中，区分效度指每个维度内指标间的区分度。如下列各表所示，表格对角线上的加粗数字为对应维度平均方差萃取量的平方根（$\sqrt{AVE}$），一般 $\sqrt{AVE}$ 大于两个指标间的相关系数，则可认为两个指标间具有区分度[①]。

表6-24　　"STEM 教学准备"维度的区分效度

维度	CR	AVE	A1	A2	A3	A4
A1	0.9614	0.8924	**0.9447**			
A2	0.8799	0.595	0.61	**0.7714**		
A3	0.8218	0.5385	0.418	0.417	**0.7338**	
A4	0.9336	0.8241	0.538	0.59	0.352	**0.9078**

在"STEM 教学准备"维度中，共包含 A1"分析中学生的学习特征"、A2"分析中学生跨学科学习的初始能力"、A3"分析 STEM 教学环境"和 A4"分析跨学科教学内容"四个子维度。如表6-24所示，A1、A2、A3、A4 对应维度上的 $\sqrt{AVE}$ 均大于其与每个维度间的相关系数，故"STEM 教学准备"维度内部的区分效度显著。

表6-25　　"STEM 教学目标的阐明"维度的区分效度

维度	CR	AVE	B1	B2	B3
B1	0.8378	0.633	**0.7956**		
B2	0.881	0.7129	0.438	**0.8443**	
B3	0.8499	0.5875	0.398	0.357	**0.7665**

在"STEM 教学目标的阐明"维度中，共包含 B1"阐明跨学科的知识目标"、B2"阐明问题解决的能力目标"和 B3"阐明创新培养的价值目标"三个子维度。如表6-25所示，B1、B2、B3 对应维

[①] Yan Chen，"Individuals' Internet Security Perceptions and Behaviors: Polycontextual Contrasts Between the United States and China" *MIS Quarterly*，No.1，2016.

度上的 $\sqrt{AVE}$ 均大于其与每个维度间的相关系数，故"STEM 教学目标的阐明"维度内部的区分效度显著。

表 6-26　　"STEM 教学策略的制定"维度的区分效度

维度	CR	AVE	C1	C2	C3	C4
C1	0.8754	0.6389	**0.7993**			
C2	0.9218	0.7466	0.42	**0.8641**		
C3	0.7850	0.4773	0.499	0.478	**0.6909**	
C4	0.867	0.6247	0.483	0.416	0.38	**0.7904**

在"STEM 教学策略的制定"维度中，共包含 C1"创设真实情境"、C2"设计引导问题"、C3"开展基于设计的学习活动"和 C4"引导团队合作与交流"四个子维度。如表 6-26 所示，C1、C2、C3、C4 对应维度上的 $\sqrt{AVE}$ 均大于其与每个维度间的相关系数，故"STEM 教学策略的制定"维度内部的区分效度显著。

由于"STEM 教学技术的选用"维度未包含二级指标，故不对其进行区分效度的验证。

表 6-27　　"STEM 教学评价"维度的区分效度

维度	CR	AVE	F1	F2	F3
F1	0.8162	0.5272	**0.7261**		
F2	0.8601	0.6058	0.395	**0.7783**	
F3	0.8531	0.5931	0.438	0.38	**0.7701**

在"STEM 教学策略"维度中，共包含 F1"联合跨领域评价主体"、F2"采用多元评价方式"和 F3"实施跨学科内容评价"三个子维度。如表 6-27 所示，F1、F2、F3 对应维度上的 $\sqrt{AVE}$ 均大于其与每个

维度的相关系数,故"STEM 教学评价"维度内部的区分效度显著。

三 通过教师访谈验证指标间的相关性

为进一步验证中学 STEM 教师教学能力评价指标体系的一级指标与二级指标间的关系,本书将五个一级指标转化成五个访谈问题。其中,"问题 1:您认为在开展 STEM 教学前,中学教师应当做好哪些准备?""问题 2:您认为 STEM 教学的目标包括哪些方面?""问题 3:您认为中学 STEM 教学中常用的教学策略包括哪些?教师在运用相关策略时应当注意哪些问题?""问题 4:您认为哪些技术能够有效促进 STEM 教学效果的提升?""问题 5:您认为中学 STEM 教师可以从哪些途径、哪些方面评价自身的教学?"并通过电话访谈和面对面访谈的方式采访了 8 名 STEM 专家教师,包括三名 STEM 高校专家,三名 STEM 一线专家,两名一线 STEM 教师,由于时间安排等现实原因,一名 STEM 专家只对评价指标体系提出了意见,并未进行详细的访谈,故未列入访谈记录中。

表 6-28　　　　　"STEM 教学准备"维度问题的访谈记录

	问题 1:您认为在开展 STEM 教学前,中学教师应当做好哪些准备?
教师 A	我认为首先就是学校具备了哪些软硬件条件,能否支持开展 STEM 教学。这点很重要,学校不支持,很多活动没法进行。其次就是学情分析,不管开展什么类型的教学活动都是必须的。如学生已经掌握了哪些基础知识,学生之间的合作情况怎么样?这直接影响到教学内容的选择以及小组设计与分工。最后就是怎样把握教学内容。整合多个学科很难,肯定还是以我自己的学科为主
教师 B	STEM 教学前首先要观察,发现不同学生的特点,如学生动手能力较强,另则逻辑思维能力较强;擅长与人打交道,另则踏实内向。其次就是合理进行分组,最好不要安排具备类似特质的学生在一组。他们在思考时往往有相似的思路,遇到问题时,很难组织协调解决问题。最后,就是像其他课程一样,要设计活动和过程,我一般会将过程设计成提纲的形式
教师 C	上课前,我会对学生进行前测,因为学生年龄不同,所擅长的领域也不同,知识基础也存在差异。所以,在正式教学前,我都会做小测试,记录一下学生已经掌握的知识点以及他们感兴趣的主题,包括学生们擅长的技能和活动

续表

	问题1：您认为在开展 STEM 教学前，中学教师应当做好哪些准备？
教师 D	在 STEM 教学前，我认为最重要的是设计课程或者活动。STEM 和创客从本质上来说还是不同的，STEM 强调预设出结果，学生在 STEM 教师预设的路线中学习，并最终完成教师预设的目标。因此，在开展 STEM 教学前，除了对学生基本能力和特点的把握外，更重要的是如何与其他学科教师合作，设计好跨学科课程。当然，其他的准备还包括对教学资源的选择、环境的选择等
教师 E	在实践中，STEM 教学大多基于一门学科知识向外拓展，适当加入不同学科知识元素，以达到不同学科间的融合。所以，在开展 STEM 教学或者相关活动前，首先要确定好任务分工，哪科教师是主导，哪些教师做辅助，活动环节怎么设计，学生的学习基础怎么样，动手能力怎么样，这些是准备环节需要考虑的
教师 F	STEM 教学前首先要检查学校的资源条件，其次是测试学生基础，然后根据已有的相关条件选择合适的活动主题，最后设计具体的活动细节
教师 G	STEM 教学准备在中小学教学实践中可以看作是 STEM 教师备课的过程。这个过程常常包括找到学生的兴趣点—选择教学内容—协调多学科教师—共同设计教学等

通过梳理问题1的访谈内容发现，STEM 教师对于"STEM 教学准备"所包含的内容认识基本一致，主要包括资源条件、学生特点分析、学情分析、活动（跨学科课程）设计、不同学科教师间的合作等。相关要素基本指向评价指标体系中设计的"STEM 教学准备"的二级指标"分析中学生的学习特征、分析中学生跨学科学习的初始能力、分析 STEM 教学环境、分析跨学科教学内容"四个二级指标。

表6-29　"STEM 教学目标的阐明"维度问题的访谈记录

	问题2：您认为 STEM 教学的目标包括哪些方面？
教师 A	STEM、STEAM 或者创客都是以培养学生的动手能力和创造思维为目标的，所以对于 STEM 教学目标而言，最重要的是开发学生的右脑，培养学生对未来的适应能力，面对挑战的能力。其他学科的知识与技能也是一方面，是第二位的。中学阶段逻辑抽象能力要求更高，在目标的设计上更突出培养学生面对现实问题的解决能力

续表

	问题2：您认为STEM教学的目标包括哪些方面？
教师B	我认为STEM教学或者创客教学，其本质就是活动。所以，STEM的教学目标也就是活动的教学目标，更强调一种生成性的目标，是一种态度的养成。如小学阶段，STEM的教学目标就是通过玩来体验，初中阶段则通过现实问题培养学生解决现实困难的意识与能力，高中阶段就要通过项目来拔高，以提升学生的高阶能力
教师C	STEM教学目标更靠近核心素养，可以按照三维目标设计，但要有侧重点。在设计的过程中，知识技能目标是主要方面，也是最易于测量出来的。但是从长远的角度来看，情感价值的培养才是潜在的、最重要的方面
教师D	STEM教学目标要与创客教学目标区分开。STEM教学最根本的目标是通过跨学科学习提升学生解决现实问题的能力，而创客教学最根本的目标是创新。因此，无论是知识技能、过程和方法还是情感态度价值观，都需要以跨学科解决问题为导向
教师E	STEM教学指向学生的个性化发展，其教学目标也应围绕培养学生解决现实问题的能力展开。合作、发展、创新都应是STEM教学目标的关键词
教师F	STEM教育的核心目标是"创意物化"及"学以致用"，那么在STEM教学中，也应当坚持这样的目标。不仅要让学生掌握课程内容中所蕴含的不同学科知识，还要让学生学会应用，也就是培养他们解决问题的能力，激发他们的创新创造意识
教师G	STEM教学目标不同于传统教学的教学目标。STEM教学更强调培养学生的内隐素质，如勇于发现的意识、善于合作的能力、表达与交流的能力等。相关对孩子适应未来生活具有非常大的作用

梳理问题2的访谈记录发现，访谈的STEM教师认为"STEM教学目标"包含的内容主要集中在"解决现实问题的能力""跨学科知识的应用""合作与分享精神的培养"几个方面。相关要素与评价指标体系设计的"STEM教学目标"的二级指标"阐明跨学科的知识目标、阐明问题解决的能力目标"一致。但是在"阐明创新培养的价值目标"方面，一名STEM教师进一步将STEM与创客的教学目标相区分，认为STEM教学核心不是创新精神的培养。STEM教育在培养学生跨学科解决现实问题的能力的过程中，涵盖了学生创新创造精神

第六章　中学 STEM 教师教学能力评价指标体系

的培养。总体来说，访谈结果与评价指标体系设计相统一。

表 6-30　"STEM 教学策略的制定"维度问题的访谈记录

	问题 3：您认为中学 STEM 教学中常用的教学策略包括哪些？教师在运用相关策略时应当注意哪些问题？
教师 A	STEM 教学即跨学科教学，关键点在于如何引入现实情境。首先需要让学生产生兴趣，教师需要设计具有挑战性的学习任务。设计的任务不能过难，要求能够吸引学生的注意力同时还要有挑战性。还需注意的问题有：怎样有效组织活动开展，怎样让不同特点的学生合作，学习过程中可能出现哪些问题、应当如何解决等
教师 B	跨学科教学中的教学策略应当是模块化的，以实现某些具体目标为出发点。例如，为了提升学生的兴趣，怎么去设计引导问题和任务？合作探究的过程中，活动怎么设计更合理？怎么协调学生的意见？怎么协调其他教师？相关都需要考虑
教师 C	STEM 教学中，分组教学、情境导入、项目教学都是我常用到的策略。其中，情境导入不管对于哪种教学形式都是适用的，可以增加跨学科教学活动的趣味性；分组教学可以为不同基础、不同特点的学生们提供帮助；项目教学更易于融入不同学科的知识内容，让更多的学生参与进去
教师 D	STEM 教学策略是多变的，从宏观上讲，我认为最核心的就是项目设计。作为 STEM 教师，应认真思考如何设计项目活动的目标，怎么在流程中体现。在跨学科教学实践后，教师对 STEM 整合的认识有无改进，能否设计出更优化的现实任务
教师 E	目前中小学 STEM 教学主要以综合实践活动课程、科学教育或者社团活动的形式存在，所以 STEM 教学时要尽量突出"跨学科、综合性"的特点，采取策略时也尽量体现多元化。比较常用的策略如鼓励学生合作探究、大胆进行创新设计、强调学科融合等
教师 F	STEM 教学较为类似于综合实践活动课程，所以中学教师在选择教学策略时可将综合实践活动课程的教学策略作为参照。较为常用的策略包括启发式教学、分组教学等。同时，作为跨学科教学，教师还应注重培养学生设计的思维，开展基于设计的学习活动
教师 G	STEM 教学的基本策略是基于设计的教学和基于设计的学习。STEM 教学以项目式活动为载体，基本的策略可采用项目式教学的常用策略，但必须突出基于设计的教学和学习，这是 STEM 教学设计中最重要的要素

梳理问题3的访谈记录发现,STEM专家认为"STEM教学策略"的内容,包括"情景导入""任务设计""合作探究""基于设计的教学"等。这几项要素与评价指标体系设计的"STEM教学策略"的二级指标"创设真实情境、设计引导问题、开展基于设计的学习活动、引导团队合作与交流"较一致。

表6-31 "STEM教学技术的选用"维度问题的访谈记录

	问题4:您认为哪些技术能够有效促进STEM教学效果的提升?
教师A	技术对STEM教学是重要的,种类也比较多。以TPACK为标准,不仅包括能够促进教学的方法型技术,还包括能够改善教学内容的内容型技术
教师B	我认为STEM教学中主要涉及到的就是信息技术、虚拟现实技术或者增强现实技术等。技术本身并不是最重要的,关键是怎样将其组合在一起,发挥各种技术的最大价值,学生获得最好的学习效果
教师C	我在课堂上经常使用到的技术工具,如希沃白板的互动游戏,以及各种微课类的小视频,还有各种数据平台上附带的学情分析工具。学生平时主要是通过百度等搜索引擎收集信息
教师D	STEM教学中技术是很重要的要素,教师要使用技术,学生也要使用技术。同时,我认为学生使用技术要比教师使用技术更重要,也更能提升STEM教学的效果,所以教师要引导学生主动地使用技术,了解技术在跨学科学习中的重要作用
教师E	在当前人工智能或是智能教育的大背景下,技术对每教师都至关重要,在STEM教学中更是如此。信息技术在STEM教学中应用较多,具体包括某些学科教学软件、视频动画、和虚拟现实技术,相关均能很好地应用到STEM教学中
教师F	我一直主张,技术没有好坏之分,STEM教育虽然重视技术的使用,但用得多不意味着用得好。我认为不管技术应用于哪种类型的教学,只要是为教师教学和学生学习带来积极效果的,就能够称之为好技术,哪怕只用了PPT也有可能是一堂好课
教师G	技术包括技术工具、技术平台、纯技术等。STEM教学中应用的技术也包括几个方面,而能够有效促进STEM教学效果的技术,要视情况组合使用。STEM教学实践中使用较多的是技术工具和技术平台,如各大品牌的白板、一体机。相关技术工具和平台中都设置有适合不同学科教学的软件,相关学科软件是一线教师最常用的,效果也比较不错

第六章 中学STEM教师教学能力评价指标体系

梳理问题4的访谈记录发现,STEM教师对于技术应用于STEM教学中的价值表示认同,认可学生在跨学科学习中主动使用技术的重要性。同时认为STEM教学中可使用的技术较为多样,根据教学内容和学生情况选择或者组合使用。主要包括"信息技术、虚拟现实技术等"。而评价指标体系"STEM教学技术"的二级指标设计为"应用多元化教与学技术",在三级指标的展开中缺少了"虚拟现实技术"指标的设计,该点是评价指标体系有待提升的地方。

表6-32　　　　"STEM教学评价"维度问题的访谈记录

	问题5:您认为中学STEM教师可以从哪些途径、哪些方面评价自身的教学?
教师A	STEM教师相比其他教师要拥有更强的创造力,所以过程性评价比总结性评价更重要。评价的方面主要涉及如何与其他学科教师合作,如何对学生的合作学习展开评价。同时教育部门和学校也会对教学进行评价,同事之间的互评也很重要
教师B	首先,是来自教育部门的评价,这是常规环节。其次,是学校开展的某些评价,如邀请领域专家或STEM教学名师听课并点评。最后,为了更好地提升教学效果,偶尔也会让学生提供某些反馈
教师C	学校会组织某些教研活动交流课堂经验,同事之间也会互相听课、评课。自己主要是通过课后的反思,如教学内容设置是否合理,学生学习效果如何,还存在哪些不足
教师D	在不同的教学阶段,STEM教师可采取如诊断性评价、过程性评价、自评、同伴互评等不同的评价手段。评价的内容不仅包括跨学科教学活动的设计情况、活动的开展情况,还包括学生在活动中的表现,如合作情况、任务目标的达成度等
教师E	STEM教育的评价很重要,同时也非常困难。作为中学STEM教师,自我评价及同伴互评是教学评价的主要方式。评价的内容主要包括跨学科教学设计、与其他学科教师的合作情况以及学生在实践能力和合作精神等方面的提升情况等
教师F	评价是STEM教师自我提升的重要途径。STEM教师可采用多种评价方式,不仅进行混合式教学,还要进行混合式评价。综合运用技术工具能更好地评价自己的教学能力,了解学生的学习情况
教师G	STEM教师可以选择某些较为权威的评价工具进行自评,如"STEM教师能力标准"。此外,可以请跨学科研究方面的专家进行评课和交流

梳理问题 5 的访谈记录发现，STEM 教师认为"STEM 教师自我评价"的方式较为多元，包含诊断性评价、过程性评价和总结性评价等，并且在实践中组合使用多种评价方式。"STEM 教师自我评价"的内容，包括跨学科教与学的多个方面，如教师的跨学科教学设计、与其他学科教师的合作、学生跨学科知识的掌握、学生合作能力、分享精神的培养等。相关要素与评价指标体系"STEM 教师自我评价"的二级指标"联合跨领域评价主体、采用多元评价方式、实施跨学科内容评价"相吻合。

第四节　中学 STEM 教师教学能力评价指标体系的完善

本节主要内容是计算中学 STEM 教师教学能力评价指标体系的指标权重，并结合具体教学案例介绍评价指标体系的使用。

一　利用客观赋权法确定指标权重

指标权重反映评估指标在指标体系中所占的重要性程度。[①] 本书将采用客观赋权的方式计算中学 STEM 教师教学能力评价指标体系的二级和三级指标权重。

（一）利用方差解释率确定二级指标的权重

在因子分析中，方差解释率表示提取的公共因子对原有变量的解释能力，方差解释率越大，提取的公共因子越有效。二级指标的权重依据探索性因子分析中旋转后的因子方差解释率计算，即需要对主因子的方差解释率进行归一化处理。各个指标权重的具体计算方式为旋转后各自的方差解释率除以旋转后的累积方差解释率。15 个公因子的权重如下所示：

（1）"应用多元化教与学技术"的权重为：6.021÷72.872 = 0.083；

---

① 李进才：《高等教育教学评估词语释义》，武汉大学出版社 2016 年版，第 209 页。

（2）"分析中学生跨学科学习的初始能力"的权重为：5.942÷72.872 = 0.082；

（3）"设计引导问题"的权重为：5.619÷72.872 = 0.077；

（4）"引导团队合作与交流"的权重为：4.99÷72.872 = 0.068；

（5）"阐明创新培养的价值目标"的权重为：4.969÷72.872 = 0.068；

（6）"创设真实情境"的权重为：4.953÷72.872 = 0.068；

（7）"采用多元评价方式"的权重为：4.882÷72.872 = 0.067；

（8）"分析STEM教学环境"的权重为：4.862÷72.872 = 0.067；

（9）"实施跨学科内容评价"的权重为：4.831÷72.872 = 0.066；

（10）"联合跨领域评价主体"的权重为：4.615÷72.872 = 0.063；

（11）"分析中学生的学习特征"的权重为：4.452÷72.872 = 0.061；

（12）"开展基于设计的学习活动"的权重为：4.295÷72.872 = 0.059；

（13）"阐明问题解决的能力目标"的权重为：4.268÷72.872 = 0.059；

（14）"分析跨学科教学内容"的权重为：4.263÷72.872 = 0.058；

（15）"阐明跨学科的知识目标"的权重为：3.91÷72.872 = 0.04。

（二）利用因子得分系数矩阵确定三级指标的权重

因子得分系数矩阵表示其所包含的各个变量的线性组合。因此，根据因子得分系数矩阵可以建立起各个主因子与其所包含的各变量的线性回归方程，而回归方程中自变量的回归系数，反映了自变量的变化对因变量的影响程度。[1] 故而，将回归系数进行归一化处理，就可以得到各自变量在其主因子上的权重系数，接着利用二级指标的权重值乘以三级指标所占据的权重系数即可得到每三级指标的权重值。评价指标体系的三级指标的权重值如表6-33所示。

---

[1] 刘彬：《基于因子分析法的绿色供应商评价指标权重的确定》，《中国商贸》2011年第25期。

表6-33 中学STEM教师教学能力评价指标体系二级与三级权重

二级指标	二级指标权重	三级指标	得分系数	得分系数归一化	三级指标权重
分析中学生的学习特征	0.061	Q2	0.430	0.328	0.020
		Q3	0.439	0.336	0.020
		Q4	0.439	0.335	0.020
分析中学生跨学科学习的初始能力	0.082	Q5	0.361	0.231	0.019
		Q6	0.376	0.241	0.020
		Q7	0.262	0.168	0.014
		Q8	0.228	0.146	0.012
		Q9	0.335	0.215	0.018
分析STEM教学环境	0.067	Q10	0.354	0.271	0.018
		Q11	0.320	0.245	0.016
		Q12	0.278	0.213	0.014
		Q13	0.355	0.272	0.018
分析跨学科教学内容	0.058	Q15	0.412	0.337	0.020
		Q16	0.386	0.315	0.018
		Q17	0.426	0.348	0.020
阐明跨学科的知识目标	0.054	Q18	0.419	0.333	0.018
		Q19	0.408	0.324	0.017
		Q21	0.432	0.343	0.019
阐明问题解决的能力目标	0.059	Q22	0.409	0.337	0.020
		Q23	0.406	0.333	0.020
		Q25	0.402	0.330	0.019
阐明创新培养的价值目标	0.068	Q26	0.339	0.262	0.018
		Q27	0.308	0.238	0.016
		Q29	0.322	0.248	0.017
		Q30	0.327	0.252	0.017

第六章 中学STEM教师教学能力评价指标体系

续表

二级指标	二级指标权重	三级指标	得分系数	得分系数归一化	三级指标权重
创设真实情境	0.068	Q31	0.325	0.229	0.016
		Q32	0.366	0.257	0.017
		Q33	0.399	0.281	0.019
		Q34	0.331	0.233	0.016
设计引导问题	0.077	Q35	0.319	0.245	0.019
		Q36	0.337	0.258	0.020
		Q37	0.329	0.252	0.019
		Q38	0.321	0.246	0.019
开展基于设计的学习活动	0.059	Q40	0.376	0.252	0.015
		Q41	0.344	0.230	0.014
		Q42	0.391	0.262	0.015
		Q43	0.383	0.257	0.015
引导团队合作与交流	0.068	Q45	0.334	0.243	0.017
		Q46	0.350	0.254	0.017
		Q47	0.350	0.254	0.017
		Q48	0.342	0.248	0.017
应用多元化教与学技术	0.083	Q49	0.292	0.182	0.015
		Q50	0.261	0.163	0.013
		Q51	0.203	0.126	0.010
		Q52	0.256	0.160	0.013
		Q54	0.273	0.170	0.014
		Q56	0.318	0.199	0.016
联合跨领域评价主体	0.063	Q58	0.378	0.273	0.017
		Q59	0.336	0.243	0.015
		Q60	0.346	0.250	0.016
		Q61	0.323	0.233	0.015

续表

二级指标	二级指标权重	三级指标	得分系数	得分系数归一化	三级指标权重
采用多元评价方式	0.067	Q63	0.360	0.250	0.017
		Q64	0.351	0.243	0.016
		Q65	0.343	0.238	0.016
		Q66	0.386	0.268	0.018
实施跨学科内容评价	0.066	Q67	0.366	0.267	0.018
		Q69	0.350	0.256	0.017
		Q70	0.281	0.205	0.014
		Q71	0.372	0.272	0.018

二 教学能力评价指标体系的教学案例分析

本环节案例选取自"科技学堂"平台上的STEM课程《高中STEM活动的设计、实施与指导》的课堂实录《飞机的升力》的第五节《机翼的形状与翼型》[①]。本节课由天津经济开发区国际学校的教师主讲，时长为47分钟。通过课堂实录观察教师教学行为，并结合中学STEM教师教学能力评价指标体系的框架分析案例教师教学的情况。

（一）STEM教学准备维度

"STEM教学准备维度"侧重于STEM教师在课前的详细准备，通常由STEM教师本人在课前对学生、资源、课程内容等多个方面综合测评。由于该案例为课堂实录，因而难以对案例中教师在STEM教学准备环节的能力表现进行评价。

（二）STEM教学目标的阐明维度

《机翼的形状与翼型》一课将学生分为两个小组，以"制造升力

---

① "科技学堂"教育平台由中国青少年科技辅导员协会、中国科协青少年科技中心与北京智感科技有限公司共同成立。案例链接：https：//www.sciclass.cn/courseLesson/index?course=275&class=289&chapter=784&lesson=2741。

很强的机翼"为任务目标,让学生在探索的过程中学习机翼形状与飞机升力之间的关系。课程一开始,教师便围绕课程目标引导学生思考"制造升力很强的机翼"需要重点研究的问题。

"制造升力很强的机翼"源于现实生活中飞机起飞的升力问题。教师通过拆解任务目标,引导学生提取项目主题中所蕴含的物理、工程和数学知识,将任务"制造升力很强的机翼"细化为三个任务要点"计算升力、设计形状和选择材质"。

教师在课堂中通过分组讨论与交流,不仅促进了学生对物理学习的兴趣,还在制作的过程中将数学知识和工程知识融入其中。学生想要制作出升力较强的机翼,必须通过严密的数学计算以及减缓正面阻力的切面设计。两个小组的学生在制作过程中,不仅与组内同学展开讨论,还及时地分享自己在制作中走入的误区,帮助其他同学更好地完成制作任务。总体来说,这堂课在 STEM 目标的设计方面还是较为清晰的,详细的 STEM 教学能力评价如表 6-34 所示。

表6-34 教师在"STEM 教学目标的阐明"维度的能力评价

一级指标	二级指标	三级指标	等级 优	等级 良	等级 中	等级 差
STEM 教学目标的阐明	阐明跨学科的知识目标(0.040)	引导学生提取项目主题中所蕴含的多学科知识(0.018)			√	
		引导学生掌握不同学科知识中的事实、概念、规律、定理或理论(0.017)			√	
		引导学生将跨学科知识应用于解决复杂的问题情境中(0.019)		√		
	阐明问题解决的能力目标(0.059)	引导学生查阅资料,合作讨论问题解决的方法(0.020)	√			
		引导学生通过作品设计促进跨学科知识的融合与迁移运用(0.020)	√			
		引导学生通过合作与讨论得出实验结论,并展示实验结果(0.019)	√			

续表

一级指标	二级指标	三级指标	等级 优	等级 良	等级 中	等级 差
	阐明创新培养的价值目标（0.068）	培养学生对科学探究的学习兴趣和动手的愿望（0.018）		√		
		培养学生利用技术解决问题的意识（0.016）		√		
		培养学生的空间想象力和对数学知识的兴趣（0.017）		√		
		培养学生利用跨学科方法解决问题的思维（0.017）		√		

（三）STEM 教学策略的制定维度

STEM 教学策略是最能体现 STEM 教学特征的维度。《机翼的形状与翼型》教学中，教师首先采用分组的形式，为学生设置任务目标。在引导学生拆解任务要点时，教师发现学生对"流速与压强之间的关系"不够明确时，使用工具模拟，帮助学生验证二者之间的关系。

教师带领学生明确任务后，两个小组（A 组和 B 组各 3 人）的成员开始展开头脑风暴，并分别给出"制造升力很强的机翼"的设计方案（要求小组成员共同参与，将个人想法写在纸条上且每张纸条上只能有一条想法，经过交流讨论并按顺序排列），最后派出代表发言分享。

A 组将设计方案分为"查阅文献、小组分工、确定制作的材料、机翼结构设计、机翼的实验测试、组装零件、飞机的性能测试和改良、飞机的美化和包装"。B 组将设计方案分为"设计机翼形状、考虑机翼的使用材料、气球提供动力、小木棒保证重心"。小组成员分享完毕，教师对两组的设计方案做归纳和总结。教师指出，A 组的想法流程性更强，是包括前期收集资料、制作、调整和完善的较为完整的序列。相比之下 B 组的想法更注重细节，落脚到产品的设计细节。

B 组的设计方案可以看作 A 组的环节。两组的设计思路不同，所以获得的方案各具特色。

确定了各组的设计方案后，小组成员开始制作机翼。这个过程占时最久，学生不仅要计算出机翼的各项数据，还需要用超轻黏土或泡沫将其转换成实物，并测试机翼的抗风能力。

由于任务的难度较高，所涉及的知识点也难，教师在学生的制作过程中，及时观察学生的进展，并给出解决线索。对于超出学生认知程度的知识，教师也需要统一进行讲解，保证学生可以顺利完成作品。

《机翼的形状与翼型》这堂课在 STEM 教学策略的设计方面比较成功，任务的设计具有一定的挑战性，也充分激发了学生的创造性和设计思维。不足之处是情境材料呈现得较少，缺少相应的过渡。

表 6-35　教师在"STEM 教学策略的制定"维度的能力评价

一级指标	二级指标	三级指标	优	良	中	差
STEM 教学策略的制定	创设真实情境（0.068）	根据跨学科教学内容准备 STEM 课程实施的软硬件环境（0.016）		√		
		发掘真实的、能够激发学生兴趣的、符合 STEM 项目的情境材料（0.017）			√	
		使用生动的图表或媒介呈现真实的、趣味的情境材料（0.019）			√	
		合理设计真实情境的导入流程（0.016）			√	
	设计引导问题（0.077）	问题的设计顺应学生的认知水平和发展规律（0.019）	√			
		将多学科知识融于相关的问题中（0.020）	√			
		问题具有一定的梯度性（0.019）	√			
		采用开放式、探究式、游戏化等多样的形式呈现问题（0.019）	√			

续表

一级指标	二级指标	三级指标	等级 优	等级 良	等级 中	等级 差
	开展基于设计的学习活动（0.059）	设计具备跨学科、探究性、真实性或开放性的学习任务（0.015）	√			
		向学生提供开展基于设计的学习的一般程序和策略（0.014）	√			
		激发和引导学生制定和实施作品的有效设计方案（0.015）	√			
		展示学生小组设计的作品，并引导学生分享设计的想法（0.015）	√			
	引导团队合作与交流（0.068）	根据跨学科学习内容的特点和难度选择学生分工的形式（0.017）			√	
		根据学生兴趣及特征，围绕不同学科主题合理分配活动小组（0.017）				√
		引导小组内部成员合作完成跨学科活动任务（0.017）		√		
		与学生讨论解决跨学科学习过程中存在的问题（0.017）	√			

（四）STEM教学技术的选用维度

STEM教学中技术的使用没有好坏之分，最适合教学内容的技术就是最好的技术。《机翼的形状与翼型》课中，教师主要使用了电子白板和实物模型，教学效果较佳。但如果使用虚拟仿真模型或工具，则可更为直观地帮助学生理解"升力"及"流速"等概念。

表6-36 教师在"STEM教学技术的选用"维度的能力评价

一级指标	二级指标	三级指标	等级 优	良	中	差
STEM教学技术的选用	应用多元化的教与学技术（0.083）	运用网络搜索引擎、云平台等设计和开发STEM课程的流程和资源（0.015）	—	—	—	—
		借助模型、动画、交互式白板等设计问题情境（0.013）		√		
		运用数学、科学等多学科教学软件讲解STEM学科概念知识或技术操作要点（0.010）			√	
		运用微信、在线论坛等与学生交流互动（0.013）	—	—	—	—
		设置技术应用的教学情境，帮助学生了解技术的应用价值（0.014）			√	
		根据跨学科学习内容帮助学生选择合适的技术工具（0.016）		√		

（五）STEM教学评价维度

在STEM教学评价维度，教师用电风扇吹风模拟气流情况，对两组"机翼"展开测试，并对两组学生机翼的升力情况，以及机翼制作过程中的各小组成员的分工及配合度展开评价。

各组成员分别对本组与对方组制作的"机翼"展开评价，总结经验，并提出改进的思路。

表 6-37　教师在"STEM 教学评价"维度的能力评价

一级指标	二级指标	三级指标	等级 优	良	中	差
STEM 教学的评价	联合跨领域评价主体 (0.063)	与其他学科教师联合,评价学生跨学科知识技能的掌握 (0.017)	—	—	—	—
		与社会专家、学者联合,评价学生的创新意识、跨学科应用能力 (0.015)	—	—	—	—
		与学生联合,引导学生评价同组成员的表现,对自己的作品反思 (0.016)	—	—	—	—
		与家长联合,评价学生解决现实问题的能力 (0.015)	—	—	—	—
	采用多元评价方式 (0.067)	通过测试等总结性评价方式,检验学生跨学科知识的掌握情况 (0.017)	—	—	—	—
		通过问卷等量化评价方式,引导学生与小组成员互相评价 (0.016)			√	
		通过访谈,反思等质性评价方式,引导学生对自身学习情况进行自我评价 (0.016)		√		
		通过教学反思、量表对自身的跨学科教学能力自我评价 (0.018)	—	—	—	—
	实施跨学科内容评价 (0.066)	评价教师的跨学科教学设计 (0.018)	—	—	—	—
		评价学生的跨学科知识掌握水平 (0.017)	—	—	—	—
		评价学生的小组合作情况 (0.014)	√			
		评价学生的创新意识、问题解决能力 (0.018)		√		

第七章 中学 STEM 教师教学能力的提升策略

第一节 基于结构模型提升中学 STEM 教师教学能力

中学 STEM 教师教学能力结构模型需要落地中学 STEM 教师的实际教学工作。因此，其准确性与实用性需要验证。常用的能力模型评价和验证的方法有访谈法、问卷调查法和专家小组测评法。[1] 笔者针对中学 STEM 教师教学能力结构模型，以访谈的形式与 STEM 教师、相关教育者进行了深入讨论，从而了解教师对中学 STEM 教师教学能力结构模型的真实想法与认可情况，验证模型的准确性和有效性。通过访谈发现，STEM 教育的推进需要多方合力，中学 STEM 教师教学能力的提升需要教师、学校、社会的共同关注。

一 模型应用分析
（一）访谈目的与对象
1. 访谈目的

教师在 STEM 教学过程中对哪些方面的教学能力感触较深？模型所包含的能力要素是否满足 STEM 教师教学能力的提升需求？构建的

---

[1] 梁孔政：《基于胜任素质的施工工人安全能力模型研究》，硕士学位论文，华中科技大学，2015 年，第 44 页。

中学 STEM 教师教学能力结构模型的效果如何？本书通过访谈获取第一手反馈信息，了解教师对 STEM 教学能力的认知，得到最贴近实际的 STEM 教育教学能力需求，并验证中学 STEM 教师教学能力结构模型的合理性与准确性。

在访谈前编写了《中学 STEM 教师教学能力评价指标体系的访谈提纲》（附录 8）。访谈提纲分为两部分：第一部分是教师基本信息，包括年龄、教龄、任教学科、学历等；第二部分是访谈的问题纲要，包括教师对 STEM 教育的认知、教师对模型中的教学能力要素的看法等；某些问题的后面还设有备用问题，根据被访谈者的回答而灵活调整，适时追问。访谈内容循序渐进，先让教师结合自身经验谈自己对 STEM 教师教学能力的感悟，然后再对照两个结构模型提出对模型的看法和建议，从而检验两个中学 STEM 教师教学能力结构模型的现实效果与实践意义。

2. 访谈对象

考虑到我国很多中学的 STEM 教学由科学教师、信息技术教师等兼任，所以将调查范围扩大为开展、参与过"STEM＋"教育实践的教育工作者。为了提供访谈对象的代表性，笔者尽可能地选取了来自不同学科的一线 STEM 教师；为了保护被访者信息，教师姓名均以城市字母表示。访谈过程遵守被访者自愿参与的原则，对访谈内容严格保密。

表 7-1　　　　　　　　模型检验访谈对象的基本信息

教师	年龄	教龄	学段	教授学科	最高学历	专业背景
T 教师	25 岁以下	5 年以下	高中	信息技术	本科	软件工程
K 教师	41 岁	21 年	初中	信息技术	本科	计算机
X 教师	41 岁	21 年	初中	数学	本科	行政管理
Z 教师	36—40 岁	6—10 年	初中	物理	硕士	理论物理
H 教师	41 岁	6—10 年	——	——	博士	教育技术

最后确定了 4 位兼职 STEM 教师和 1 位 STEM 师资培训人员，基本信息见表 6-1。笔者提前将访谈提纲以及中学 STEM 教师教学能力结构模型发送给访谈对象，然后通过电话或网络语音的形式分别与访谈对象进行了半结构化访谈，每位采访时长约 40 分钟。

（二）访谈记录与分析

1. 访谈记录

为了方便整理访谈结果及梳理分析，在经过各位教师的同意后，对访谈全程进行了录音。借助"讯飞听见"软件将录音内容转换成文本，如图 7-1。转换过程中，被访者回答时的语气词、停顿等细节都遵照录音的原貌录入，以展示 STEM 教师的真实反应。

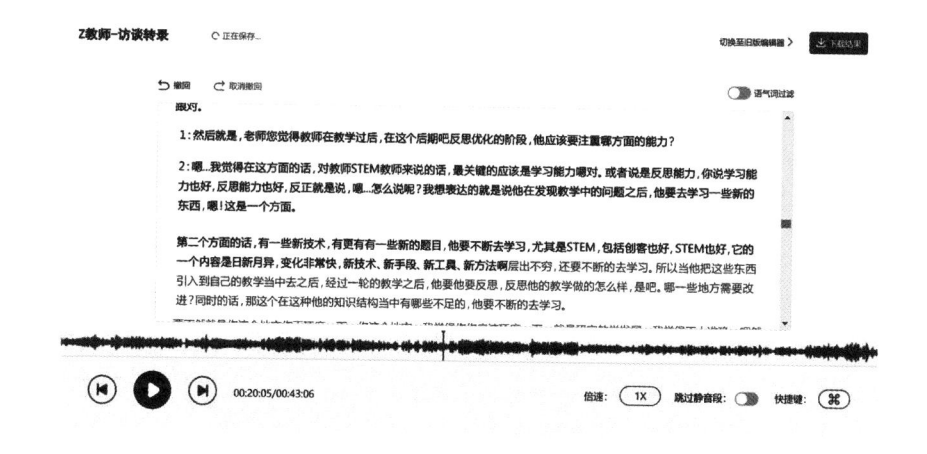

图 7-1 模型检验访谈内容的转录过程

依据访谈者的回答，归纳出 STEM 教师所认为的在教学不同阶段重要的 STEM 教学能力，然后与本书构建的结构模型进行对照，判断结构模型是否符合 STEM 教学实际，是否能够对 STEM 教师的教学能力有所提高。

2. 访谈分析

(1) 教师普遍感受到 STEM 教师教学能力的不同

了解 STEM 教育的特征与理念，是教师参与、开展 STEM 教学的前提条件。通过访谈发现，教师对 STEM 教育特征的认识程度有所不同。教师的教龄越高、职称越高，对 STEM 教育的认知越相对模糊；教师学历越高，对 STEM 教育的理解越透彻。这也印证了《中国 STEM 教育调研报告》当中的结论"STEM 教育能力与高学历低教龄挂钩"①。例如，Z 教师最高学历为硕士，教龄 6—10 年，对于 STEM 教育的特征，他谈道："按照我现在的理解，它的第一个特点肯定是跨学科，第二个就是情境性比较强，跟我们现实结合得比较紧密。同时，第三个具有协作性，一人完成不了，必须是好多同学在一起。另外，这个课程还必须有点趣味性，如果没有趣味的话，学生还是提不起兴趣。还有就是具有艺术性，你做出来的作品，如果不美观的话，也不符合 STEM 教育的要求。所以大概就这么几个特点。"该教师言简意赅，提到了 STEM 教学的跨学科、情境性、协作性、趣味性、艺术性。K 教师，教龄 21 年，副高职称。对于 STEM 教育的特征，她认为："我觉得，STEM 教育更大程度上体现学生的自主性，学生的动手操作能力。和传统课堂相比，无论从形式上还是内容上，都是一种变革。例如，内容上就是教学内容的整合性，形式上就是学生的座位安排是小组的形式，不再是横七竖八的样子。"虽然有一定的理解，但是认知不够清晰。

无论是被采访的 STEM 教师还是 STEM 师资培训者，均能认识到跨学科作为 STEM 教育最核心的特征，同时也都体会到 STEM 教育与传统教育的不同之处，以及 STEM 教育对教师教学能力的更高要求。例如，T 教师表示："传统的分科教育就是讲解为主，教师需要不断讲，可能讲就要占到整节课的 2/3，学生的练占 1/3；但是像 STEM

---

① 《中国 STEM 教育调研报告》，中国教育科学研究院 STEM 教育研究中心，2019 年 10 月。

来说的话，教师讲的其实不多，可能就是引导式地教，更多的是让学生自己去体验，在过程中去发现。所以说，教师教学能力还是和传统教师有很大不同的，但也不是说 STEM 完全不依靠教师，因为教师也要去做大量的准备。"教师原有的教学能力并不能适应 STEM 教学，那么在具体的 STEM 教学过程中，教师对教学能力的重要程度应该有怎样的感悟呢？

（2）学习新知、收集素材：教学准备的更高要求

在前期的教学准备工作当中，有 3 位教师认为学习能力比较重要。T 教师表示："STEM 课堂用的套件里面不只含物理的知识，可能还会涉及到编程、拼搭。举个例子，我们学校的海绵城市套件要先搭建完，然后教师引导学生去思考海滨城市整体的水循环利用，最后再来进行编程方面的内容。因为我是信息技术教师，我可能知道编程怎么编程，但是像什么水循环，包括某些物理、化学的知识，就超出了信息技术教师的能力范围，所以说在前期准备的时候，教师要先学习，搞清楚套件整体的工作原理。"

另外，X 教师、K 教师均提到了 STEM 教师的收集素材的能力。X 教师回顾学校刚刚开发 STEM 课程时，提出："它不像传统的数学课，有现成的教材、教参、各种辅导资料，而且还有其他教师的讲课，可以借鉴学习。当学校给你一门课来开发的时候，你会发现许多问题，如没有教材，你得摸着石头过河。你要收集案例、找教材，好不容易找到了某些素材，能拿来直接用吗？其实跟教学是有出入的，教师还要进行某些改良。"K 教师回顾之前的教学，说："我们讲海上战舰，让学生们知道船是怎么漂浮的，但是材料里面并没有水，没有可漂浮的东西。所以，还要帮学生准备某些材料，收集某些可能上课要用到的材料。"

（3）跨学科整合、教学组织：STEM 教学的必备法宝

对于 STEM 课堂教学，有 4 位教师都强调了组织能力。T 教师以为："STEM 课得对学生进行合理分组，或者说当发现分组不合理的时候，教师需要进行适时地调解，换一换，重新搭配一下。像有某些孩子脑子特别好，你让他们都去组，然后就会出现某些问题，有些组

做什么都特别快,但有的组可能发现自己落后了,就懒得干了,会影响他们的积极性。所以说,肯定每一组都要有不同特点的学生。而且,我认为高中的孩子,没有'我就非得跟他在一组'这种情结,不合适的时候就拆开重新分组。所以说,教师的分组能力挺重要的。"X 教师认为教师要具备"伯乐能力",他说:"'伯乐能力',也就是清楚每个学生的突出能力是什么,如说,有的是思维比较活跃、有的动手能力强、有的编程能力强、有的能说会道,这样才能把小组安排好。"

另外,每一位教师都认为跨学科能力在教学开展阶段重要。T 教师表示:"教 STEM 这种比较先进的学科,我们用的是项目式学习。然后套件里面包含各个学科的知识,如说,我们还有套件是智能苗圃,学生要学习包括某些什么土壤温度、土壤湿度、土壤检测,最后让苗圃亮起来。那么跨学科整合时,我就要不仅知道光控设置的操作,还要能够讲解土壤、温度的某些知识(如图 7-2 所示)。而且,教师还是要先讲某些的,教师要把跨学科的知识进行整合,不讲理论知识直接让学生操作,效果也不好。"

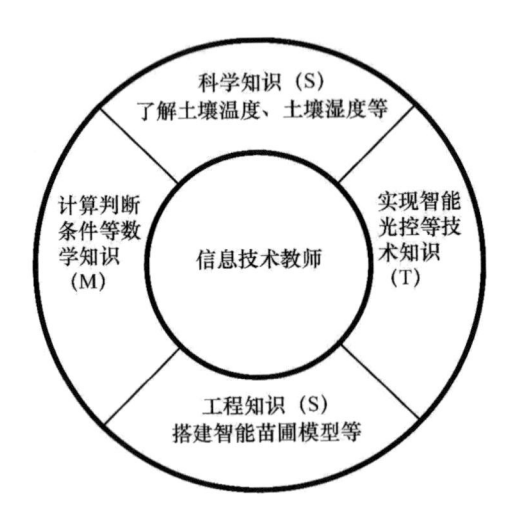

图 7-2　STEM 课程智能苗圃项目中信息技术教师的跨学科整合

(4) STEM 教学反思、教学创新：教学能力发展的重要途径

对于教学工作的后期教学发展阶段，所有的被采访者都认为 STEM 教师的反思能力不可或缺。K 教师作为高教龄教师，认为"在 STEM 教学发展阶段，反思很重要，教师能够知道自己教学的得失。教学反思是每个教师至少均能做到的，但是反思后不一定人人均能达到研究的水平。当然，反思、积累、冥想的过程有可能出现研究，但是教师需要一定的磨炼与成长"。Z 教师回顾自己的工作日常，说道："在课上，我会用各种方法把学生在活动过程遇到的问题收集起来，如拍照。一般上完这节课，我会把相关过程性材料整理一下；通过相关材料发现学生遇到的某些问题，把相关问题搞明白以后，及时反馈给学生，也是对自己教学的反思。或者，可以建立自己的教学日志，形成课题，这对于教师自己能力的提升，帮助是很大的。"

除了反思能力，参与 STEM 教师、创客教师培训工作的 H 教师认为，STEM 教师的创新能力也很必要。他表示："创客也好，STEM 也好，它的内容是日新月异，变化非常快，新技术、新手段、新工具、新方法层出不穷，教师还要不断地去学习。所以，当教师把相关东西引入到自己的教学当中去后，经过一轮的教学后，要反思自己的教学做的怎么样，是吧？同时，通过一轮的教学反思，针对某些问题，要去优化，不断地去创新。也就是说，反思是比较基础的，在反思的基础上要去优化和创新。"对于创新能力，Z 教师也有所感悟："对于教师来说，应该懂得更多，然后更多地创新教学，不能仅仅局限于一方面，应该用更好的方式去教课。举个例子吧，如说做一辆汽车模型，其实方式方法有很多。刚开始，我觉得 3D 打印最快捷有效，后来我接触到激光切割的时候，发现原来激光切割要比 3D 打印更加快捷，而且马上就能看出来效果，现场设计完以后三分钟就能打印出来。这样就可以提高教学的实效性，让学生当场就可以把作品分享给其他学生。所以说，教师要不断地创新教学。"

```
        教学创新能力
        STEM教学反思能力

      跨学科整合能力、教学组织能力

      学习新知能力、收集素材能力

   科学、技术、工程、数学（STEM跨学科目标）
```

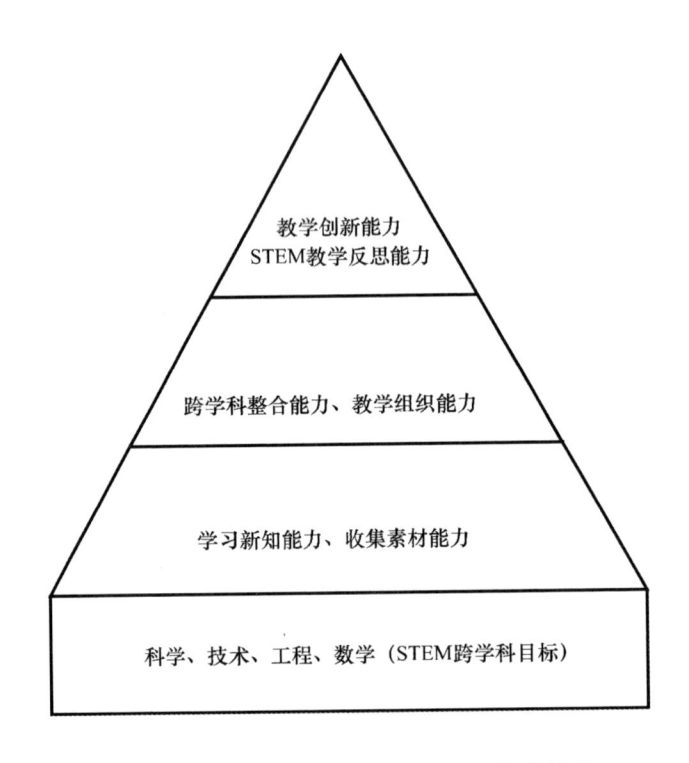

图 7-3　中学 STEM 教师认为的重要教学能力

（5）教师普遍认为自身教学能力有待提升，两个结构模型各有所长

STEM 教师对自己目前的教学能力如何评价？几乎所有的教师都认为自己的能力还不能完全胜任 STEM 教学。X 教师表示："如果设置三个维度：完全胜任、基本胜任、不能胜任，我觉得自己处于基本胜任，也就是勉强胜任这个阶段吧。STEM 教学方面，我需要提升的能力有很多，比如说学习能力。现在教育理念每年都在更新，如果不持续学习，理念很快就会过时了；而且 STEM 教育的跨学科性，教师要学习的技术也很多，比如 3D 打印技术、机器人编程。" H 教师表明："教师能力的提升，最关键的应该是学科综合能力和学习能力。"

对于本书构建的两个中学 STEM 教师教学能力结构模型，教师都给予了肯定评价。Z 教师表示："这个模型对 STEM 教师太有帮助了，现在的 STEM 教师处于一种摸着石头过河的阶段，看完这个模型有提升的感觉。尤其是中学 STEM 教师教学能力的递进结构模型，递进关系非常好，符合我们教师，包括学生的认知规律，模型对于规范教学流程也很有意义。只是我觉得，跨学科整合能力在三个阶段中都应该是具备的，因为它应该贯穿始终。"H 教师结合培训 STEM 教师的经验，表示："在看你这个结构模型的时候，我觉得这不仅仅是结构模型，它还相当于教学设计模型。结合了教学流程，在哪个阶段需要具备什么样的能力，就很清楚了。而且这三个层面，对教师教学能力的结构来说，它都是密不可分的。而且，教学能力的模型，应当说是对现有 STEM 教师教学理论研究的一种丰富。因为 STEM 教育在这种理论方面研究得还远远不够。另外，现在 STEM 教学这种理念的普及也不够，所以说，这个模型对现在的教师培训也很有价值。对于两个模型，我建议合二为一，合成互动模型，我不太赞同递进模型这种形式。"

STEM 教师根据教学的经验与感悟，表达了自己对 STEM 教学能力的真实想法。STEM 教师提到的教学能力，结构模型中也都有所包含。通过对 STEM 教师的访谈，发现两个模型各有千秋，但是也都存在某些不足之处。整体来看，本书构建的中学 STEM 教师教学能力结构模型得到了教师的普遍认可，说明模型能够在实际教学工作中发挥一定的作用；STEM 教师可以此模型为依托，提升自身教学能力，优化 STEM 教学效果。

二 模型检验的反思

（一）模型完善层面：互动结构模型的顺序性有待改进

STEM 教师对中学 STEM 教师教学能力结构模型表示肯定的同时，提出了某些完善意见。例如，Z 教师指出，该模型根据教学流程的顺序逐一展开，将比较抽象的教学能力依附于教师所熟悉的教学流程，不仅更便于教师理解与重视 STEM 教学能力，还能够规范 STEM 教师的教学流程；但教学流程的顺序性既可以是模型的稳定剂，也可能是模型的障碍。尤其在所构建的互动模型中，筹划教学活动、开展教学活动和研究教学发展三个层面各自为圆，圆的轮廓箭头是循环状态，并且起始位置并不清楚。教学能力之间真的如教学流程一样可以循环吗？通过实践应用，模型暴露出某些问题与不足，需要深入思考与验证。教师提的某些问题确实是该模型未来需要改进的方向。

（二）模型应用层面：学校的相关制度保障有待完善

在深入交谈的过程中，教师反映了在现实中推进STEM教育发展的现状与困境。某些困难是教师自身教学能力之外的因素所导致的，也是致使中学STEM教师教学能力结构模型难以顺利推广应用的原因。受访教师几乎都提到了学校对落实STEM教学的作用。学校的政策支持、理念引领、制度激励对STEM教师的影响不言而喻。在探索阶段的STEM教育本身就困难重重，若学校不给予重视，教师则更无自我提升的动力。因此，学校应该引导教师形成STEM教师共同体，加强教师之间的交流、协作与共享，共同提升STEM教学能力；出台制度保障STEM教师的教研时间与实施空间，协调教学工作量与薪酬待遇；提供经费支持教师参加STEM教学能力方面的培训，或邀请STEM教育专家到校指导等。

（三）模型推广层面："企业—教师—学生"教育服务生态有待推行

在刚开发STEM教育的学校，教师对STEM教材、教学设备的匮乏非常苦恼，而STEM教学较好的学校大多与教育企业保持合作。参与STEM教师培训的H教师表示，学校与教育企业、公司合作成为重要趋势，并且逐渐形成教育服务生态，如图7-4所示。教育企业会推出教育产品供学校STEM教学使用，而教师既是产品的使用者也是产品的反馈者。STEM教师将教学中自己遇到的问题、学生使用产品的体验等直接反馈给企业，然后企业根据教师的意见优化产品。T教师表示，企业提供的STEM套件、教案、教材等极大丰富了教学资源，但是材料都比较理想化，教师仍需要根据学校、学生的情况进行"本土化"改良。企业虽然会定期为学校教师进行培训，但只注重技

第七章 中学STEM教师教学能力的提升策略

术方面的训练，并不会涉及"如何教"方面的内容。若结合中学 STEM 教师教学能力结构模型，加强培训 STEM 教师的教学能力，教育服务生态将对 STEM 教学大有裨益。

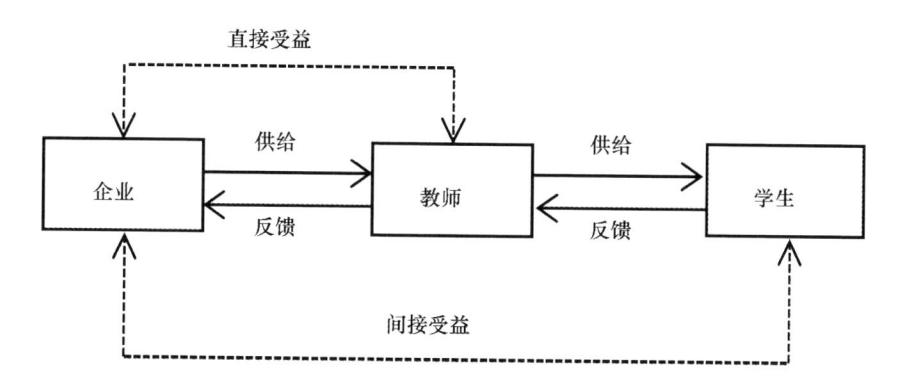

图 7-4 "企业—教师—学生"教育服务生态

第二节 应用评价指标体系提升中学 STEM 教师教学能力

中学 STEM 教师教学能力评价指标体系立足于 STEM 教学过程，将 STEM 教师教学能力细化为一系列可操作的具体指标。以评促改、以评促教，强化中学教师对 STEM 教学能力进行自我评价的意识，促进 STEM 教师的专业发展。本书为中学 STEM 教师建构了包含 5 个一级指标、15 个二级指标和 59 个三级指标的教学能力评价体系，同时通过因子分析验证了其科学性，并通过客观赋权法对各项指标赋予权重。中学 STEM 教师教学能力评价指标体系的应用对象为从事或参与科学、技术、工程、数学及相关学科的教育工作，并进行 STEM 跨学科整合的中学教师。而对于拥有不同教学条件、处于不同成长阶段的 STEM 教师而言，应用中学 STEM 教师教学能力评价指标体系时需要关注的重点不同。同时评价指标体系也可以为学校和有关部门开展教师跨学科教学能力排查与培训提供支持。

◈ 中学 STEM 教师教学能力评价与提升研究

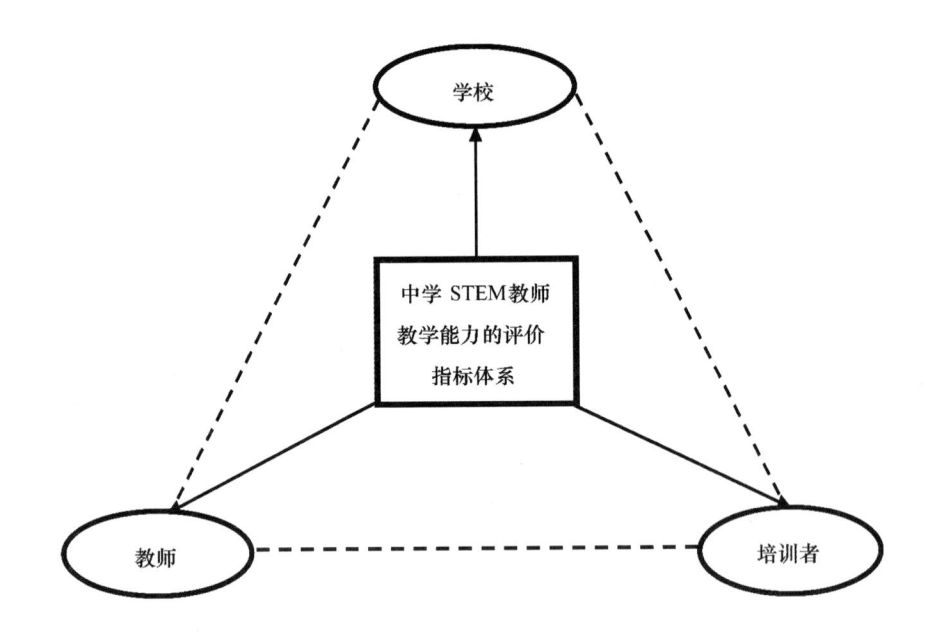

图 7-5 中学 STEM 教师教学能力评价指标体系的应用主体

一 学校应强化评价结果的反馈

学校是开展 STEM 教学的重要场所,STEM 师资水平极大地影响着 STEM 教学的开展。由于目前中学 STEM 教师一般由信息技术、物理、科学、综合实践活动等学科教师充当,所以中学 STEM 师资队伍一般由责任领导、不同学科教师以及教学设计人员构成。其中,责任领导负责把握 STEM 教学的整体进展,负责为 STEM 教学提供所需的资源空间等条件;教学设计人员(可由拥有丰富跨学科教学经验的学科教师担任)主要进行跨学科教学设计,负责协调不同学科教学间的内容安排;学科教师则作为跨学科教学的具体实施者,按照跨学科教学设计完成不同学科内容的教学分工。

中学 STEM 教师教学能力的评价指标体系对 STEM 教学的每个环节都提出了切实可行的评价指标,学校应将评价结果作为改进 STEM 教师教学和调整 STEM 教师队伍的重要依据,强化并重视 STEM 教师教学自我评价结果的反馈并改进。责任领导应将中学 STEM 教师教学能力评价指标体系作为统一评价的工具，对从事跨学科教学的教师展开评价，教学设计人员应根据学科教师自我评价的结果，将 STEM 教师跨学科教学水平划分为不同层次，并由专家型 STEM 教师对新手型 STEM 教师和熟练型 STEM 教师展开专项培训，及时调整跨学科教学设计和任务分配。

二 STEM 教师应注重评价过程的实施

为保证评价指标体系的应用效果，本书分别为学校、STEM 教师和培训者提供了应用建议。其中，学校应强化评价结果的反馈。新手型 STEM 教师重在把握跨学科教学能力框架；熟练型 STEM 教师应着力突破常规跨学科教学；专家型 STEM 教师要主动开展跨学科教学培训。而培训者则应根据培训对象调整评价内容。

（一）新手型 STEM 教师重在把握跨学科教学能力框架

新手教师一般指参加工作 1—3 年的新教师[①]。由于 STEM 教师一般由其他学科教师兼任，所以本书将新手型 STEM 教师定义为从事跨学科教学工作 1—3 年的学科教师。新手型 STEM 教师在进行 STEM 教学时易将跨学科教学当作不同学科知识间的线性组合，而忽略了学科间的联系。新手型 STEM 教师在开展教学时，应积极与熟练型 STEM 教师和专家型 STEM 教师展开交流讨论，通过同伴互评和自评把握跨学科教学能力的整体框架。中学 STEM 教师教学能力评价指标体系以传统教学过程为基础将教学能力划分为"STEM 教学准备、STEM 教学目标的阐明、STEM 教学策略的制定、STEM 教学技术的选用、STEM 教学评价"五个阶段，在每个教学阶段，又细化出与跨学科教学特征密切相关的二级指标，供新手教师把握每个阶段的关键要素。为方便新手型 STEM 教师实施，中学 STEM 教师教学能力评价指标体系进一步提供了操作性较强的三级指标，方便新手型教师直接用于一线教学，并在教学中及时对照和总结，更有助于新手型 STEM 教师的成长。

---

① 吴圣苓：《师典》，上海人民出版社 2004 年版，第 1399 页。

（二）熟练型 STEM 教师着力突破常规跨学科教学

熟练教师具有较好的职业道德、通晓教育学和心理学基本理论、接受和贯彻被实践证明是正确的教学原则、能较为熟练地驾驭常规教学。[①] 熟练型 STEM 教师指具备一般熟练教师的基本素养，并能够熟练地驾驭常规跨学科教学的教师。熟练型 STEM 教师处于新手型 STEM 教师和专家型 STEM 教师的中间阶段，在 STEM 教学的过程中，能够遵守跨学科教学的一般规律，实施跨学科教学的常规流程。而由于日常教学中教学条件、学生基础的差异性，熟练型 STEM 教师往往更善于在其熟悉的环境中开展 STEM 教学，拓展性不足，不能较好地形成独特的跨学科教学模式。中学 STEM 教师教学能力评价指标体系设计了"分析中学生的学习特征、分析中学生跨学科学习的初始能力、分析 STEM 教学环境、分析跨学科教学内容、阐明跨学科的知识目标、阐明问题解决的能力目标、阐明创新培养的价值目标创设真实情境、设计引导问题、开展基于设计的学习活动、引导团队合作与交流、应用多元化教与学技术、联合跨领域评价主体、采用多元评价方式、实施跨学科内容评价"共 15 项较为概括的跨学科教学能力指标，能够帮助熟练型 STEM 教师找准教学中存在的不足，并结合自身优势，将已有经验提炼总结形成可供延伸或推广的教学模式，作为新手型 STEM 教师开展教学实践的重要依据。

（三）专家型 STEM 教师主动开展跨学科教学培训

专家教师是个体发展的高水平阶段，具有视野广阔、见解深刻、品质优良、风格独特、技能精湛等特点。[②] 专家型 STEM 教师指能够从教育发展的视角，把握跨学科教学的本质特征，并在跨学科教学实践中形成独特的行之有效的技能。专家型 STEM 教师在推广和发展 STEM 教学实践方面具有重要作用。政府各级部门应发挥专家型

---

① 叶澜：《中国教师新百科》（中学教育卷），中国大百科全书出版社 2002 年版，第 151 页。

② 叶澜：《中国教师新百科》（中学教育卷），中国大百科全书出版社 2002 年版，第 151 页。

STEM 教师的引领和带动作用，开展 STEM 教学的系统化培训。中学 STEM 教师教学能力评价指标体系作为较为基础和详细的教师教学能力自评工具，较贴近大部分一线 STEM 教师的教学需求。专家型 STEM 教师在其丰富教学经验的基础上，将中学 STEM 教师教学能力评价指标体系作为辅助培训工具，应用于培训前的诊断性评价、培训中的过程性评价及培训后的总结性评价。通过中学 STEM 教师教学能力评价指标体系的评分数据，分析学员教师在培训过程中存在的问题和原因，不仅可以帮助学员教师清晰定位学习情况，同时也能帮助专家型 STEM 教师在培训中及时调整培训计划和方案，更好地了解自身认识和现实情况的差距。

三 培训者应根据培训对象调整评价内容

培训是推广跨学科教学理念、提升教师跨学科教学能力的重要途径和手段之一。《教育部关于实施全国中小学教师信息技术应用能力提升工程2.0的意见》指出省级教育行政部门要整合多方资源，通过实施专项培训、组织多校协同的跨学科教学研修活动等方式，打造一批基于信息技术开展跨学科教学的骨干教师。通过培训，可以有效提升教师对跨学科教学的理解，系统训练和提升教师的跨学科教学能力。

评价指标体系面向中学 STEM 教师，从常规性教学流程入手，为中学教师开展跨学科教学提供可操作的指标，鼓励他们尝试跨学科教学。国家有关部门则可通过国培和省培等形式开展学科教师的跨学科教学培训，并将评价指标体系作为学员的参考使用指南，辅助学员教师加深对跨学科教学的理解，为其实施跨学科教学提供一定支持。同时，培训组织者也应根据培训对象的特质和基础，结合专家意见和调研数据调整评价指标体系的内容。对于拥有跨学科教学经验的教师，评价指标体系可作为培训前后的自我评价工具，加深其对跨学科教学的理解；对于跨学科教学经验尚浅的教师，评价指标体系则可作为培训内容的一部分，用于培训的实践环节，辅助其设计和开展跨学科教学活动。

第三节 通过教师共同体提升中学STEM教师教学能力

伴随技术的成熟与应用,人们的教育观念逐渐转变,教育模式也取得突破与创新。近几年,STEM教育以"提高学生STEM素养,培养创新人才"为宗旨,在教育领域备受关注。STEM教育的核心特征为跨学科教学,对教师的知识储备、教学技能、能力素质等提出了更高的要求。其中,STEM教学是实现STEM教育育人理念的最重要环节。因此,STEM教师教学能力的提高,STEM师资力量的加强至关重要。

在教育信息化背景下,我国已经出现了许多教师专业发展的新模式,共同体便是其中之一。教师共同体可以有组织、有计划、有目的地开展跨学科教学的研究与实践,有助于STEM教师的专业发展,提升STEM教师教学效能感,改善STEM教学质量。因此,通过探讨中学STEM教师教学共同体的构成要素、特点及其发展策略,促进中小学STEM教师专业发展,加强基础教育阶段的数学、科学,尤其是工程和技术课程的师资力量,以期为STEM教师队伍建设提供参考。

一 教学共同体是促进STEM教师发展的重要途径

由于STEM教育跨学科整合的特点,传统教育中的STEM教师常常在实际教学过程中面临着许多问题:如何加强各科教师间的配合?如何巧妙地融合各科知识?怎样实现合作与资源共享等。在STEM教师间建立共同体,是解决问题的可行途径。近年来,研究者们提出了许多"共同体"概念,如"实践共同体""专业共同体""学习共同体"等。相关共同体侧重点略有不同,但都是以促进教师专业发展为目标。教学能力作为教师职业能力的枢纽,其作用与影响不容忽视。STEM教师的教学能力会直接影响STEM教育的实施效果和教学质量。

因此，有必要创建中学 STEM 教师教学共同体，促进 STEM 教师的成长，以推动 STEM 教育的发展。结合相关研究理论，中学 STEM 教师共同体需要具备以下几个构成要素，如图 7-6 所示。

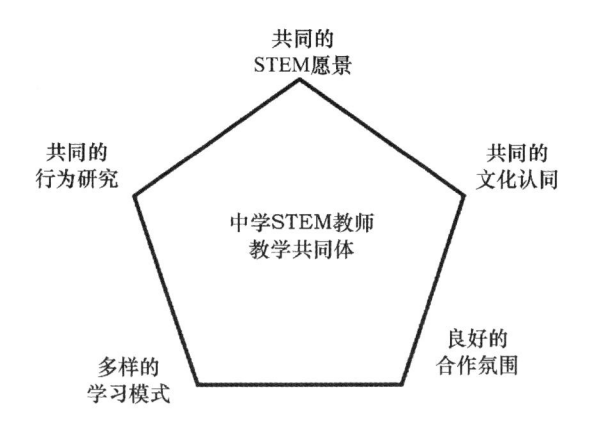

图 7-6 中学 STEM 教师教学共同体构成要素

（一）共同的 STEM 愿景，引导教师教学能力提升

共同愿景可以理解为共同体成员在 STEM 教育教学中一致的使命与目标，而这种共同愿景是针对"什么是有价值的 STEM 教与学"的理解。共同愿景是建立 STEM 教师共同体的基础，是共同体持续开展学习并发挥作用的维持系统；共同愿景是推动共同体行动的内在动力，是每个成员与共同体共同奋斗的发展方向。中学 STEM 教师共同体的 STEM 愿景由成员沟通讨论共同制定。成员不仅要理解共同体存在的必要性与重要性，而且要坚持 STEM 教师教学共同体的目标；明确自我负责和对彼此负责的共同体规范，对支持和促进学生 STEM 学习保持责任感。

（二）共同的文化认同，优化教师教学能力提升

不同的学科教师有不同的文化风格，而不同学科教师拥有的文化具有本质的相似性和表现形式的相异性。例如，两个由不同学科教师组成的 STEM 教学共同体，其文化本质都是对 STEM 教育理念的认同，而区别在其不同形式的学科教学表现形式。中学 STEM 教师教学共同体为 STEM 教师专业发展提供了一种 STEM 教育的文化氛围。在共同体内，来自不同学科的教师基于这个平台，分享收获与困惑，互相学习与帮助，建立默契与信任；了解不同学科的知识，明确 STEM 教师的角色定位，逐渐形成跨学科视角；提升从事 STEM 教学的信念与责任感，为达到 STEM 教师间良好的教学合作奠定基础。

（三）良好的合作氛围，支持教师教学能力提升

STEM 教育强调教师的跨学科教学能力。因此，共同体中不同学科的教师应加强交流与合作，避免局限因在较小的封闭体内而故步自封。良好的合作氛围对发展中学 STEM 教师共同体有着举足轻重的作用，还应具有如下特征：（1）自愿平等性。STEM 教师教学共同体是教师自愿参与的组织，成员之间地位平等；所以，开展合作要以自发自愿、互相尊重为原则。（2）协作互动性。协助互动性的交流可以实现教师共同体成员之间的信息交流，达到知识建构、知识共享的目的，达到促进 STEM 教师专业发展的共同愿景。（3）多元性。STEM 教育强调跨学科教学，共同体应支持多样的内容、多元的合作，让各种不同的见解、模式、风格共存，包容而和谐，和而不同，这将使 STEM 教师共同体的合作氛围更加浓厚。

（四）多样的学习模式，支持教师教学能力提升

多样化的学习模式可以引领 STEM 教师进行基于问题的学习机制。STEM 教师应该不仅针对自己的教学问题而学习，为提升自己的教学能力而学习，还要面向学生的发展而学习，为 STEM 教育的发展而学习。除了传统的面对面交流探讨之外，实时在线讨论交流、线上线下相结合等模式都可以使得 STEM 教师间的分享更加便捷、有效，也为教师共同体与 STEM 领域专家的联系提供了可能。例如，网络视频学习、观摩公开课、线上线下"一帮一"等。通过多种学习模式，加深教师对 STEM 理念的理解和辨识，更准确地把握 STEM 教育的教学情境。

(五) 共同的行动研究,实现教师教学能力提升

行动研究是教师对自己的教学现象进行反思,分析并改进教学以提高教学效果的一种探索性研究方法。行动研究是中学 STEM 教师教学共同体深入实践研究教学问题的重要途径,也是把理论进行应用和检验的过程。共同体通过合作对话与分享性活动开展共同的行动研究,从发现 STEM 教学问题、提出假设、拟定问题研究方案和具体步骤,到 STEM 教学实施、教学反思,共同探讨和研究教学实践中遇到的问题,以集体的合力,共同审视并攻克教学难题,形成改进教学实践的方案或措施,促进 STEM 教育的进步。另外,在共同体内部适当组成以单学科为单位的团体,以便对学科问题进行更深入的研讨,也是对 STEM 教师教学共同体的有益补充。

二 中学 STEM 教师教学共同体的特点

STEM 教育提倡培育学生的动手能力与创新思维,STEM 教师作为课堂教学的主导者更需要具备相关能力与素养。因此,STEM 教师教学共同体立足于 STEM 教学实践,具有教学实践性、学习研究性、活动合作性和资源共享性等显著特点。深入了解相关特点有助于科学管理中学 STEM 教师教学共同体,促进 STEM 教师队伍的建设。

(一) 开展实践性教学研讨,支持教师教学能力提升

教学能力的提升不能脱离教学实践。中学 STEM 教师教学共同体运行于教师,作用于学生,具有很强的实践情景性。正因为它的实践性,使得教师教学共同体和学生发展、课程改革与教育信息化密切相联系。教师教学共同体的运作流程主要包括课前、课中和课后相互关联的三个阶段,如图 7-7 所示。教师教学共同体在运作上分为课前,课中和课后阶段,实现"教师需求分析——STEM 教学方案调整"的循环和运动。根据中学教师的需求和新课程的要求以及自我对中学教师教学问题的诊断,共同体帮助教师提升对 STEM 理论的认识,并通过实践完成 STEM 教师对理论的内化和实现教学能力的提升。

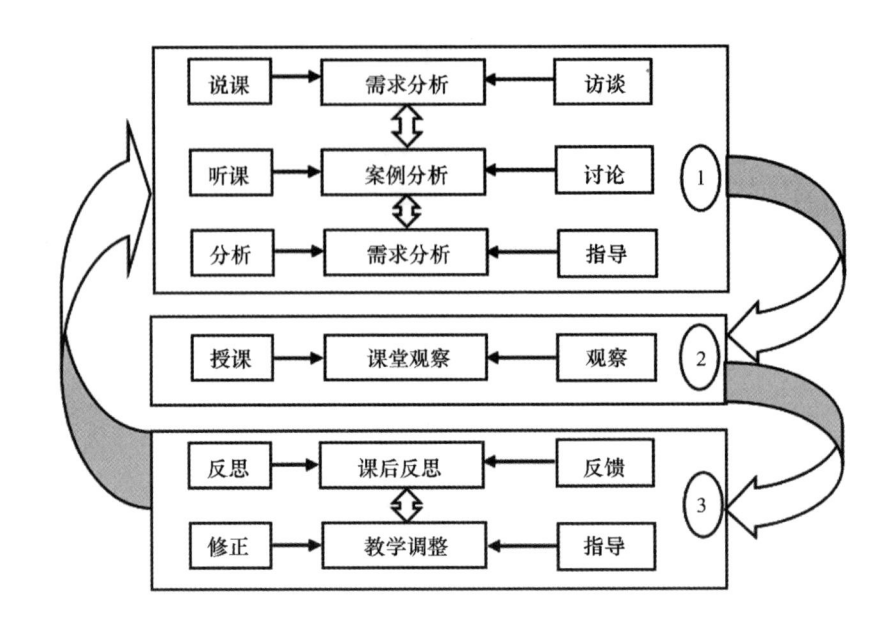

图 7-7 中学 STEM 教师教学共同体运作流程

（二）实行研究性学习，实现教师教学能力提升

中学 STEM 教师教学共同体其实质是教师学习的共同体，是教师自主发展的平台。教师的自主发展并不是单靠教师个人的能力，而是借助共同体进行研究性学习活动，形成教、学、研合一的教师专业生活方式。中学 STEM 教师教学共同体中的学习研究为合作性的同伴研究，以研究 STEM 教学中遇到的问题、改进 STEM 教学为主要活动内容，以对问题情景创设、指导动手操作、教学调控等过程的反思为基础，以 STEM 教育理念为依据，从实践中总结 STEM 教学的内在规律。在反思、认知、研究的过程中，熟悉 STEM 教学步骤和措施，提高教学研究能力。

（三）进行合作性活动，优化教师教学能力提升

中学 STEM 教师教学共同体要让每个教师无论是核心成员还是处于边缘位置的成员均能参与共同体的活动并从中获得成长。所以，合作性是保障共同体成员持续共享、共同发展的显著特点。并且，

STEM 教育要求教师实施跨学科教学，培养学生运用多学科的知识解决问题的能力。因此，共同体组织的活动应该主张教师在合作中相互学习、相互激励，形成相互依赖的系统，从而加快自主发展的步伐。

（四）实现资源共享，支持教师教学能力提升

中学 STEM 教师教学共同体成员之间的交流、协作与交互等过程必须以教学资源的共享为前提。教师教学共同体为教师交流学习提供了空间，为实现知识分享、资源共享提供了契机。共享与创新两者是相辅相成的关系。STEM 教师教学共同体积累并整理较好的 STEM 教学案例，建设课程、教学资源库；STEM 教师通过共同体获得教学素材、整合教学内容、创新 STEM 教学方法来辅助课堂教学；再分享心得、传播资源，不断地回馈到共同体的资源库中供全体成员共享，形成个体资源与共同体资源之间的良性循环。

三 中学 STEM 教师教学共同体的发展策略

中学 STEM 教师教学共同体在提升教学实践、促进学校生态文化的转变以及应对变革的不确定性等方面发挥重要作用。2018 年 11 月，四川省 STEM 教育发展研究共同体正式成立；2018 年 10 月，浙江省 7 所学校联合成立城乡 STEM 教育协同创新共同体。2019 年 11 月，陕西省举办"智慧教育"论坛，陕西 STEM 教育协同创新中心助力延安共同体发展。为了更好地促进中学 STEM 教师教学共同体发展，特从以下方面探讨其发展策略。

（一）构建网络交流共享平台，支持教师跨学科教学教研

在教育信息化背景下，构建基于网络的 STEM 教师交流平台是教师开展学习、交流、对话、共享的环境基础。网络平台可以跨越空间的阻碍，连接不同学校、不同地域的 STEM 教师；网络平台可以突破时间的局限，实现随时随地共同体学习。因此，中学 STEM 教师教学共同体应该积极探索基于网络环境的实施策略，充分发挥网络平台的作用，拓展传统的教师专业学习的内容与形式；建立"晒课"教学资源库，汇集优质 STEM 教学资源和教学案例供共同体成员学习、模仿，提高 STEM 教师的专业水平，促进 STEM 教育的发展。

（二）建立专家引领机制，引导教师跨学科教学活动

教师在专业的持续发展中，需要全方位、多层面的引导：一是精神引领，由思想领袖、知名专家等提供；二是日常引领，安排专门人员组织具体实践活动。一方面，STEM 教育作为一种新型的教育范式，离不开 STEM 领域专家的引领。中学 STEM 教师教学共同体应该打造稳定的专家引进和保有机制，确保向教师提供持续的专业发展支持。另一方面，中学 STEM 教师教学共同体要强调共同体中领军教师的引领机制，即不同方面的优秀教师对共同体其他成员的引导和影响，其目标在于建立共同体的内部领导力。专家引领机制能够传播最前沿的教育思想和技术，唤醒 STEM 教师专业发展的自觉性，增强教师探索的成就感。

（三）建立校长参与机制，管理教师跨学科教学活动

教师专业素质和教学水平直接关系到学校的生存和学生的发展。因此，可以建立校长参与机制，为 STEM 教师教学共同体提供制度保障与经费支持。中小学校长应充分理解 STEM 教师面临的挑战及 STEM 教师教学共同体的意义，将 STEM 教师教学共同体作为改善学校 STEM 教学情况的策略之一，并坚定对 STEM 教师教学共同体的领导意志。校长还应鼓励多学科教师参与 STEM 教师教学共同体，增强校内教师 STEM 教师教学共同体的组织文化；创设合作的组织架构，协调合作的时间和空间，在学校日程安排中预留出共同体学习时间。另外，校长要参与对 STEM 教师教学共同体成果的评价与验收，确保 STEM 教师的工作落到实处。

第八章 研究总结与展望

第一节 研究结论

本书以中学 STEM 教师为对象，以中学 STEM 教师教学能力薄弱为具体问题，以构建中学 STEM 教师教学能力结构模型和评价指标体系为目标，以促进 STEM 教师专业发展为方向开展研究。在分析 STEM 教育特征、反思教师教学能力结构模型研究的基础之上，运用文献分析法编码教学能力要素、筛选 STEM 教师教学能力条目、制定中学 STEM 教师教学能力结构模型和评价指标体系，并结合访谈法检验所构建模型和评价指标体系的准确性和适用性。

一 制定了中学 STEM 教师教学能力结构框架

本书在 TPACK 理论的基础上，从相关研究成果中整理 STEM 教师的教学能力要素，并运用相关软件量化处理，筛选出中学 STEM 教师教学能力结构框架的维度。考虑能力结构理论的基本性质，引用其他学者的相关研究量表充实中学 STEM 教师教学能力结构框架，确保了框架的表面效度，并通过走访让专家审阅框架维度与各指标的适当性，提高了框架的内容效度。通过科学的研究方法，严谨的制定过程，最终得出了中学 STEM 教师教学能力结构框架。其包括 3 个一级维度（筹划教学活动、开展教学活动、研究教学活动）、9 个二级维度（STEM 教学需求分析、STEM 教学设计、STEM 资源开发、STEM 教学实施、STEM 教学组织、STEM 教学评价、STEM 教学反思、

STEM 教学优化和 STEM 教学创新），以及 24 个具体条目。

二　构建了中学 STEM 教师教学能力结构模型

经过德尔菲法对能力要素的修订，以洋葱模型的基本思想为指导，最终构建出了中学 STEM 教师教学能力的递进结构模型和中学 STEM 教师教学能力的互动结构模型。在中学 STEM 教师教学能力的递进结构模型中，教学能力的筹划教学活动、开展教学活动和研究教学活动三个层面构成了从表层到里层、从低阶到高阶不断发展的递进连续整体，具现了中学 STEM 教师教学能力的内部层级关系：筹划教学活动层面包含 STEM 教师的基本能力，开展教学活动层面包含 STEM 教师的关键能力，研究教学发展层面包含 STEM 教师的核心能力。在中学 STEM 教师教学能力的互动结构模型中，反映了 STEM 教师在教学的不同阶段所具备能力之间的互联互通关系：教学筹划层面与教学开展层面产生 STEM 教学能力的支持与反馈，教学开展与教学研究层面彼此为 STEM 教学能力的呼应与转换，教学研究与教学筹划层面组成 STEM 教学能力的互补与循环，充分体现出 STEM 教师教学能力结构的动态性、系统性与整体性。

两个模型虽然形态不同，但是区域划分清晰，结构合理完整，整体设计均符合系统建模和教育教学的要求，都展现了中学 STEM 教师胜任 STEM 教学所需具备的能力以及能力之间的结构。相比其他教师能力模型，本书所构建的模型更加聚焦教师课堂教学方面的能力。相比传统教师教学能力模型，本书所构建的模型更加突出 STEM 教学的特点以及对 STEM 教师的更高能力要求。相比其他 STEM 教师教学能力模型，本书所构建的模型以 STEM 教师教学工作的课前、课中、课后的顺序为主线深入教学能力，符合 STEM 教师的认知习惯与专业发展规律。

未来将进一步走近中学 STEM 教师及 STEM 教学的参与者、组织者，通过模型应用者的视角，验证了中学 STEM 教师教学能力结构模型的现实效果。本书构建的两个中学 STEM 教师教学能力结构模型均得到了认可,内容翔实、结构良好、实用性较高。同时,也发现所构建的教学能力结构模型有待进一步完善,模型的应用需要学校的大力支持,模型的推广需要 STEM 教育服务生态的优化。

三 建构了中学 STEM 教师教学能力的评价指标体系

通过检索相关文献,发现面向中学 STEM 教师教学能力的评价指标体系较少,已有的 STEM 教师教学能力评价指标体系研究中,关于教师自我评价的研究较少,而且难以迁移到教学实践中。此外,中学 STEM 教师教学能力评价指标体系的建构中缺乏较为规范的方法,应采用质性和量化相结合的方式建构并验证评价指标体系。

本书利用文献分析法、问卷调查法和访谈法等一系列科学的研究方法,建构了中学 STEM 教师教学能力评价指标体系,包含 5 个一级指标、15 个二级指标和 59 个三级指标。具体为:基于当前中学 STEM 教师教学能力评价的现状,从教学过程的角度出发,遵循"客观性与科学性原则""系统性原则""可操作性原则""学科特色原则"的原则,在 TPACK 理论、能力的层次结构理论和教学过程最优化理论的指导下建构了中学 STEM 教师教学能力评价指标体系。首先,依据教学设计的一般模式设计了中学 STEM 教师教学能力评价指标体系的一级指标,并通过文献分析法选取中学 STEM 教师教学能力评价指标体系的二级和三级指标。其次,通过走访专家和同伴评价进一步修订二级和三级指标。再次,利用问卷调查法将设计好的三级指标转化为"中学 STEM 教师教学能力评价指标评分表"并通过网络和现场发放的形式发放。对回收的有效问卷,采用探索性因子分析删去不合格的指标,并利用验证性因子分析验证三层指标之间的关系。最后,邀请 STEM 专家进行访谈,再次对指标的关系进行验证;采用因子赋权法对评价指标赋权后确定"中学 STEM 教师教学能力评价指标体系"。

四 为学校、STEM 教师和培训者提供评价指标体系的应用建议

本书旨在为中学 STEM 教师设计可操作性较强的自我评价工具,

不仅可以分别为新手型 STEM 教师、熟练型 STEM 教师和专家型 STEM 教师提供应用的建议，还能为中学调整 STEM 师资队伍、有关部门开展跨学科教学培训提供依据。

为此，学校应强化评价结果的反馈；新手型 STEM 教师重在把握跨学科教学能力框架；熟练型 STEM 教师着力突破常规跨学科教学；专家型 STEM 教师主动开展跨学科教学培训；培训者应根据培训对象调整评价内容。

第二节 研究反思

一 对 STEM 教师团队未及时关注

STEM 教师团队是实际教学中 STEM 教师发展的重要形式。在较早实施 STEM 教育的美国，STEM 教学是由三个以上的学科教师组成的 STEM 教师团队来完成的。本书在探讨过程中注重个体教师，但未及时关注 STEM 教师团队，在模型中也没有强调教师之间的合作等。考虑到 STEM 教育的跨学科教学特点，有必要关注 STEM 教师团队的组建与教学能力的发展。

二 模型的跨学科性有待进一步凸显

研究从传统教师教学能力要素中总结 STEM 教学的必备能力，结合 STEM 教育文献筛选中学 STEM 教师教学能力要素。尽管该模型符合 STEM 教学的规律，但没有明显突出 STEM 教学的跨学科特性，有待足够的解剖跨学科教学能力。此外，由于受时间和环境的制约，本书在中学 STEM 教师教学能力结构模型的修正过程中未能实施《2019 年地平线报告（高等教育版）》的改进版德尔菲法；在模型验证阶段，通过访谈形式了解了模型与 STEM 教师教学的适切性与实用性，收集到的信息和数据较少。

三 扩大应用对象的范围

由于 STEM 教育处于发展阶段，STEM 教师样本获取相对困难。

本书在调研阶段获取的样本数量不够丰富。为保证数据的有效性，在探索性因子分析和验证性因子分析中未能区分样本进行验证，使得研究结果存在一定的局限性。

由于全职的中学 STEM 教师较少，为了合理取样，在模型验证阶段尽量调查了不同学科的教师。但在有限的时间与能力范围内，只联系到在校兼任 STEM 教学的信息技术教师、物理教师和数学教师，均为理科教师，未能采访到美术教师、英语教师等文科教师，应用对象不够全面。

第三节　研究展望

一　关注 STEM 教师团队，探究团队的教学能力

在研究对象中增加 STEM 教师团队，讨论中学 STEM 教师团队的合理结构、教师能力建设以及跨学科整合机制。专业化的 STEM 教师团队应尽量涉及 STEM 相关的多个学科，如信息技术、物理、数学、生物、美术等学科。因此，中学 STEM 教师教学能力结构模型应该既包括 STEM 相关的单一学科教师的跨学科教学能力要求，也包括教师合作教学的能力配合与协调。后续研究中将实地采访某些学校的 STEM 教师团队，探究中学 STEM 教师团队协同开展 STEM 教学的能力要素。

二　优化定量研究方法，修改教学能力结构模型

通过查阅相关资料，深入了解怎样进行跨学科、STEM 教师应该如何开展跨学科教学等问题，充实模型的内容，使中学 STEM 教师教学能力结构模型更加具有代表性。在构建出模型后，将增加结构方程模型来验证模型的稳定性；在模型检验阶段，可以走入 STEM 教师培训开展问卷调查，更深入地了解中学 STEM 教师对模型的评判情况。对于访谈过程中 STEM 教师对模型提出的不足和改进意见（如互动结构模型的方向性模糊，工程、科学等学科体现不足等），在后续研究中进一步思考与完善。

此外，相关研究结论为开展跨学科教学的中学教师提供了某些可供操作的指标，但在相关方面需要加以改进。在建构评价指标体系时，应采用专家咨询法与问卷调查法结合的方式，将质性研究方法和量化研究方法相结合，增加研究的科学性。在评价指标体系的验证阶段，扩大访谈对象的数量和类型，并为不同访谈对象分别设计访谈提纲，增加访谈的多样性。

三 扩大应用对象，更大范围推广研究成果

相关研究结论的应用对象主要局限于少数省份，后续研究可以联系更多省市的 STEM 教师作为调查对象。在推广成果方面，中学 STEM 教师教学能力结构模型不同地区、来自不同学科的 STEM 教师均具有应用价值，对学校管理者制定 STEM 教师评价标准、应聘 STEM 教师等工作的开展均具有实用价值，对教育企业制定培训内容与目标均具有参考价值。因此，应该通过多种渠道积极推广研究成果，提升中学 STEM 教师教学能力。

参考文献

一 中文文献

(一) 书籍类

[美] 布卢姆：《教育目标分类学》（第二册：情感领域），施良方、张云高译，华东师范大学出版社1989年版，第16页。

[美] 詹姆斯克莱恩等：《教师能力标准———面对面、在线及混合情境》，顾小清译，华东师范大学出版社2007版。

陈安福：《教学管理心理》，福建教育出版社1988年版。

戴海崎、张锋：《心理与教育测量》（第四版），暨南大学出版社2018年版。

风笑天：《社会研究方法》（第四版），中国人民大学出版社2013年版。

康锦堂：《教学能力结构及测评》，厦门大学出版社1991年版。

李春生：《中国小学教学百科全书》（教育卷），沈阳出版社1993年版。

李进才：《高等教育教学评估词语释义》，武汉大学出版社2016年版。

罗国勒、罗昕、蒋天颖等：《系统建模与仿真》，高等教育出版社2011年版。

罗树华、李红珍：《教师能力学》，山东教育出版社2005年版。

潘懋元：《高等学校教学原理与方法》，人民教育出版社1996年版。

孙小礼：《科学方法中的十大关系》，学林出版社2004年版。

汪基德：《现代教育技术》，高等教育出版社2011年版。

王雁：《普通心理学》，人民教育出版社2002年版。

王重鸣：《心理学研究方法》，人民教育出版社2000年版。

乌美娜：《教学设计》，高等教育出版社1994年版。

吴明隆：《问卷统计分析实务——SPSS操作与应用》，重庆大学出版社2009年版，第194页。

吴圣苓：《师典》，上海人民出版社2004年版。

徐国祥：《统计预测和决策》，上海财经大学出版社2005年版。

许志国：《系统科学》，上海科技教育出版社2000年版。

叶澜主编：《中国教师新百科（中学教育卷）》，中国大百科全书出版社2002年版。

张祖忻、章伟民：《教学设计——原理与应用》，高等教育出版社2011年版。

中共中央宣传部：《习近平总书记系列重要讲话读本》，人民出版社2016年版。

钟组荣：《教师专业发展指导》，中央广播电视大学出版社2006年版。

（二）期刊类

叶澜：《新世纪教师专业素养初探》，《教育研究与实验》1998年第1期。

柏毅、庞谦竺、信疏桐：《STEM教育评价的内容与策略》，《中国民族教育》2018年第1期。

蔡苏、王沛文：《美国STEM教育中社会组织的作用及对我国的启示》，《中国电化教育》2016年第10期。

常咏梅、张雅雅、金仙芝：《基于量化视角的STEM教育现状研究》，《中国电化教育》2017年第6期。

陈德良、周萍：《教师教学发展的路径探讨》，《教育理论与实践》

2011年第9期。

陈刚、石晋阳：《创客教育的课程观》，《中国电化教育》2016年第11期。

陈鹏、田阳、黄荣怀：《基于设计思维的STEM教育创新课程研究及启示——以斯坦福大学：d. loft STEM课程为例》，《中国电化教育》2019年第8期。

丁杰、蔡苏、江丰光、余胜泉：《科学、技术、工程与数学教育创新与跨学科研究——第二届STEM国际教育大会述评》，《开放教育研究》2013年第2期。

丁明磊：《美国STEM教育计划对我国科技创新人才培养的启示及建议》，《全球科技经济瞭望》2015年第7期。

董泽华：《美国STEM教育发展对深化我国科学教育发展的启示》，《教育导刊》2015年第2期。

董泽华：《试论我国中小学实施STEM课程的困境与对策》，《全球教育展望》2016年第12期。

窦颖梅：《中小学创客教育和STEAM教育发展现状调查与对策研究——以河南省为例》，《数字教育》2019年第3期。

杜萍：《当代中小学教师基本教学能力标准的研制与反思》，《课程·教材·教法》2011年第8期。

杜文彬、刘登珲：《美国整合式STEM教育的发展历程与实施策略——与Carla Johnson教授的对话》，《全球教育展望》2019年第10期。

方旭、史妮娜：《我国中小学教师STEM教育现状的实证研究》，《中国教育信息化》2018年第3期。

冯善斌：《教师教学实践能力的生成》，《河北教育》2007年第1期。

傅骞、刘鹏飞：《从验证到创造——中小学STEM教育应用模式研究》，《中国电化教育》2016年第4期。

甘晓雯：《STEM教育中教师的关怀素养》，《现代中小学教育》2019年第10期。

高巍、刘瑞等：《培养卓越 STEM 教师：美国 UTeach 课程体系及启示》，《开放教育研究》2019 年第 2 期。

高伟康：《对国内外文化响应型教师的培养的反思与前瞻》，《科技经济导刊》2016 年第 18 期。

光善慧：《基于高阶思维的中小学 STEM 课堂教学评价的实证研究》，《教学管理与教育研究》2020 年第 17 期。

何克抗：《新课改 新课堂 新跨越——教育系统如何实现信息技术支持下的重大结构性变革》，《现代远程教育研究》2013 年第 4 期。

霍力岩：《教育的转型与教师角色的转换》，《教育研究》2001 年第 3 期。

江丰光、蔡瑞衡：《国内外 STEM 教育评估设计的内容分析》，《中国电化教育》2017 年第 6 期。

姜浩哲、黄子义：《STEM 教师教育的现实挑战与应对策略——访澳大利亚社会科学院院士 Lyn English 教授》，《中国电化教育》2020 年第 12 期。

蒋国华、方勇、孙诚：《科学计量学与同行评议》，《中国科技论坛》1998 年第 6 期。

金慧、胡盈滢：《以 STEM 教育创新引领教育未来——美国〈STEM 2026：STEM 教育创新愿景〉报告的解读与启示》，《远程教育杂志》2017 年第 1 期。

兰国帅、钟秋菊等：《探究社区量表中文版的编制——基于探索性和验证性因素分析》，《开放教育研究》2018 年第 3 期。

李春密、王硕：《STEM 教师培养的国际比较研究——以中、美、英、德为例》，《教师教育研究》2018 年第 4 期。

李克东、李颖：《STEM 教育跨学科学习活动 5EX 设计模型》，《电化教育研究》2019 年第 4 期。

李克东、李颖：《STEM 教育与跨学科课程整合》，《教育信息技术》2017 年第 10 期。

李佩宁：《什么是真正的跨学科整合——从几个案例说起》，《人民教育》2017年第11期。

李小涛、高海燕、邹佳人：《"互联网+"背景下的STEAM教育到创客教育之变迁——从基于项目的学习到创新能力的培养》，《远程教育杂志》2016年第1期。

李学书：《美国STEM教师教育政策演进、内容和借鉴》，《教育学术月刊》2019年第3期。

李艳燕、董笑男等：《STEM教育质量评价指标体系构建》，《现代远程教育研究》2020年第2期。

李雁冰：《"睡眠监测仪科学、技术、工程与数学"教育运动的本质反思与实践问题——对话加拿大英属哥伦比亚大学Nashon教授》，《全球教育展望》2014年第3期。

林晓凡、胡钦太等：《基于TPACK的STEM教育优化研究》，《中国电化教育》2018年第9期。

刘彬：《基于因子分析法的绿色供应商评价指标权重的确定》，《中国商贸》2011年第25期。

刘景世、刘诚杰：《合作探究学习中教师的角色定位》，《电化教育研究》2005年第12期。

刘鹏：《论教师教育者教学能力要素、结构与特征》，《课程·教材·教法》2016年第9期。

刘亮亮、李雨锦：《美国中小学STEM学习生态系统研究——以辛辛那提市STEM学习共同体为例》，《现代教育技术》2018年第10期。

刘舜民、赵绍军：《教师教育专业特色凝练与培养模式创新的实践研究》，《常熟理工学院报》2014年第6期。

刘叶云、李雪：《我国高校教师胜任力评价指标体系的构建》，《湖南师范大学教育科学学报》2010年第2期。

柳春艳、傅钢善：《论学习共同体——教育新理念》，《现代教育技术》2006年第3期。

卢正芝、洪松舟：《研究教师有效的教学能力：为何与如何》，《教育理论与实践》2009年第1期。

逯行、李子运、李芒：《国内整合学科的STEM教育教师专业发展研究》，《数字教育》2018年第3期。

马红宇、唐汉瑛、汪熹、周亮：《中小学教师胜任特征模型构建及其绩效预测力研究》，《教育研究与实验》2012年第3期。

马志成、胡秦琼：《高中化学新课程探索学习设计与实施》，《教学与管理》2009年第9期。

孟育群：《现代教师的教育能力结构》，《现代中小学教》1990年第3期。

秦瑾若、傅钢善：《STEM教育：基于真实问题情景的跨学科式教育》，《中国电化教育》2017年第4期。

申继亮、王凯荣：《论教师的教学能力》，《北京师范大学学报》（人文社会科学版）2000年第1期。

师保国、廖承琳：《教师课堂教学的元认知能力及其培养与训练》，《信阳师范学院学报》（哲学社会科学版）2004年第1期。

斯琴图亚：《基于活动理论的班级知识建构共同体的社会——认知动态分析》，《电化教育研究》2009年第3期。

宋明江、胡守敏、杨正强：《论教师教学能力发展的特征、支点与趋势》，《教育研究与实验》2015年第2期。

宋怡、马宏佳：《STEM教学的价值意蕴：基于哈贝马斯知识旨趣理论》，《高等理科教育》2019年第2期。

孙俊三：《教育机会的把握与教育智慧的生成——兼论综合实践活动教学的教学艺术》，《教育研究与实验》2004年第1期。

孙元涛：《教师专业学习共同体：理念、原则与策略》，《教育发展研究》2011年第22期。

汤汉林：《非营利组织参与社区教育的角色、优势及路径》，《湖北经济学院学报》（人文社会科学版）2015年第5期。

唐小为、王唯真：《整合STEM发展我国基础科学教育的有效路径分析》，《教育研究》2014年第9期。

唐烨伟、郭丽婷等:《基于教育人工智能支持下的 STEM 跨学科融合模式研究》,《中国电化教育》2017 年第 8 期。

王碧梅、曹芳芳:《基于 Delphi – AHP 法的科学教师教学能力评价指标体系建构》,《当代教育与文化》2019 年第 3 期。

王春枝、斯琴:《德尔菲法中的数据统计处理方法及其应用研究》,《内蒙古财经学院学报》(综合版)2011 年第 4 期。

王宏、王萍:《基于泛在学习环境的主题探究学习案例设计与实践》,《中国电化教育》2016 年第 10 期。

王磊、魏艳玲、胡久华等:《教师教学能力系统构成及水平层级模型研究》,《教师教育研究》2018 年第 6 期。

王素:《2017 年中国 STEM 教育白皮书解读》,《现代教育》2017 年第 7 期。

王卓玉、樊瑞净:《中学 STEM 教师的 TPCK 知识结构分析》,《广西师范大学学报》(哲学社会科学版)2018 年第 2 期。

韦斯林、王巧丽、贾远娥等:《教师学科教学能力模型的建构——基于扎根理论的 10 位特级教师的深度访谈》,《教师教育研究》2017 年第 4 期。

卫麓羽等:《STEAM 教师能力模型构建研究》,《软件导刊》(教育技术)2019 年第 3 期。

魏亚丽、宋秋前:《STEM 教育研究:热点、分布及趋势》,《外国中小学教育》2019 年第 1 期。

吴召军:《建立以能力素质模型为核心的人力资源管理体系》,《中国培训》2005 年第 1 期。

谢杰妹:《初中科学探究学习目标的构建及其达成策略》,《全球教育展望》2013 年第 8 期。

谢丽、李春密:《整合性 STEM 教育理念下的课程改革初探》,《课程·教材·教法》2017 年第 6 期。

谢丽娜:《探究学习中"学生自由"的异化及合理化》,《教育发展研究》2010 年第 10 期。

邢强、孟卫青：《未来教师胜任力测评：原理和技术》，《开放教育研究》2003 年第 4 期。

熊士荣、吴鑫德、肖小明等：《科学探究学习评价体系的研究》，《课程·教材·教法》2006 年第 3 期。

徐学福：《论探究学习的失范与规范》，《教育学报》2009 年第 2 期。

许京、蔡丽红：《协同创新 提升跨学科教师团队合作效能》，《中小学管理》2017 年第 2 期。

杨明全：《"后金融危机时代"美国教育发展战略规划及启示》，《全球教育展望》2012 年第 7 期。

杨小玲、陈建华：《论杜威教育思想中的"学习共同体"理念》，《南京社会科学》2017 年第 3 期。

杨晓奇：《教师教学资源意识的缺失及其培植》，《教育发展研究》2013 年第 10 期。

杨晓哲、任友群：《数字时代的 STEAM 教育与创客教育》，《开放教育研究》2015 年第 5 期。

杨亚平：《美国、德国与日本中小学 STEM 教育比较研究》，《外国中小学教育》2015 年第 8 期。

叶海燕：《我国 STEM 教育研究的研究综述》，《西北成人教育学院学报》2019 年第 2 期。

叶兆宁、杨元魁：《构建 STEM 教育的课程观——STEM 教师专业发展的必由之路》，《人民教育》2018 年第 8 期。

叶兆宁、杨元魁：《集成式 STEM 教育：破解综合能力培养难题》，《人民教育》2015 年第 17 期。

余承海、姚本先：《论高校教师的教学能力结构及其优化》，《高等农业教育》2005 年第 12 期。

余娟、郭元祥：《论外语课程的文化回应性教学》，《全球教育展望》2011 年第 3 期。

余胜泉、胡翔：《STEM 教育理念与跨学科整合模式》，《开放教育研究》2015 年第 4 期。

袁青、黄淇敏：《应用德尔菲法筛选医院中层管理人员评价指标的研究》，《中国医院管理》2009年第7期。

詹青龙、许瑞：《国外STEM教育研究的热题表征与进路预判——基于ERIC（2005—2015）的量化考察》，《中国电化教育》2016年第10期。

张波：《论教师能力结构的建构》，《教育探索》2007年第1期。

张红波、徐福荫：《基于社会网络视角的学习共同体构建与相关因素分析》，《电化教育研究》2016年第10期。

张瑾：《STEM+教育中学习支架设计研究》，《现代教育技术》2017年第10期。

张军征、樊文芳：《模拟软件促进科学课程探究学习的作用分析》，《现代教育技术》2012年第4期。

张俊列：《探究学习的失范与规范——新课程案例引发的反思》，《课程与教学管理中小学管理》2010年第2期。

张晓娟、吕立杰：《指向深度学习的课堂学习共同体建构》，《基础教育》2018年第3期。

张屹、赵亚萍等：《基于STEM的跨学科教学设计与实践》，《现代远程教育研究》2017年第6期。

赵呈领、赵文君、蒋志辉：《面向STEM教育的5E探究式教学模式设计》，《现代教育技术》2018年第3期。

赵慧臣、陆晓婷、马悦：《基础教育、高等教育、企业以及教育管理部门协同开展STEM教育——美国〈印第安纳州科学、技术、工程和数学（STEM）行动计划〉的启示》，《电化教育研究》2017年第4期。

赵慧臣、马悦等：《STEM教育中如何实现教育公平——〈STEM教育需要所有儿童：公平问题的批判性审视〉报告启示》，《现代远程教育研究》2018年第5期。

赵慧臣：《STEM教育视野下中学生探究学习的设计与实施》，《现代教育技术》2017年第11期。

赵乔翔、危世琼：《试论初中语文教学大纲的评价标准及评价指标体系》，《宜昌师专学报》1995 年第 2 期。

赵苏阳：《社区教育创新与美国社区教育经验的镜鉴》，《求索》2009年第 8 期。

赵鑫：《论综合实践活动评价的合情性及其优化路径》，《教育科学》2017 年第 2 期。

赵兴龙：《STEM 教育的五大争议及回应》，《中国电化教育》2016 年第 10 期。

赵中建、龙玫：《美国 STEM 学习生态系统的构建》，《教育发展研究》2015 年第 5 期。

赵中建：《STEM：美国教育战略的重中之重》，《上海教育》2012 年第 11 期。

曾丽颖、任平、曾本友：《STEAM 教师跨学科集成培养策略与螺旋式发展之路》，《电化教育研究》2019 年第 3 期。

甄凯玉、贾丽丽、陈志学：《综合职业能力探索与培养》，《石家庄铁路职业技术学院学报》2006 年第 3 期。

钟柏昌、张丽芳：《美国 STEM 教育变革中"变革方程"的作用及其启示》，《中国电化教育》2014 年第 4 期。

钟柏昌、张禄：《项目引路（PLTW）机构的产生、发展及其对我国的启示》，《教育科学研究》2015 年第 5 期。

钟启泉：《知识建构与教学创新——社会建构主义知识论及其启示》，《全球教育展望》2006 年第 8 期。

钟启泉：《综合实践活动：涵义、价值及其误区》，《教育研究》2002年第 6 期。

钟志贤：《知识建构、学习共同体与互动概念的理解》，《电化教育研究》2005 年第 11 期。

周利平、谭明杰：《论 STEM 教育与创客教育的关系》，《广东开放大学学报》2018 年第 4 期。

周鹏琴、徐唱、张韵、李芒：《STEM 视角下的美国科学课程教材分析——以 FOSSK－5 年级科学教材为例》，《中国电化教育》2016 年第 5 期。

周朴雄、陶梦莹：《面向产业集群创新的知识建构共同体研究》，《情报科学》2014 年第 12 期。

周如玉、陈晓宇：《STEM 融合教育中教师能力培养策略研究》，《科技创业月刊》2019 年第 6 期。

朱珂、冯冬雪、杨冰等：《STEM 教育战略规划的指标设计及评价策略——基于美国北卡罗来纳州 STEM 教育战略规划的启示》，《远程教育杂志》2017 年第 5 期。

朱珂、贾鑫欣：《STEM 视野下计算思维能力的发展策略研究》，《现代教育技术》2018 年第 12 期。

祝智庭、雷云鹤：《STEM 教育的国策分析与实践模式》，《电化教育研究》2018 年第 1 期。

邹燕燕、宋怡：《STEM 视野下的科学课堂"做中学"项目设计——以〈蜡烛抽水机——大气压力〉为例》，《科学大众·科学教育》2016 年第 10 期。

（三）学位论文类

白虹雨：《中学教师课堂教学核心能力的结构研究》，硕士学位论文，西南大学，2017 年。

蔡海云：《STEM 教学模式的设计与实践研究》，硕士学位论文，华东师范大学，2017 年。

陈小敏：《上海市小学 STEM 教师跨学科能力的调查研究》，硕士学位论文，上海师范大学，2019 年。

高磊：《研究型大学学科交叉研究生培养研究》，博士学位论文，上海交通大学，2014 年。

黄丽：《基于 STEM 教育理念的初中信息技术课程设计与应用研究》，硕士学位论文，东北师范大学，2018 年。

贾品：《2 型糖尿病的医疗保险审核模型构建研究》，硕士学位论文，复旦大学，2012 年。

靳瑾：《医院行政职员岗位胜任力模型构建研究》，硕士学位论文，河北医科大学，2018 年。

康毅：《中小学 STEAM 教师胜任力特征模型研究》，硕士学位论文，陕西师范大学，2018 年。

李扬：《STEM 教育视野下的科学课程构建》，硕士学位论文，浙江师范大学，2014 年。

梁孔政：《基于胜任素质的施工工人安全能力模型研究》，硕士学位论文，华中科技大学，2015 年。

林清然：《应用德尔菲法构建预防住院患者跌倒的护士培训课程》，硕士学位论文，暨南大学，2014 年。

刘蝶：《小学全科教师跨学科教学能力指标体系建构研究》，硕士学位论文，西南大学，2020 年。

刘海艳：《美国 K-12 阶段 STEM 教师专业发展研究》，硕士学位论文，哈尔滨师范大学，2017 年。

刘晓兴：《美国宾夕法尼亚州教师有效性评价体系研究》，硕士学位论文，河南大学，2017 年。

娄望：《基于 STEM 理念的物理学科对学生科学探究能力的培养研究》，硕士学位论文，上海师范大学，2020 年。

罗清：《中小学 STEM 教师培训设计与实践研究》，硕士学位论文，上海外国语大学，2019 年。

马红芹：《美国 K-12 阶段"科学、技术、工程和数学"（STEM）教育研究》，硕士学位论文，南京师范大学，2015 年。

马佳雯：《中学 STEM 教师教学能力的结构模型研究》，硕士学位论文，河南大学，2020 年。

孙梦琴：《基于 STEM 的初中机器人教学项目设计研究》，硕士学位论文，云南师范大学，2020 年，第 45 页。

王碧梅：《小学科学教师课堂教学能力的评价研究》，博士学位论文，陕西师范大学，2017 年。

王娟：《STEM 整合视野下的机器人教学活动设计》，硕士学位论文，温州大学，2014 年。

王玲玲：《基于 STEM 的小学科学课程设计研究》，硕士学位论文，华东师范大学，2015 年。

王淑慧：《多元化教学评价的研究——基于芙蓉中华中学华文多元化教学评价的个案分析》，硕士学位论文，华中师范大学，2011 年。

王卫军：《教师信息化教学能力发展研究》，博士学位论文，西北师范大学，2009 年。

王宪平：《课程改革视野下教师教学能力发展研究》，博士学位论文，华东师范大学，2006 年。

翁聪尔：《美国 STEM 教师的培养及其启示》，硕士学位论文，华东师范大学，2015 年。

吴红：《面向 STEM 教育的项目学习设计与应用研究》，硕士学位论文，曲阜师范大学，2019 年。

吴振利：《美国大学教师教学发展研究》，博士学位论文，东北师范大学，2010 年。

夏珂：《中小学理科教师 STEM 教学实施与评价能力研究》，硕士学位论文，华中师范大学，2019 年。

夏青：《基于 STEM 教育的小学科学专题案例的开发》，硕士学位论文，南京师范大学，2017 年。

熊思鹏：《高校青年教师教学胜任力模型与测评研究》，硕士学位论文，江西师范大学，2015 年。

徐继红：《高校教师教学能力结构模型研究》，博士学位论文，东北师范大学，2013 年。

余佳：《基于深度学习理论的 STEM 教育教学模式研究》，硕士学位论文，江西师范大学，2020 年。

张鸿军：《中学教师信息化教学能力评价指标体系构建与应用研究》，硕士学位论文，四川师范大学，2018 年。

张丽芳：《基于 STEM 的 Arduino 机器人教学项目设计研究》，硕士学位论文，南京师范大学，2015年。

张念：《基于"证据"的高校混合学习课程学业评价模型构建研究》，硕士学位论文，河南大学，2019年。

张瑞敏：《面向创客教育的中小学教师胜任力模型研究》，硕士学位论文，陕西师范大学，2017年。

张嵬：《研究型医师胜任力模型构建研究》，硕士学位论文，中国人民解放军海军军医大学，2018年。

张玉娴：《追求公平和卓越—新世纪以来澳大利亚基础教育改革研究》，硕士学位论文，华东师范大学，2015年。

赵冲：《基于COOC平台的创客教育模式研究》，硕士学位论文，兰州大学，2020年。

赵旭：《绿色医院效果评价研究》，硕士学位论文，天津大学，2018年。

周琬謦：《应用型大学教师教学能力评价体系研究》，博士学位论文，厦门大学，2017年。

朱超华：《教师核心能力发展与教师管理模式变革的研究》，硕士学位论文，华南师范大学，2006年。

（四）其他类

《STEM教师能力等级标准（试行）》，中国教育科学研究院STEM教育研究中心，2018年。

敖晓会：《从国外两个典型案例探析STEM教育的核心特征》，http://www.sohu.com/a/162207881_154345，2017年05月20日。

管文川：《上海市中小学STEM教育调研报告》，海市教育委员会教学研究室，2017年。

谢作如：《温州中学DF创客空间孵化的第一只小鸡》，http://blog.sina.com.cn/s/blog_6611ddcf0101kex0.html，2017年12月20日。

赵中建：《为了创新而教育》，《中国教育报》2012年6月15日第7版。

《中国 STEM 教育白皮书》，中国教育科学研究院，2017 年。

《STEM 教师能力等级标准（试行）》，中国教育科学研究院 STEM 教育研究中心，2018 年。

《中国 STEM 教育调研报告》，中国教育科学研究院 STEM 教育研究中心，2019 年。

教育部：《教育部关于实施全国中小学教师信息技术应用能力提升工程 2.0 的意见》，http：//www. moe. gov. cn/srcsite/A10/s7034/201904/t20190402_ 376493. html，2020 年 7 月 9 日。

教育部：《中学综合实践活动课程指导纲要》，http：//www. moe. edu. cn/srcsite/A26/s8001/201710/t20171017 _ 316616. html? from = timeline，2017 年 11 月 20 日。

二　外文文献

（一）书籍类

American Association of Colleges for Teacher Education (NJ), *Preparing STEM Teachers: The Key to Global Competitiveness*, American Association of Colleges for Teacher Education, 2007, 06.

Becker, K., & Park, K., "Effects of Integrative Approaches Among Science, Technology, Engineering, and Mathematics (STEM) Subjects on Students' Learning: A Preliminary Meta – analysis", *Journal of STEM Education: Innovations and Research*, 2011, 12.

Chiyaka E T, Kibirige J, etc. "Comparative Analysis of Participation of Teachers of STEM and Non – STEM Subjects in Professional Development," *Education and Training Studies*, 2017, 09.

Collis, D. J., "Research Note: How Valuable Are Organizational Capabilities?", *Strategic Management Journal*, 1995, 15.

Dinh D. H., Nguyen Q. L., "The Involvement of Gender in STEM Training for Teachers", *European Journal of Educational Research*,

2020, 01.

Franziska Vogt, Marion Rogalla, "Developing Adaptive Teaching Competency through Coaching", *Teaching and Teacher Education*, 2009, 08.

Jonathan M. Breiner, Carla C. Jonson, Shelly Sheats Harkness, etc, "What is STEM, A Discussion About Conceptions of STEM in Education and Partnerships", *School Science and Mathematics*, 2012, 01.

Kim Beswick, Sharon Fraser, "Developing Mathematics Teachers' 21st Century Competence for Teaching in STEM Contexts", *ZDM*, 2019, 06.

Little, J. W., *Teacher Development and Educational Policy*, London & Washington: D. C. : Falmer Press, 1992.

Long, C. S. , Ibrahim, Z. & Kowang, T. O. , "An Analysis on The Relationship Between Lecturers' Competencies and Students' Satisfaction", *International Education Studies*, 2014, 01.

Manning, R. C. , *The Teacher Evaluation Handbook: Step-by-Step Techniques & Forms For Improving Instruction*, Englewood Cliffs: N. J Prentice Hall, 1988.

McClelland D. , *Competence VS Competency*, New York: Psychological Science, 2001.

Merrill C. , "The Future of TE Masters Degrees: STEM", Presentation at the 70th Annual International Technology Education Association Conference, Louisville, Kentucky, 2009.

Mishra, P. , Koehler, M. J. , "Technological Pedagogical Content Knowledge: A Framework for Integrating Technology in Teacher Knowledge", Teachers College Record, 2006, 06.

Morgan M. Hynes, "Middle-school Teachers' Understanding and Teaching of the Engineering Design Process: A Look at Subject Matter and Pedagogical Content Knowledge", *International Journal of Technology and Design Education*, 2012, 03.

Ronald D. Simpson, Kathleen S. Smith, "Validating Teaching Competencies for Graduate Teaching Assistants: A National Study Using the Delphi Method", *Innovative Higher Education*, 1993, 02.

Simpson, Ray H., *Teacher Self-Evaluation*, New York: The Psychological Foundation of Education Series, 1966.

Tobías Martín-Páez, David Aguilera, Francisco Javier Perales-Palacios, etc, "What are We Talking about When We Talk about STEM Education? A Review of Literature", *Science Education*, 2019, 04.

Turner, K. B., "Northeast Tennessee Educators' Perception of STEM Education Implementation", *Dissertations & Theses Gradwork*, 2013, 12.

W. M. Molenaar, A. Zanting, P. Van Beukelen, etc, "A Framework of Teaching Competencies across the Medical Education Continuum", *Medical Teacher*, 2009, 05.

(二) 期刊类

Alan B., "Using STEM Applications For Supporting Integrated Teaching Knowledge Of Pre-Service Science Teachers", *Journal of Baltic Science Education*, No. 2, 2019.

Aldahmash Abdulwali H., "Saudi Arabian Science and Mathematics Teachers' Attitudes Toward Integrating STEM in Teaching before and after Participating in a Professional Development Program", *Cogent Education*, No. 1, 2019.

Cotabish Alicia, "The Effects of a STEM Professional Development Intervention on Elementary Teachers' Science Process Skills", *Research in the Schools*, No. 2, 2011.

Elayyan Shaher Rebhi, "Teachers' Perceptions of Integrating STEM in Omani Schools", *Shanlax International Journal of Education*, No. 1, 2019.

Kurup Premnadh M, "Building Future Primary Teachers' Capacity in STEM: Based on a Platform of Beliefs, Understandings and Intentions",

International Journal of STEM Education, No. 1, 2019.

Nikirk Martin, "Teaching STEM to Millennial Students", Tech Directions, No. 71, 2012, p. 14.

Smith Kasee L., "Effective Practices in STEM Integration: Describing Teacher Perceptions and Instructional Method Use", Journal of Agricultural Education, No. 4, 2015.

Van Eck Richard N., "Project NEO: A Video Game to Promote STEM Competency for Preservice Elementary Teachers", Technology, Knowledge and Learning, No. 3, 2015.

Yan Chen, "Individuals' Internet Security Perceptions and Behaviors: Polycontextual Contrasts Between the United States and China", MIS Quarterly, No. 1, 2016.

Zakariya Yusuf F., "Effects of School Climate and Teacher Self-efficacy on Job Satisfaction of Mostly STEM Teachers: A Structural Multigroup Invariance Approach", International Journal of STEM Education, No. 1, 2020.

（三）其他类

Akua Carraway, Karl Rectanus, Mark Ezzell. The Do-It-Yourself Guide to STEM Community Engagement, http://docplayer.net/54110-The-do-it-yourself-guide-to-stem-community-engagement.html, 2016-12-25.

CTE-q. Design Principles Rubric, 2016-06-02, https://stemworks.wested.org/sites/default/files/STEMworks_Design_Principles_Rubric.pdf.

Department of Education and Skills, "STEM Education Policy Statement 2017-2026", https://www.education.ie/en/The-Education-System/STEM-Education-Policy/stem-education-policy-statement-2017-2026-.pdf, August 8, 2020.

Friday Institute for Educational Innovation (2013), Middle school STEM implementation rubric. Raleigh, NC: Author, https://ncsmt.org/wp-content/uploads/2013/09/STEMAttributesRubric_ MIDDLE _ v4 _ Aug2013_ v2. pdf.

Great Lakes Equity Center. STEM Education Needs All Children: A Critical Examination of Equity Issues, http://www.ccrscenter.org/products-resources/ccrs-center-webinars-events/stem-education-needs-all-children-critical.

Herschbach DR. The STEM Initiative Constraints and Challenges, Journal of STEM Teacher Education, 2011 (48).

Joseph F. Hair, Multivariate Data Analysis (7th Edition), New Jersey: Prentice Hall, 2009, p. 605.

Léonie J. Rennine. Teacher Collaboration in Curriculum Change: The Implementation of Technology Education in the Primary School, Research in Science Education. 2001, (1): 49–69.

Mario Barajas, "Policy Envisions and Requirements for STEM Teachers' Competence Development: State of Affairs in SPAIN", http://euclid.iacm.forth.gr/elite/images/docs/EN/IO1/Spanish_ context_ analysis. pdf.

OECD, Interdisciplinarity: Problems of Teaching and Research in Universities, Paris: OECD Publications, 1972, p. 25.

Quintana, C., Shin, N., Norris, C., & Soloway, E., Learner-centered design: Reflections on the Past and Directions for the Future, K. Sawyer. Cambridge Handbook of the Learning Sciences, New York: Cambridge University Press, 2006. 119–134.

Selena Nemorin. The Frustrations of Digital Fabrication: An Auto/ethnographic exploration of "3D Making" in School, International Journal of Technology and Design Education, 2016, (36): 1–19.

Siemens G. Connectivism: A Learning Theory for the Digital Age, Instructional Technology & Distance Learning, 2005 (01): 3–10.

The California Center for College and Career (2019), Designing Multidisciplinary Integrated Curriculum Units, [2019 – 03 – 15], https://casn. berkeley. edu/wp – content/uploads/2019/03/LL_ Designing_ Curriculum_ Units_ 2010_ v5_ web – 1. pdf.

The Pennsylvania Department of Education, "The Framework For Integrative STEM Education Endorsement Guidelines", https://www. education. pa. gov/Documents/Teachers – Administrators/Certification% 20 Preparation% 20Programs/Specific% 20Program% 20Guidelines/Integrative% 20Science,% 20Technology,% 20Engineering,% 20Mathematics% 20 (STEM)%20Education%20Guidelines. pdf, September, 2014.

附　　录

1. 中学 STEM 教师教学能力结构框架的初步制定表

一级维度	二级维度	三级维度及内容描述
筹划教学活动的层面	教学设计能力	SJ1 STEM 认知能力：对 STEM 教育有准确的认知，有扎实的 STEM 学科知识
		SJ2 教学活动设计能力：基于教学内容的特点，创新性设计项目式学习的活动
		SJ3 创设 STEM 学习情景：从学生的实际生活出发，创设可供探究的问题情境
	教学开发能力	KF1 开发和选择教学资源：创造性地把各种可能的材料和资源转化为教学资源或学习资源
		KF2 营造 STEM 学习空间：合理利用校内外场所，营造 STEM 学习空间
		KF3 开发 STEM 课程：从具体学科中挖掘适合进行 STEM 教学的跨学科内容，开发 STEM 主题课程
开展教学活动的层面	STEM 教学实施能力	SS1 跨学科教学能力：熟悉所教学科与其他学科间的连接点，运用综合学科知识开展教学的能力
		SS2 选择和运用教学方法的能力：在实际教学中，整合运用丰富的技术手段或多学科融合的教学方法进行 STEM 教学实践
		SS3 角色转换能力：主动转换角色成为学生的引导者、促进者与启发者
		SS4 操作示范能力：将理论与实践融会贯通，具备动手操作、示范教学的能力
		SS5 解决问题能力：具有发散思维，帮助学生解决遇到的难题

续表

一级维度	二级维度	三级维度及内容描述
	教学管理能力	GL1 教学组织能力：组织和协调学生进行探究性学习并展示学习成果
		GL2 教学调控能力：把握教学进程，调节课堂氛围，维持课堂秩序
	教学评价能力	PJ1 多元评价学生能力：在教学过程中，灵活运用过程性评价、结果性评价、学生自评互评等方法，有效收集与分析数据，客观评价学生的学业表现
		PJ2 自我评价能力：对教学过程和教学成效进行及时总结和自我评价
聚焦教学影响的层面	教学启发能力	QF1 启发学生运用不同学科的知识解决问题，培养学生 STEM 素养的能力（包含但不限于科学素养、技术素养、工程素养、数学素养的核心素养）
		QF2 教学沟通能力：注重与学生交流想法，并从方法上给予学生某些探究学习的指导和建议
		QF3 教学反思能力：对已有的 STEM 课程进行反思，并不断完善和改进 STEM 教学
	实践创新能力	CX1 研究探索能力：具有创新精神与研究探索能力
		CX2 创新教学模式能力：大胆尝试新的教学模式，提倡和传播新的教学技术、教学方法和教学理念

2.《中学 STEM 教师教学能力的结构模型研究》专家咨询问卷

（第一轮）

尊敬的教师：

您好！

由于目前我国 STEM 教育还处于起步阶段，中学普遍尚且没有专任的STEM教师。结合《STEM教师能力等级标准（试行）》的定义，本书中的"中学STEM教师"指在中学从事、参与或管理STEM教育相关学科教学活动的教育工作人员。在相关文献研究的基础上，本书已初步构建出模型，模型包括"筹划教学活动""开展教学活动""聚焦教学发展"3个一级维度，7个二级维度及若干子项，旨在为中学STEM教师教学能力提升提供参考。

恳请您对初步构建的理论模型予以指正。本次咨询仅供学术研究，不会涉及您的隐私，请放心回答。您的卓见将作为模型构建与修订的依据，对本书具有非常重要的意义。衷心感谢您的协助！祝工作顺利！

此致
敬礼！

《中学STEM教师教学能力评价与提升》课题组
二零一九年十二月

一、中学STEM教师教学能力构成要素的评议（在相应选项打√）

一级维度	二级维度	必要	建议修改	建议删除	修改意见
筹划教学活动	教学设计能力				
	课程开发能力				
开展教学活动	教学实施能力				
	教学组织能力				
	教学评价能力				
聚焦教学发展	教学元认知能力				
	实践创新能力				

二、中学 STEM 教师教学能力具体内容的评议（在相应选项打√）

一级维度	二级维度	三级维度及内容描述	适合	修改后适合	不适合
筹划教学活动	教学设计能力	SJ1. 认知 STEM 教育：有扎实的学科知识，了解 STEM 理论基础，对 STEM 教育理念有准确的认知			
		SJ2. 设计教学活动：基于教学内容，设计包含科学、技术、工程、数学等多学科内容的项目活动			
		SJ3. 选择教学方法：选择与教学目标和内容相适应的教学方法，例如，问题式、探究式、设计式和项目式教学法			
	修改意见：				
	课程开发能力	KF1. 开发 STEM 课程主题：从单一学科中挖掘适合进行 STEM 教学的跨学科内容，开发 STEM 课程主题			
		KF2. 开发教学资源：创造性地把各种可能的材料和资源转化为教学资源或学习资源			
		KF3. 营造 STEM 学习空间：合理利用校内外场所，营造 STEM 学习空间			
	修改意见：				
开展教学活动	教学实施能力	SS1. 跨学科教学：熟悉所教学科与其他学科间的关联，能够迁移应用多学科知识开展教学			
		SS2. 合作教学：与其他学科教师分工合作，共同教学			
		SS3. 创设问题情境：结合学生的认知发展水平，创设切合生活实际、可供探究的问题情境，激发学生的好奇心和探索欲望			
		SS4. 问题互动：提出探索性、开放性问题，引发学生积极思考			
		SS5. 信息技术应用：在教学过程中，整合运用丰富的技术手段			

续表

一级维度	二级维度	三级维度及内容描述	适合	修改后适合	不适合
		SS6. 操作示范：将理论与实践融会贯通，具备较强的动手操作、示范教学的能力			
		SS7. 适度指导：从方法上给予学生探究学习的指导和建议，在指导不足和过多指导之间保持平衡			
		SS8. 启发思维：引导学生综合运用不同学科的知识解决问题，培养学生 STEM 素养			
修改意见：					
	教学组织能力	ZZ1. 调控教学过程：监控学生自主探究的时间，把握教学节奏，控制教学进程			
		ZZ2. 组织小组合作：组织学生以小组的形式进行合作探究，完成项目			
		ZZ3. 调节课堂氛围：营造合作互动的课堂氛围，调动学生积极性，维持课堂秩序			
修改意见：					
	教学评价能力	PJ1. 多元评价学生：灵活运用诊断性评价、形成性评价和总结性评价，从不同方面评价学生的表现			
		PJ2. 组织学生互评：组织学生汇报、展示学习成果，并互相评价			
		PJ3. 引导学生自评：引导学生自我总结、自我评价			
修改意见：					

续表

一级维度	二级维度	三级维度及内容描述	适合	修改后适合	不适合
聚焦教学发展	教学元认知能力	QF1. 反思教学过程：反思STEM课程的教学效果，善于发现教学过程中的不足之处			
		QF2. 反审教学能力：审视自身教学能力与《STEM教师能力等级标准（试行）》的差距			
		QF3. 自我调节与提升：积极调整教学行为，主动提高自身STEM教学能力			
	修改意见：				
	实践创新能力	CX1. 探究教学问题：探索并解决教学实践中的问题，不断完善和优化STEM教学			
		CX2. 关联学科教学：积极思考STEM教育对学科教学的影响			
		CX3. 创新教学模式：尝试与不同的学科进行跨学科教学，应用和传播新的教学技术、教学方法			
	修改意见：				

三、您对《中学STEM教师教学能力的结构模型研究》问卷如有其他宝贵建议，

敬请您提供：

四、专家自评（在相应选项打√）

1. 您对咨询内容进行评判的判断依据及依据程度

判断依据	判断依据程度		
	大	中	小
从事 STEM 教学活动的实践经验			
基于对 STEM 教育研究的理论分析			
参考国内外文献资料			
直观感觉			

2. 您对咨询内容的熟悉程度

很熟悉	比较熟悉	一般	不太熟悉	不熟悉

3.《中学 STEM 教师教学能力的结构模型研究》专家咨询问卷

（第二轮）

尊敬的教师：

您好！

首先，衷心感谢您在第一轮调查中给予学生的指导和帮助。通过整理分析各位专家反馈的宝贵意见，我们增添了某些维度，删除了某些条目，修改了内容描述，更新了中学 STEM 教师教学能力的结构模型，以更加突出 STEM 教育的特点。

恳请您能够抽出宝贵的时间，对理论模型的维度划分、排列顺序及内容描述提出新的修改意见。本次咨询仅供学术研究，不会涉及您的隐私，请放心回答。您的卓见将作为模型构建与修订的依据，对本书具有非常重要的意义。真诚期待您对本书的任何建议与意见！

此致

敬礼！

《中学 STEM 教师教学能力评价与提升》课题组

二〇二〇年一月

一、中学 STEM 教师教学能力构成要素的评议（在相应选项打√）（下划线为新增维度）

一级维度	二级维度	必要	建议修改	建议删除	修改意见
筹划教学活动	STEM 教学需求分析				
	STEM 教学设计				
	STEM 课程开发				
开展教学活动	STEM 教学实施				
	STEM 教学组织				
	STEM 教学评价				
聚焦教学发展	STEM 教学元认知				
	STEM 教学发展				
	STEM 教学创新				

二、中学 STEM 教师教学能力具体内容的评议（在相应选项打√）

（下划线为增加内容，横线为删除内容）

一级维度	二级维度	三级维度及内容描述	修改原因	适合	修改后适合	不适合
筹划教学活动	STEM 教学需求分析	FX1. 认知 STEM 教育：了解 STEM 基础理论，清楚 STEM 的教育价值，对 STEM 教育理念有准确的认知				
		FX2. 分析 STEM 学习需求：了解学生的认知特点，分析学生对生活中的问题的关注点与兴趣点	新增内容，专家建议加入需求分析			
	修改意见：					

368

续表

一级维度	二级维度	三级维度及内容描述	修改原因	适合	修改后适合	不适合
STEM 教学设计		SJ1. 遴选STEM学习主题：从学生的日常生活出发，选择学生可以识别和可理解的实践性主题	新增内容，从二级维度〈课程开发〉移至〈教学设计〉并完善。有专家认为，主题应该来自真实世界，而不是挖掘学科内容去构建STEM课程			
		SJ2. 设计项目活动：基于学习主题，设计包含科学、技术、工程、数学等多学科内容的项目活动				
		SJ3. 选择多元教学方法：选择与教学内容相适应的教学方法，例如，问题式、探究式、设计式或项目式教学法				
修改意见：						
STEM 课程开发		KF1. 开发STEM教学资源：创造性地把各种生活中的材料或资源转化为教学资源或学习资源				
		KF2. 开发活动记录工具：根据项目活动的内容，设计学生的工程设计表、活动探究记录表、评价表等教学工具	新增内容，教学工具的开发			
		KF3. 营造STEM学习空间：合理利用校内外场所，营造STEM学习空间	删除内容，质疑较大，有专家认为此内容要求过高			
修改意见：						

续表

一级维度	二级维度	三级维度及内容描述	修改原因	适合	修改后适合	不适合
开展教学活动	STEM教学实施	SS1. 跨学科教学：熟悉所教学科与其他学科间的关联，能够迁移应用多学科知识开展教学				
		SS2. 合作教学：与其他学科教师分工合作，共同教学	删除内容，一线教师普遍反映，合作教学在实践过程中难度较大，成本较高。删除此内容，在〈教学创新〉里面增加了体现教师协作的内容			
		SS2. 创设问题情境：创设切合生活实际、可供探究的问题情境，激发学生的好奇心和探索欲望				
		SS3. 提出真实问题：围绕STEM教学目标，提出学生生活中的探索性、开放性问题，驱动学生主动思考，寻求解决方案	修改内容，原为〈问题互动〉，不能完全体现STEM教学的特点			
		SS4. 应用恰当的信息技术：根据教学内容，整合运用多样的、合适的技术手段辅助教学	修改内容，应选择合适的信息技术手段，不一定是最新的、丰富的技术手段			
		SS5. 指导科学探究：具备进行科学探究的能力并能够从方法上给予学生探究学习的指导	修改内容，原为〈适度指导〉，不能体现STEM教育的特点			
		SS6. 培养STEM思维：启发学生综合运用不同学科的知识解决问题，思考、总结现象背后的知识原理，培养学生的STEM素养				
	修改意见：					

续表

一级维度	二级维度	三级维度及内容描述	修改原因	适合	修改后适合	不适合
	STEM 教学组织	ZZ1. 组织小组合作探究：组织学生以小组形式进行实验探究，合作完成项目				
		ZZ2. 把控动手操作时间：监控学生自主探究的时间，严格把握教学节奏，控制教学进程	修改内容，原为〈调控教学过程〉，有专家认为没有区别于传统的教学组织			
		ZZ3. 营造合作探究氛围：营造合作互动、主动求知的课堂氛围，调动学生学习的积极性	修改内容，原为〈调节课堂氛围〉，有专家认为不够突出 STEM 教学的特别之处			
修改意见：						
	STEM 教学评价	PJ1. 开展多元评价：基于记录表等证据，运用多种评价方式评价学生的表现，注重对学生的过程性评价				
		PJ2. 引导学生成果互评：组织学生展示汇报成果，并进行组间互评和组内互评				
		PJ3. 支持学生反思自评：根据评价表，引导学生自我反思总结、自我评价				
修改意见：						

续表

一级维度	二级维度	三级维度及内容描述	修改原因	适合	修改后适合	不适合
聚焦教学发展	STEM教学元认知	QF1. 反思STEM教学过程：反思STEM课程的实施环节，善于发现教学过程中的不足之处，积极调整教学行为				
		QF2. 反审自身教学能力：审视跨学科教学能力，主动提高自身的STEM教学能力				
		QF3. 自我调节与提升：积极调整教学行为，主动提高自身STEM教学能力	删除内容，专家建议与QF1、QF2合并			
	修改意见：					
	STEM教学发展	FZ1. 改进STEM教学：探索并解决教学实践中的问题，不断改进和完善STEM教学				
		FZ2. 优化学科教学：积极思考STEM教育对学科教学的关系、影响和整合方法，帮助优化具体学科的教学				
	修改意见：					
	STEM教学创新	CX1. 协同创新研究：能够和其他学科教师协同合作，结合两个学科的思想和方法，创新课程整合	新增内容，STEM教育需要多学科教师的协作			
		CX2. 创新教学模式：尝试联系不同的学科进行跨学科教学，应用和传播新的教学技术、教学方法				
	修改意见：					

三、您对《中学 STEM 教师教学能力的结构模型研究》问卷如有其他宝贵建议，敬请您提供：

四、专家自评（在相应选项打√）

1. 您对咨询内容进行评判的判断依据及依据程度

判断依据	判断依据程度		
	大	中	小
从事 STEM 教学活动的实践经验			
基于对 STEM 教育研究的理论分析			
参考国内外文献资料			
直观感觉			

2. 您对咨询内容的熟悉程度

很熟悉	比较熟悉	一般	不太熟悉	不熟悉

4. 中学 STEM 教师关于教师教学能力结构模型的访谈提纲

访谈时间：_____　　　访谈地点：_____

一　基本信息

1. 您的性别是（　）

A. 男　B. 女

2. 您的年龄为（　）

A. 25 岁以下　　B. 26—30 岁　　C. 31—35 岁　　D. 36—40 岁

E. 41 岁以上

3. 您的执教时间为（　）

A. 5 年以下　　B. 6—10 年　　C. 11—15 年　　D. 16—20 年

E. 21 年以上

4. 您所教的学段是（   ）（选填）

A. 小学　　　　B. 初中　　　C. 高中

5. 您教授的学科是（   ）（选填）

A. 科学　　B. 数学　　C. 物理　　D. 化学　　E. 生物

F. 信息技术　　G. 编程、创客、STEM 等创新型综合课程

H. _____

6. 您的最高学历为（   ）

A. 专科及以下　B. 本科　　　　C. 硕士　　　　D. 博士

7. 您的学历专业背景为（   ）（填空题）

＊参与或管理 STEM 教学的教育者，第 4 题和第 5 题选做。

二　访谈内容

1. 您认为 STEM 教育的特点是什么？STEM 教学和传统的分科教学有何不同？

2. 在教学准备阶段，中学 STEM 教师应具备哪些更高要求的能力？能举例说明吗？

您对模型中教学准备阶段的能力要素有何看法？

3. 在教学实施阶段，中学 STEM 教师应具备哪些更高要求的能力？能举例说明吗？

您对模型中教学实施阶段的能力要素有何看法？

4. 在教学发展阶段，中学 STEM 教师应具备哪些更高要求的能力？能举例说明吗？

您对模型中教学发展阶段的能力要素有何看法？

5. 本书的中学 STEM 教师教学能力结构模型是否合理？如其层级关系、互动关系？

6. 目前自身的教学能力能够完全胜任 STEM 教学吗？哪些方面有待提升？

7. 您认为中学 STEM 教师教学能力结构模型实际意义在哪里？

5. 中学 STEM 教师教学能力评价指标体系初拟表

一级指标	序号	二级指标	序号	三级指标
A. STEM 教学准备	A1	分析中学生的学习特征	Q1	了解中学阶段的学生在逻辑思维能力方面的特点
			Q2	利用协作学习的问卷或量表分析学生在团队合作方面的学习风格
			Q3	根据学生的生活经验，确定学生熟悉的情境领域
			Q4	通过对学生学习风格的分析，确定问题情境的呈现方式
	A2	分析中学生跨学科学习的初始能力	Q5	通过问卷或访谈等方式了解学生对跨学科学习或实践的态度
			Q6	通过问卷或试题等方式测试学生在科学、技术、工程与数学方面知识的初始掌握情况
			Q7	通过问卷或上机操作等方式测试学生在跨学科项目实践中所具备的基础技能
			Q8	确定学生在跨学科学习方面初始能力与预期目标的差距
			Q9	通过访谈或问卷等方式测试学生的实践创新能力
	A3	分析 STEM 教学环境	Q10	确定开展 STEM 教学的可用场所，如创客实验室、STEM 实验室
			Q11	确定 STEM 教学中的可用设备、器材和各种信息化教学工具
			Q12	确定支持跨学科教学的现有资料，如项目教学实例，校编创客教材
			Q13	与不同学科教师协商，确定各自在 STEM 教学活动中所扮演的角色
	A4	分析跨学科教学内容	Q14	根据学生的初始能力和兴趣选择 STEM 项目主题
			Q15	根据 STEM 项目主题，确定教学内容的重点和难点
			Q16	利用概念图等知识可视化工具建立不同学科间的知识网络
			Q17	根据学生跨学科学习能力合理编排教学活动顺序

续表

一级指标	序号	二级指标	序号	三级指标
B. STEM教学目标的阐明	B1	阐明跨学科的知识目标	Q18	引导学生提取项目主题中所蕴涵的多学科知识
			Q19	引导学生掌握不同学科知识中的事实、概念、规律、定理或理论
			Q20	引导学生利用思维导图等思维可视化工具建立不同学科间的关系
			Q21	引导学生将跨学科知识应用于解决复杂的问题情境中
	B2	阐明问题解决的能力目标	Q22	引导学生查阅资料,合作讨论问题解决的方法
			Q23	引导学生通过作品设计促进跨学科知识的融合与迁移运用
			Q24	引导学生应用数学的思维与方法处理跨学科学习问题
			Q25	引导学生通过合作与讨论得出实验结论,并展示实验结果
	B3	阐明创新培养的价值目标	Q26	培养学生对科学探究的学习兴趣和动手的愿望
			Q27	培养学生利用技术解决问题的意识
			Q28	培养学生对工程设计的意识和兴趣
			Q29	培养学生的空间想象力和对数学知识的兴趣
			Q30	培养学生利用跨学科方法解决问题的思维
C. STEM教学策略的制定	C1	创设真实情境	Q31	根据跨学科教学内容准备STEM课程实施的软硬件环境
			Q32	发掘真实的、能够激发学生兴趣的、符合STEM项目的情境材料
			Q33	使用生动的图表或媒介呈现真实的、趣味的情境材料
			Q34	合理设计真实情境的导入流程

续表

一级指标	序号	二级指标	序号	三级指标
			Q35	问题的设计顺应学生的认知水平和发展规律
			Q36	将多学科知识融于相关的问题中
	C2	设计引导问题	Q37	问题具有一定的梯度性
			Q38	采用开放式、探究式、游戏化等多样的形式呈现问题
			Q39	问题答案的设计具有开放性
			Q40	设计具备跨学科、探究性、真实性或开放性的学习任务
	C3	开展设计型学习活动	Q41	向学生提供开展基于设计的学习的一般程序和策略
			Q42	激发和引导学生制定和实施作品的有效设计方案
			Q43	展示学生小组设计的作品，并引导学生分享设计的想法
			Q44	与不同学科教师、教育专家或管理者建立合作关系
	C4	引导团队合作与交流	Q45	根据跨学科学习内容的特点和难度选择学生分工的形式
			Q46	根据学生兴趣及特征，围绕不同学科主题合理分配活动小组
			Q47	引导小组内部成员合作完成跨学科活动任务
			Q48	与学生讨论解决跨学科学习过程中存在的问题
			Q49	运用网络搜索引擎、云平台等设计和开发STEM课程的流程和资源
D. STEM教学技术的选用	D1	应用不同种类的教学技术	Q50	借助模型、动画、交互式白板等设计问题情境
			Q51	运用数学、科学等多学科教学软件讲解STEM学科概念知识或技术操作要点
			Q52	运用微信、在线论坛等与学生交流互动
			Q53	运用视频分析技术、电子档案袋等收集、分析跨学科教学数据

续表

一级指标	序号	二级指标	序号	三级指标
			Q54	设置技术应用的教学情境，帮助学生了解技术的应用价值
	D2	引导学生使用学习技术	Q55	分析比较技术在不同学科中应用的差异
			Q56	根据跨学科学习内容帮助学生选择合适的技术工具
			Q57	引导学生自主使用技术收集、分析、解释跨学科学习数据
F. STEM教学评价	F1	联合跨领域评价主体	Q58	与其他学科教师联合，评价学生跨学科知识技能的掌握
			Q59	与社会专家、学者联合，评价学生的创新意识、跨学科应用能力
			Q60	与学生联合，引导学生评价同组成员的表现，对自己的作品反思
			Q61	与家长联合，评价学生解决现实问题的能力
	F2	采用多元评价方式	Q62	通过活动记录、访谈等过程性评价方式，了解自身的跨学科教学水平
			Q63	通过测试等总结性评价方式，检验学生跨学科知识的掌握情况
			Q64	通过问卷等量化评价方式，引导学生与小组成员互相评价
			Q65	通过访谈、反思等质性评价方式，引导学生对自身学习情况进行自我评价
			Q66	通过教学反思、量表对自身的跨学科教学能力自我评价
	F3	实施跨学科内容评价	Q67	评价教师的跨学科教学设计
			Q68	评价跨学科教师的合作教学情况
			Q69	评价学生的跨学科知识掌握水平
			Q70	评价学生的小组合作情况
			Q71	评价学生的创新意识、问题解决能力

6. 中学 STEM 教师教学能力评价指标评分表

尊敬的教师：

您好！非常感谢填写此份问卷。本问卷的目的是为了收集中学 STEM 教师教学能力指标，建构中学 STEM 教师教学能力评价指标体系。本问卷以不记名的方式进行，同时将对您的个人隐私积极保密。每道题只选择选项，答案没有对错之分。您的回答对于本书重要，衷心感谢您的支持！

基本情况：

1. 您的性别（ ）

A. 男　B. 女

2. 您的最高学历（ ）

A. 高中及以下　B. 大专　C. 本科　D. 研究生

3. 您目前所任教的学段（ ）

A. 小学　B. 初中　C. 高中　D. 大学　E. 其他

4. 您的教龄（ ）

A. 3 年以下　B. 3—5 年　C. 5—10 年　D. 10 年及以上

5. 您现在所教的年级：_____

6. 您所教的主要学科：_____

下列指标从教学过程的角度，描述了中学 STEM 教师在跨学科教学的每阶段所应达到的教学水平。请根据您的实际情况，对下列指标的重要程度做出判断，并在相应的栏内打"√"。

一、STEM 教学需求分析（请在相应的栏内打"√"）

序号	指标	极重要	很重要	的确重要	重要	一般
Q1	了解中学生在逻辑思维能力方面的特点					
Q2	利用协作学习的问卷或量表分析学生在团队合作方面的学习风格					
Q3	根据学生的生活经验，确定学生熟悉的情境领域					
Q4	通过对学生学习风格的分析，确定问题情境的呈现方式					
Q5	通过问卷或访谈等方式了解学生对跨学科学习或实践的态度					
Q6	通过问卷或试题等方式测试学生在科学、技术、工程与数学方面知识的初始掌握情况					
Q7	通过问卷或上机操作等方式测试学生在跨学科项目实践中所具备的基础技能					
Q8	确定学生在跨学科学习方面初始能力与预期目标的差距					
Q9	通过访谈或问卷等方式测试学生的实践创新能力					
Q10	确定开展 STEM 教学的可用场所，如创客实验室、STEAM 实验室					
Q11	确定 STEM 教学中的可用设备、器材和各种信息化教学工具					
Q12	确定支持跨学科教学的现有资料，如项目教学实例，校编创客教材					
Q13	与不同学科教师协商，确定各自在 STEM 教学活动中所扮演的角色					

续表

序号	指标	极重要	很重要	的确重要	重要	一般
Q14	根据学生的初始能力和兴趣选择 STEM 项目主题					
Q15	根据 STEM 项目主题和教材，确定教学内容的重点和难点					
Q16	利用概念图等知识可视化工具建立不同学科间的知识网络					
Q17	根据学生跨学科学习能力合理编排教学活动顺序					

二、STEM 教学目标的阐明（请在相应的栏内打"√"）

序号	指标	极重要	很重要	的确重要	重要	一般
Q18	引导学生提取项目主题中所蕴含的多学科知识					
Q19	引导学生掌握不同学科知识中的事实、概念、规律、定理或理论					
Q20	引导学生利用思维导图等思维可视化工具建立不同学科间的关系					
Q21	引导学生将跨学科知识应用于解决复杂的问题情境中					
Q22	引导学生查阅资料，合作讨论问题解决的方法					
Q23	引导学生通过作品设计促进跨学科知识的融合与迁移运用					
Q24	引导学生应用数学的思维与方法处理跨学科学习问题					
Q25	引导学生通过合作与讨论得出实验结论，并展示实验结果					
Q26	培养学生对科学探究的学习兴趣和动手的愿望					
Q27	培养学生利用技术解决问题的意识					

续表

序号	指标	极重要	很重要	的确重要	重要	一般
Q28	培养学生对工程设计的意识和兴趣					
Q29	培养学生的空间想象力和对数学知识的兴趣					
Q30	培养学生利用跨学科方法解决问题的思维					

三、STEM 教学策略的制定（请在相应的栏内打"√"）

序号	指标	极重要	很重要	的确重要	重要	一般
Q31	根据跨学科教学内容准备 STEM 课程实施的软硬件环境					
Q32	发掘真实的、能够激发学生兴趣的、符合 STEM 项目的情境材料					
Q33	使用生动的图表或媒介呈现真实的、趣味的情境材料					
Q34	合理设计真实情境的导入流程					
Q35	问题的设计顺应学生的认知水平和发展规律					
Q36	将多学科知识融于相关的问题中					
Q37	问题具有一定的梯度性					
Q38	采用开放式、探究式、游戏化等多样的形式呈现问题					
Q39	问题答案的设计具有开放性					
Q40	设计具备跨学科、探究性、真实性或开放性的学习任务					
Q41	向学生提供开展基于设计的学习的一般程序和策略					
Q42	激发和引导学生制定和实施作品的有效设计方案					
Q43	展示学生小组设计的作品，并引导学生分享设计的想法					

续表

序号	指标	极重要	很重要	的确重要	重要	一般
Q44	与不同学科教师、教育专家或管理者建立合作关系					
Q45	根据跨学科学习内容的特点和难度选择学生分工的形式					
Q46	根据学生兴趣及特征，围绕不同学科主题合理分配活动小组					
Q47	引导小组内部成员合作完成跨学科活动任务					
Q48	与学生讨论解决跨学科学习过程中存在的问题					

四、STEM教学技术的选用（请在相应的栏内打"√"）

序号	指标	极重要	很重要	的确重要	重要	一般
Q49	运用网络搜索引擎、云平台等设计和开发STEM课程的流程和资源					
Q50	借助模型、动画、交互式白板等设计问题情境					
Q52	运用数学、科学等多学科教学软件讲解STEM学科概念知识或技术操作要点					
Q52	运用微信、在线论坛等与学生交流互动					
Q53	运用视频分析技术、电子档案袋等收集、分析跨学科教学数据					
Q54	设置技术应用的教学情境，帮助学生了解技术的应用价值					
Q55	分析比较技术在不同学科中应用的差异					
Q56	根据跨学科学习内容帮助学生选择合适的技术工具					
Q57	引导学生自主使用技术收集、分析、解释跨学科学习数据					

五、STEM 教学评价（请在相应的栏内打"√"）

序号	指标	极重要	很重要	的确重要	重要	一般
Q58	与其他学科教师联合，评价学生跨学科知识技能的掌握					
Q59	与社会专家、学者联合，评价学生的创新意识、跨学科应用能力					
Q60	与学生联合，引导学生评价同组成员的表现，对自己的作品反思					
Q61	与家长联合，评价学生解决现实问题的能力					
Q62	通过活动记录、访谈等过程性评价方式，了解自身的跨学科教学水平					
Q63	通过测试等总结性评价方式，检验学生跨学科知识的掌握情况					
Q64	通过问卷等量化评价方式，引导学生与小组成员互相评价					
Q65	通过访谈、反思等质性评价方式，引导学生对自身学习情况进行自我评价					
Q66	通过教学反思、量表对自身的跨学科教学能力自我评价					
Q67	评价教师的跨学科教学设计					
Q68	评价跨学科教师的合作教学情况					
Q69	评价学生的跨学科知识掌握水平					
Q70	评价学生的小组合作情况					
Q71	评价学生的创新意识、问题解决能力					

7. 中学STEM教师教学能力评价指标体系修正表

一级指标	序号	二级指标	序号	三级指标
A. STEM 教学准备	A1	分析中学生的学习特征	Q2	利用协作学习的问卷或量表分析学生在团队合作方面的学习风格
			Q3	根据学生的生活经验，确定学生熟悉的情境领域
			Q4	通过对学生学习风格的分析，确定问题情境的呈现方式
	A2	分析中学生跨学科学习的初始能力	Q5	通过问卷或访谈等方式了解学生对跨学科学习或实践的态度
			Q6	通过问卷或试题等方式测试学生在科学、技术、工程与数学方面知识的初始掌握情况
			Q7	通过问卷或上机操作等方式测试学生在跨学科项目实践中所具备的基础技能
			Q8	确定学生在跨学科学习方面初始能力与预期目标的差距
			Q9	通过访谈或问卷等方式测试学生的实践创新能力
	A3	分析STEM教学环境	Q10	确定开展STEM教学的可用场所，如创客实验室、STEM实验室
			Q11	确定STEM教学中的可用设备、器材和各种信息化教学工具
			Q12	确定支持跨学科教学的现有资料，如项目教学实例、校编创客教材
			Q13	与不同学科教师协商，确定各自在STEM教学活动中所扮演的角色
	A4	分析跨学科教学内容	Q15	根据STEM项目主题，确定教学内容的重点和难点
			Q16	利用概念图等知识可视化工具建立不同学科间的知识网络
			Q17	根据学生跨学科学习能力合理编排教学活动顺序

续表

一级指标	序号	二级指标	序号	三级指标
B. STEM 教学目标的阐明	B1	阐明跨学科的知识目标	Q18	引导学生提取项目主题中所蕴含的多学科知识
			Q19	引导学生掌握不同学科知识中的事实、概念、规律、定理或理论
			Q21	引导学生将跨学科知识应用于解决复杂的问题情境中
	B2	阐明问题解决的能力目标	Q22	引导学生查阅资料,合作讨论问题解决的方法
			Q23	引导学生通过作品设计促进跨学科知识的融合与迁移运用
			Q25	引导学生通过合作与讨论得出实验结论,并展示实验结果
	B3	阐明创新培养的价值目标	Q26	培养学生对科学探究的学习兴趣和动手的愿望
			Q27	培养学生利用技术解决问题的意识
			Q29	培养学生的空间想象力和对数学知识的兴趣
			Q30	培养学生利用跨学科方法解决问题的思维
C. STEM 教学策略的制定	C1	创设真实情境	Q31	根据跨学科教学内容准备 STEM 课程实施的软硬件环境
			Q32	发掘真实的、能够激发学生兴趣的、符合 STEM 项目的情境材料
			Q33	使用生动的图表或媒介呈现真实的、趣味的情境材料
			Q34	合理设计真实情境的导入流程
	C2	设计引导问题	Q35	问题的设计顺应学生的认知水平和发展规律
			Q36	将多学科知识融于相关的问题中
			Q37	问题具有一定的梯度性
			Q38	采用开放式、探究式、游戏化等多样的形式呈现问题
			Q39	问题答案的设计具有开放性

续表

一级指标	序号	二级指标	序号	三级指标
			Q40	设计具备跨学科、探究性、真实性或开放性的学习任务
	C3	开展基于设计的学习活动	Q41	向学生提供开展基于设计的学习的一般程序和策略
			Q42	激发和引导学生制定和实施作品的有效设计方案
			Q43	展示学生小组设计的作品,并引导学生分享设计的想法
			Q45	根据跨学科学习内容的特点和难度选择学生分工的形式
	C4	引导团队合作与交流	Q46	根据学生兴趣及特征,围绕不同学科主题合理分配活动小组
			Q47	引导小组内部成员合作完成跨学科活动任务
			Q48	与学生讨论解决跨学科学习过程中存在的问题
			Q49	运用网络搜索引擎、云平台等设计和开发STEM课程的流程和资源
			Q50	借助模型、动画、交互式白板等设计问题情境
D. STEM教学技术的选用	D1	应用多元化的教与学技术	Q51	运用数学、科学等多学科教学软件讲解STEM学科概念知识或技术操作要点
			Q52	运用微信、在线论坛等与学生交流互动
			Q54	设置技术应用的教学情境,帮助学生了解技术的应用价值
			Q56	根据跨学科学习内容帮助学生选择合适的技术工具
			Q58	与其他学科教师联合,评价学生跨学科知识技能的掌握
F. STEM教学评价	F1	联合跨领域评价主体	Q59	与社会专家、学者联合,评价学生的创新意识、跨学科应用能力
			Q60	与学生联合,引导学生评价同组成员的表现,对自己的作品反思
			Q61	与家长联合,评价学生解决现实问题的能力

续表

一级指标	序号	二级指标	序号	三级指标
F2		采用多元评价方式	Q63	通过测试等总结性评价方式，检验学生跨学科知识的掌握情况
			Q64	通过问卷等量化评价方式，引导学生与小组成员互相评价
			Q65	通过访谈，反思等质性评价方式，引导学生对自身学习情况进行自我评价
			Q66	通过教学反思、量表对自身的跨学科教学能力自我评价
F3		实施跨学科内容评价	Q67	评价教师的跨学科教学设计
			Q69	评价学生的跨学科知识掌握水平
			Q70	评价学生的小组合作情况
			Q71	评价学生的创新意识、问题解决能力

8. 中学 STEM 教师教学能力评价指标体系的访谈提纲

1. 从教学过程的角度来看，您认为中学 STEM 教师应当具备哪些基本的教学能力？

2. 您认为在开展 STEM 教学前，中学教师应当做好哪些准备？

3. 您认为 STEM 教学的目标包括哪些方面？中学与其他学段 STEM 教学目标的区别是什么？

4. 您认为中学 STEM 教学中常用的教学策略包括哪些？教师在运用相关策略时应当注意哪些问题？

5. 您认为哪些技术能够有效促进 STEM 教学效果的提升？教师可以通过哪些途径了解或学习相关技术？

6. 您认为中学 STEM 教师可以从哪些途径、哪些方面评价自身的教学？

9. 中学 STEM 教师教学能力评价指标体系

一级指标	二级指标	三级指标	等级 优	等级 良	等级 中	等级 差
STEM 教学准备	分析中学生的学习特征（0.061）	利用协作学习的问卷或量表分析学生在团队合作方面的学习风格（0.020）				
		根据学生的生活经验，确定学生熟悉的情境领域（0.020）				
		通过对学生学习风格的分析，确定问题情境的呈现方式（0.020）				
	分析中学生跨学科学习的初始能力（0.082）	通过问卷或访谈等方式了解学生对跨学科学习或实践的态度（0.019）				
		通过问卷或试题等方式测试学生在科学、技术、工程与数学方面知识的初始掌握情况（0.020）				
		通过问卷或上机操作等方式测试学生在跨学科项目实践中所具备的基础技能（0.014）				
		确定学生在跨学科学习方面初始能力与预期目标的差距（0.012）				
		通过访谈或问卷等方式测试学生的实践创新能力（0.018）				
	分析 STEM 教学环境（0.067）	确定开展 STEM 教学的可用场所，如创客实验室、STEM 实验室（0.018）				
		确定 STEM 教学中的可用设备、器材和各种信息化教学工具（0.016）				
		确定支持跨学科教学的现有资料，如项目教学实例、校编创客教材（0.014）				
		与不同学科教师协商，确定各自在 STEM 教学活动中所扮演的角色（0.018）				
	分析跨学科教学内容（0.058）	根据 STEM 项目主题，确定教学内容的重点和难点（0.020）				
		利用概念图等知识可视化工具建立不同学科间的知识网络（0.018）				
		根据学生跨学科学习能力合理编排教学活动顺序（0.020）				

续表

一级指标	二级指标	三级指标	等级			
			优	良	中	差
STEM教学目标的阐明	阐明跨学科的知识目标（0.040）	引导学生提取项目主题中所蕴含的多学科知识（0.018）				
		引导学生掌握不同学科知识中的事实、概念、规律、定理或理论（0.017）				
		引导学生将跨学科知识应用于解决复杂的问题情境中（0.019）				
	阐明问题解决的能力目标（0.059）	引导学生查阅资料，合作讨论问题解决的方法（0.020）				
		引导学生通过作品设计促进跨学科知识的融合与迁移运用（0.020）				
		引导学生通过合作与讨论得出实验结论，并展示实验结果（0.019）				
	阐明创新培养的价值目标（0.068）	培养学生对科学探究的学习兴趣和动手的愿望（0.018）				
		培养学生利用技术解决问题的意识（0.016）				
		培养学生的空间想象力和对数学知识的兴趣（0.017）				
		培养学生利用跨学科方法解决问题的思维（0.017）				
STEM教学策略的制定	创设真实情境（0.068）	根据跨学科教学内容准备STEM课程实施的软硬件环境（0.016）				
		发掘真实的、能够激发学生兴趣的、符合STEM项目的情境材料（0.017）				
		使用生动的图表或媒介呈现真实的、趣味的情境材料（0.019）				
		合理设计真实情境的导入流程（0.016）				

续表

一级指标	二级指标	三级指标	等级 优	等级 良	等级 中	等级 差
	设计引导问题（0.077）	问题的设计顺应学生的认知水平和发展规律（0.019）				
		将多学科知识融于相关的问题中（0.020）				
		问题具有一定的梯度性（0.019）				
		采用开放式、探究式、游戏化等多样的形式呈现问题（0.019）				
	开展基于设计的学习活动（0.059）	设计具备跨学科、探究性、真实性或开放性的学习任务（0.015）				
		向学生提供开展基于设计的学习的一般程序和策略（0.014）				
		激发和引导学生制定和实施作品的有效设计方案（0.015）				
		展示学生小组设计的作品，并引导学生分享设计的想法（0.015）				
	引导团队合作与交流（0.068）	根据跨学科学习内容的特点和难度选择学生分工的形式（0.017）				
		根据学生兴趣及特征，围绕不同学科主题合理分配活动小组（0.017）				
		引导小组内部成员合作完成跨学科活动任务（0.017）				
		与学生讨论解决跨学科学习过程中存在的问题（0.017）				

续表

一级指标	二级指标	三级指标	等级 优	等级 良	等级 中	等级 差
STEM教学技术的选用	应用多元化的教与学技术（0.083）	运用网络搜索引擎、云平台等设计和开发STEM课程的流程和资源（0.015）				
		借助模型、动画、交互式白板等设计问题情境（0.013）				
		运用数学、科学等多学科教学软件讲解STEM学科概念知识或技术操作要点（0.010）				
		运用微信、在线论坛等与学生交流互动（0.013）				
		设置技术应用的教学情境，帮助学生了解技术的应用价值（0.014）				
		根据跨学科学习内容帮助学生选择合适的技术工具（0.016）				
STEM教学评价	联合跨领域评价主体（0.063）	与其他学科教师联合，评价学生跨学科知识技能的掌握（0.017）				
		与社会专家、学者联合，评价学生的创新意识、跨学科应用能力（0.015）				
		与学生联合，引导学生评价同组成员的表现，对自己的作品反思（0.016）				
		与家长联合，评价学生解决现实问题的能力（0.015）				
	采用多元评价方式（0.067）	通过测试等总结性评价方式，检验学生跨学科知识的掌握情况（0.017）				
		通过问卷等量化评价方式，引导学生与小组成员互相评价（0.016）				
		通过访谈、反思等质性评价方式，引导学生对自身学习情况进行自我评价（0.016）				
		通过教学反思、量表对自身的跨学科教学能力自我评价（0.018）				
	实施跨学科内容评价（0.066）	评价教师的跨学科教学设计（0.018）				
		评价学生的跨学科知识掌握水平（0.017）				
		评价学生的小组合作情况（0.014）				
		评价学生的创新意识、问题解决能力（0.018）				

后　　记

作为一种跨学科、综合性的教育模式，STEM 教育从拓展 STEAM（增添艺术领域）和 STEMx（增添更多项学科领域），其内涵和外延越来越丰富，囊括了 21 世纪所需的知识与技能，发展为包容性更强的跨学科综合素养教育。高素质教师对开展 STEM 教育、培养学生 STEM 素养至关重要。其中，如何提高 STEM 教师的教师能力成为目前亟需解决的重要问题。

本书针对中学 STEM 教师的教学能力的问题，从创新人才培养的角度构建中学 STEM 教师教学能力的结构模型和评价体系，并提出中学 STEM 教师教学能力的提升策略，以 STEM 教师教学能力的提升来提高 STEM 教育质量。

本书是团队成员共同努力的结果。其中，赵慧臣负责了策划和协调工作。在内容撰写方面，赵慧臣、马佳雯、张娜豫等撰写了引言，赵慧臣、马佳雯、张娜豫等撰写了第一章、第四章、第七章，赵慧臣、张艺苇、马悦、文洁等撰写了第二章，赵慧臣、张娜钰、周昱希、文洁等撰写了第三章，马佳雯、赵慧臣等撰写了第五章，张娜钰、赵慧臣等撰写了第六章。

本书离不开其他人员的大力辅助。李琳、张雨欣、范田田、陈阳、李皖豫、朱珂涵等协助修改了书稿的格式规范和部分文字的表述。

书稿出版之际，特别感谢中国社会科学出版社的帮助和支持。感谢他们为书稿修改所提的中肯建议，以及其他方面的辛勤付出。

本书还引用了大量的学术文献或学术观点，在此一并感谢。

赵慧臣

二〇二二年二月